Sound check 2/3

Metzler

Soundcheck 2/3

Für den Musikunterricht
an allgemein bildenden Schulen
der Klassen 7–10

Herausgeber der Stammausgabe:
Walther Engel
unter Mitwirkung von:
Gabriele Aust
Elisabeth Mentzel
Johannes Schramm

Erarbeitet von:
Marcus Altmann
Ruth Andersen
Claudia Antefuhr
Gabriele Aust
Walther Engel
Martina Friedrichs
Dorothee Graefe-Hessler
Klaus-Dieter Hermsdorff
Lutz Kannenberg
Hans Jünger
Kurt Klose
Stefan Köttgen
Armin Langer
Wolfgang Lessing
Ekkehard Mascher
Elisabeth Mentzel
Karin Pilnitz
Johannes Schramm

© 2002 Bildungshaus Schulbuchverlage
Westermann Schroedel Diesterweg
Schöningh Winklers GmbH, Braunschweig
www.westermann.de

Bearbeitet für diese Regionalausgabe von:
Antonia Bott
Andreas Hauff
Peter Jacob
Gernot Klein
Dorothea Schelkes
Markus Sauter
Thomas Stapf

Als Begleitmaterialien sind erhältlich:

Lernideen & Materialien
für Lehrerinnen und Lehrer
(Best.-Nr. 978-3-507-02663-6)

und Hörbeispiele auf 8 CDs
(Best.-Nr. 978-3-507-02666-7)

Verwendete Symbole

 = vertiefende Behandlung
von Einzelaspekten

AUFGABEN = Aufgaben

 = Quellen und Zitate

 = besonders handlungsorientierte
Anleitungen

 = Verweis auf eine Seite im Kapitel
»Tanz – Bewegung«, auf der
Bewegungsworkshops zum
Thema zu finden sind

Druck A¹³ / Jahr 2020

Alle Drucke der Serie A sind im Unterricht parallel verwendbar.
Grafiken: Eva M. Möhle-Hulvershorn, Köln, prima nota, Korbach
Umschlaggestaltung: creativ design, Hildesheim
Innenlayout: Helke Brandt, Hannover
Lithografie: Köhler & Lippmann, Braunschweig
Druck und Bindung: Westermann Druck GmbH Braunschweig

ISBN 978-3-507-**02660**-5

Inhalt

4 Inhalt

Lieder von A – Z

Werke / Tänze

Spielsätze / Workshops

Musik und Medien

Die Verbreitung von Musik ist heute zu einem enormen Wirtschaftsfaktor geworden. Die Musikindustrie vertreibt Musik weltweit über die Massenkommunikationsmittel CD, Kassette, MiniDisc, MP3, Rundfunk und Fernsehen sowie über das Internet. Auch heute noch spielen Rundfunk und Fernsehen eine zentrale Rolle unter den Medien, die längst zum selbstverständlichen Bestandteil des Alltags geworden sind.

Durch die Vielfalt der Medienangebote unterscheidet sich der Mediengebrauch der Menschen immer stärker voneinander, er wird individueller: Kinder sehen z. B. den Kinderkanal oder RTL II und hören Musikkassetten, Jugendliche sehen VIVA, MTV oder ProSieben, hören z. B. Hit Radio FFH, RPR, SWR 3 oder andere Sender und lesen eine Jugendzeitschrift wie »Bravo«; Erwachsene nutzen wiederum andere Medienangebote. Es werden also ganz unterschiedliche Medienerfahrungen in den verschiedenen Altersstufen gemacht.

KON TEXT

Die tägliche Mediennutzungsdauer Jugendlicher (Stand: 1997)
Die Angaben in Minuten stellen einen Mittelwert dar aus der täglichen Nutzung an allen Wochentagen.

	alle Befragten	Jugendliche 14–19 Jahre
Fernsehen	195	112
Hörfunk	177	126
Tageszeitung	30	14
Video	4	6
CD, Kassette etc.	14	35

(Quelle: van Elmeren/Maler-Lesch 1997, S. 595)

Häufig ausgeübte Freizeitbeschäftigungen Jugendlicher
Die Ergebnisse einer Repräsentativbefragung von rund 1000 Jugendlichen zwischen 12 und 19 Jahren zeigen in Prozentzahlen die Antworten »täglich / fast täglich«, »zwei- bis dreimal die Woche« und offene Nennungen.

	gesamt	Jungen	Mädchen
Fernsehen	97,1	97,0	97,1
LPs, MCs, CDs hören	89,6	87,8	91,6
mit Freunden zusammen sein	85,7	85,7	85,6
Radio hören	80,7	77,9	83,5
ausruhen, träumen, nichts machen	68,3	62,9	73,9
Zeitungen, Zeitschriften lesen	62,8	63,8	61,8
Bücher lesen	46,5	36,2	57,2
Video-, Computerspiele spielen	38,0	57,0	18,4
Beschäftigung mit dem Computer	36,0	51,4	20,2

(Quelle: a.a.O., S. 590–603)

AUFGABEN

- *Schreibe auf, wozu du Medien nutzt.*
- *Wie gehst du als Verbraucher und Konsument mit dem Angebot der Sender um?*
- *Suche Gründe für die hohe tägliche Nutzungsdauer von Fernsehen und Hörfunk.*
- *Das Freizeitverhalten von Jungen und Mädchen unterscheidet sich wesentlich in drei Punkten.*

Untersuche mögliche Ursachen. Trifft dies auch heute noch zu?
- *Äußere dich zu dem Satz: »Sage mir, welche Medien du nutzt, und ich sage dir, zu welcher Generation du gehörst.«*
- *Beziehe Stellung zu der Aussage: »VIVA und MTV sind Werbung: Die Musik ist Message und Produkt zugleich.«*

Funktionen von Musik

Noch nie haben sich so viele Menschen so viel mit Musik beschäftigt wie heute. Jugendliche und Erwachsene nennen Musik übereinstimmend ihre beliebteste Freizeitbeschäftigung. Durch die rasante Weiterentwicklung audiovisueller Technologien wird die Verbreitung von Musik noch stärker anwachsen. Musik wird unentbehrlich. Musik kennt keine Grenzen.

Und Musik kann auch Wirkungen auf den Menschen ausüben, was seit langem bekannt ist. Wird sie mit einer Absicht zu einem bestimmten Zweck eingesetzt, dann soll sie eine **Funktion** erfüllen. Neben der **unterhaltenden Funktion** hatte Musik zu allen Zeiten auch eine wichtige **religiös-kultische Funktion**: Gottesdienste, religiöse Feste und Kulthandlungen werden bis heute in fast allen Kulturen und Glaubensgemeinschaften mit Musik gestaltet. Darüberhinaus kann Musik vielfältige weitere Funktionen ausüben, z. B. im **Hintergrund**, als **Ankündigung von Ereignissen** oder als **Werbemusik.**

AUFGABEN

- *Findet heraus, welche Funktion die Musik, aus der die Ausschnitte stammen, haben könnte. Begründet eure Einschätzung.* **CD I/1–6**
- *Sucht nach eigenen Musikbeispielen, die nicht nur eine unterhaltende Funktion erfüllen.*
- *Welche Art von Musik mag zu den Szenen auf den Bildern erklingen? Welche Funktionen erfüllt sie?*
- *Welche Funktion hat die Musik im nebenstehenden Beispiel? Wie beurteilst du den Gebrauch, der hier von der Musik gemacht wird?* **CD I/7**
- *Nenne Situationen, in denen du Musik in einer bestimmten Funktion erlebt hast.*

KONTEXT

Ein alltägliches Beispiel?

Sven K. (19) steht wenige Wochen vor den letzten Prüfungen zum Abitur. Seine Lehrer haben ihm gesagt, dass es mit seinen Leistungen nicht zum Besten stünde. Er ist intelligent, aber doch sehr zurückhaltend im Unterricht. Wann immer er seine Klassenkameradin Silke erblickt, wird er aufgeregt und traurig zugleich. Er traut sich nicht sie anzusprechen.

Eines Nachmittags legt er wieder einmal frustriert sein Mathematik-Lehrbuch beiseite und beschließt, für eine Stunde die Sonnenwärme des nahenden Sommers zu genießen. Er geht hinunter auf die Straße, kauft sich ein Eis und nimmt Platz auf der Bank. Er setzt seine Kopfhörer auf und schaltet den Walkman ein. DON HENLEY: *The Boys of Summer*. Eine Musik, die seine Traurigkeit aufnimmt und doch so kraftvoll und lebensbejahend klingt. Schon nach wenigen Sekunden hat die Wirklichkeit sich verändert. Die Automotoren hört er nicht mehr. Fahrzeuge gleiten an ihm vorbei. Das geschäftige Treiben auf dem Bürgersteig spiegelt sich im Rhythmus der Musik. Die Sonne strahlt noch heller. So muss sich Kalifornien anfühlen, denkt er und fantasiert sich ein paar Palmen an den Straßenrand. Hat die junge Frau da drüben ihm nicht einen kurzen Blick zugeworfen? »But I can see you – your brown skin shinin' in the sun – you got your hair combed back and your sunglasses on, baby – and I can tell you my love for you will still be strong – after the boys of summer have gone ...« *(Bernd Schwarze, 1993)*

Expedition zur Erde

KON TEXT

– so heißt ein Stück von Bernhard König, das im Jahr 2000 von der »Jungen Oper der Staatsoper Stuttgart« aufgeführt wurde. Der Inhalt ist folgender:

Weit draußen im Weltall lebt auf dem Planeten Lyra das Volk der Lyresen. König Ludus ist verärgert: Er weiß keine Lösung gegen Unzufriedenheit, Neid und Missgunst seiner Untertanen. Selbst seine königlichen Wissenschaftler können ihm nicht helfen. Auf keinem ihrer bisherigen Erkundungsflüge ins Weltall haben sie ein Gegenmittel gefunden – bis es eine lyresische Wissenschaftlerin zufällig in eine bislang unerforschte Seitenmilchstraße verschlägt. Dort, auf einem kleinen, unwirtlichen Planeten namens »Erde« leben die »Menn-schenn«: halbwegs intelligente Wesen, die ein geheimnisvolles Wundermittel namens »Musik« besitzen. König Ludus ist begeistert: »Mmmuuusssiiik! Das klingt gut. Aber was ist das überhaupt, Mmmuuusssiiik?« **CD I/8**

Der König beordert nun die Forscher zurück zum Planeten Erde, damit sie herausfinden, was das sei und ob es den Lyresen helfen könne. Beim ersten Mal kehren die Forscher mit Papieren, Zeitschriften und Büchern zurück und überschütten den königlichen Hofstaat mit Definitionen. Beim zweiten Mal liefern sie einen stummen Fernseher mitsamt einem Video, das den Sänger Luciano Pavarotti zeigt. Aber auch die getreue Nachahmung der Bewegungen des Sängers versagt als Heilmittel gegen die wachsende Depression des Königs. Er schickt die Forscher deshalb erneut zur Erde.

Vielleicht hätte sich der König diese dritte Expedition sparen können, wenn er ...

Und so könnte die Geschichte – abweichend vom originalen Theaterstück – weitergeführt werden:

Die dritte Expedition bringt ein stummes Video, auf dem aggressiv und finster dreinblickende Gestalten plötzlich zu lächeln und zu tanzen und singen beginnen. Während die Wissenschaftler noch überlegen, was diesen Sinneswandel bewirkt haben könnte, hat die Hofnärrin an dem Gerät herumgespielt und den Lautstärkeregler gefunden. Es war offensichtlich Musik, die diesen Wandel herbeigeführt hat. König Ludus ordert sofort mehr Musik von der Erde und tatsächlich bessert sich sein Gesundheitszustand. Die neue »Medizin« breitet sich wie ein Lauffeuer aus und auf dem Planeten Lyra herrschen wieder Glück und Zufriedenheit.

Die beiden Hofschranzen und die Hofnärrin sitzend hinter König Ludus, rechts im Bild eine Wissenschaftlerin.

Auch die Ergebnisse aus zwei Expeditionen können dem König nicht helfen ...

AUFGABEN

- *Hört das Beispiel der dritten Expedition. Wodurch wird die Wirkung bei den Gestalten hervorgerufen?* **CD I/9**
- *Kennt ihr Musik mit vergleichbaren Wirkungen?*
- *Welche Musik würdet ihr den Lyresen empfehlen?*
- *Glaubt ihr, dass durch die Musik die ursprünglichen Probleme auf dem Planeten Lyra gelöst werden?*
- *Vergleicht die neue Version der Geschichte mit dem Schluss des Originals.* **CD I/10**

Musik im Hintergrund

Musik begleitet uns an ganz unterschiedlichen Orten: in Kaufhäusern, Restaurants, beim Frisör, bei der Arbeit, in U-Bahnen, ja sogar auf Toiletten. Oft nehmen wir nicht einmal Notiz von ihr. Wir »hören« sie als **Hintergrund**. Musik im Hintergrund gibt es nicht erst seit heute. Ob im Rittersaal im Mittelalter oder an der fürstlichen Tafel in der Renaissance (Tafelmusik), ob beim Hochzeitsschmaus der Bauern, in bürgerlichen Salons und Weinstuben, im Kaffeehaus (Kaffeehausmusik), in Kneipen und Festzelten – Musik verschönte den Alltag und wurde live präsentiert. Heute wird die Hintergrundmusik aufgezeichnet, damit sie immer wieder und an jedem Ort abgespielt werden kann.

Ich finde das Gefährliche an dieser funktionellen Musik, dass sie die Rolle des »Großen Bruders« spielt [...], für mich ist das sehr gespenstisch, weil ich monatelang auf Reisen bin und in Flughäfen lebe und ich weiß, dass ich auch nicht in der Toilette frei bin von diesem »Großen Bruder«, der alles inspiriert, akustisch. Also, wenn Sie in ein Flugzeug steigen oder in einer Fabrik sind und diese Musik kommt, fühlen Sie sich tatsächlich entspannt. Hören Sie aber dieser Musik zu, dann werden Sie nervös. Sie darf nicht gehört werden. Sie muss unterschwellig bleiben. *(Mauricio Kagel)*

»Wenn ich Musik höre, ...

... fühle ich mich weniger einsam.«

... mache ich gern etwas ganz anderes.«

... kann ich mich richtig beruhigen, wenn ich vorher aufgeregt war.«

... soll sie mich auf andere Gedanken bringen, unangenehme Stimmungen aus meine Kopf vertreiben.«

... höre ich gern nur mit einem Ohr zu.«

(Äußerungen von Schülerinnen und Schülern im Alter zwischen 11 und 17 Jahren)

Hintergrundmusik
- erhöht die Konzentrationsfähigkeit
- steigert die Produktivität
- verbessert das Betriebsklima
- intensiviert das Sporttraining
- entspannt beim Autofahren
- fördert die Kommunikation
- vertreibt Langeweile und Müdigkeit
- fördert die Kauflust
- sorgt für Wohlbefinden
- versetzt in eine angenehme Stimmung
- vertreibt Angstgefühle

AUFGABEN

- *Welche Zwiespältigkeit der Musik beschreibt* MAURICIO KAGEL?
- *Welche Einstellungen zur Musik spiegln sich in den Schüleräußerungen wider?*
- *Welche Bedeutung hat Musik für den Einzelnen?*
- *Welche Wirkung hat Musik auf euer Arbeitsklima und eure Arbeitsleistung?*
- *Gibt es Situationen, in denen euch Hintergrundmusik stört?*

- Untersucht die Wirkung der Musik im Supermarkt und weiteren Geschäften.
- Fördert sie den Verkauf? Befragt Leitung, Verkäufer und Kunden.

Musik – dreimal anders

Musique d'Ameublement (1920)

Erik Satie

ERIC SATIES (1866–1925) Traum war es, für jeden Raum (z. B. Büro, Restaurant, Supermarkt) eine spezielle Musik zur Untermalung der darin ausgeübten Tätigkeit zu entwerfen.

Wir möchten eine Musik einführen, die die »nützlichen« Bedürfnisse befriedigt. Die Kunst hat da nichts zu suchen. Die »Musique d'Ameublement« erzeugt Schwingung; sie hat keinen anderen Zweck; sie erfüllt dieselbe Rolle wie das Licht, die Wärme und der Komfort in jeder Form. Man müsste eine »Musique d'Ameublement« machen, das heisst, eine Musik, die ein Teil der Geräusche der Umgebung wäre, die ihnen Rechnung trüge. Ich denke sie mir wohlklingend; sie würde den Lärm der Messer und Gabeln mildern, ohne sie zu übertönen, ohne sich aufzudrängen. Sie würde das manchmal so drückende Schweigen zwischen den Gästen möblieren. Sie würde ihnen die üblichen Banalitäten ersparen. Gleichzeitig würde sie den Straßenlärm, der sich rücksichtslos ins Spiel drängt, neutralisieren. Das hieße ein Bedürfnis befriedigen.
(Erik Satie)

4'33" (1952)

John Cage

JOHN CAGE hat dieses Stück für jede beliebige Besetzung komponiert. Es ist ein Stück in drei Sätzen und während aller drei Sätze erklingt absichtlich kein einziger Ton.

»Die Musik, mit der ich mich beschäftige, muss nicht unbedingt Musik genannt werden. In ihr gibt es nichts, woran man sich erinnern soll. Keine Themen, nur Aktivität von Ton und Stille.«
(John Cage, nach Ulrich Dibelius, 1966/1998)

• Stellt eine »Musique d'Ameublement« für eure Schule zusammen. Überlegt, welche Bereiche sich dafür besonders eignen und welche Wirkungen von der Musik ausgehen sollen. Präsentiert euer Ergebnis auf einem Schulfest, Projekttag o. Ä.

Diese mörderische Stille (1983)

Text: Bernhard Lassahn, Melodie: Bernd Kuretitsch

Mein Herz könnte Klopfzeichen geben.
Das darf nicht sein, steck den Stecker wieder rein.
Zigarette an. Wann fängt der nächste Spielfilm an?
Also, drei Dinge kann ich nicht leiden:
Erstens: Schummerlicht mit Kerzen
Zweitens: andere Leute
Drittens: Geräusche im eigenen Herzen
Ich sag dir auch warum: Diese mörderische Stille
    bringt mich um. [...]
Da in Spitzbergen soll es noch still sein,
da kannst du hin nur mit Transistor im Tornister.
Solche mörderische Gegend soll man lieber meiden.
Also, drei Dinge [...]
Ich will Sirenen, ich will Hupen, ich will Wecker,
auf jedem Sender, gib mir Strom und gib mir Stecker,
    auf allen Kanälen am laufenden Band.
Ich bin unbedingt für laufende Bänder.
Mit dem rechten Fuß kleb ich fest auf dem Gas.
Ich will schalten und knipsen, egal gegen was.
    Ich hab erst das Gefühl, dass mir nichts mehr
    passiert, wenn mein Kopf auf der richtigen
    Welle vibriert.
Und wenn der Motor schweigt, sing ich selber
»Brumm Brumm ...«
Diese mörderische Stille bringt mich um.

AUFGABEN

- *Welche Erwartungen stellt ERIC SATIE an die »musikalische Möblierung« von Räumen? Wie soll diese Musik gestaltet sein?*
- *Kannst du dich mit den Aussagen in dem Song »Diese mörderische Stille« identifizieren?*
  CD I/11
- *Was hört man während der Darbietung des Stückes »4'33"«?*
- *Was könnte den Komponisten veranlasst haben dieses Stück zu schreiben?*
- *Trifft die folgende Feststellung auch auf dich zu? »In JOHN CAGES Stück ›4'33"‹ hören wir, wie ungewohnt es ist, wenn wir nichts mehr hören. Und wir hören, dass wir verlernt haben zu hören.«*

Musik und Werbung

Die Musikbranche produziert nicht nur Musik, die für den Verkauf bestimmt ist. Musik ist auch ein wichtiges Mittel, das bewusst eingesetzt wird, um andere Produkte besser verkaufen zu können: Hörfunk, Fernsehen und Kino sind die Einrichtungen, in denen gezielt Werbung mit Musik für bestimmte Zielgruppen präsentiert wird: meist unmittelbar vor wichtigen Sendungen (z. B. Nachrichten) oder – im Privatfernsehen – vor spannenden Höhepunkten eines Spielfilms. Markennamen sollen sich bei den Konsumenten im Zusammenhang mit Musik einprägen. Werbebotschaften werden in Musik verpackt, damit man sie sich besser merken kann. Häufig werden Instrumental-Klischees verwendet, die Assoziationen hervorrufen können oder hervorrufen sollen (s. auch S. 36ff.).
Jingles, d. h. »gesungene Slogans im Telegrammstil«, sollen gleichzeitig zum Erkennungszeichen des Produktes werden.

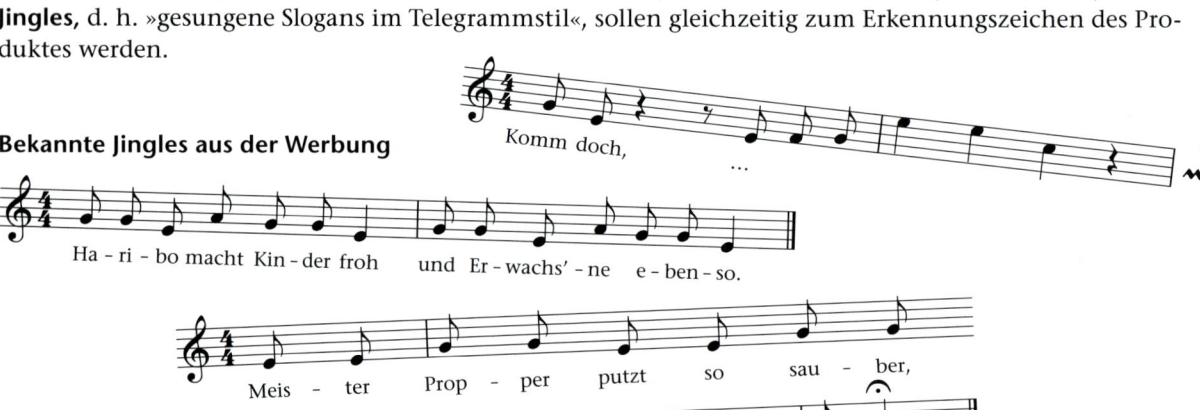

Bekannte Jingles aus der Werbung

Komm doch, ...

Ha – ri – bo macht Kin – der froh und Er – wachs' – ne e – ben – so.

Meis – ter Prop – per putzt so sau – ber,

dass man sich drin spie – geln kann, Meis – ter Prop – per.

AUFGABEN

- Erläutere den Ablauf eines Werbespots nach dem »AIDA«-Modell.
- Untersucht die drei Jingles und weitere Beispiele hinsichtlich Melodieführung, Rhythmus und Anlehnung an bekannte Melodien.
- Beschreibt Assoziationen und Stimmungen, die durch die Musik geweckt werden. **CD I/12**
- Werbung wird zwischen bestimmten Programmen zu immer gleichen Zeiten eingestreut. Nennt Gründe dafür.

Slogan:	einprägsame Produktbeschreibung
Jingle:	gesungener oder instrumental vorgetragener Slogan
Spot:	kurze, abgeschlossene Werbung
Videoclip:	Folge von kurzen Filmsequenzen, meist mit durchlaufender Musik
Storyboard:	Drehbuch für den Gesamtablauf eines Films oder Spots
»AIDA«-Modell:	Strukturschema eines Werbespots:
Attention:	›Aufmerksamkeit erregen‹
Interest:	›Interesse mobilisieren‹
Desire:	›Wünsche aussprechen‹
Action:	›konkrete Handlungen auslösen‹

volkstümliche Musik

Sportler

klassische Musik

Vitamindrink

Weinbrand   Hausfrau

schnelle rhythmische Musik   Jugendliche   Eltern   Erwachsene

junge Frau   Sportwagen   Plüschelefant   Rentner

Popmusik

ruhige klassische Musik   Parfüm

Bausparkasse   Kinderlied

Weichspüler

romantische Musik

WORK SHOP

- Nehmt die Melodie des Schlager-Refrains *Marmor, Stein und Eisen bricht* (s. S. 260) als Grundlage für die Musik zu einem Werbespot. Erfindet einen neuen Text, der die Vorzüge eines bestimmten Produktes beschreibt. Fügt in den Text »Schlüsselwörter« ein, die Reize oder Wunschbilder auslösen sollen.
- Gestaltet mit dieser Musik einen Werbespot.
- Schneidet Werbeseiten in Zeitschriften aus und sucht Musik aus, die
  a) die Werbung unterstützen könnte, b) die Werbung verfremden oder entkräften könnte.
- Was passiert nach dem Spot? Führt die Geschichte als Bildgestaltung, Szene oder als Text weiter.

AUFGABE

- *Ordnet den Produkten eine Zielgruppe und einen Musikstil zu.*

Gesänge aus der Fankurve – Die neue Volksmusik?

Berührungspunkte zwischen Sport und Musik hat es schon immer gegeben. Für bestimmte Sportarten wie z. B. Eiskunstlaufen, Aerobic oder Tanzen ist Musik eine unabdingbare Voraussetzung.

Seit Sport und Musik immer mehr den Gesetzen des Showgeschäfts unterliegen, gibt es kaum noch eine Sportveranstaltung, die ganz ohne Musik auskommt. Vor Veranstaltungen und in den Pausen treten Cheerleaders, Kapellen und Stars aus der Musik- und Unterhaltungsbranche auf. Die aufwändig inszenierten Events müssen das Publikum unterhalten, damit Besucherzahlen und Einschaltquoten stimmen. Stars des Showbusiness nutzen sportliche Großereignisse mit spektakulären Auftritten als Eigenwerbung. Die großen Sportarenen bieten sich darüber hinaus auch als Podien für Rockkonzerte an.

Aber dem Publikum wird nicht nur etwas geboten. Die Fans treten auch selbst mit Musik in Erscheinung: mit rhythmischem Klatschen, rhythmischen Sprüchen (Parolen), Kurzgesängen, umgetexteten Liedern, Schlagern oder Songs. Fangemeinden feuern ihre Vereine lautstark mit den **Vereinshymnen** an. Unterstützt von Trommlern und Bläsern werden Fankurven zu regelrechten Schlachtgesängen animiert. Auf CDs, die in Fanshops angeboten werden, sind neben den gängigen ›Fankurven-Hits‹ auch Sportler als Sänger oder Instrumentalisten zu hören.

Jetzt singen sie wieder
Von Michael Horst

KON TEXT

Jetzt spielen sie wieder. Oder besser gesagt: Jetzt singen sie auch wieder. Denn zum Fußball gehören die Fangesänge wie Strafstoß und Ersatzbank. Denn Singen ist in der Masse erst richtig schön. Dann haben die Stimmbänder ihren großen Einsatz, um die eigene Mannschaft nach vorn zu pushen und dem Gegner wie einst zu Zeiten der Neandertaler mit Geschrei gehörig Angst einzujagen.

Nichts ist vor den Jägern und Sammmlern aus der Südkurve sicher. Volkslieder und BEATLES, Geistliches und Weltliches, TOTE HOSEN, *Aida* oder *Schneewalzer* – alles wird unbarmherzig zerstückelt und je nach Sympathie für Hertha, den BVB oder für ganz Deutschland neu zusammengeflickt.

Sie werden noch lange das hohe Lied auf die Fußball-Weltmeisterschaften singen. O-lé!

(Berliner Morgenpost vom 14. 6. 1998)

VOLKSMUSIK 2006

WILLKOMMEN IM FUSSBALL-LAND

2006 DEUTSCHLAND BEWERBUNG

Geheimnis von Olé, olé, olé, olé

BM Berlin – Fußballfans sind wie Bastler: Sie nehmen sich altbekannte Lieder, um durch »Zersingen« und »Umsingen« ihre neuen Schlachtgesänge daraus zu machen. Für die Fußballgötter auf dem heiligen Rasen ist den Fans kein Stück zu schade, wie die beiden Musikwissenschaftler Reinhard Kopiez und Guido Brink festgestellt haben. Einzige Bedingung: Das neue Lied muss südkurventauglich sein.

(Berliner Morgenpost vom 14. 6. 1998)

AUFGABEN

- *Beschreibt die Abbildungen. Welche Funktion erfüllt die Musik?*
- *Berichtet von eigenen Erfahrungen mit Musik beim Sport.*
- *Was könnt ihr aus dem Zusammenschnitt aus Fußballstadien heraushören? Charakterisiert die unterschiedlichen musikalischen Äußerungen.* **CD I/13**
- *Von welchen Ausschnitten aus Songs von Fan-CDs oder von Gesängen aus Stadien kennt ihr die musikalischen Originale?* **CD I/14–19**
- *Inwiefern ist es berechtigt, davon zu sprechen, dass die Rituale bei Sportveranstaltungen vergleichbar sind mit religiösen Ritualen bei Gottesdiensten? Vergleicht auch die Rolle, die der Gesang dabei spielt.*

Für die Aktionen von Fans ist es typisch, dass so genannte **Primärreaktionen** wie Beifallklatschen, Aufschreie, Buh-Rufe, Pfiffe etc. mit **musikbezogenen Handlungsweisen** einhergehen. Zu diesen gehören:

- Rhythmen: geklatscht, getrommelt oder gerufen, ohne bestimmte Tonhöhe

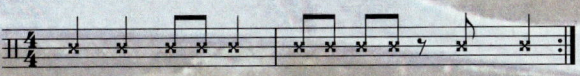

Dort - mund!
Deutsch - land!

- Kurzgesänge: rhythmisierte Rufe auf verschiedenen Tonhöhen, aus einem einzigen Motiv bestehend

(klatschen und trommeln)

Tho - mas Häß - ler!

(klatschen und trommeln)

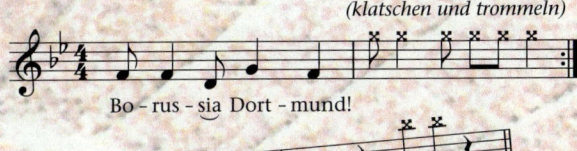

Bo - rus - sia Dort - mund!

- Liedmelodien: meist Abschnitte aus populären Vokalstücken, vor allem deren Refrainzeilen

ANALYSE Untersucht die musikalischen Merkmale von Fangesängen anhand der folgenden Fragen:

- Aus welchen Stücken stammen die Melodien?
- Welche Taktarten dominieren?
- Welche Tonalität wird bevorzugt?
- Wie groß ist der Tonumfang?
- Wie ist der Rhythmus beschaffen?
- Gibt es längere Pausen?

WORK SHOP

- Erfindet eigene Fangesänge, indem ihr geeignete Melodien oder Melodieausschnitte sucht und dazu einen neuen Text entwerft. Erprobt eure Schöpfungen z. B. bei schulinternen Sportveranstaltungen oder auch bei regionalen Wettkämpfen zwischen mehreren Schulen.

AUFGABEN

- *Welche Gestaltungsmuster dominieren in den Gesängen?*
- *Welche Bedeutung haben die Lieder für die Fans?*
- *Glaubst du, dass durch Fangesänge auch Gewalt in den Stadien ausgelöst werden kann?*
- *Wo liegen Gemeinsamkeiten bzw. Unterschiede zwischen authentischen und von der Musikindustrie produzierten Fangesängen?*

Nationalhymnen

Eine Nationalhymne gehört neben Wappen und Flagge zu den wichtigsten Symbolen eines unabhängigen Staates. Vielfach gilt sie als Ausdruck des National- und Staatsbewusstseins.

Deutsche Nationalelf bei der WM 2002

Gerhard Schröder und Jacques Chirac bei den deutsch-französischen Konsultationen in Mainz, 2000

WORK SHOP

- Sammelt Aufnahmen und Texte verschiedener Nationalhymnen. Hört die Aufnahmen an und beschreibt anschließend, wie die Musik auf euch wirkt.
- Sortiert eure Beispiele nach ihrem Inhalt in Königshymnen, Revolutionshymnen und Heimathymnen.

God save the Queen

God save our gra-cious Queen, long live our no-ble Queen; God save the Queen.

Send her vic-to-ri-ous, hap-py and glo-ri-ous,

long to reign o-ver us, God save the Queen.

Seit spätestens 1745 gibt es die britische Nationalhymne *God save the King* (oder *God save the Queen*). Sie ist eigentlich ein Segensgebet für den König (oder die Königin) und wurde deswegen oft nachgeahmt **CD I/20**.

Deutschland bestand seit dem Wiener Kongress 1815 aus mehreren selbstständigen größeren und kleinen Staaten innerhalb des Deutschen Bundes, fast alle mit einem Fürsten an der Spitze. In den meisten dieser Staaten wurde die Melodie der englischen Nationalhymne mit einem neuen Text übernommen. *Heil Dir im Siegerkranz* sang man in Preußen und Hessen-Darmstadt, *Heil unserm König, heil!* in

Bayern und Württemberg, *Auf Hamburgs Wohlergehn* in Hamburg, und in Liechtenstein singt man heute noch auf diese Melodie: *Oben am jungen Rhein lehnet sich Liechtenstein an Alpenhöhn.*

AUFGABE

- *Was spricht im 21. Jahrhundert für die Verwendung von Nationalhymnen, was dagegen?*

Gott! Erhalte Franz den Kaiser

Der berühmte österreichische Komponist der Wiener Klassik, JOSEPH HAYDN, hatte bei seinen England-Aufenthalten 1790/91 und 1794/95 die englische Hymne *God save the King* kennen gelernt. Er war davon so beeindruckt, dass er sich 1797, als Österreich im Krieg gegen Frankreich in eine schwierige Lage geriet, für eine Kaiserhymne zu Ehren von Kaiser Franz II. einsetzte und selbst dazu die Musik schrieb. HAYDNS Melodie blieb (mit unterschiedlichem Text) bis 1918 die österreichische Nationalhymne.

AUFGABEN

- *Wie hängen die deutsche und die britische Nationalhymne zusammen? Sind sie beide typisch für ihr Land?* **CD I/21**
- *Vergleicht die deutsche Nationalhymne mit der »Kinderhymne«, die der Dichter* BERTOLT BRECHT *1949 schrieb.* **CD I/22**
- *Die »Kinderhymne« lässt sich auf die Melodie des »Deutschlandlieds«, aber auch auf* BEETHOVENS *Melodie zur »Ode an die Freude« (s. S. 151) singen. Hätte sie sich nach dem Zweiten Weltkrieg als deutsche Nationalhymne geeignet?*

Das Lied der Deutschen

1841 schrieb der Dichter AUGUST HEINRICH HOFFMANN VON FALLERSLEBEN auf der damals britischen Insel Helgoland das *Lied der Deutschen* zu der beliebten Melodie von HAYDNS Kaiserhymne. Ihm ging es damals um die Überwindung der Zersplitterung Deutschlands und der undemokratischen Fürstenherrschaft. Im 1871 gegründeten Kaiserreich sang man aber bis 1918 weiter das preußische *Heil dir im Siegerkranz*. Erst in der Weimarer Republik wurde *Deutschland, Deutschland über alles* 1922 zur Nationalhymne. Nach dem Zweiten Weltkrieg (1939–1945) wollte man wegen der Verbrechen, die Deutsche unter der nationalsozialistischen Herrschaft (1933–1945) begangen hatten, die erste Strophe »Deutschland, Deutschland über alles« nicht mehr singen. Die damalige Bundesregierung legte 1952 fest, dass von nun an bei offiziellen Anlässen die dritte Strophe »Einigkeit und Recht und Freiheit« gesungen werden sollte. Dabei blieb es auch nach der deutschen Wiedervereinigung im Jahr 1990.

1.
Deutschland, Deutschland über alles, über alles in der Welt,
wenn es stets zu Schutz und Trutze brüderlich zusammenhält,
von der Maas bis an die Memel, von der Etsch bis an den Belt –
Deutschland, Deutschland über alles, über alles in der Welt.

2.
Deutsche Frauen, deutsche Treue, deutscher Wein und deutscher Sang
sollen in der Welt behalten ihren alten schönen Klang,
uns zu edler Tat begeistern unser ganzes Leben lang.
Deutsche Frauen, deutsche Treue, deutscher Wein und deutscher Sang.

Deutsche Nationalhymne

Musik: Joseph Haydn
Text: Hoffmann von Fallersleben

3. Ei-nig-keit und Recht und Frei-heit für das deut-sche Va-ter-land,
da-nach lasst uns al-le stre-ben brü-der-lich mit Herz und Hand!
Ei-nig-keit und Recht und Frei-heit sind des Glü-ckes Un-ter-pfand.
Blüh' im Glan-ze die-ses Glü-ckes, blü-he, deut-sches Va-ter-land!

Lieder vor, während und nach der Revolution von 1848

»Einigkeit und Recht und Freiheit für das deutsche Vaterland!« Was HOFFMANN VON FALLERSLEBEN in seinem *Lied der Deutschen* wünschte, entsprach den Wünschen der meisten Deutschen in der Zeit nach dem Wiener Kongress (1814/1815). Tatsächlich war in der Zeit des Deutschen Bundes von Einigkeit und Recht und Freiheit in Deutschland wenig zu spüren. Erst in der Revolution von 1848 sah es so aus, als ob sich an der Fürstenherrschaft etwas ändern würde. Vorher mussten die Bürger ihre Kritik tarnen, so zum Beispiel der Berliner Volksschriftsteller ADOLF GLASSBRENNER in seinem Lied *Ich bin ein guter Untertan.* **CD I/23–24**

Mancherorts trafen sich die Bürger, um ihren Fürsten ein Ständchen zu bringen. **CD I/25**

Zu einer erlaubten Melodie sang man einen anderen Text. **CD I/26**

Zu den beliebtesten Liedern des 19. Jahrhunderts gehörte *Die Gedanken sind frei* (s. S. 296). Das *Bürgerlied* aber zeigt, dass die Bürger inzwischen Selbstbewusstsein gewonnen haben. **CD I/27**

Ich bin ein guter Untertan

Text: Adolf Glaßbrenner
Melodie: überliefert

1. Ich bin ein gu-ter Un-ter-tan, das lei-det kei-nen Zwei-fel!
Mein Fürst, das ist ein from-mer Mann, oh, wär' er doch beim Teu - ren Vol-ke im - mer, so würd es nie-mals schlim-mer.

2. Wir haben ihn wohl oft betrübt,
   doch nimmermehr belogen.
   Er sagte, dass er uns geliebt,
   doch hat er uns betro — ffen oft auf Taten,
   die er uns nicht geraten.

3. Den Schwur, den er geleistet hat –
   Erfüllung alles dessen,
   was seine Pflicht an Gottes statt –,
   den hat er ganz verge — bens halten wollen,
   es hat nicht glücken sollen.

4. Du, Polizei, die dazu da,
   das wilde Volk zu zügeln,
   dich möcht ich nur einmal, ja,
   so recht von Herzen prü — fen und dich fragen,
   wer über dich könnt' klagen.

MONUMENT
der Frau
BARBARA SCHEERE,
geb. Dunkel.

Eine weitere Möglichkeit, Kritik an der Obrigkeit zu üben, bietet bis heute der Karneval. Die Mainzer Karnevalisten richteten in den 1840er Jahren dies Monument der verhassten Zensur auf, um es feierlich verbrennen zu können.

Am längsten kämpften die Revolutionäre in Baden und in der Pfalz. Erst im Juni 1849 schlugen preußische und hessische Truppen den Volksaufstand nieder. Zuletzt kapitulierten 5600 Revolutionäre in der Festung Rastatt. Viele Hunderte von ihnen wurden erschossen, andere wurden zu langen Zuchthausstrafen verurteilt; manche konnten in die Schweiz oder nach Frankreich fliehen.

So auch Friedrich Hecker (1811–1881), einer der beliebtesten Revolutionsführer in Südwestdeutschland. Nach der Niederlage der Revolutionäre bei Kandern am 20.4.1848 floh er in die Schweiz. Die Bürger der badischen Stadt Tiengen wählten ihn in die Frankfurter Nationalversammlung; diese wollte aber keinen steckbrieflich gesuchten Abgeordneten akzeptieren. Hecker wanderte enttäuscht in die USA aus. In Deutschland hofften viele auf seine Rückkehr. Er war so populär, dass Lieder über ihn geschrieben und Porzellanfiguren von ihm in seiner typischen Revolutionstracht hergestellt und verkauft wurden.

Die Schlosserlehrlinge Wilhelm Glasewald und Ernst Zinna verteidigten in den Berliner Straßenkämpfen vom 18.3.1848 zu zweit eine Barrikade gegen ein ganzes Bataillon königlicher Soldaten. Der 16-jährige Zinna kam dabei ums Leben, Glasewald wurde schwer verletzt.

Badisches Wiegenlied

Text: Ludwig Pfau, 1849

Refrain: Schlaf, mein Kind, schlaf leis,
dort draußen geht der Preuß.

1. Deinen Vater hat er umgebracht,
   deine Mutter hat er arm gemacht.
   Und wer nicht schläft in guter Ruh,
   dem drückt der Preuß die Augen zu.
2. Der Preuß hat eine blut' ge Hand,
   die streckt er übers bad'sche Land.
   Und alle müssen wir stille sein,
   als wie dein Vater unterm Stein.
3. Zu Rastatt auf der Schanze,
   da spielet er uns zum Tanze,
   da spielet er mit Pulver und Blei,
   so macht er alle Badener frei.
4. Gott aber weiß, wie lang er geht,
   bis dass die Freiheit aufersteht.
   Und wo dein Vater liegt, mein Schatz,
   da hat noch mancher Preuße Platz!

Friedrich Hecker als Porzellanfigur

AUFGABEN

- Informiert euch über die Vorgeschichte, den Verlauf und das Ergebnis der Revolution von 1848.
- Warum waren für Menschen in der 1848er Revolution Lieder so wichtig?
- Nach welchen Melodien wurden »Fürsten zum Land hinaus« und das »Bürgerlied« gesungen?
- Welche Tricks benutzten Bürger, um trotz offiziellen Verbots Kritik an ihren Regierungen zu üben?
- In welcher Absicht wurde das »Bürgerlied« gesungen?
- Mit welchen Gefühlen und in welcher Absicht wurden das »Badische Wiegenlied« und das »Hecker-Lied« gesungen? **CD I/28–29**
- Könnten Glasewald und Zinna heute noch ein Vorbild sein?

WORK SHOP

- Singt das Lied zur Melodie von *Schlaf, Kindchen, schlaf!*
- Stellt eine historische Revue aus Liedern und Texten über die 1848er Revolution zusammen und führt sie auf.

Märsche – Politik auf der Straße

Spielmannszug

Wozu gibt es Märsche?

Ein Jugend-Musiklexikon aus der ehemaligen DDR gab folgende Antwort (1977):
Soldaten sind vorbeimarschiert im gleichen Schritt und Tritt. Was wäre eine Parade ohne zündende Märsche, was ein Sportfest ohne den Aufmarsch der Turner und Spielleute! Mit Musik marschiert es sich besser. Wir singen das Marschlied beim Wandern. Während der Demonstration erfassen wir den Gleichschritt nach den Klängen eines Blasorchesters oder Fanfarenzugs. In beiden Fällen stimmen die Akzente der Musik mit dem Schrittwechsel überein: Das linke Bein wird jeweils auf die betonte Zählzeit des Taktes gesetzt. Der Marsch steht also immer im Zweitakt ($\frac{2}{2}$, $\frac{2}{4}$, $\frac{2}{8}$). [...] Märsche werden zu vielen Anlässen benötigt. Es gibt Festmärsche für feierliche Begebenheiten, Trauermärsche, Parademärsche, eine Vielzahl von Straßenmärschen, Geschwind- und Reitermärsche, konzertante Märsche zur Unterhaltung, sinfonische Märsche für den Konzertsaal. Auch Opern, Operetten und Ballette enthalten bekannte Märsche.

Soldaten der Nationalen Volksarmee im Stechschritt

Nicht immer singt man freiwillig mit. »Wir werden gesungen«, hieß ein Kapitel in einem Musikbuch aus dem Jahr 1975:
Der Zwang zum Singen äußert sich auf zweierlei Art: durch äußere Bewegung und durch innere Bewegtheit. Einerseits sind es flotte, marschmäßige oder sonstwie beschwingte Rhythmen und Melodien, die zum Mitsingen, Mitpfeifen und schließlich Mitmarschieren veranlassen, andererseits fühlen wir uns innerlich ergriffen, Feierlichkeit und Rührung kommen über uns. [...] Unsere Gefühle werden von dieser Musik gesteuert, aber dem Betroffenen bleiben Ziele und Methoden der Steuerung gewöhnlich verborgen.
(Liedermagazin, Kassel 1980)

AUFGABEN

- *Wozu wurde und wird Marschmusik gebraucht? Bist du mit der Erklärung aus dem DDR-Lexikon zufrieden?*
- *Woran erkennt man Marschmusik?*
- *Gibt es Marschmusik, die dir gefällt? Bei welchen Gelegenheiten?*
- *In welchen Situationen singst du gerne in einer Gruppe mit? Wann nicht?*

Der Name **Marsch**, französisch marche, englisch march, italienisch marcia, ist auf das lateinische marcare (marcus: ›der Hammer‹) zurückzuführen, wovon sich das altfranzösische marcher (›mit Füßen treten‹) herleitet. »Marcher« wurde als militärisches Fachwort im Dreißigjährigen Kriege in Deutschland gebräuchlich. Der Marschrhythmus wurde durch die Fußtruppen markiert, indem sie zu kräftigem Stampfen des Bodens angehalten wurden.
(Die Musik in Geschichte und Gegenwart, Bd. 8, 1960)

Die Weimarer Republik (1919–1933) war eine Krisenzeit. Die Republik entstand aus der Niederlage des Deutschen Kaiserreiches im Ersten Weltkrieg (1914–1918) und endete 1933 mit der Machtübernahme Adolf Hitlers, die in den Zweiten Weltkrieg (1939–1945) führte. Das Lied *Und wenn wir marschieren* wurde 1922 geschrieben und von verschiedenen politischen Gruppierungen gesungen.

Und wenn wir marschieren

Text und Melodie:
Walter Gättke

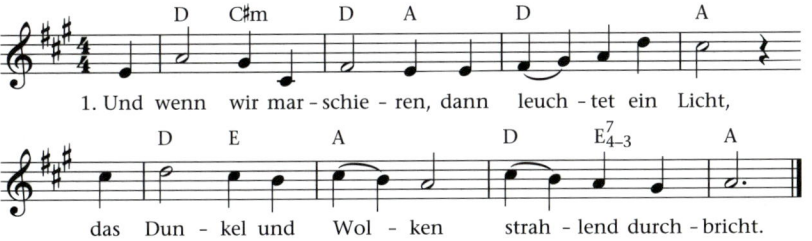

1. Und wenn wir marschieren, dann leuchtet ein Licht, das Dunkel und Wolken strahlend durchbricht.

2. Und wenn wir uns finden beim Marsch durch das Land,
   dann glüht in uns allen heiliger Brand.

3. Und wenn wir im Sturme dem Ziel uns genaht,
   dann ragt vor uns allen Neuland der Tat.

4. Du Volk aus der Tiefe, du Volk in der Nacht,
   vergiss nicht das Feuer, bleib auf der Wacht!

AUFGABEN

- *Warum waren in der Zeit der Weimarer Republik politische Demonstrationen ein wirkungsvolles Werbemittel, und warum wurde dabei viel mehr als heute gesungen und marschiert?*
- *Welche politischen Gruppierungen aus der Zeit der Weimarer Republik sind auf den Fotos abgebildet?*
- *Warum konnten sich verschiedene politische Gruppen von links, von rechts und aus der Mitte mit dem Lied identifizieren? (Informiere dich über ihre jeweiligen Ziele!)*
- *Der Komponist* PAUL HINDEMITH *schrieb 1927 seine »Kammermusik Nr. 5 für Solo-Bratsche und Kammerorchester«. Der letzte Satz heißt »Variante eines Militärmarsches«.* **CD I/33** *Vergleiche ihn mit dem »Bayerischen Defiliermarsch«.* **CD I/34**
- *Wie reagierten deiner Meinung nach die verschiedenen Konzertbesucher auf* HINDEMITHS *Stück?*

WORK SHOP

- Probiert verschiedene Arten aus, das Lied *Und wenn wir marschieren* zu singen und zu begleiten! Hört zum Vergleich drei Versionen an. **CD I/30–32**
- Ein Marsch hat einen Ausgangspunkt und ein Ziel. Stelle den Inhalt des Liedes grafisch dar!
- Musiziert den *Marsch um den Sieg zu verfehlen* von MAURICIO KAGEL (s. S. 52). Wie erklärt ihr euch den Titel?

Musik und Sozialismus

Brüder, zur Sonne, zur Freiheit

Melodie: Leonid P. Radin
deutscher Text: Hermann Scherchen

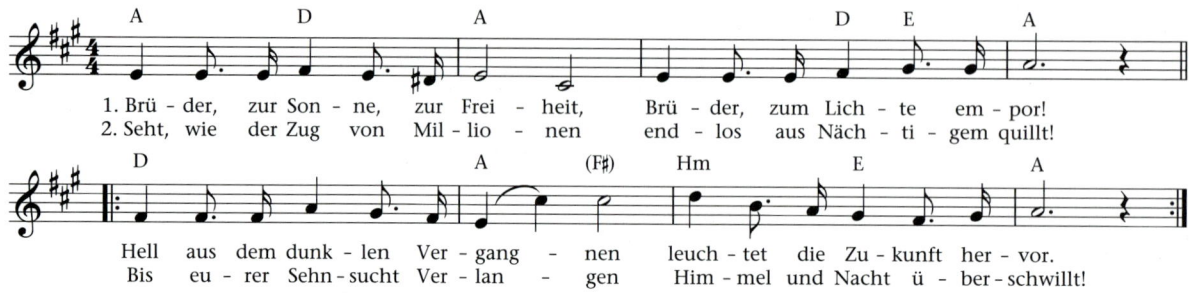

1. Brü – der, zur Son – ne, zur Frei – heit, Brü – der, zum Lich – te em – por!
2. Seht, wie der Zug von Mil – lio – nen end – los aus Näch – ti – gem quillt!

Hell aus dem dunk – len Ver – gang – nen leuch – tet die Zu – kunft her – vor.
Bis eu – rer Sehn – sucht Ver – lan – gen Him – mel und Nacht ü – ber – schwillt!

3. Brüder, in eins nun die Hände,
   Brüder, das Sterben verlacht!
   Ewig der Sklav'rei ein Ende,
   heilig die letzte Schlacht.

4. Brechet das Joch der Tyrannen,
   die uns so grausam gequält!
   Schwenket die blutroten Fahnen
   über die Arbeitswelt!

In einem Moskauer Gefängnis schrieb 1896 der junge Revolutionär Leonid P. Radin vor seinem Abtransport nach Sibirien das Lied *Brüder, zur Sonne, zur Freiheit*. Der deutsche Dirigent Hermann Scherchen lernte das Lied im Ersten Weltkrieg als Gefangener in Russland kennen. Er übersetzte es ins Deutsche und studierte es nach seiner Rückkehr aus der Gefangenschaft in Berlin mit zwei Arbeiterchören ein. »Brüder, zur Sonne, zur Freiheit« wurde eines der beliebtesten Arbeiterlieder in Deutschland.

Umschlag eines beliebten Arbeiterlieder-Buches aus dem Jahre 1928

Nach der russischen Oktoberrevolution von 1917 entstand 1922 die Sowjetunion. Sie verstand sich als sozialistischer Staat. 1924 wurde Josef Stalin Generalsekretär der Kommunistischen Partei. Immer stärker entwickelte sich die Sowjetunion nun zur Diktatur eines einzigen Mannes, der wirkliche und vermeintliche Gegner brutal hinrichten ließ.

Auch die Künste wurden reglementiert: Dem bedeutenden russischen Komponisten DMITRI SCHOSTAKOWITSCH (1906–1975) etwa wurden immer wieder Vorschriften gemacht. Unter dem Motto des »sozialistischen Realismus« erwartete man von ihm eine allgemein verständliche und optimistische Musik; denn nach dem Sieg des Sozialismus hatten die Menschen glücklich zu sein.

KONTEXT

Der sowjetische Komponist muss seine Hauptaufmerksamkeit auf die sieghaften, fortschrittlichen Urquellen der Wirklichkeit lenken, auf die heroische Klarheit und Schönheit, die die Seelenwelt des sowjetischen Menschen auszeichnet. Das alles muss mit musikalischer Bildhaftigkeit erfasst werden, die voller Schönheit und lebensbejahender Kraft ist.
(Viktor Gorodinski: Über die Probleme des Sozialistischen Realismus in der Musik, 1934)

AUFGABEN

- *Vergleicht das Lied »Brüder, zur Sonne, zur Freiheit« CD I/35 mit dem Lied »Und wenn wir marschieren« auf S. 21 CD I/30–32 und dem Lied »Volk ans Gewehr«, CD I/36.*
- *Welche politischen Zielvorstellungen findet man in »Brüder, zur Sonne zur Freiheit«?*

Auch SCHOSTAKOWITSCH selbst wurde wenig später verdächtigt, er gehöre einer Terroristengruppe an, die einen Anschlag auf Stalin plane. Zu einer Verhaftung kam es nicht mehr, weil der Geheimpolizei-Offizier, der den Komponisten verhörte, selbst als angeblicher Staatsfeind verhaftet und hingerichtet wurde.

SCHOSTAKOWITSCH hatte mit seiner 1934 uraufgeführten Oper *Lady Macbeth von Mzensk* großen Erfolg im In- und Ausland. Doch Anfang 1936 erschienen in der »Prawda«, der Zeitung der Kommunistischen Partei der Sowjetunion, heftige Angriffe auf diese Oper: Es handele sich um »eine unharmonische, wirre Flut der Klänge«, um »Melodiefetzen«, um »ein Dickicht musikalischen Wirrwarrs«. SCHOSTAKOWITSCH wagte es danach nicht mehr, seine *4. Sinfonie* uraufführen zu lassen.

1937 schrieb er seine *5. Sinfonie*. Er gab ihr zunächst den Untertitel »Praktische Antwort eines sowjetischen Künstlers auf gerechte Kritik«, den er später änderte in *Das Werden einer Persönlichkeit, die durch Prüfungen gegangen ist*. In einem Zeitungsartikel versuchte er, sich vorsichtshalber vor dem Vorwurf des Pessimismus zu schützen: »Ich versuche, die tragischen Momente der ersten Sätze im Finale der Sinfonie zu einem optimistischen Entwurf voller Leben aufzulösen.«

Als die Sinfonie am 21. 11. 1937 in Leningrad uraufgeführt wurde, reagierten die Zuschauer merkwürdig: Sie schwiegen erschüttert, viele brachen in Tränen aus, und dann gab es einen Beifallssturm, wie ihn Schostakowitsch noch nie zuvor erlebt hatte.

DMITRI SCHOSTAKOWITSCH, 1948

1979 veröffentlichte der Musikwissenschaftler Solomon Volkov *Die Memoiren des Dmitri Schostakowitsch*, die er nach seinen Gesprächen mit dem Komponisten aufgezeichnet hatte. SCHOSTAKOWITSCH beschrieb darin auch die Situation unter der Diktatur Stalins:

»Wie verhielten sich damals die Menschen? Sowie jemand mit dem unheilvollen Stempel ›Volksfeind‹ versehen worden war, wandten sie sich von ihm ab; in panischer Angst vernichtete jeder alles, was mit diesem Menschen, diesem Volksfeind in Verbindung zu bringen war. Wenn ein Volksfeind ein Buch geschrieben hat, schmeiß es weg. Wenn du einen Brief von ihm besitzt, verbrenne ihn. [...] Es braucht nur jemand anzuzeigen, dass du Fotos von einem Volksfeind hast – es kann dir den Kopf kosten.«

SCHOSTAKOWITSCH wusste, wovon er sprach. Am 13. Juni 1937 war sein Freund und Förderer, der angesehene General Michail Nikolajewitsch Tuchatschewski, als Volksfeind verhaftet und hingerichtet worden. Tuchatschewski hatte SCHOSTAKOWITSCH finanziell unterstützt, mit ihm diskutiert und musiziert. 28 Jahre später beschrieb dieser seine Reaktion, als er in der Zeitung von den Ereignissen erfuhr: »Mir wurde schwarz vor Augen. Vor Kummer und Verzweiflung empfand ich fast physischen Schmerz. Das Gefühl war so, als ob die Kugel, die ihn ereilt hatte, mir ins Herz gedrungen wäre [...].«

AUFGABEN

- *Welche Vorwürfe wurden* SCHOSTAKOWITSCH *von der Kommunistischen Partei gemacht?*
- *Hört euch aus der »5. Sinfonie« die Anfänge der vier Sätze an und beschreibt die Stimmung der Musik.* **CD I/37–40**
- *Kann man die aufsteigenden Melodielinien am Ende des 3. und 4. Satzes als »optimistisch« bezeichnen?* **CD I/41–42**
- *Wie lassen sich die widersprüchlichen Informationen über die Sinfonie erklären?*

Musik physikalisch betrachtet – die Akustik

Musik erreicht als **Schallwelle**, die über die Luft **Schwingungen** überträgt, unser Ohr oder – wenn sie aufgezeichnet werden soll – ein Mikrofon. Das Trommelfell im Ohr und die Membrane im Mikrofon werden durch die so genannte **Resonanz** zum Mitschwingen angeregt.

Die Eigenschaften der Schwingungen können in einem Schaubild dergestalt verdeutlicht werden, dass die x-Achse die Tonhöhe anzeigt (viele Schwingungen pro Sekunde = hoher Ton) und die y-Achse die Lautstärke (große Amplitude = lauter Ton). So haben hohe, tiefe, laute oder leise Töne ganz unterschiedliche Schaubilder (s. auch S. 102). **CD I/43**

In der Physik werden Töne in der Regel elektronisch hergestellt und heißen mit vollem Namen **Sinustöne**; ihr Schaubild ist einfach und regelmäßig. Die »Töne«, die von Musikinstrumenten erzeugt werden, setzen sich aus vielen einzelnen unterschiedlich leisen Sinustönen und Tönen mit anderen Schwingungsbildern zusammen und heißen deshalb in der Akustik **Klänge**. Wenn also Musiker sagen, sie spielen bzw. singen einen einzelnen Ton, so ist das physikalisch gesehen ein Klang. Dieser Begriff

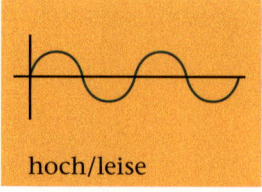
hoch/leise

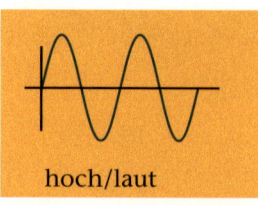
hoch/laut

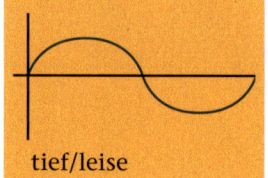
tief/leise

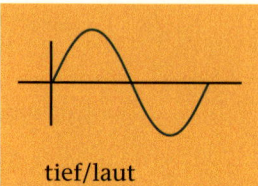
tief/laut

kann aber auch noch andere Bedeutungen haben, wie die Begriffe Dreiklang, Klang eines Instrumentes, schriller Klang etc. zeigen.

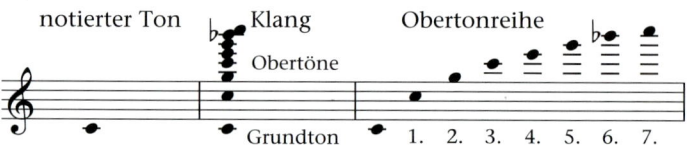

Im Wesentlichen hört man den **Grundton** eines Klanges, der durch unterschiedlich leise dazu erklingende **Obertöne (Teiltöne)** einen eigenen Charakter erhält. Die Abstände (Intervalle) der Obertöne vom Grundton folgen einem Naturgesetzt und sind bei allen Tönen gleich. Das Notenbeispiel zeigt die Obertonreihe des »Tones« c'.

Aber man kann durch bestimmte Spieltechniken auf einem Instrument auch die Teiltöne hörbar machen. Bei Saiteninstrumenten gelingt dies, indem man eine Saite mit dem Finger an einer bestimmten Stelle nur leicht berührt (nicht niederdrückt) und sie dabei zupft oder steicht. Es erklingt abhängig von

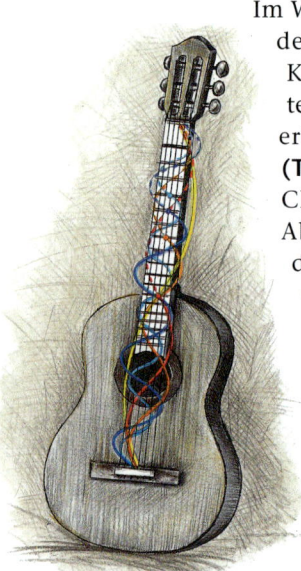

dem Punkt, an dem die Saite berührt wird, der x. Oberton als so genannter **Flageolett-Ton**. Teilt man eine Seite durch Berühren:

- in zwei gleiche Teile, erklingt der 1. Oberton (eine Oktave höher)

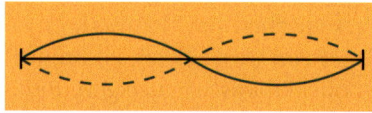

- in drei gleiche Teile, erklingt der 2. Oberton (eine Oktave plus eine Quinte höher)

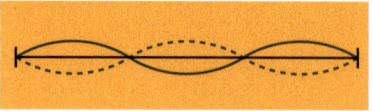

Der Schwingungszustand der leeren Saite ist die Summe aus der ungeteilten Schwingung des Grundtons und den Schwingungen der Obertöne.

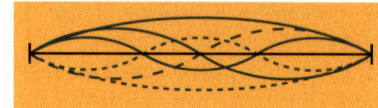

Moog-Synthesizer aus den 1960er Jahren

digitale Klangerzeugung

AUFGABEN

- Schreibt die ersten fünf Teiltöne von d^1, f^1 und F in Noten auf.
- Versucht, diese Teiltöne auf einem Klavier hörbar zu machen.
- Welcher der beiden Ausschnitte aus Niccolò Paganinis Violinkonzert ist mit Flageolett-Technik gespielt, welcher nicht? Beschreibt den Unterschied zwischen beiden Spielweisen. CD I/45–46

Die **Klangfarbe** eines Instrumentes hängt von der Anzahl, Verteilung und Stärke der Obertöne ab: Auf manchen Instrumenten kommen die oberen Teiltöne mehr zur Geltung, auf anderen die Teiltöne des unteren Bereichs.

Auch wenn man Farben mischt, hängt das Ergebnis der Mischfarbe davon ab, welche der Ausgangsfarben sich stärker durchsetzt.

Will man den Klang bestimmter Instrumente synthetisch (griech.: ›künstlich hergestellt; zusammengesetzt; aus einfacheren Stoffen aufgebaut‹) erzeugen, muss man die für das Instrument charakteristischen Teiltöne kennen.

Nimmt man beispielsweise aus dem Klang einer Klarinette den 2., 4. und 6. Teilton heraus, nähert sich der Klang einem Sinuston an. **CD I/44**

Die Elektronik und Software im Keyboard, Sythesizer und Tonstudio ermöglicht es, ein Obertonspektrum aufzubauen, das ganz neue Klänge schafft oder auch verschiedene Instrumente imitiert (s. auch S. 48f.)

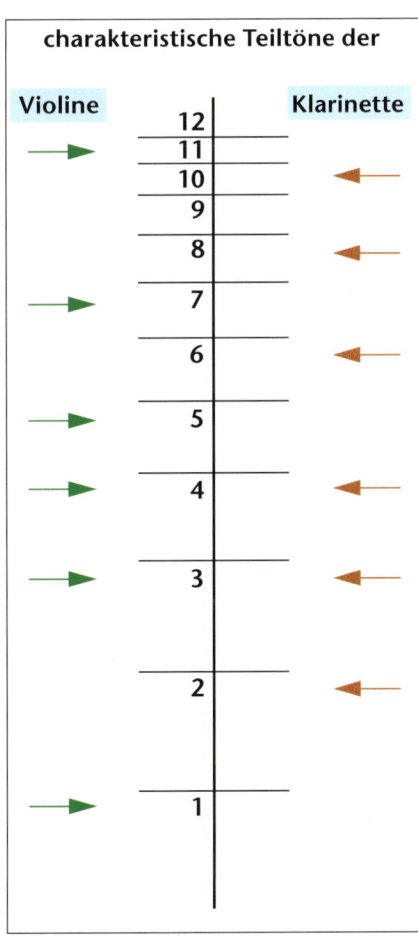

Welche Chorstimme singst du?

Willst du in einem Chor mitsingen, so wirst du dich in Absprache mit dem/der Chorleiter/in für eine bestimmte **Stimmlage (Stimmfach)**, in der du singen wirst, entscheiden. Maßgeblich ist dafür der **Ambitus (Tonumfang)** deiner Stimme. Die Bezeichnungen für die unterschiedlichen Stimmlagen lauten: **Sopran** für die hohe Frauenstimme, **Alt** für die tiefe; **Tenor** für die hohe Männerstimme und **Bass** für die tiefe.

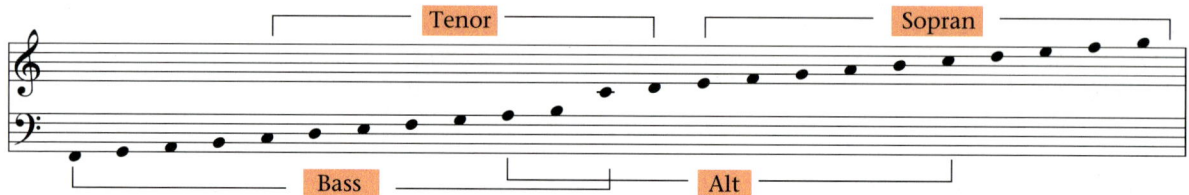

Sailing

Text und Musik: Gavin Sutherland
Satz: Thomas Stapf

1. I am sail-ing, I am sail-ing home a-gain ____ 'cross the sea.

I am sail-ing stor-my wa-ters to be near ___ you, to be free.

2. I am flying (2x)
   like a bird 'cross the sky.
   I am flying
   passing high clouds,
   to be with you, to be free.

3. Can you hear me (2x)
   thro' the dark night far away?
   I am dying forever crying,
   to be with you who can say.

4. We are sailing (2x)
   home again 'cross the sea.
   We are sailing stormy waters,
   to be near you, to be free.

Jazzchor Freiburg

Der Dritte im Schlüssel-Bunde

Der Violinschlüssel heißt auch g'-Schlüssel, da er das eingestrichene *g* umschließt. Der Bass-Schlüssel markiert das kleine *f* in seinem Ursprung und mit seinem Doppelpunkt – das gibt ihm den Beinamen f-Schlüssel.

Für den Zwischenbereich gibt es noch einen dritten, den so genannten **c'-Schlüssel.** Je nachdem, wo er angebracht ist, ist er eher für die Alt- bzw. Tenorlage günstig.

Es gibt auch noch andere Möglichkeiten, beim Notieren der Tenorstimme allzu viele Hilfslinien zu vermeiden. Man notiert die Stimme eine Oktave zu hoch und zeigt mit der »8« unter dem Violinschlüssel an, dass die Stimme eine Oktave tiefer als notiert erklingt.

Tenor
I am sail - ing

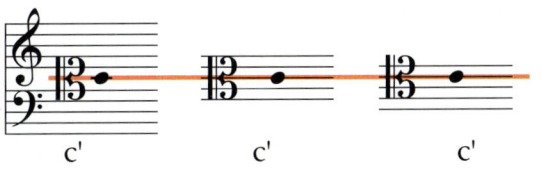

c'   c'   c'

Alt-Schlüssel Tenor-Schlüssel
(Bratschen-Schlüssel)

Kyrie (aus der »Missa Papae Marcelli«)

Giovanni Pierluigi da Palestrina (1525–1594)

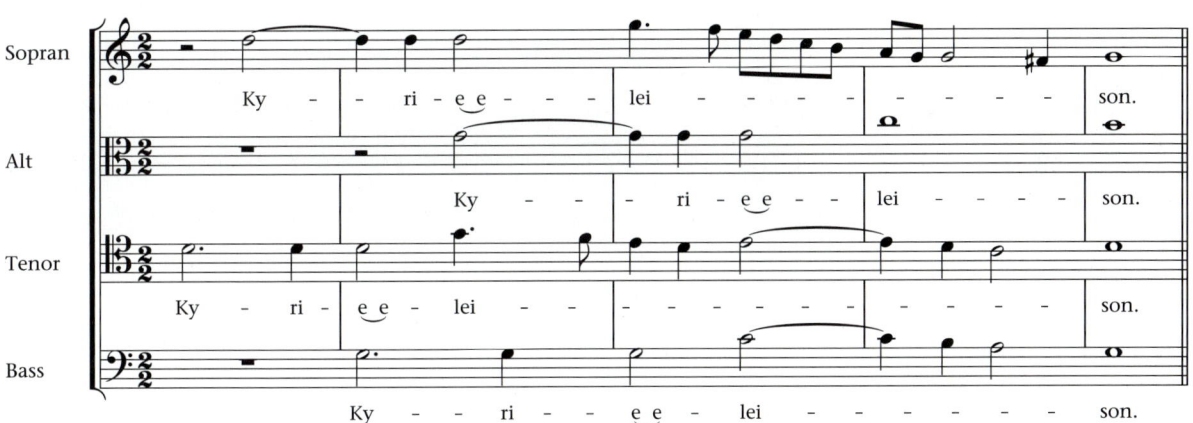

Sopran — Ky - ri - e e - lei - son.

Alt — Ky - ri - e e - lei - son.

Tenor — Ky - ri - e e - lei - son.

Bass — Ky - ri - e e - lei - son.

AUFGABEN

- *Findet heraus, in welcher Stimmlage ihr am besten singen könnt.*
- *Schreibe auf dem Arbeitsblatt die vier Stimmen von »Sailing« weiter.*
- *Schreibe im »Kyrie« den Alt im Violinschlüssel und den Tenor im Bass-Schlüssel.*

Klang im Holzbläser-Satz

Die Holzblasinstrumente (Quer-) Flöte, Oboe, Klarinette und Fagott sind vergleichbar mit den Sängerinnen und Sängern eines vierstimmigen Chores: Die Flöte (Fl.) kann die Sopranstimme übernehmen, die Oboe (Ob.) den Alt, Klarinette (Clar.) und Fagott (Fg.) spielen die beiden Männerstimmen Tenor und Bass.

Die international gebräuchliche Kurzschrift der Orchesterinstrumente ist von den italienischen Namen für die Instrumente abgeleitet: Flauto, Oboe, Clarinetto, Fagotto.

Bei der Notation ist zu beachten, dass die Klarinette zum einen im Violinschlüssel notiert wird (ohne 8!) und zum anderen einen Ganzton höher, als sie in Wirklichkeit klingt; sie ist somit ein **transponierendes Instrument.**

Vom Himmel hoch   CD I/47

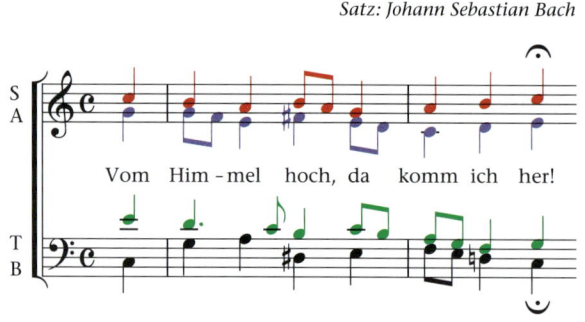

CD I/48

Klang im Blechbläser-Satz

Blechblasinstrumente, die einen vierstimmigen Satz spielen, verteilen sich häufig wie folgt:

Sopran: Trompete I (Tr. oder Trb.)
Alt: Trompete II
Tenor: Horn (Cor.)
Bass: Posaune (Tbn.) und
Tuba zusätzlich eine Oktave tiefer.

Die international gebräuchliche Kurzschrift der Orchesterinstrumente ist von den italienischen Namen für die Instrumente abgeleitet: Tromba, Corno, Trombone, Tuba, Timpani.
Zur Notation ist zu bemerken, dass Trompeten einen Ganzton höher notiert werden (Notation in B♭). Hörner sind im Violinschlüssel zu lesen und klingen eine reine Quinte (7 Halbtonschritte) tiefer als sie notiert werden.
Aus historischen Gründen stehen in Orchesterpartituren die Hörner über den Trompeten, obwohl sie tiefer klingen.

In der Musik des Barock und der Klassik werden Blechbläser in der Regel mit Pauken (Timp.) gekoppelt. Da Pauken meist nur paarweise eingesetzt werden, stimmt man sie auf zwei wichtige Töne: den Grundton der Tonika und den Grundton der Dominante. Daher können sie nur an passenden Stellen eingesetzt werden. **CD I/49**

Vom Himmel hoch

Satz: Johann Sebastian Bach

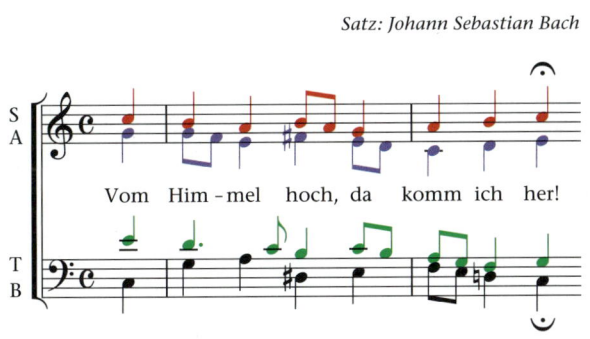

Klang im Streichorchester

Die Verteilung der **Streichinstrumente** eines vierstimmigen Satzes gleicht der im Blechbläser-Satz:

Sopran: Violinen I (Vl. I)
Alt: Violinen II (Vl. II)
Tenor: Violen (Bratschen; Vla., von ital. Viola,
         Singular; oder Vle., von ital. Viole, Plural)
Bass: (Violon-)Celli (Vc.) und
         Kontrabässe (Cb., von ital. Contrabassi;
         eine Oktave tiefer klingend)

Die Bratschen werden meist im c'-Schlüssel notiert
(Bratschen-Schlüssel); der Kontrabass eine Oktave
höher als sein Klang (deshalb werden beide oft in
einem System notiert). **CD I/50**

Vom Himmel hoch

Satz: Johann Sebastian Bach

Vom Him - mel hoch, da komm ich her!

Sinfonischer Klang

Das **Sinfonieorchester** vereint
die Instrumentengruppen
**Holzbläser, Blechbläser, Strei-
cher** und **Schlagwerk** zu einem
großen Klangkörper. Entsprechend umfangreich sieht auch
das Notenbild aus: manchmal
stehen 25 und mehr Notensysteme untereinander.

Musik im Überblick

In einer **Partitur** stehen alle Töne, die gleichzeitig erklingen, als Noten in den einzelnen Systemen untereinander. **CD I/51**

Sie liegt nur der Dirigentin oder dem Dirigenten vor; die Musikerinnen und Musiker spielen aus ihrer Stimme.

Klavierauszüge fassen das Wesentliche einer Orchesterpartitur so zusammen, dass die Musik auf Tasteninstrumenten spielbar ist.

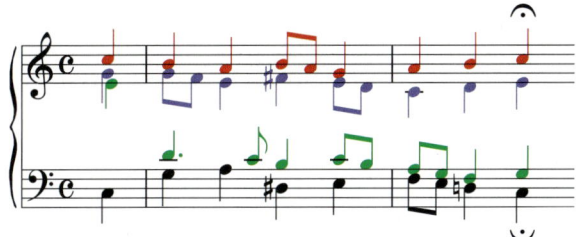

AUFGABEN

- *Beschreibt den Aufbau der Partitur.*
- *Welche Stimmen spielen die gleichen Töne?*
- *Welchen Grund könnte es geben, dass in der Partitur dennoch alle Stimmen notiert werden?*

Partiturlesen – (k)ein Problem

Das Mitlesen einer Partitur ist gar nicht so einfach. Hat man aber herausgefunden, welches Instrument bzw. welche Instrumente die Hauptstimme spielen, gelingt das Partiturlesen leichter. Und umgekehrt erfährt das Hören Unterstützung, wenn eine im Klangbild fast verborgene Stimme durch das Lesen entdeckt wird.

Meist wird die Hauptstimme von untergeordneten Melodien begleitet (**homofoner Satz**, s. auch S. 116), manchmal wandert sie auch von Instrument zu Instrument (**durchbrochener Satz**). Ein besonderer Effekt ist, wenn alle beteiligten Instrumente die gleiche Melodie spielen (**unisono**).

Drei Partituren aus drei Epochen

Klassik: Sinfonie Nr. 5 op. 67, 1. Satz (1804–08)

Ludwig van Beethoven (1770–1827)

AUFGABEN

- *Finde heraus, welche Stellen* LUDWIG VAN BEETHOVEN *homofon, unisono oder durchbrochen gesetzt hat.*
- *Welches ist der einfachste Leseverlauf?* **CD I/52**

- *Vergleiche die Partiturausschnitte auf S. 32 und 33 mit der Partitur auf S. 31 hinsichtlich der Besetzung.*

Romantik: Sinfonie Nr. 9 (1887–96)   Moderne: Sinfonie Nr. 7 (1983/84)

Anton Bruckner (1824–1896)   *Hans Werner Henze (*1926)*

Musik aus der Konserve

Ein alter Traum der Menschheit war es, Musik dauerhaft festzuhalten – so wie man auch auf Bildern visuelle Eindrücke dauerhaft festhalten kann. Dazu wurden im Laufe der Jahrtausende ganz verschiedene Verfahren zur Speicherung von Musik entwickelt.

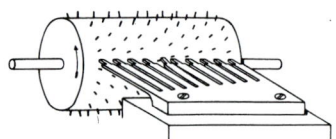

Das Prinzip der **Stiftwalze** existiert seit dem 9. Jahrhundert: Stifte einer sich drehenden Walze setzten Vorgänge in Bewegung, die Metallzungen oder Pfeifen zum Klingen brachten. 1842 wurden dann **Lochkarten** nach dem pneumatischen Prinzip für mechanische Vorgänge benutzt. Es entstanden Musikautomaten, die als wahre Wunderwerke verherrlicht wurden.

1877 erfand Thomas Alva Edison den **Fonografen**, mit dem es erstmals möglich war, Klänge (Stimme oder Musik) aufzunehmen und wiederzugeben. Die Schallwellen wurden mithilfe eines Stachels als Rillen in eine sich drehende Wachswalze eingeritzt und dann wieder hörbar gemacht (s. S. 127).
Emil Berliner erfand 1887 das **Grammofon**. Der Klang der Musik wurde auf eine Matrize geritzt, von der dann Schallplatten vervielfältigt werden.

Ein weiterer Meilenstein in der Geschichte der musikalischen Reproduktion war 1950 die Erfindung des **Tonbands**. Mit ihm konnte man aufnehmen und danach auch Fehler durch Schneiden korrigieren. Mit dem Marktauftritt des Kassettenrekorders 1963 wurde die **Musikkassette** zum gängigen Aufnahmemedium im Hausgebrauch.

Ab dem Ende der 1970er Jahre fand die digitale Computertechnologie Eingang in die Verfahren zu Aufzeichnung von Musik. Das erste **digitale Speichermedium** war die 1981 eingeführte **CD** (Compact Disc). Auf ihr werden die eingehenden Signale digital abgespeichert (siehe folgende Seite). Eine weitere Steigerung für die Klangqualität brachte die seit 2000 erhältliche **SA-CD** (Super-Audio-CD).
1986 startete die **DAT-Kassette** (Digital-Audio-Tape), die dem Konsumenten mithilfe des DAT-Rekorders auch das digitale Aufnehmen ermöglichte. Mittlerweile ist auch das Aufnehmen auf eine **CD-R** und das mehrmalige Beschreiben einer **CD-RW** möglich; dazu bedarf es eines Speichers (Festplatte eines Computers oder Original-CD), von dem die Musikdatei kopiert und auf den Rohling gebrannt wird. Beim **Harddisc-Recording** werden die Musikdaten auf der Festplatte gespeichert.
Im Jahre 1995 wurde die **Minidisc** eingeführt. Auch mit ihr kann man digital aufnehmen und schneiden. Außerdem ermöglicht dieses Verfahren das Markieren und Editieren selbst gewählter Passagen innerhalb eines Musikstücks, sodass diese schneller und bequem wiederauffindbar sind. Die neueste Technik ist das Aufnehmen und Wiedergeben im **MP3**-Format, das sich vor allem für den Datentransfer per Internet eignet.
Die **DVD** (Digital-Video-Disc, 1995) ermöglicht das digitale Aufnehmen von Ton und Bild auf demselben digitalen Tonträger.

AUFGABEN

- *Besorgt euch ganz alte Aufnahmen und vergleicht sie mit Aufnahmen heutiger Aufnahmequalität.*
- *Gebt euren Eindruck beim Hören der »Konserven-Musik« wider.* **CD I/53–54**

Aufzeichnung: analog und digital

Bei elektronischen Speichergeräten werden die Schallschwingungen, d. h. die Luftdruckveränderungen, als elektrische Impulse auf einem Aufnahmegerät erfasst und dann auf Tonträger (z. B. Schallplatten oder CDs) übertragen. Elektronische Systeme können Informationen auf zwei Arten verarbeiten: **analog** oder **digital.**

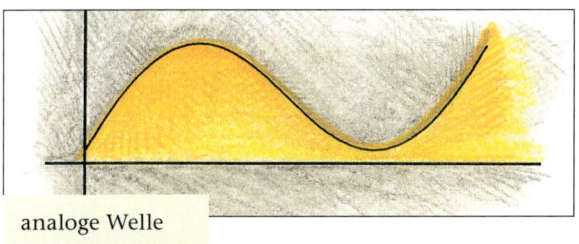

analoge Welle

Als **analog** (griech.: ›durchgehend, gleichbedeutend‹) bezeichnet man Signale, die sich stufenlos verändern wie z. B. plötzliche Luftdruckschwankungen, die wir als Schall wahrnehmen. Die Signale, die ein Ton erzeugt, werden elektrisch als Wellenmuster aufgezeichnet. Diese Welle, die auf die Schallplatte geritzt wird, ist ein Duplikat analog zur Luftdruckwelle des erklungenen Tons.

Bei der **Digital**aufzeichnung werden die Schallwellen als elektrische Impulse in Stufen zerlegt und als eine Reihe von Ziffern gespeichert. Die Kombination dieser Werte ergibt einen so genannten Code, den man als winzige Vertiefungen aufzeichnet.

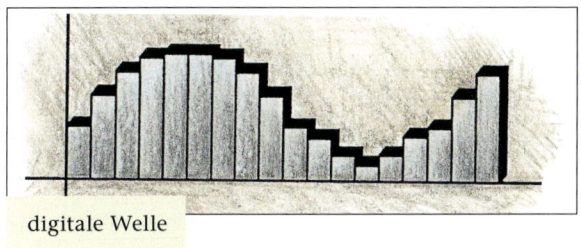

digitale Welle

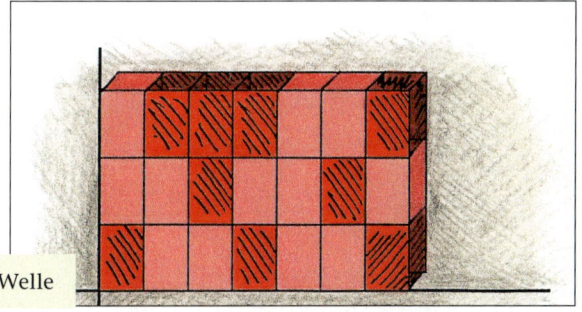

codierte digitale Welle

Menschenhaar

Rillen einer Vinylplatte

CD

40 Spuren

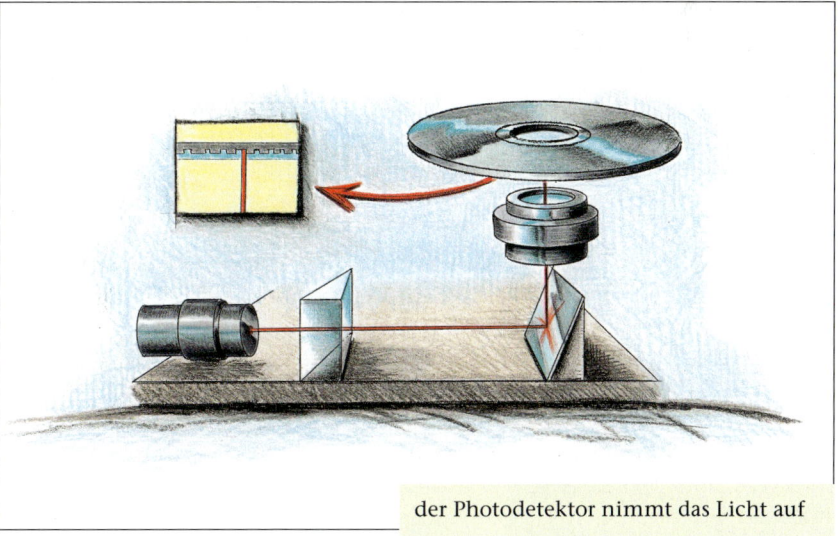

der Photodetektor nimmt das Licht auf

Auf jeder **CD** sind Millionen Vertiefungen eingraviert. Diese werden von einem Laserstrahl abgetastet, im D/A-Wandler (Digital-Analog-Wandler) in ein analoges Audiosignal umgewandelt, über den Verstärker zu den Lautsprechern weitergeleitet und in Schall umgewandelt. Digitale Aufnahmen erzeugen zwar eine von Störgeräuschen befreite Aufzeichnung, doch können sie nicht alle Informationen eines analogen Schwingungsspektrums erfassen.

Musikinstrumente

Neu! Sedariston® Night. Seelenruhig in den Schlaf.

Sedariston® Night Brausetabletten aus Baldrian bei Einschlafstörungen. Schnelle Wirkstofffreisetzung, fruchtiger Geschmack.

STEINER Arzneimittel

2

Vielleicht habe ich den Bogen zu wirklich überspannt, als ich dieser „exaltierten Person" um den Hals fiel. Würdest du mir nochmal verzeihen, wenn ich schwöre, daß sie meine Schwester ist? Wir sind heute abend übrigens herzlich zu ihrem Gastspiel eingeladen.

✝ **PARKER**

SCHREIBKULTUR IN HÖCHSTER VOLLENDUNG

Parker Duofold. Klassisches Design. Technische Perfektion. Makellose Verarbeitung. Uneingrenztes Schreibvergnügen.

3

„Wieso Postbank? Weil ich Bankgebühren ungebührlich finde!"

Postbank Giroplus. Das Nulltarif-Konto®:

Postbank Die Bank fürs Wesentliche.

4

Schwäbisch Hall
Die Bausparkasse der Volksbanken und Raiffeisenbanken

Auf diese Steine können Sie bauen

Schwäbisch Hall finanziert gute Nachbarschaft.

Wer Talent hat, soll es auch ausspielen. Ohne andere zu stören oder selbst gestört zu werden. Besser als jede Mietwohnung ist dafür das eigene Haus geeignet. Die Finanzierung macht Ihnen Schwäbisch Hall besonders einfach. Weil wir die durch die enge Zusammenarbeit im FinanzVerbund der Volksbanken und Raiffeisenbanken genau auf Ihre persönlichen Bedürfnisse abstimmen können. Bis auf den letzten Ton.

5

porta
möbel & mehr

Wohnen -
in seiner schöneren Form!

LAAUSER Design International

6

going public

Auf gut bayrisch: „Auf geht's". Wenn wir Ihr Unternehmen an die Börse bringen, verschaffen wir Ihnen Gehör. Ein großes Publikum und Kapital für Ihre Pläne sind sicher. Ob mit großem Tamtam oder im kleinen Kreis, bleibt Ihnen überlassen. Schließlich geben Sie den Takt an.

Bayerische Landesbank Finanzgruppe

7

BUNDESWERTPAPIERE bilden.

Fünf Papiere, tausend Möglichkeiten. Bundeswertpapiere.

8

Die Schuhe von Görtz.

GÖRTZ

9

Musikinstrumente in der Anzeigenwerbung

Das **Image** (engl.: ›Bild‹) vieler Stars aus dem Showgeschäft wird vom Management der Unterhaltungsindustrie entworfen und in Werbefeldzügen an die Konsumenten herangetragen. Durch Verträge werden Künstler verpflichtet, in der Öffentlichkeit so aufzutreten, dass es ihrem Image nicht schadet. Auch Musikinstrumente haben ein bestimmtes Image, das aber in der Regel nicht entworfen und durchgesetzt wird, sondern sich im Laufe der Zeit herausgebildet hat und vielen Veränderungen unterliegt. Mit diesem verbreiteten Erscheinungsbild von Instrumenten wird in der Anzeigenwerbung gearbeitet, was wiederum das Image des Musikinstrumentes verfestigt.

Es handelt sich bei diesen stereotypen Bildern oft um Klischees und Vorurteile, die das Instrument auf einen oder wenige Aspekte einengen.

Keine einzige der abgebildeten Anzeigen wirbt für ein Produkt, das etwas mit Musik zu tun hat. Dennoch ist auf jeder Abbildung mindestens ein Musikinstrument zu sehen. Da mit jeder Anzeige eine bestimmte Absicht verfolgt wird und in der Werbung nur wenig dem Zufall überlassen bleibt, stellt sich die Frage, wofür die Musikinstrumente stehen, welches Bild sie verkörpern.

Saxofone

ss as ts bs

CANDY DULFER auf dem Altsaxofon

Der belgische Instru-
mentenbauer Adolphe
Sax suchte in den 1830er Jahren
nach einem Instrument, das den Klang
der Klarinetten in der Militärmusik verstärken
sollte: so laut wie ein Blechblasinstrument und so weich
wie ein Holzblasinstrument musste es klingen. Außerdem würde
ein solches Instrument sein Monopol auf die Belieferung der französischen Armee mit Blasinstrumenten sicherstellen. Sax experimentierte
mit der Flöte, der Oboe, der Klarinette, der Trompete, der Posaune und
der Tuba und konnte 1840 ein Blasinstrument aus einem Nickelrohr und
einem Klarinettenmundstück vorstellen, das er 1846 unter dem Namen
»Saxofon« patentieren ließ. Wegen des Mundstücks gehört das Instrument trotz seines metallenen Körpers zu den Holzblasinstrumenten. Die
Grifftechnik und die Tonerzeugung ähneln der Klarinette, sodass ein
Wechseln zwischen den Instrumenten leicht gelingt. Viele Saxofonisten
haben als Klarinettisten begonnen. In den Militärkapellen traten das
Saxofon und das Saxhorn (eine weitere Erfindung von Adolphe Sax)
alsbald an die Stelle der leiseren Oboen, Fagotte und Hörner.
Vier der 14 unterschiedlich großen von Sax gebauten Instrumente sind
die heute gebräuchlichsten: das Sopran-, das Alt-, das Tenor- und das
Baritonsaxofon. Alle haben ein Rohr mit 20 Tonlöchern, die durch
Klappen abgedeckt sind. Der Umfang (Ambitus) ist jeweils zweieinhalb
Oktaven:

Schematische Darstellung des Saxofonblattes (links), des abnehmbaren Mundstücks (Mitte) und der Befestigung des Blattes am Mundstück mittels einer Klammer.

AUFGABEN

- *Vergleicht das Saxofonspiel von* SIDNEY BECHET *(ss)*, COLEMAN HAWKINS *(ts)*, GERRY MULLIGAN *(bs) und* CHARLIE PARKER *(as).*
  CD I/55–58
- *Versucht, aus dem Klang der Saxofonensembles die einzelnen Instru- mente herauszuhören.*
  CD I/59–61

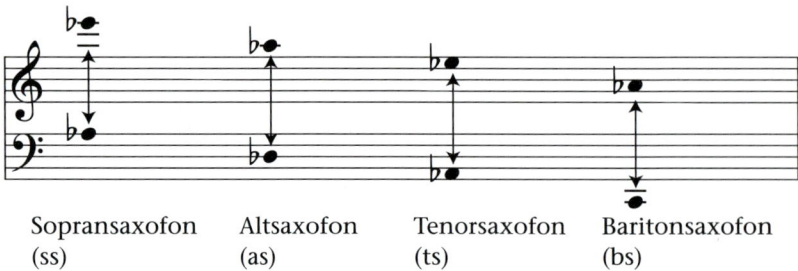

Sopransaxofon (ss) Altsaxofon (as) Tenorsaxofon (ts) Baritonsaxofon (bs)

[...] bald ernst und ruhig, bald leidenschaftlich, bald träumerisch oder melancholisch oder auch ganz verflüchtigend wie das abgeschwächte Echo eines Echos, wie die unbestimmten Klagen des Windes im Walde oder besser noch, wie die geheimnisvollen Schwingungen einer Glocke, lange nachdem sie zum letzten Male angeschlagen wurde. Kein anderes Instrument, das ich kenne, besitzt diesen ganz seltsamen Klang, der an der Grenze des Schweigens steht.
(Hector Berlioz, 1842)

Der Ton des Saxofons ist sanft, weich, mehr zu melancholischem als zu heiterem Ausdruck, mehr zum Gesang als zur Bravour geeignet.
(Eduard Hanslick, 1862)

Die Saxofone wurden in Deutschland im Lauf der vergangenen beiden Jahrzehnte im Gefolge der Jazzmusik eingeführt und verbreitet [...]. In der Jazzmusik haben sich die Musiker ein Ziehen, Schleifen und Schmieren der Töne angewöhnt, was durch die dem Instrument eigene Spiel- und Anblastechnik gefördert zu werden scheint. Für jede ernste Musik, die wagt und beansprucht, sich als Fortsetzung der großen Vergangenheit der deutschen Musik zu fühlen, dürfte diese Manier unerträglich sein [...]. Musik deutscher Prägung ist nur denkbar auf der Grundlage einer klaren, festen, eindeutigen Tonbildung.
(aus: Hohe Schule der Musik, 1935)

Das Saxofon erscheint ihnen [den Laien] als das Jazz-Instrument schlechthin. Aber, was sie meinen [...] ist nicht das wunderbar bewegliche, ausdrucksstarke Instrument, als das das Saxofon im Jazz fungiert – es ist das »flüsternde Saxofon« der Salon-Orchester mit seinen Quietsch- und Gleittönen, gespielt von Musikern, die eine Art Stehgeiger auf dem Saxofon sind. [...] Das ideale Jazz-Instrument ist ein Instrument, das ausdrucksstark wie die Trompete und beweglich wie die Klarinette ist. Das Saxofon ist das einzige Instrument, das diese beiden Eigenschaften, die bei allen übrigen Instrumenten einander extrem gegenüberstehen, besitzt.
(Joachim-Ernst Berendt, 1968)

Irgendetwas, soviel ist mal sicher, hat dieses Saxofon, was andere Blasinstrumente nicht haben. Weshalb bekommt der Trompete spielende Straßenmusikant höflichen Applaus, während ein paar Meter weiter in der Fußgängerzone dem Saxofon-Amateur die Herzen der stolzesten Frauen zufliegen? Woran mag es liegen, dass ein biederer Dreiklang sich auf der Klarinette kalt, auf der Posaune schroff, auf dem Saxofon aber zärtlich anhört?
(Andreas Odenwald, 1993)

Plakat zur Ausstellung »Entartete Musik«, 1938

[...] das einen Teil der heutigen Tanz- und Unterhaltungsmusik beherrschende Instrument verleiht in seiner nicht selten geübten reichlichen Anwendung einem Musikstück meist einen weichen, qualligen, zuweilen ungesunden, schwülen Klang, der von sehr vielen Freunden der Musik gänzlich abgelehnt wird.
(Alfred Weidemann: Musik im Kriege, 1943)

AUFGABEN

- *Welche Rolle spielt das Saxofon in den Hörbeispielen?* **CD I/62–64**
- *Welches Instrument der Saxofonfamilie ist jeweils zu hören?*
- *Versucht, in den Hörbeispielen Elemente der Berlioz'schen Charakterisierung des Saxofons wiederzufinden.*
- *Beschreibt mit eigenen Worten das wechselhafte Image des Saxofons.*

Tasteninstrumente

Orgel, Cembalo, Hammerklavier, Klavier, Flügel und Synthesizer (Keyboard) haben eine Gemeinsamkeit: Man spielt sie, indem man Tasten drückt. Doch schon danach beginnen die Unterschiede.

Die **Orgel** ist das älteste dieser Instrumente: Schon 250 v. Chr. existierte eine Wasserorgel, bei der das Wasser dazu diente, den Luftdruck, der zu den Pfeifen geführt wurde, konstant zu halten. Später übernahm der Blasebalg die Funktion des Wassers. Das Drücken einer Taste setzt einen Luftstrom in Bewegung, der dann durch die der Taste zugeordnete Pfeife dringt und einen Ton erzeugt. Der Organist hat beim Spielen der Taste keinen Einfluss auf die Lautstärke des Tons. Doch durch das Ziehen und Kombinieren verschiedener Register entstehen unterschiedliche Klangfarben und verschiedene Lautstärkestufen.

Diese Art, den Klang und die Lautstärke durch den Wechsel des Registers zu gestalten, ist auch dem **Cembalo** eigen, das als akkordisches Instrument in der Generalbass-Musik des 17. und 18. Jahrhunderts seine Blütezeit hatte. Der Ton entsteht durch ein mechanisches Anzupfen der Saiten; lässt man die Taste los, fällt ein Filzdämpfer auf die Saite zurück.

Erst mit dem **Hammerklavier** konnte der Spieler nun piano (leise) und forte (laut) spielen, ohne verschiedene Register zu ziehen. Der Ton wurde dadurch erzeugt, dass ein mit Leder überzogener Hammer die Saite anschlug. Je nachdem, wie fest man auf die Taste drückte, wurde der Hammer stärker oder schwächer an die Saite geschleudert. Durch dieses **Fortepiano** (später als **Pianoforte** bezeichnet) wurde das Cembalo als wichtigstes Tasteninstrument abgelöst.
Die Hammermechanik wurde immer mehr verfeinert. Der Holzrahmen wurde durch einen gusseisernen Rahmen ersetzt, damit die Saiten zugunsten einer größeren Klangfülle stärker gespannt werden konnten. So entstanden der moderne **Flügel** und für den häuslichen Gebrauch das **Klavier,** bei dem die Saiten vertikal angeordnet sind.

Beim **Synthesizer** werden die Töne durch eine Elektronik erzeugt, die einen direkten Eingriff auf die Hüllkurve eines Tons und damit auf seine Klangeigenschaften erlaubt. Diese individuell erzeugten Klänge werden digital abgespeichert und dann über die Tasten abgerufen. In Verbindung mit dem Computer ergeben sich nahezu unbegrenzte Möglichkeiten der Klangkombination.

AUFGABEN

- Bringt euch die Assoziationen, die ihr bei der Aufgabe auf Seite 37 zum Flügel notiert habt, in Erinnerung.
- Beschreibt die jeweilige Rolle und Bedeutung des Klaviers oder Flügels auf den Bildern.
- Versucht, die Bilder historisch einzuordnen.
- Welches Image hat das Klavier bzw. der Flügel auf den Bildern?

LE GRAND HOMME

AUFGABEN

- Achtet beim Hören auf den Klang der verschiedenen Instrumente. Verändert sich das Werk durch die Darbietung auf einem anderen Instrument? Welche gefällt euch am besten? **CD II/1–4**
- Welche Assoziationen ruft der Klang der Instrumente in euch hervor?

Streichinstrumente

Zur Familie der Streichinstrumente gehört die **Geige (Violine)** für die hohe Lage, die **Bratsche (Viola)** für die mittlere Lage, das **(Violon-)Cello** für die tiefe Lage und der **Kontrabass** für die ganz tiefe Lage. Der Ton wird also umso tiefer, je größer das Instrument ist. Im großen Sinfonieorchester sind alle Streichinstrumente vertreten. Je nachdem, in welcher Konstellation sie solistisch im Kammermusikensemble auftreten, spricht man vom **Streichtrio**, **Streichquartett**, **Streichquintett** oder **Streichsextett**. Dabei gibt es verschiedene Kombinationen:

- Vl., Vla., Vc.
- Vl. I, Vl. II, Vla., Vc.
- Vl. I, Vl. II, Vla., Vc., Cb.
- Vl. I, Vl. II, Vla. I, Vla. II, Vc., Cb.

Geige, Bratsche und Cello sind in Quinten gestimmt, der Kontrabass in Quarten:

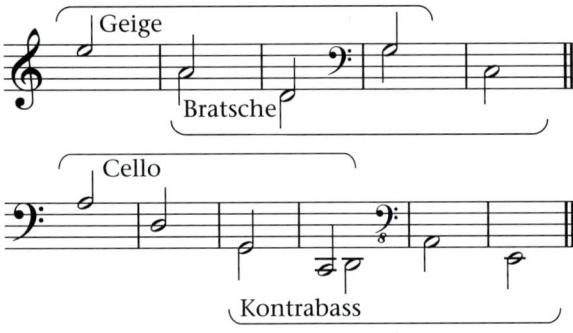

Es gibt viele verschiedene Arten, ein Streichinstrument zu spielen:

- mit dem Bogen über die Saiten streichen: **arco**
- mit den Fingern der rechten Hand die Saiten zupfen: **pizzicato**
- mit der Bogenstange auf die Saiten schlagen: **col legno**
- mit dem Bogen sehr schnell hin und her streichen, sodass viele Tonwiederholungen entstehen: **tremolo**
- mit Dämpfer spielen: **con sordino**
- mit den Fingern der linken Hand die Saiten nur leicht berühren, so dass bestimmte Obertöne erklingen: **flageolett**

Der Kontrabass wird in derselben Lage wie das Cello notiert, klingt aber eine Oktave tiefer. Im nebenstehenden Notenbeispiel ist er mithilfe eines oktavierenden Bass-Schlüssels (𝄢) klingend notiert.

Cello und Kontrabass im Größenvergleich

AUFGABEN

- *Versucht, die unterschiedlichen Besetzungen hörend zu bestimmen. Welche Quintettbesetzung zeigt das Bild?* **CD II/5–7**
- *Welchen Eindruck hinterlassen die verschiedenen Musikbeispiele bei euch?*

Berliner Streichquintett

Gitarren

Bei dem Wort **Gitarre** denkt der eine an Lagerfeuer und »Klampfe«, der andere an Pop-/Rockmusik mit der E-Gitarre oder an Straßenmusiker aus Lateinamerika; manch einer fühlt sich an seinen Spanienurlaub mit Flamenco-Musik erinnert. Die Vielfalt, die sich zeigt, ist groß.

Gitarren zählen zu den Lauteninstrumenten, die aus einem Resonanzkörper und einem Hals bestehen und mit Saiten bespannt sind. Bereits in der Antike gab es lautenähnliche Musikinstrumente. Im Mittelalter brachten die Araber die **Ud,** einen Vorläufer der Laute, mit nach Spanien. Diese Kurzhalslaute ist noch heute in der arabischen Welt und in der Türkei verbreitet. **CD II/8**

Die ersten **Lauten** gab es im 13. Jahrhundert. Die **Gitarre** war im 17. Jahrhundert vor allem in Frankreich und Italien ein Modeinstrument. Im 18. Jahrhundert entwickelte sich das Instrument zu seiner Form, wie wir es bis heute kennen. Fast zwei Jahrhunderte lang hatte die Gitarre an Bedeutung verloren, bis sie zu Beginn des 20. Jahrhunderts als Begleitinstrument zum Liedersingen einen Aufschwung erlebte.

Im Blues war die Gitarre zusammen mit der Mundharmonika das wichtigste Instrument. Mit dem Rhythm & Blues, dem Rock 'n' Roll und vor allem mit dem Beat der 1960er Jahre gewannen die **Elektrogitarren,** die ab 1932 hergestellt wurden, enorm an Bedeutung. In der Rockmusik wird die E-Gitarre als melodieführende Lead- und als akkordisch begleitende Rhythmusgitarre eingesetzt.

Im nebenstehenden Notenbeispiel ist die Stimmung der Gitarre wiedergegeben. Für die Liedbegleitung in Akkorden werden statt Noten »Griffe« gelesen, bei denen die Finger mit Punkten auf das darunter abgebildete Schema eingetragen werden. Kleine Kreise stehen für leer klingende Saiten (anschlagen ohne zu greifen); die Kreuze markieren Saiten, die nicht mitklingen sollen. Die Bünde sind im Abstand von Halbtönen angebracht.

Mit der herkömmlichen Notenschrift wird die Musik für die so genannte klassische Gitarre notiert. Meist sind auch Fingersätze für die Greifhand angegeben (Zeigefinger = 1, kleiner Finger = 4).

AUFGABEN

- *Beschreibe die Gemeinsamkeiten und Unterschiede der abgebildeten Instrumente.*
- *Vergleicht den Klang einer Barocklaute mit dem einer Konzertgitarre am Beispiel der »Bourrée« von* JOHANN SEBASTIAN BACH. **CD II/9–10**
- *Benenne die Töne und Akkorde der Griffbilder (s. auch S. 328).*

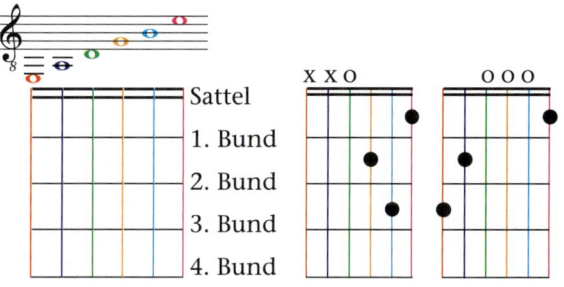

Holzblasinstrumente

Die ersten in Europa bekannten Holzblasinstrumente waren Flöten, die im frühen Mittelalter aus dem Orient kamen.

Bei allen Blasinstrumenten gerät beim Hineinblasen eine Luftsäule in Schwingung. Die Länge dieser Luftsäule – und damit die Tonhöhe – wird bei Holzblasinstrumenten verändert, indem man Löcher öffnet oder schließt. Ab dem 16. Jahrhundert wurden verschiedene Instrumente dieser Art entwickelt. Schalmei und Blockflöte z. B. sind uns noch heute ein Begriff. Um die Spielmöglichkeiten dieser Instrumente zu erweitern, verlängerte man sie. Dadurch lagen die Löcher aber so weit auseinander, dass die Länge der Finger nicht mehr ausreichte, um sie abzudecken. Diese Löcher wurden durch Klappen bedeckt, die der Spieler mit Hebeln betätigte. Mit der zunehmenden Größe der Instrumente hing es auch zusammen, dass sie aus mehreren zusammensetzbaren Teilen bestanden.

Die Erfindung der **Klappen,** die durch Druck auf einen Hebel ein Loch schließen, erweiterte zwar das Tonspektrum der Instrumente, doch klangen sie dadurch nicht sauberer, sie wirkten immer leicht verstimmt. 1832 machte der Instrumentenbauer THEOBALD BÖHM eine Entdeckung, von der bis heute alle Holzblasinstrumente profitieren. Er errechnete eine bestimmte Zahl von Löchern, die in eine Flöte gebohrt werden mussten, um die Stimmung zu beeinflussen. Diese Löcher versah man mit einem komplizierten **Klappmechanismus,** da sie in bestimmten Kombinationen geschlossen bzw. geöffnet werden mussten. Damit gelang es BÖHM, eine Feinabstimmung der schwingenden Luftsäule im Instrument zu erreichen. Dieses Verfahren setzte sich sofort auch für die Klarinette, die Oboe und das Fagott durch. Diese Klappen sind nach ihrem Erfinder benannt: Man spricht von **Böhmklappen** oder vom **Böhmsystem.**

Die verschiedenen Anblastechniken

Von der direkt angeblasenen Flöte ausgehend entwickelten sich noch weitere **Anblastechniken:** Klarinette und Saxofon haben ein **Rohrblatt,** Oboe und Fagott ein **Doppelrohrblatt.**

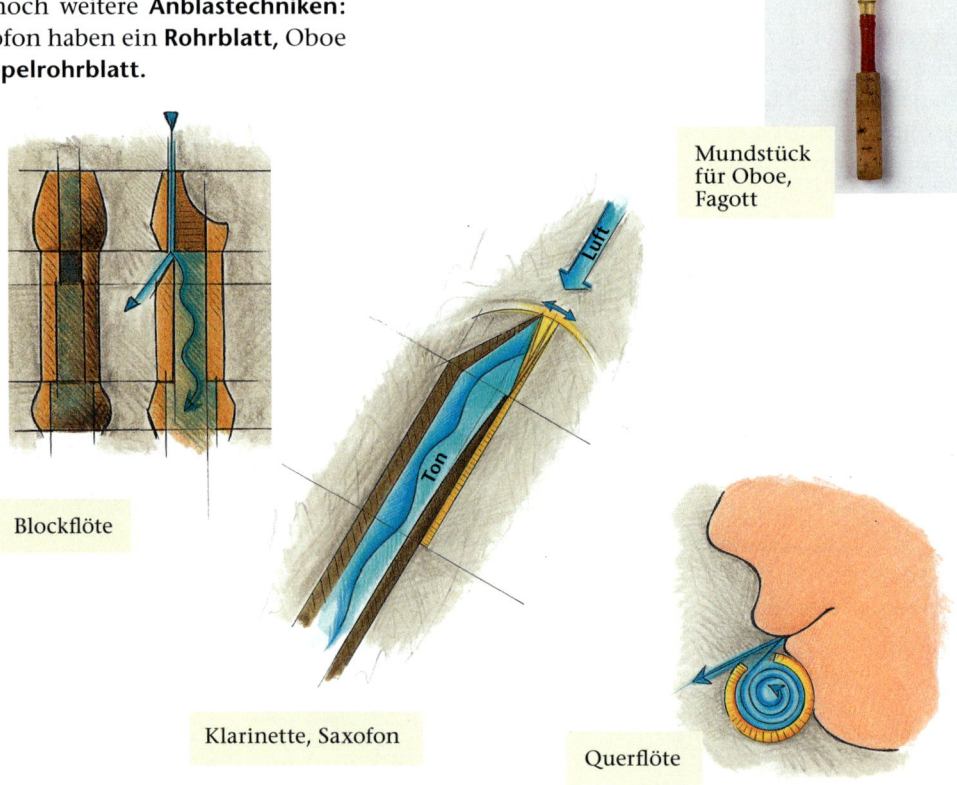

Mundstück
für Oboe,
Fagott

Blockflöte

Klarinette, Saxofon

Querflöte

Block- und **Querflöte** waren bis zur Mitte des 18. Jahrhunderts gleichberechtigt, dann setzte sich die Querflöte als Orchesterinstrument durch. Statt aus Holz baute man Querflöten ab dem 19. Jahrhundert aus Edelmetall, dadurch wurden sie lauter, ihr Klang kräftiger. Da die Anblastechnik weiter der der Holzflöte entspricht, gehört die Querflöte zu den Holzblasinstrumenten. Sie ist 67 cm lang. Die Töne der zweiten Oktave werden durch Überblasen erzeugt. **CD II/11–12**

Die **Klarinette** hat ein einfaches Rohrblatt. Sie entwickelte sich aus dem Chalumeau mit 8 Löchern. Im 17.–18. Jahrhundert perfektionierte der Nürnberger Instrumentenbauer DENNER das Instrument. Im Orchester kommt sie ab dem 18. Jahrhundert zur Geltung. MOZART erkor sie zu seinem Lieblingsinstrument. Im 19. Jahrhundert wurde sie mit 20 Klappen ausgestattet. Eine B-Klarinette misst 67 cm, eine A-Klarinette 71 cm. Sie ist ein transponierendes Instrument: Eine Klarinette in B♭- oder A-Stimmung klingt entsprechend tiefer als notiert (C-Klarinetten transponieren nicht). Zur Klarinettenfamilie gehören ferner die kleine E♭-Klarinette, das Bassetthorn und die gebogene Bassklarinette. In der Unterhaltungsmusik des frühen 20. Jahrhunderts und im Jazz nimmt sie eine herausragende Stellung ein. **CD II/13, CD VI/38–41**

Das **Saxofon** hat wie die Klarinette ein einfaches Rohrblatt und zählt trotz seines metallenen Rohres zu den Holzblasinstrumenten (s. ausführlich S. 38f.).

Die **Oboe** (von franz. haut-bois: ›hohes Holz‹) wurde ursprünglich von Hirten gespielt. Sie hat ein Doppelrohrblatt. Im 17. Jahrhundert verfeinerte man ihren Klang, sodass sie nun auch in Innenräumen gespielt werden konnte. Paarweise eingesetzt mit zwei Hörnern und Streichern zählte sie ab dem 18. Jahrhundert zur Basisbesetzung des Orchesters. Aufgrund ihres durchdringenden Klanges wird sie zum Angeben des Stimmtons verwendet und häufig zur Melodieführung eingesetzt, obwohl sie einen geringeren Tonumfang als die Klarinette hat und über ein begrenztes dynamisches Spektrum verfügt. Die Oboe ist etwa 60 cm lang und hat bis zu 33 Klappen. Zur Oboenfamilie gehören noch die Oboe d'amore und das Englischhorn. **CD II/14**

Das Fagott (von ital. fagotto: ›Bündel‹) ist das tiefste Holzblasinstrument; es hat ein Doppelrohrblatt. Sein Vorläufer war in der Renaissance der Dulcian (ital. dolce: ›süß‹), der Name bezieht sich auf den weichen Klang. Das Instrument ist sehr schwer und wird zur Entlastung der Hände an einem Riemen um den Hals getragen. Es besteht aus einem etwa 2,60 Meter langen Holzrohr, dessen verschieden lange Einzelstücke nebeneinander liegen und durch ein U-förmig gebohrtes Unterstück verbunden sind. Das Fagott hat 22 oder 24 Klappen. **CD II/15**

AUFGABEN

- *Auf einer Flasche blasen – einen Grashalm zwischen die Daumen klemmen und anblasen. Welche Instrumente funktionieren in der Anblastechnik ebenso?*
- *Beschreibt die verschiedenen Anblastechniken. Hört euch dazu das entsprechende Instrument an.*
- *Hier spielen Ensembles mit unterschiedlichen Besetzungen. Findet die Instrumente heraus.* **CD II/16–19**
- *Sammelt Adjektive, die den Klang der Holzblasinstrumente beschreiben. Versucht, die Klangfarben der Instrumente so eindeutig wie möglich zu beschreiben.*

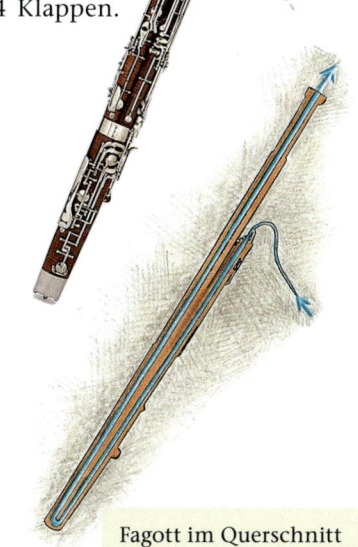

Fagott im Querschnitt

Blechblasinstrumente

Zur Geschichte

Als 1922 das Grab des ägyptischen Königs Tutanchamun (1352–1323 v. Chr.) entdeckt wurde, fand man darin, neben vielen Kunstgegenständen, eine silberne und eine bronzene **Trompete.** Verschiedene Malereien aus dieser Zeit zeigen Kolonnen von Soldaten, die zu Trompetenklängen im Gleichschritt marschieren, und Trompeter, die zum Sturm auf feindliche Festungen blasen.

Zu den **Blechblasinstrumenten** zählen Blasinstrumente, die aus Blech, Metall und anderen Legierungen gefertigt **und** durch ein metallenes Mundstück angeblasen werden. Im Laufe der Jahrhunderte entwickeln sich verschiedene Typen.

Angeblich sind durch die Fanfarenstöße eines Widderhorns, des **Schofars,** die Mauern von Jericho gefallen. Das Schofar wird noch heute am jüdischen Neujahrsfest geblasen. Es kann zwei bis drei Töne hervorbringen. **CD II/20**

Eine lange **Trompete,** die man um 1300 in Europa spielte, wurde um 1400 mit einer S-förmigen Krümmung versehen, um das Instrument handlicher zu machen. Um 1500 fügte man ein gewundenes Rohr hinzu, welches dem Instrument die bis heute erhaltene Form gab. Diese Trompete konnte nur Naturtöne spielen und wurde von den Turmbläsern und für militärische Zwecke verwendet. **CD II/21**

Die **Zugposaune** ist heute das einzige Blechblasinstrument ohne Ventile. Sind bei der Trompete und dem Waldhorn die Mundstücke fast gleich groß, so besitzt die Posaune doch ein erheblich größeres Mundstück. Sie stammt aus Burgund und wurde im 15. Jahrhundert vor allem in der Kirchen- und Kammermusik eingesetzt. Um 1700 verlor sie außer in Stadtkapellen zunehmend an Bedeutung, fand jedoch später Eingang in die Militärmusik, in die sinfonische Musik und in den Jazz. **CD II/27–28, CD VII/45–46**

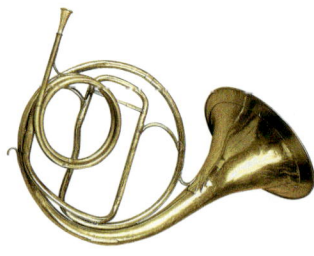

Das **Jagdhorn,** das Anfang des 18. Jahrhunderts im Orchester eingeführt wurde, konnte nur rund zwölf Naturtöne erzeugen. Um 1750 erfand man die Technik des Stopfens. Dabei schiebt der Spieler die rechte Hand in die Stürze des Hornes, um den Ton einen Halbton tiefer zu machen. Trotz dieses Fortschritts waren zusätzliche Rohrlängen erforderlich, die so genannten Bögen oder Krummbügel, um den Tonumfang zu erweitern. Diese Bögen wurden bei Bedarf auf das Horn aufgesteckt bzw. abgenommen und machten das Instrument sehr unhandlich. Heute benutzt man die Technik des Stopfens vor allem, um die Klangfarbe zu verändern. **CD II/22–26**

Die **Basstuba** und die **Kontrabasstuba** erweitern die Blechblasgruppe bis zur unteren Grenze des Tonbereichs. Die ersten Tuben wurden 1835 in Berlin gebaut. Die gesamte Länge des Rohrs, d. h. bei Zuschaltung aller Ventilzüge, beträgt bei der Basstuba über 7 m und bei der Kontrabasstuba gar über 11 m. Beide Tuben finden heute sowohl in Sinfonie- als auch in Militärorchestern Verwendung. **CD II/29–30**

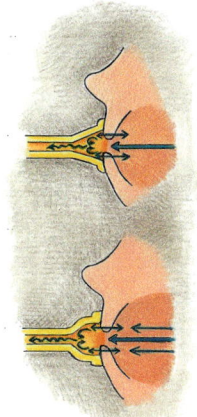

Zur Funktionsweise

Die Verbindung von Metall und vibrierender Luft verleiht den Blechblasinstrumenten ihren eigenen kraftvollen Klang. Der Spieler presst die Lippen gegen die breite Öffnung des metallenen Mundstücks. Durch den Druck der vibrierenden Lippen wird die Luft im Rohr in Schwingungen versetzt: Es entsteht zunächst ein schwacher Ausgangston, der vom Instrument verstärkt wird. Durch Spannen und Entspannen der Lippen verändert sich die Tonhöhe. Durch das Verstärken des Luftdruckes oder der Lippenspannung beim Anblasen entstehen statt des Grundtones höhere oder tiefere Töne, die Naturtöne, man spricht vom Überblasen.

> Es gibt unterschiedliche Mundstücke: sie können trichterförmig (Horn, unten) oder kesselförmig (Trompete, Posaune, Tuba) sein.

Naturtonreihe

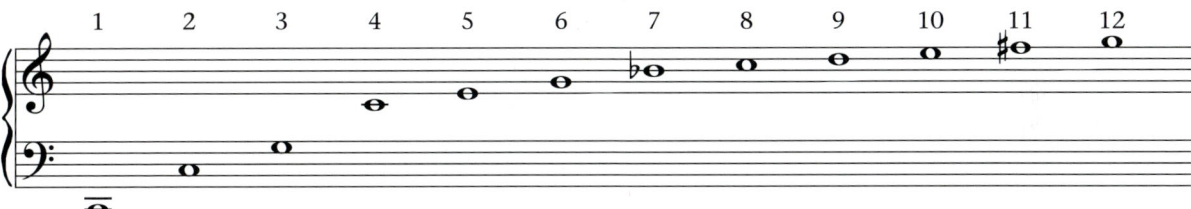

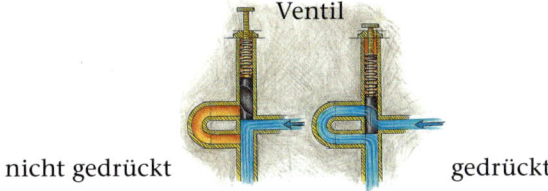

Ventil

nicht gedrückt — gedrückt

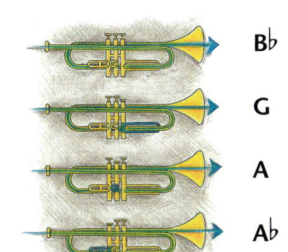

Bb
G
A
Ab

Um 1820 wurden die **Ventile** erfunden. **Trompeten** und **Hörner** entwickelten sich so vom Signalinstrument zum vollwertigen Musikinstrument. Die Ventile leiten die Luft durch zusätzliche unterschiedlich lange Rohrbögen, die Ventilbögen. Die Luftsäule im Instrument wird länger, der Ton tiefer. Durch die Kombination der Ventile lassen sich alle Töne zwischen den Naturtönen spielen.
Bei der **Posaune** wird das Rohr, in dem die Luft schwingt, mittels eines beweglichen Zuges verlängert. Zu allen Tönen, die dadurch entstehen, lassen sich durch Überblasen ihre Naturtöne bilden. Damit konnte man auf der Posaune im Gegensatz zu Horn und Trompete schon immer chromatisch spielen.

AUFGABEN

- Was war die entscheidende Veränderung in der Entwicklung der Blechblasinstrumente?
- Probiert, auf einem Mundstück einen oder mehrere Töne zu spielen. Baut dann das entsprechende Instrument zusammen und macht das Gleiche. Achtet auf die Klangänderung!

- Spielt einen Ton und drückt alle Ventile nacheinander. Beschreibt jeweils die Veränderung der Tonhöhe.
- Wie verändert sich die Tonhöhe, wenn ihr folgende Kombinationen drückt: Ventil 1+2; 1+3; 2+3?

Der Computer

Ist der Computer ein Musikinstrument?

ALFRED KRITZER in seinem Studio

Was ist eigentlich …

MIDI steht für »Musical Instrument Digital Interface«. Es bezeichnet eine Schnittstelle, durch die MIDI-Instrumente, Sequenzer und auch der Computer miteinander verbunden werden können.

Sequenzer: Gerät oder Software zur Aufzeichnung und Speicherung musikalischer Abläufe und dazugehöriger Steuerdaten.

Sample bedeutet ursprünglich »Stichprobe«. Das Wort steht für eine Audio-Datei, die digitalisierte Klänge enthält, ein ganzes Musikstück, ein einzelnes Geräusch oder einen einzelnen Ton.

Kompressor: Mit ihm wird das eingehende Signal optimal ausgesteuert, verdichtet und verstärkt. Der Klang wird kompakter, druckvoll und präsent.

Auf diese Frage antwortet ein Profimusiker, der sowohl im Studio als auch live mit dem Computer arbeitet: ALFRED KRITZER, Sänger, Pianist und Keyboarder in der Band von HERBERT GRÖNEMEYER:

Nein, so kann man das nicht sagen. Zunächst einmal kann man mit dem Computer externe MIDI-Instrumente abspielen und über Sequenzerprogramme aufnehmen. Außerdem liefert er interne Instrumente, die man dann per MIDI über eine Keyboard-Tastatur abrufen kann.

Wie muss man sich das vorstellen?
Bestimmte Programme liefern so genannte **virtuelle Instrumente.** So gibt es z. B. Sampler, diverse Synthesizer oder auch eine Hammond-Orgel, deren Klang einem »richtigen« Instrument so sehr nahe kommt, dass ich mir als Hammondorgel-Fan sofort ein Laptop gekauft habe, um diesen Sound auch live auf der Bühne spielen zu können.

Solch ein Laptop ist natürlich viel leichter als eine große Hammondorgel.
Klar, so eine richtige Hammondorgel wiegt schon einiges. Irgendwann machen auch die Kollegen beim Schleppen der 200 kg nicht mehr mit. Allerdings ist das Spielgefühl auf dem Original natürlich ein ganz anderes, das muss man auch sehen.

Was bietet der Computer noch für Möglichkeiten?
Immer mehr wird der Computer als Recording-Hardware eingesetzt. Mit einer entsprechenden Soundkarte plus zugehöriger Hard- und Software von z. B. Logic, Cubase oder Pro Tools wird der Computer zum professionellen Aufnahmemedium inklusive automatisiertem Mischpult. Man kann so mit seinem Laptop an jedem Ort der Welt Songs produzieren, weil im Computer schon alles drin ist: Mischpult und Instrumente. Über den Mikrofoneingang lässt sich sogar noch eine Gesangsstimme oder eine Gitarre aufnehmen.

Der Traum von einem mobilen Tonstudio ist so wahr geworden. Die entsprechenden Programme bieten gleichzeitig vielfältige Möglichkeiten zur Soundbearbeitung, wie z. B. Kompressoren, Filter, Hall usw. Mithilfe der Software kann man Samples rausschneiden und einzeln bearbeiten, z. B. lauter oder leiser machen. Nehmen wir einmal an, ein Sänger spricht den Buchstaben »t« zu hart aus, dann kann man das im Sample ändern. Der Computer war des Weiteren entscheidend an der Entwicklung der Techno-Musik beteiligt. Auch drum & bass ist ohne Computer nicht denkbar.

Das sind alles Dinge, die zu Hause oder im Studio gemacht werden. Wie sieht es live aus?
Wie schon erwähnt, kann man mit dem Computer – vergleichbar einem Expander – mittels einer Tastatur so genannte Audioinstrumente abspielen, z. B. die bereits erwähnte Hammond-Orgel. Viele Songs werden heute sehr aufwendig im Studio produziert. Um einen Song so authentisch wie möglich beim Live-Auftritt rüberzubringen, kann es notwendig sein, bestimmte Spuren der Studioaufnahme auf der Bühne über den Computer einzuspielen. Der Schlagzeuger hat dann vom Computer einen Klick im Ohr, damit das Timing zwischen Computer und Band stimmt.

Muss man sich die Band der Zukunft so vorstellen, dass auf der Bühne Computer aufgestellt sind, die von einem oder zwei »Musikern« bedient werden?
Nein, ich glaube, dafür gäbe es kein Publikum. Die Leute wollen handgemachte Musik erleben und Musiker, die miteinander kommunizieren. Das physische Erlebnis von Musikern in Aktion kann nicht von der Technik ersetzt werden.

In letzter Zeit sind ja gerade die Unplugged-Auftritte bei MTV sehr gefragt. Ist das so eine Art Gegenreaktion auf zu viel Technik bei der Produktion?
Das ist wahrscheinlich der Fall. Mir als Pianisten hat es bei unserem Unplugged-Konzert auf jeden Fall viel Spaß gemacht, Stücke, die im Studio mit Synthis eingespielt wurden, auf dem Flügel zu spielen. Und auch für die Zuschauer ist es interessant zu sehen, wie Musiker, beschränkt auf ein einfaches Instrumentarium, es verstehen, ihre doch meist mit erheblichem technischen Aufwand produzierte Musik unplugged darzubieten. Und das gelingt in jedem mir bekannten Fall hervorragend, trotz oder gerade wegen der Beschränkung auf akustische Instrumente.

Der Computer – also nur als Hilfsmittel für den Musiker und Produzenten?
Ein hervorragendes Hilfsmittel! Mit seinen Möglichkeiten, Musik aufzunehmen, zu mischen, wiederzugeben, und mit der Bereitstellung von Samplern und Instrumenten ist er ein ideales Werkzeug, von dem man als Musiker vor einiger Zeit noch nicht zu träumen wagte.

AUFGABEN

- *Entwerft eine Tabelle, in der ihr die Einsatzmöglichkeiten des Computers im Bereich der Musik aufschreibt.*
- *Der Titel »Männer« von* HERBERT GRÖNEMEYER *wurde sowohl im Studio aufgenommen als auch unplugged eingespielt. Vergleiche die beiden Fassungen. Welche Fassung gefällt dir besser? Begründe! CD II/31–32*
- *Wie könnte man einen von euch gewählten aktuellen Titel unplugged spielen? Wählt Instrumente aus!*

Der Computer als Musiklehrer

Viele so genannte »drill-and-practice«-Programme
helfen in unterschiedlicher Qualität beim Erlernen
von verschiedenen Instrumenten: Mundharmonika
(Interactive Blues Harp Workshop), Blockflöte (Flöte
spielen & Noten lernen), Keyboard (teach me piano),
Gitarre (Interactive acoustic guitar basic – interactive guitar chords, Master Jazz Guitar).

Des Weiteren lassen sich mithilfe von Gehörbil-
dungsprogrammen vielfältige Übungen machen:
Intervalle, Akkorde, Tonleitern, Melodien hören,
benennen oder schreiben. Dies hilft enorm bei der
Vorbereitung auf ein Musikstudium. Außerdem
gibt es multimediale Lernprogramme zur Musikgeschichte, Instrumentenkunde und Akustik, oft
angereichert mit Lernspielen und Tonbeispielen.

Der Computer als Kompositions-, Improvisations- und Arrangierhilfe

Bestimmte Programme – z. B. »Band-in-a-box« – bieten die Möglichkeit,
den Computer als Begleitband einzusetzen. Man gibt die Harmonien
des entsprechenden Stückes ein, wählt sich aus vielen Möglichkeiten
einen Stil aus und startet die Begleitband. So kann man nun mit jedem
Instrument dazuspielen, z. B. ein Solo oder die Stimme, die man zuvor
ausgeblendet hat (music minus one). Der Schüler kann bei solchen Programm sein Lerntempo selbst bestimmen.

Sequenzerprogramme ermöglichen es, Songs am
PC zu komponieren und dann zu arrangieren. Wie
klingt diese Stelle mit diesem oder jenem Instrument, mit diesem oder jenem Groove usw. Aus den
MIDI-Files können einzelne Stimmen vereinfacht,
transponiert oder den jeweiligen Bedürfnissen entsprechend verändert werden.

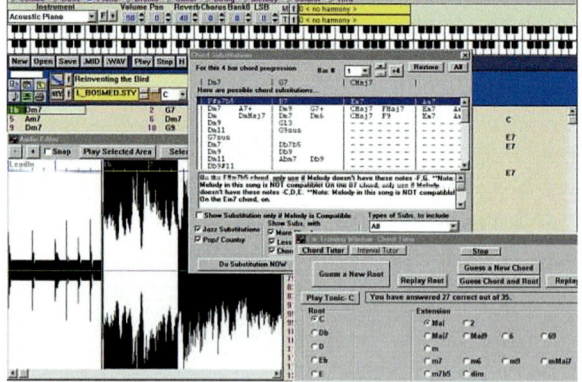

Der Computer als CD-Brenner

Musikstücke, die nur auf Kassetten oder Schallplatten vorliegen, können mit dem Computer
aufgenommen werden. CD-Programme bieten
dann die Möglichkeit, alte Platteneinspielungen
zu »entknacksen« oder Kassettenaufnahmen zu
»entrauschen«. Analoge Aufnahmen lassen sich
mit dieser Technik hervorragend konservieren.

AUFGABE

- *Welche Vor- oder Nachteile könnten Lernprogramme am Computer haben?*

Der Computer als Analysewerkzeug

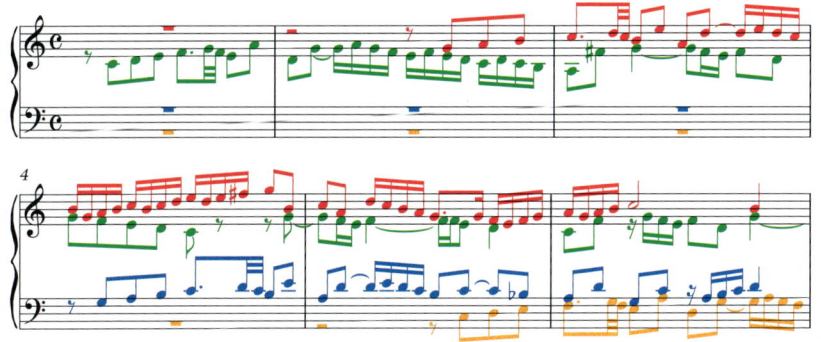

Die Möglichkeit der akustischen Analyse wird durch den Computer erheblich erweitert. Einzelne Abschnitte eines Musikstückes werden schon allein dadurch transparenter, dass sie langsamer abgespielt werden. Grafische Darstellungsformen eines Musikstückes können bestimmte Sachverhalte (Frequenzbereiche, Lautstärkeverlauf, zeitliche Verhältnisse der Formteile) verdeutlichen. Farbige Hervorhebung einzelner Stimmen beim Abspielen der Musik helfen beim Hören komplexer Stücke.

Das Internet als Songlieferant

Einige Firmen bieten über ihre Homepage MP3-Files zum Herunterladen an, kostenlos oder gegen eine Gebühr. Durch diesen Musikhandel leiden zusehends die großen Plattenfirmen.
Außerdem kann man MIDI-Files downloaden oder im Fachgeschäft kaufen. Diese lassen sich dann in Notationsprogramme (Finale, Capella, Sibelius u. a.) einlesen und bearbeiten. So kann man z. B. ganz schnell aktuelle Titel der Popmusik für eigene Besetzungen bearbeiten, dazu die Texte herunterladen und losmusizieren.

Virtuelle Opernhäuser und Konzertsäle

Einige Opernhäuser laden über das Internet zu einer virtuellen Reise durch ihre Räumlichkeiten ein. Wer weiß, vielleicht kann man bald im virtuellen Konzerthaus sitzen, auf einem selbst gewählten Platz, neben anderen virtuellen Konzertbesuchern, mit denen man dann chattet, während gleichzeitig auf der Bühne virtuelle Musiker in die Saiten greifen und über MP3-Dateien die Musik über die Heimkinoanlage ins Haus kommt. Schwierig wird es dann nur noch mit dem gemeinsamen Glas Sekt in der Konzertpause!

AUFGABEN

- *Welche Musikprogramme für den Computer kennt ihr? Wie benutzt ihr sie?*
- *Wer kennt gute Internetadressen im Zusammenhang mit Musik?*
- *Sucht im Internet oder mithilfe geeigneter Programme vielfältige Informationen über alle Arten von Musikinstrumenten.*

Instrumentalensembles im 20. Jahrhundert

Die in diesem Kapitel vorgestellten Musikinstrumente treten im Laufe der Musikgeschichte solistisch und in verschiedenen kammermusikalischen und orchestralen Besetzungen auf. Zu bestimmten Zeiten waren gewisse Besetzungen und Formen typisch: im Barock das **Concerto grosso (**S. 180), in der Klassik das **Sinfonieorchester** (S. 178), im Jazz die **Bigband** des Swing (S. 229).

Die Instrumentalensembles im 20. und 21. Jahrhundert lassen sich – im Gegensatz zu denen früherer Epochen – nicht mehr unter einen Begriff bringen, so vielfältig ist die Ausformung. Es reicht von einer beliebigen Besetzung bis zum exakt ausgearbeiteten Orchestersatz mit speziellen Spielanweisungen. Zwei Beispiele seien hier vorgestellt.

MAURICIO KAGEL (*1931 in Buenos Aires) gehört zu den profiliertesten Komponisten der zeitgenössischen Musik. Sein Name wird mit dem instrumentalen Theater assoziiert, jener Gattung, auf die er wohl den stärksten Einfluss ausgeübt hat. Seine 1978/79 entstandene Komposition *10 Märsche, um den Sieg zu verfehlen* für Bläser und Schlagzeug ist die Musik zu dem Hörspiel *Der Tribun – für einen politischen Redner, Marschklänge und Lautsprecher.* Die Märsche können aber auch unabhängig vom Hörspiel aufgeführt werden. KAGEL hat nicht genau festgelegt, welche und wie viele Bläser spielen; seine Vorgabe lautet: mindestens sechs Holz- oder Blechbläser und zwei Schlagzeuger, größere Besetzungen ad libitum (nach Belieben).

MAURICIO KAGEL

Marsch 1

Mauricio Kagel

Musiziert den Beginn des *1. Marsches* mit selbst gewählten Instrumenten.

AUFGABE

- *Bestimmt die Instrumente, mit denen der »1. Marsch« in der Aufnahme eingespielt ist.* **CD II/33**

Andere Werke des 20. Jahrhunderts wählen aus der Orchesterbesetzung Instrumente aus, die bisher in der Form noch nicht zusammen eingesetzt wurden. So besetzt HANS WERNER HENZE in seiner *6. Sinfonie* zwei Kammerorchester und gibt für jede Instrumentengruppe im Orchester detaillierte Spielanweisungen.

AUFGABE

- *Welche Instrumente sind »neu« im Sinfonieorchester? Äußert euch zum Klang dieser Musik.*
  CD II/34

Orchester 1: 2 Flöten (auch Piccolo), Englischhorn, Bassklarinette, 2 Fagotte (auch Kontrafagott), 2 Hörner, 2 Posaunen, Tenortuba, Harfe, Konzertflügel, Gitarre (wechselnd mit Banjo oder Charango mit Kontaktmikrofonen), 1. Schlagzeuger (Vibrafon, Glockenspiel, 3 Bongos), 3. Schlagzeuger (Tamtam, mittlere Stahlplatte 1, große Trommel, kleine Trommel, 3 Herdenglocken), 8 Violinen, 4 Bratschen, 4 Violoncelli, 3 Kontrabässe
Orchester 2: Altflöte, 2 Oboen, 2 Klarinetten, Tenorsaxofon , 2 Hörner, 3 Trompeten, elektrische Orgel, Pauken, 2. Schlagzeuger (Marimbafon, Maraca, Bündel hängender Bambusrohre, Ketten auf Eisenbecken, Ketten auf der Pauke), 4. Schlagzeuger (Guiro, große Stahlplatte, 3 hängende Becken, 6 Tom-Toms, Tamtam), Violine mit Kontaktmikrofon, 8 Violinen, 4 Bratschen, 4 Violoncelli, 3 Kontrabässe

Zeichen nur für die Tasteninstrumente

⌒ weiße Tasten mit den Fingern der rechten Hand bedecken
⌣ weiße Tasten mit den Fingern der linken Hand bedecken
◗ schwarze Tasten mit den Fingern der rechten Hand bedecken
◖ schwarze Tasten mit den Fingern der linken Hand bedecken
○ mit der Faust auf den weißen Tasten
● mit der Faust auf den schwarzen Tasten
◁ r. H.: schnelles Abrollen der Handfläche von oben nach unten (quasi Arpeggio) auf den weißen Tasten
◁ l. H.: wie oben, von unten nach oben

HANS WERNER HENZE (*1926 in Gütersloh) lässt sich nicht auf einen bestimmten Stil festlegen. Vom neoklassizistischen Stil der 30er und 40er Jahre, in den er Tendenzen der seriellen Musik verwob, wandte sich HENZE in den 60er Jahren zum stark expressiven Stil; Ende der 60er Jahre zeigt sich

HANS WERNER HENZE

eine neue Schroffheit im musikalischen Ausdruck und ein Zurückdrängen der lyrischen Elemente. Seit den 70er Jahren wandte er sich wieder den traditionellen Formen zu. Sein Werk hat häufig stark politischen Charakter.

Zeichen für die Saiteninstrumente

↟ 1/4-Ton höher spielen
♭ 1/4-Ton tiefer spielen
▲△ höchster Ton des Instrumentes
⋏ zwischen Steg und Saitenhalter spielen
⫴⫴ Arpeggio auf den Saiten zwischen Steg und Saitenhalter
⌐ den Resonanzkörper mit den Fingerspitzen anschlagen
〰 sehr langsames Vibrato im Abstand eines Vierteltones
♯ Pizzicato mit Aufschlagen der Saite auf das Griffbrett

Zeichen für die Blasinstrumente

▲ höchster Ton des Instrumentes
△ unbestimmter Ton, mit dem Mundstück allein hervorgebracht

Zeichen für die Harfe und das Klavier

▨ mit einer Stahlbürste über die Saiten streichen, hohe Lage
▨ mit einer Stahlbürste über die Saiten streichen, mittlere Lage
▨ mit einer Stahlbürste über die Saiten streichen, tiefe Lage

WORK SHOP Probiert die verschiedenen Spielanweisungen auf euren Instrumenten aus.

Schlag auf Schlag

Tempo und Takt

My Bon - nie is o - ver the o - cean, — my
Bon - nie is o - ver the sea, my Bon - nie is o - ver the ...

Um ein Lied gemeinsam singen oder ein Musikstück mit Instrumenten spielen zu können, muss für alle Mitwirkenden das **Tempo** und der **Takt** klar sein. Es braucht Übung, sich Tempo und Takt eines Stückes genau vorstellen zu können. Deshalb zählt jemand einen Takt lang die Grundschläge vor.

AUFGABEN

- *Findet bei den Musikausschnitten die Grundschläge heraus und klopft sie mit. Wie ist das Tempo? Hört zusätzlich auf die Betonungen der Grundschläge und klatscht auf der Zählzeit »1« jedes Taktes.* **CD II/35–38**
- *Singt das Lied »My Bonnie« (S. 304). Bestimmt die Taktart und die Betonungen.*

- *Übt gemeinsam das richtige Vorzählen. Beachtet dabei den Auftakt zu Beginn.*
- *Drei von euch zählen jeweils in einem langsamen, mittleren und schnellen Tempo vor und alle singen im angegebenen Tempo.
  Wie verändert sich der Charakter des Liedes?*

Bei einem bekannten Lied sind neben der Melodie auch Tempo, Taktart und **Rhythmus** vertraut. Sie erscheinen uns deshalb als ª richtig«. Aber sie sind nicht selbstverständlich. Gerade Veränderungen an bekannten Liedern können ihren besonderen Reiz haben. Im Folgenden geht es um eine Version von *My Bonnie,* die die BEATLES mit TONY SHERIDAN 1960 eingespielt haben.

Ⓐ
My Bon - nie lies o - ver the
o - cean, my Bon - nie lies ...

Ⓑ
My Bon - nie lies o - ver the
o - cean, my Bon - nie lies ...

AUFGABEN

- *Ordnet die beiden Hörausschnitte den Liedanfängen Ⓐ und Ⓑ zu. Versucht, den Grundschlag mitzuklopfen und mitzuzählen. Welche Aussagen könnt ihr zu Takt und Tempo machen?* **CD II/39**
- *Beschreibt vom Hören und vom Lesen den Rhythmus von Ⓑ. Was hat sich gegenüber der bekannten Fassung geändert?* **CD II/40**
- *Verfahrt mit der Strophe Ⓐ wie vorher bei Ⓑ.* **CD II/41**
- *Hört Ⓐ und Ⓑ vollständig und im Zusammenhang. Beschreibt die Wirkung.* **CD II/42**

Grundschlag

ist der regelmäßige (nicht immer hörbare) »Puls« eines Stückes, auch Beat genannt. Der Komponist legt fest, wie der Grundschlag geschrieben werden soll: meist als ♩, aber auch als ♪ oder 𝅗𝅥.

Tempo

ist die Geschwindigkeit der Grundschläge; man kann sie exakt benennen in der Metronomangabe (z. B. ♩ = 120), deren Zahl die Schläge pro Minute angibt (*bpm: beats per minute*). *Langsames Tempo* hat ca. 50 bpm, *mittleres* ca. 80 bpm, *schnelles* ca. 120 bpm.

Takt

heißt die Einteilung der Grundschläge (Zähl- oder Taktzeiten) in gleich große Gruppen. Äußere Kennzeichen des Taktes sind die Taktstriche, hörbare sind die Betonungen (Akzente). Es gibt verschiedene **Taktarten**, die häufigsten sind $^2/_2$-, $^2/_4$-, $^3/_4$-, $^4/_4$-, $^3/_8$- und $^6/_8$-Takt. Die obere Ziffer gibt die Anzahl der **Zählzeiten** pro Takt an, die untere den **Notenwert** der Zählzeiten. Die Taktart wird am Anfang eines Stückes hinter Schlüssel und Vorzeichen notiert.

Beispiel für die Akzente: $^3/_4$-Takt: ♩ ♩ ♩ $^4/_4$-Takt: ♩ ♩ ♩ ♩
Zählzeiten: 1 2 3   1 2 3 4

Auftakt

nennt man die unbetonte(n) Note(n) *vor* dem ersten vollständigen Takt eines Stückes. Beim Vorzählen zur Tempoangabe wird dieser unvollständige Takt berücksichtigt: Beispielsweise zählt man bei einer Viertel Auftakt im $^4/_4$-Takt: »1 – 2 – 3« …

Noten- und Pausenwerte

𝅝	𝄻	Ganze
𝅗𝅥	𝄼	Halbe
♩	𝄽	Viertel
♪ (♫)	𝄾	Achtel
♬ (♬)	𝄿	16tel

Rhythmus

nennt man die Folge mehrerer Noten- und evtl. Pausenwerte innerhalb eines Stückes. Es gibt in nahezu jedem Stück mehrere unterschiedliche Rhythmen.

Beat

Der Begriff wurde um 1960 in Liverpool »erfunden« und bezeichnet eine Variante des amerikanischen Rock 'n' Roll (s. auch S. 84f.) – dabei hat das durchpulsierende, am Beat orientierte Schlagzeug wohl zu dem Namen geführt. Populär wurde der Beat durch die BEATLES, die als unbekannte Liverpooler Band an ngen und zu Beginn ihrer Karriere noch viele traditionelle Titel spielten (s. *My Bonnie*).

WORK SHOP

- Übt das Pattern und spielt es zu Ⓐ. Einige können versuchen, die veränderte Melodie mitzusingen.
- Ändert Takt, Rhythmus und Tempo des Songs nach eigenem Plan (z. B. von Strophe zu Strophe).

Führt ihn mit Sängerinnen und Sängern, Instrumenten und Bandleader (Vorzähler) auf.

Beat-Groove

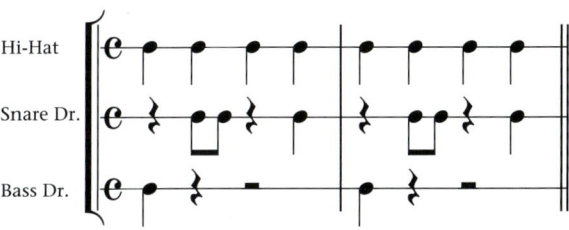

Hi-Hat
Snare Dr.
Bass Dr.

Rhythmus und Groove

Der **Beat** eines Stückes ist oft deutlich hörbar, deshalb sind Tempo und Takt mit einiger Übung gut zu erkennen. Sie bilden die Grundlage für den **Rhythmus** mit seinen unterschiedlichen Noten- und evtl. Pausenwerten. Einen Rhythmus zu erkennen, ihn nachzuahmen und aufzuschreiben, erfordert umso mehr Konzentration, je komplizierter er ist. Meistens gibt es in einem Stück mehrere gleichzeitig erklingende Rhythmen, die den **Groove** ausmachen. Unterschiedliche Kulturen haben auch erkennbar unterschiedliche Rhythmen bzw. Grooves.

AUFGABEN

- *Klopft bei den folgenden Rhythmen den Grundschlag mit.* **CD II/43–45**
- *Versucht die Rhythmen zu klatschen oder auf Percussion zu spielen. Eine Gruppe kann dazu den Grundschlag beibehalten.*
- *Ordnet die nebenstehenden Fotos verschiedener Kulturen den Hörbeispielen zu. Begründet eure Entscheidung.* **CD II/46–49**
- *Hört die Beispiele erneut und versucht den Grundschlag mitzuklopfen. Beschreibt rhythmische Unterschiede und ihre Wirkung.*

Auch ihr könnt als Gruppe mit Rhythmen effektvoll Musik machen. Dazu müsst ihr nicht in erster Linie technisch gut spielen können. Wichtiger ist das musikalische Hören und Miterleben während des Spielens – und dabei geht es zuallererst um den Grundschlag und den Takt. Mithilfe der folgenden Übungen könnt ihr nach und nach eine **Rhythm Section**, eine Rhythmus-Gruppe, werden.

- Setzt euch in einen Kreis. Produziert mit einem Fuß einen leisen, aber deutlichen, durchgehenden **Beat** im mittleren Tempo (ⓐ). Behaltet diesen Beat auch im Folgenden bei.
- Macht aus den Grundschlägen **(Beats)** einen ⁴/₄-Takt, indem ihr jeweils auf die Zählzeit »1« (1. Viertel) klatscht (ⓑ) . Einer schlägt diese »1« auf der Trommel.
- Eine Hälfte der Gruppe behält Zählzeit »1« bei, die andere klatscht auf »2«. Wechselt die Gruppen nach 4 Takten (ⓑ+ⓒ).
- Verfahrt genauso mit den Zählzeiten »3« und »4« (ⓑ+ⓓ,ⓑ+ⓔ).
- Nehmt unterschiedliche Geräusche für beide Gruppen (klatschen, schnipsen, klopfen …). Wechselt nach 4 Takten die Zählzeiten und die Gruppen (ⓑ+ⓒ/ⓑ+ⓓ/ⓑ+ⓔ).

WORK SHOP

- Wiederholt diese Übung als »Rhythm Section« zum Musikstück. **CD II/50**
- Wiederholt einige oder alle Übungen stehend, indem ihr im Halbe-Rhythmus (ⓕ) leicht »pendelt« (Schwerpunkt verlagern). Versucht, zum Musikstück das 1. Viertel (ⓑ) wegzulassen.

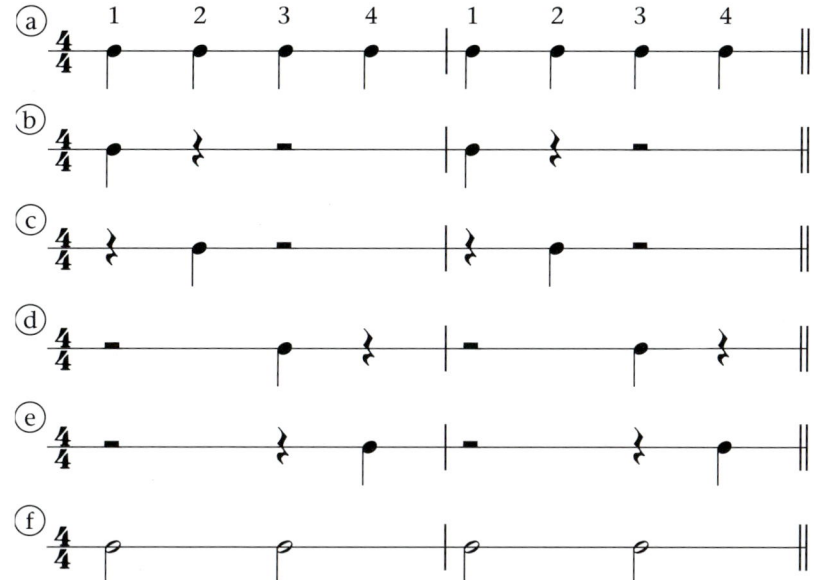

Die Übungen haben euch den Beat, den Takt und die einzelnen Zählzeiten bewusst gemacht. Rhythmen bestehen nicht nur aus einzelnen Schlägen auf diese Zählzeiten, sondern sind wesentlich vielfältiger. So können z. B. auf einer Zählzeit statt eines Viertels auch zwei Achtel gespielt werden – oder nur das eine dieser beiden Achtel, sodass ein Schlag genau *zwischen* zwei Zählzeiten zu hören ist.

- Übt die neuen Rhythmen ⓖ, ⓗ, ⓘ und ⓙ auf die gleiche Weise wie bei ⓑ–ⓔ.
- Trainiert euer Ohr: Einer von euch gibt einen der geübten Rhythmen vor, ein zweiter klatscht dazu ⓑ als Orientierungshilfe – die anderen müssen den Rhythmus erkennen.
- Macht eine Rhythmus-Runde: Einer von euch sucht sich einen der Rhythmen aus, alle wiederholen ihn gemeinsam; der nächste in der Runde sucht sich einen anderen Rhythmus aus, alle wiederholen usw. Alle produzieren die ganze Zeit über den Beat (leise mit dem Fuß).

Groove
(engl.: ›Schablone, Gewohnheit‹) bedeutet die Kombination gleichzeitig gespielter Rhythmen, die für ein Stück typisch ist. Der Groove bleibt oft im gesamten Stück oder für den Teil eines Stückes gleich. Er besteht aus ein oder zwei Takten **(Pattern)**, die sich ständig wiederholen.
»Es groovt«, sagt man, wenn alle beteiligten Rhythmen und ihre Lautstärken optimal aufeinander abgestimmt sind. Der Begriff Groove wird meist nur in der Pop-/Rockmusik und im Jazz angewandt.

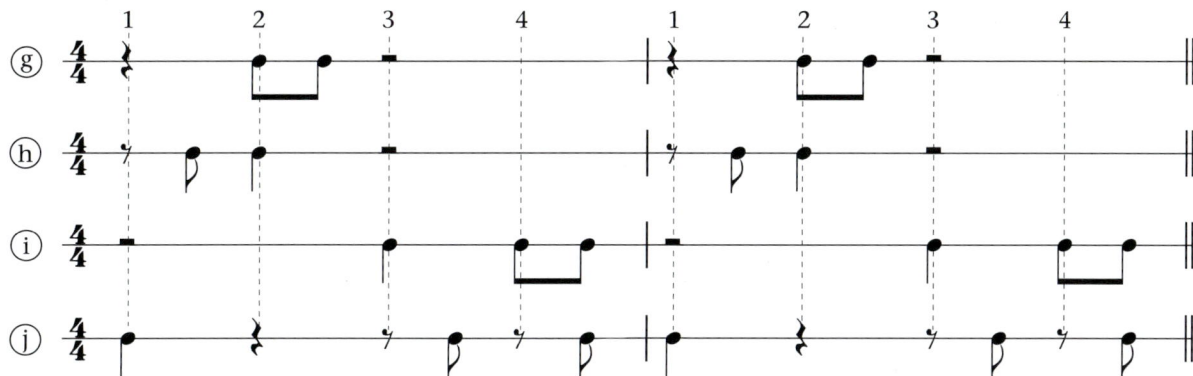

Percussion-Sound

Unter **Percussion** versteht man alle Schlaginstrumente ohne feste Tonhöhe außer dem **Schlagzeug (Drum Set)**. Gemeinsam ist den meisten die afroamerikanische Herkunft: Sie wurden von Sklaven aus Afrika mitgebracht und haben sich in der Musik Lateinamerikas (kurz: **Latin**) verbreitet.

Der Groove vieler Latin-Stücke kommt durch die Kombination typischer Rhythmen dieser Instrumente zustande. **Bongos** und **Congas** sind kleine und große Trommeln, die meist paarweise gespielt werden. Sie treiben an, oft mit durchlaufenden Achteln, die besondere Akzente erhalten. Es gibt offene (o) und abgedämpfte (+) Schläge. Einen durchdringenden, hellen Klang haben die **Claves** (Klanghölzer). Sie spielen oft die besonders charakteristischen Rhythmen, die selbst auch »Clave« heißen. Der schnarrende Klang des **Guiro** (span.: ›Gurke‹) hat in viele Latin-Stücken Eingang gefunden. Vielseitig einsetzbar ist die **Cabaza** (span.: ›Kürbis‹) mit ihrer typischen Spieltechnik: Die »Perlen« liegen in der einen Hand, die andere dreht den Stiel hin und her. Darüber hinaus gibt es noch eine Vielzahl weiterer Percussion-Instrumente.

Percussion-Section einer Latin-Bigband

AUFGABEN

- *Beschreibt Aussehen und Bauweise der abgebildeten Instrumente einer Salsa-Band. Stellt Vermutungen über den Klang an.*
- *Hört ein Salsa-Stück. Welche Instrumente sind beteiligt? Beschreibt die Wirkung der Musik.*
  CD II/51

- *Konzentriert euch beim Hören auf die Gruppe der Percussion-Instrumente: Wodurch entsteht der Groove des Stückes?*
- *Versucht, die Rhythmen einzelner Instrumente zu verfolgen und sie mitzuklopfen.*

Groove I

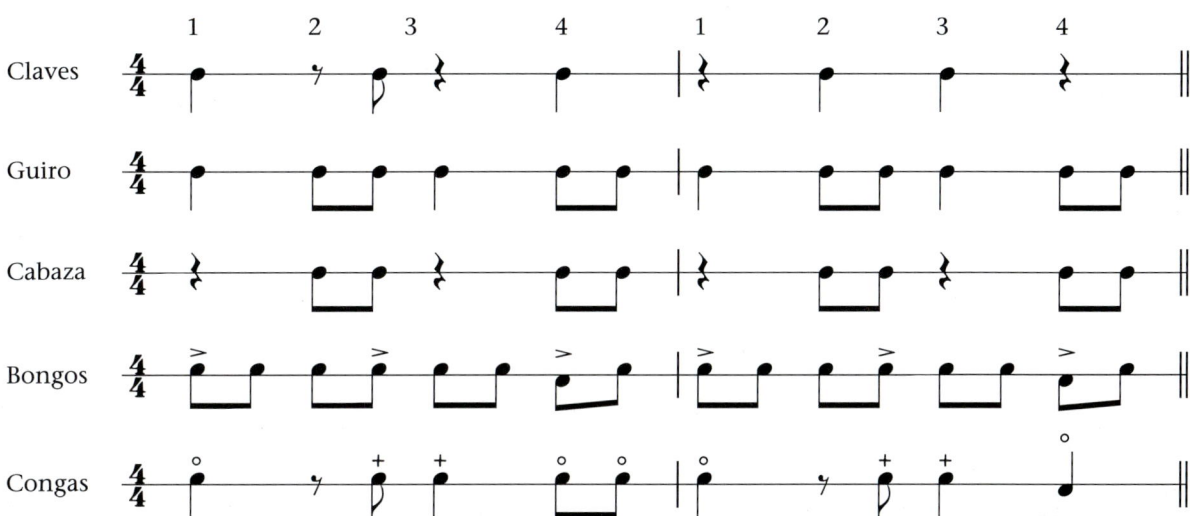

Mit Percussion könnt ihr als Gruppe mit einer gewissen Übung einen guten Sound und Groove erreichen. Achtet beim Einüben auf die rhythmische Besonderheit jeder Stimme: Auf (zwischen) welchen Zählzeiten ist ein Schlag, wo sind Pausen, wo Akzente?

- Klatscht oder klopft die zweitaktigen Rhythmus-Pattern jeder einzelnen Stimme von *Groove I* gemeinsam.
- Verteilt die Instrumente und übt *Groove I*.
- Stärkt euer Rhythmusgefühl: 4 Takte spielen – 2 Takte Pause – 4 Takte spielen usw.
- Wechselt viertaktig zwischen Gesamtgruppe und einer Stimme.
- Fügt (z. B. in jedem achten Takt) einen **Break** ein: Alle spielen gemeinsam 8 Achtel mit crescendo.

- Macht aus dem zweitaktigen Pattern ein richtiges Stück, indem ihr euch einen effektvollen Ablauf überlegt und an die Tafel schreibt.
  Möglichkeiten: Stimmen setzen nacheinander ein – 4 Takte alle, 4 Takte Solo im Wechsel – Festlegen von Lautstärken – gemeinsamer Abschluss-Pattern (z. B. Claves-Stimme).
- Übt auch *Groove II* und bezieht ihn in euer Stück ein.
- Spielt beide Grooves auch zu *Oyo como va* von Santana. **CD III/22**

Break[1]

[1] (engl.: ›Unterbrechung‹)

Groove II

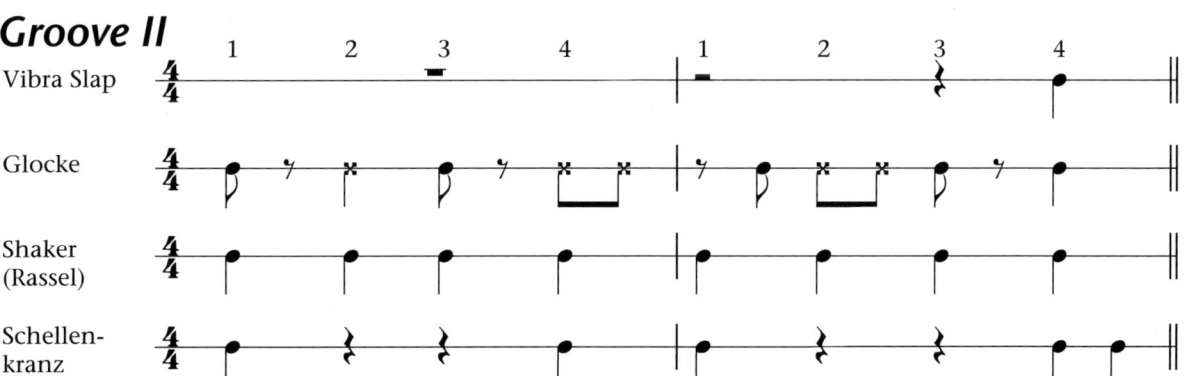

(= Schlag auf die abgedämpfte Glocke)

Notenwerte – verlängert und verkürzt

Der Bogen, der zusammenhält

Wie mit einer Schnur verknüpft der **Haltebogen** zwei oder mehrere Notenwerte zu einem längeren.

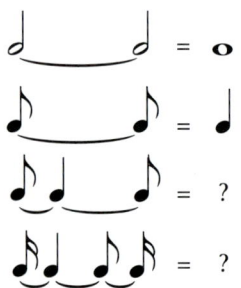

Der Punkt, der verlängert

Der Punkt hinter einer Note ist eine Abkürzung. Das Schaubild verdeutlicht diese Schreibweise:

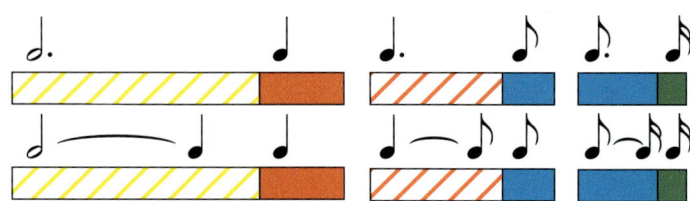

Die **punktierte Note** tritt meist in Kombination mit dem nächstkleineren Notenwert auf; daraus entsteht der eigentliche **punktierte Rhythmus**. Er ist ein charakteristisches Merkmal der Eröffnungsmusiken (Ouvertüren) der Barockzeit.

Ouvertüre *(aus der »Feuerwerksmusik«)*

Musik: Georg Friedrich Händel
Satz: Thomas Stapf

1. Musiziert die Ouvertüre mit den euch zur Verfügung stehenden Instrumenten. Spielt auch zur Aufnahme. **CD II/52**
2. Beschreibt die Wirkung der Musik. Zu welchen Anlässen könnte sie gut passen?
3. Spielt auch die Bass- bzw. Paukenstimme im punktierten Rhythmus. Wie ändert sich die Wirkung?

Die »3«, die in Triolen unterteilt

Amazing Grace

Text: John Newton
Melodie: aus Nordamerika, 1831
Satz: Thomas Stapf

1. A - maz - ing grace, how sweet the sound that saved a —wretch like me.

I — once was lost, but now am found, was blind, but — now I see.

2. 't was grace that taught my heart to fear,
   and grace my fears relieved.
   How precious did that grace appear
   the hour I first believed.

3. Thro's many dangers, toils and snares
   I have already come,
   'tis grace hath bro't me safe thus far,
   and grace will lead me home.

4. How sweet the name of Jesus sounds
   in a believer's ear.
   It soothes his sorrows, health the wounds,
   and drives away his fears.

5. Must Jesus bear the cross alone,
   and all the world go free?
   No, there's a cross for ev'ry one,
   and there's a cross for me.

- Erarbeitet euch den Rhythmus des Liedes, indem ihr zunächst jeden Ton auf die Silbe »du« singt und dazu durchgehende Viertel schnippt.
- Tipp: Achtet darauf, dass ihr die Triolenachtel gleichmäßig singt. Meist geraten die ersten beiden zu schnell, sodass die dritte viel zu lang wird und dadurch der folgende Rhythmus entsteht:

Reizvoller ist die umgekehrte Variante, nämlich das erste Triolenachtel etwas zu dehnen.
Dadurch kommt es zu folgendem Rhythmus:

Einer der bekanntesten Triolenrhythmen ist der aus dem *Bolero* von MAURICE RAVEL:

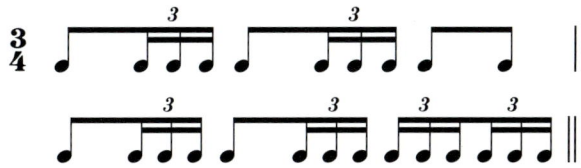

- Klopft den Rhythmus mit beiden Händen abwechselnd (die rechte Hand beginnt).
- Spielt den Rhythmus (auch mit Schlaginstrumenten) zur Musik. **CD II/53**
- Spielt die Triolensechzehntel als normale Sechzehntel (   ). Wie ändert sich die Wirkung?

Synkopen

Seit in der abendländischen Musik die Takteinteilung mit ihren Schwerpunkten üblich ist (ca. 1600), gibt es aber auch den künstlerischen Willen von Komponisten, bewusst *gegen* den Takt zu schreiben. Die Musik ist dadurch spannungsreicher geworden, manchmal auch witziger, alles in allem: vielfältiger. Verantwortlich dafür ist die **Synkope.**

Beispiele für Synkopen

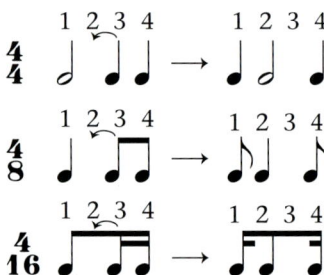

Eine **Synkope** verschiebt die Betonungsanordnung eines Taktes,
- indem ein Ton auf der unbetonten Taktzeit beginnt und in die betonte Taktzeit hinein gehalten wird; oder
- indem ein Ton zwischen zwei Taktzeiten beginnt (off-beat) und in die folgende Taktzeit hinein gehalten wird.

Die synkopierte Note wird betont.
Es gibt auch Ketten von mehreren Synkopen.

Manche Komponisten setzen Synkopen ein, um Tragik oder Dramatik zu unterstützen – das wird z. B. an den Sonaten und Sinfonien von Ludwig van Beethoven und Johannes Brahms oft hervorgehoben.

Untrennbar verbunden ist die Synkope aber mit einer ganz anderen Gattung: den **Ragtimes** von Scott Joplin und seinen Nachahmern. Der Ragtime (amerikan. ragged time: ›zerrissene Zeit‹), der seine Blütezeit in den USA 1880–1930 erlebte und auch nach Europa kam, steht im langsamen Marsch-Tempo, meist im $^2/_4$-Takt, und könnte mit seinen Melodien und Harmonien fast europäisch sein – wenn sein Rhythmus nicht durch Synkopen »zerrissen« wäre (s. auch S. 223).

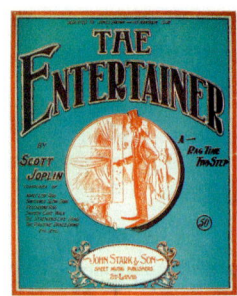

The Entertainer

Musik: Scott Joplin

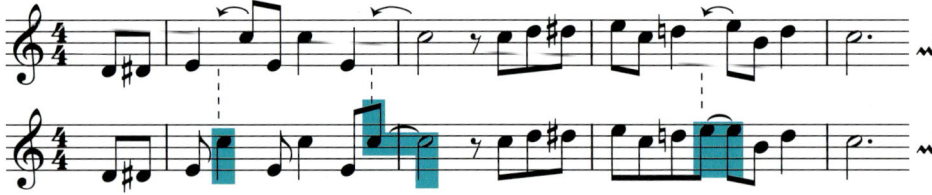

AUFGABEN

- *Vergleiche die beiden notierten Versionen des »Entertainers« miteinander.* **CD II/54**
- *Erkläre, wie der Rhythmus der oberen Zeile verändert wurde, um die Synkopen in der unteren Zeile zu erhalten.*

242
TANZ

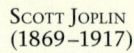

Scott Joplin
(1869–1917)

Tempoveränderungen

Innerhalb eines Musikstücks bleibt das Tempo meistens konstant, es kann aber auch verändert werden, z. B. um eine **Steigerung** zu erreichen. Dies geschieht weniger über abrupte Tempowechsel als über allmähliche Tempoveränderungen. Sie heißen **ritardando** (ital.: ›langsamer werden‹) und **accelerando** (ital.: ›schneller werden‹).

246
TANZ

AUFGABEN

- *Mit welchen musikalischen Mitteln wird eine Steigerung erreicht?* **CD II/55–57**
- *Hört »In der Halle des Bergkönigs« aus der »Peer-Gynt-Suite« von* EDVARD GRIEG *(1843–1907). Beschreibt den Ablauf.* **CD II/58**
- *Übt den Spielsatz ein (Ablauf: A–B–A–B…). Überlegt euch Möglichkeiten der Steigerung. Wie könnte man den Schluss gestalten?*

In der Halle des Bergkönigs

Musik: Edvard Grieg
Satz: Thomas Stapf

Zusammengesetzte Taktarten

Neben dem Vierertakt (und dem selteneren Zweier-, Dreier- und Sechsertakt) gibt es weitere, **zusammengesetzte Taktarten.** Diese sind häufiger in anderen Kulturen, zunehmend aber auch bei uns zu finden. Seit einiger Zeit wird traditionelle Musik aus Afrika, Lateinamerika, Osteuropa oder Asien bei uns immer populärer. Einige ihrer Elemente werden teilweise in westliche Musik integriert. So kann man Fünfer-, Siebener-, Achtertakte etc. immer häufiger hören und ihre besondere Wirkung beobachten.

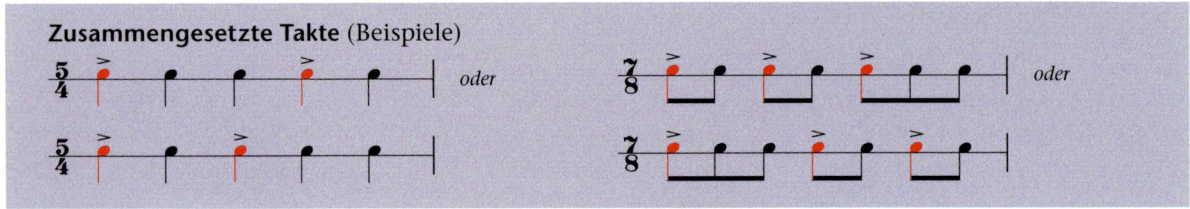

Zusammengesetzte Takte (Beispiele)

- Spielt die zusammengesetzten Taktarten (s. o.). Alle klatschen die Grundschläge leise und die Betonung laut. Überlegt weitere Spielmöglichkeiten, auch mit Instrumenten.

AUFGABEN

- *Bestimmt die Taktarten der Hörbeispiele, indem ihr den Grundschlag leise und die Betonung lauter mitvollzieht. Benennt Unterschiede in der Wirkung der Stücke im Vergleich zur Musik, die euch im Metrum vertrauter ist. **CD II/59–60***
- *Schreibt $8/8$-, $9/8$- und $11/8$-Takte mit ihren möglichen Betonungen auf und spielt sie.*

245 TANZ

Take Five   **CD II/61**

Musik: Paul Desmond
Arr.: Thomas Stapf

Die Band Pink Floyd hatte mit *Money* 1973 einen Hit in dem für Popmusik ungewöhnlichen 7/4-Takt:

CD II/62

Bass-Ostinato

Die ungerade Zahl kann sich auch auf kleinere Notenwerte beziehen. So stehen die abgedruckten *Bulgarischen Tänze* im 7/8- bzw. 9/8-Takt. Der Komponist Béla Bartók hat auf seinen Reisen durch Osteuropa Volkslieder gesammelt, deren Reiz oft im Rhythmus liegt; er hat solche Elemente in seinen Werken verarbeitet.

Bulgarischer Tanz Nr. 2 (aus: »Mikrokosmos«, Band VI)

Béla Bartók

- Klopft den Rhythmus der Takte 1–3 mit der rechten und linken Hand, evtl. mit Schlaginstrumenten.
- Lasst nun die rechte Hand weg und klopft nur den Rhythmus der linken Hand.
- Übt auch folgende Varianten:

Bulgarischer Tanz Nr. 5 (aus: »Mikrokosmos«, Band VI)

Béla Bartók

Schlagrhythmus

In diesem Workshop geht es darum, dass ihr euch den Rhythmus der rechten Hand erarbeitet. Die linke Hand erarbeitet. Die linke Hand schlägt dabei zunächst als Stütze den kleinsten Notenwert, der in der rechten Hand vorkommt, »metronomisch« duch. Ziel ist es, auf den Puls der linken Hand verzichten zu können und den Rhythmus trotzdem richtig zu spielen.

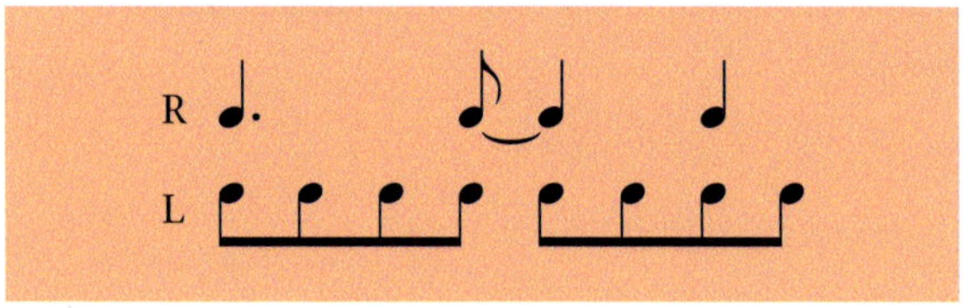

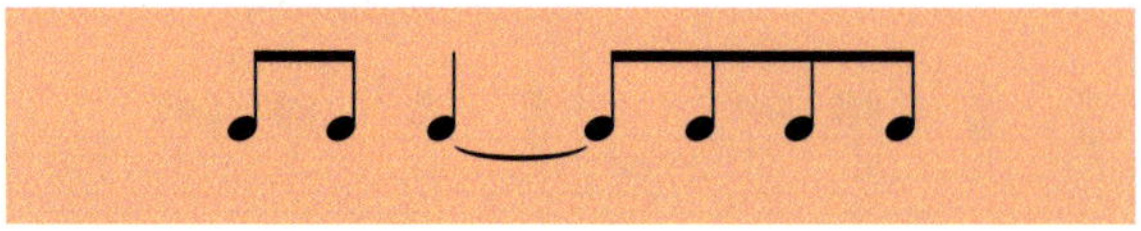

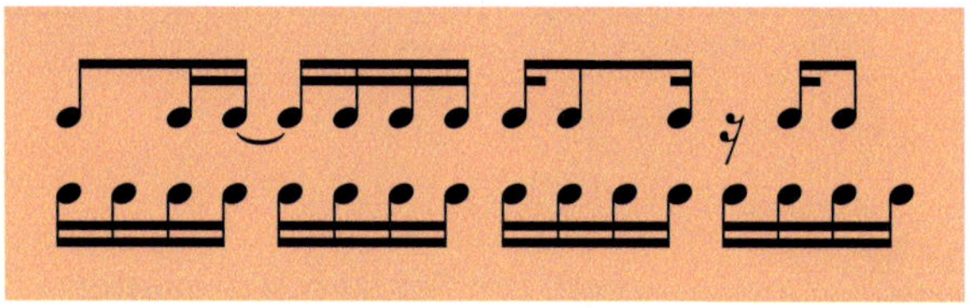

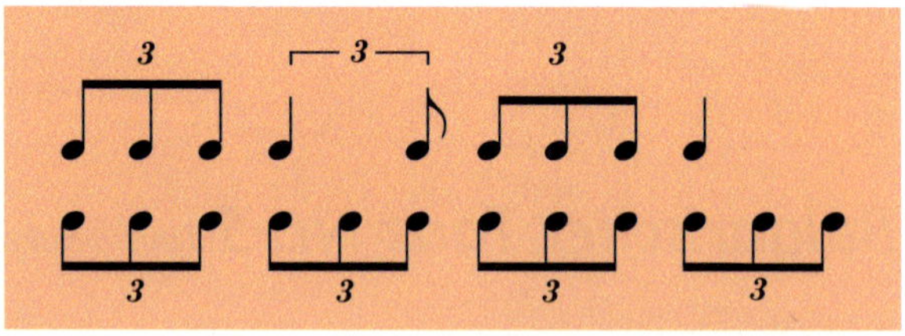

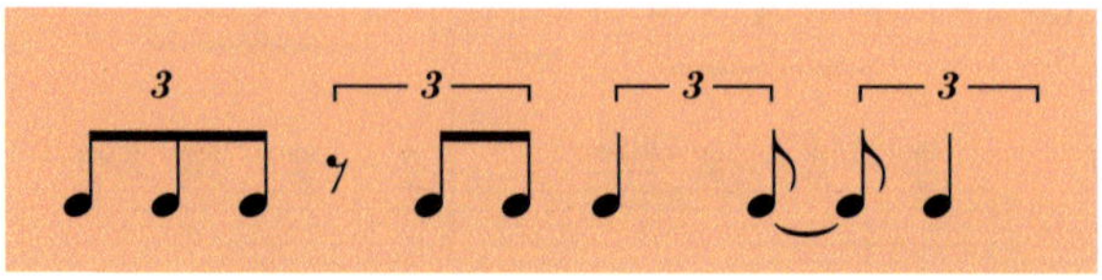

Sprachrhythmus

Kanon aus der Geografie

Ernst Toch

Nach der »Fuge aus der Geographie«

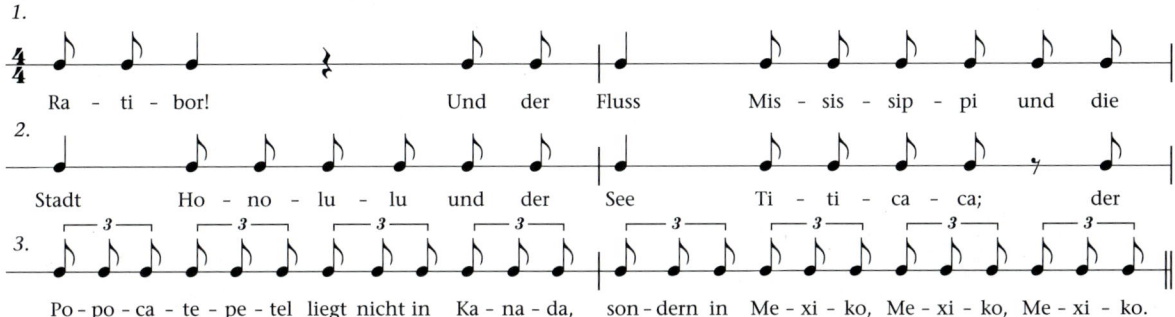

1.
Ra - ti - bor! Und der Fluss Mis - sis - sip - pi und die

2.
Stadt Ho - no - lu - lu und der See Ti - ti - ca - ca; der

3.
Po - po - ca - te - pe - tel liegt nicht in Ka - na - da, son - dern in Me - xi - ko, Me - xi - ko, Me - xi - ko.

Der Zähe

Musik: Marcus Altmann
Text: Robert Gernhardt

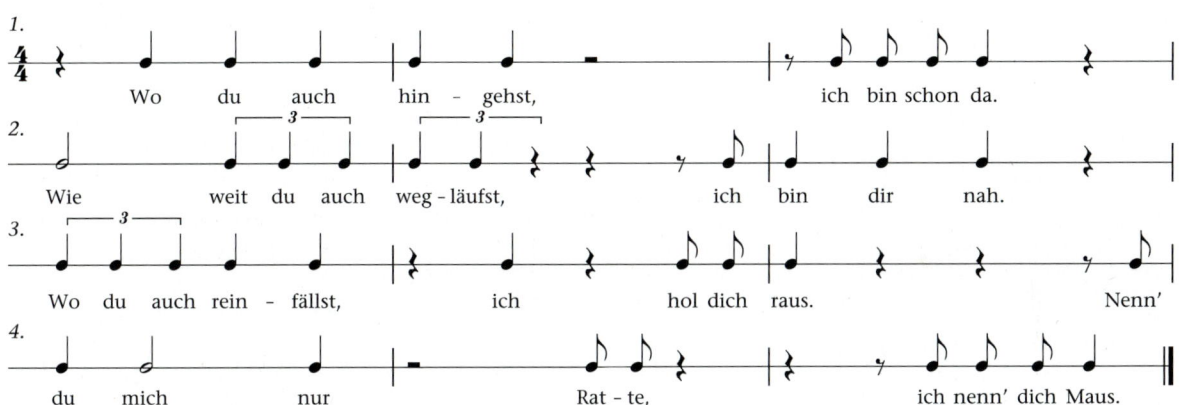

1.
Wo du auch hin - gehst, ich bin schon da.

2.
Wie weit du auch weg - läufst, ich bin dir nah.

3.
Wo du auch rein - fällst, ich hol dich raus. Nenn'

4.
du mich nur Rat - te, ich nenn' dich Maus.

WORK SHOP

- Übt den Rhythmus des Kanons und sprecht ihn in Gruppen.
- Teilt euch in Gruppen auf, nehmt beliebige Texte, sprecht sie und notiert den Rhythmus.
- Sprecht euch die Ergebnisse gegenseitig vor.
- Tauscht das Notierte mit den anderen Gruppen aus und studiert deren Komposition ein.

Pop-/Rockmusik

Was ist Pop-/Rockmusik?

Beat ist gesetzlich erlaubte Vergewaltigung unschuldiger Instrumente.

Es gibt keine andere Musik, die die Gefühle der Jugendlichen heuzutage besser widerspiegelt.
(Pete Townshend / THE WHO, 1971)

Was ist Beat? [...] Unartikuliertes Gekreisch, von Verstärkeranlagen zu ohrenbetäubendem Lärm gesteigert, eine unintelligente Hervorbringung schlecht gewaschener und langhaariger Jünglinge, die eben mit Mühe gelernt haben, ein paar Akkorde auf der Gitarre zu greifen, und denen hysterische Teenager ebenso unartikuliert zujubeln [...].
(Rolf-Ulrich Kaiser, 1970)

Rockmusiker verkaufen sich für Geld.
(ein Produzent)

Alles, was im Jazz leicht und gelöst, geistvoll und ausdrucksreich ist, wird beim Rock 'n' Roll aufdringlich und laut, vulgär und banal.
(Joachim-Ernst Berendt, 1968)

Beethoven war in seiner Zeit ohne Zweifel ein harter Rock 'n' Roller. Er zog sein Ding gegen alle Widerstände durch und hat für seine musikalischen Ideen gelebt. Um diese persönliche Integrität geht es im Rock 'n' Roll.
(SLASH, GUNS N' ROSES)

Es wird überwiegend leichte Massenkost serviert, für einen anspruchslosen Hörer zurechtgeschnittene Musiksandwiches, musikalisches Fastfood für den zappeligen Soundconsumer. Das war nie anders, und hätte es zu Mozarts Zeiten schon Radio gegeben, hätte man zu 90% das Programm mit Serenaden und Volkstänzen bestritten. Umso mehr Grund für ernsthafte Musikliebhaber, sich über Ausnahmen im Pop-Einheitsbrei zu freuen.
(Reinhard R. Wissdorf, 2001)

AUFGABEN

- *Welche der abgebildeten Musiker kennt ihr? Welche Bedeutung haben sie im Musikleben?*
- *Wer fehlt eurer Meinung nach, begründet.*
- *Erörtert die unterschiedlichen Einstellungen der oben stehenden Zitate zur Pop-/Rockmusik.*
- *Welche Bedeutung hat diese Musik für euch?*
- *Sammelt im Bekanntenkreis und in Zeitschriften Aussagen über Pop-/Rockmusik und diskutiert darüber.*

Die Instrumente einer Band

Die Keyboards

Die Aufgaben des Keyboarders sind vielfältig: Er ist zuständig für die Akkordbegleitung und das Melodiespiel (Solo). Er spielt die Akkorde rhythmisiert oder als Liegetöne. Die wichtigsten Sounds sind: E-Piano, Hammondorgel und Strings (Streicher).

JEAN MICHEL JARRE

Das Schlagzeug

Der Schlagzeug-Groove ist das rhythmische Fundament der Band. Das Hi-Hat spielt regelmäßige Schläge, die Bass-Drum unterstützt den E-Bass. Und die wichtigste Aufgabe übernimmt die Snare-Drum: Sie spielt Backbeats auf die Schläge 2 und 4.

WORK SHOP

Bevor ihr den Drumset-Groove alleine übt, ist es sinnvoll, die Rhythmen der einzelnen Instrumente auf drei Gruppen zu verteilen. Bodypercussion und »Küchengeräte« klingen auch sehr gut.

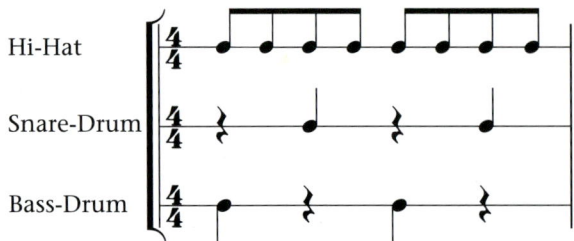

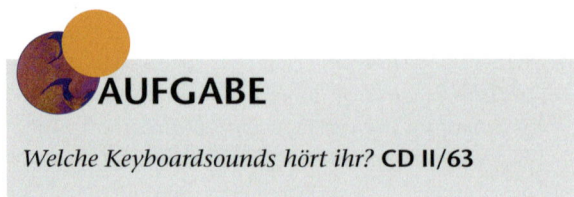

AUFGABE

Welche Keyboardsounds hört ihr? **CD II/63**

Die E-Gitarre

ANGUS YOUNG: Gitarrist der australischen Rockgruppe AC/DC

Der E-Bass

SUZI QUATRO: Sängerin und Bassistin der gleichnamigen Band aus den USA

Die sechs Saiten der E-Gitarre sind wie die Saiten einer Konzertgitarre gestimmt (E_1, A_2, d, g, h, e'). Meist werden sie mit einem Kunststoffplättchen (Plektrum) gespielt. Der Gitarrist schlägt rhythmisierte Akkorde oder spielt Soli (Single Notes). Die Griffschreibweise ist auf S. 43 näher ausgeführt.

Die Lautstärke entsteht mithilfe von Tonabnehmern, da die E-Gitarre keinen Resonanzkörper hat. Der Sound kann durch verschiedene Effektgeräte wie »Verzerrer« und »Wah-Wah-Pedal« gestaltet werden.

Die Saiten des E-Basses (E_1, A_1, D, G) entsprechen den vier tiefen Saiten der Gitarre und klingen eine Oktave tiefer. Dadurch gibt das Instrument der Band eine tiefe Klangstütze.

Der Bassist spielt meistens die Grundtöne der jeweiligen Akkorde. Andere Töne werden durch die Notation unterhalb des Bruchstriches angegeben, z. B. D/Fis bedeutet, dass der E-Bass das *Fis* aus dem D-Dur-Akkord spielt.

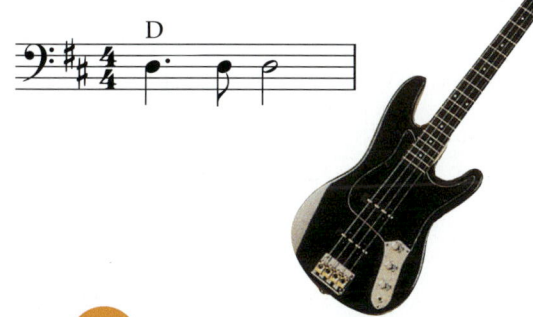

Die Schrägstriche zeigen an, wie viele Taktschläge lang der Akkord gespielt werden soll.

AUFGABE

- *Bestimmt die Einsatzfolge der Instrumente.*
  CD II/64

Band-Grooves

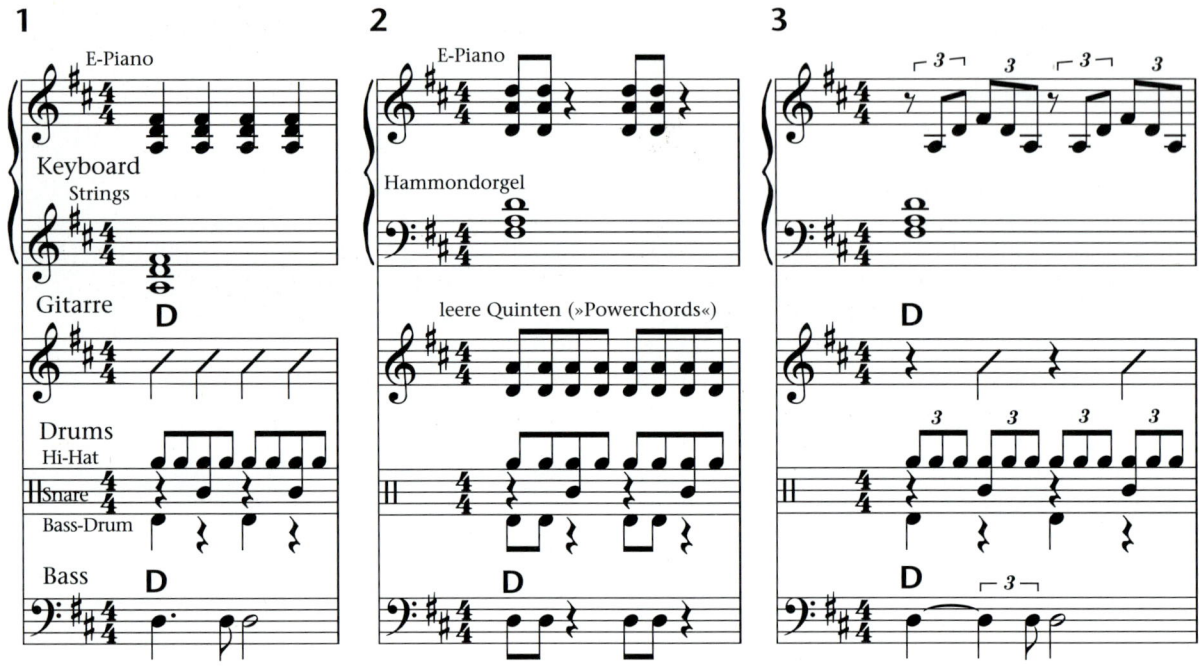

Akkordauswahl

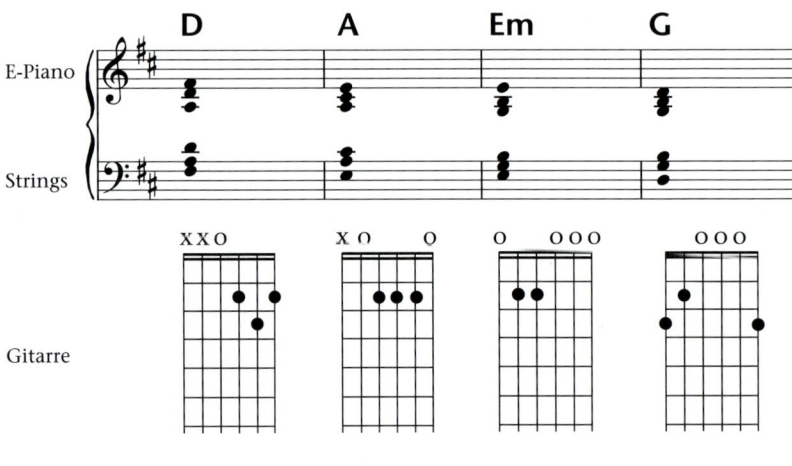

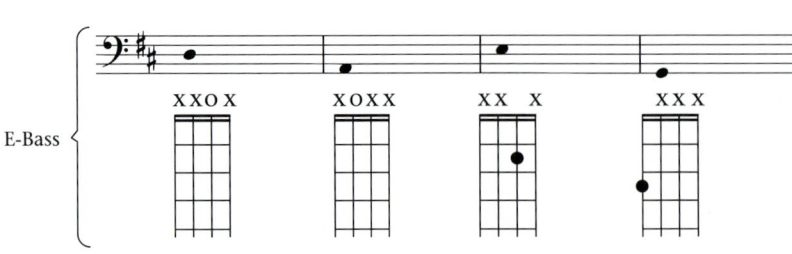

WORK SHOP

Probt die Grooves mit verschiedenen Akkorden (siehe Akkordauswahl). Organisiert euer Zusammenspiel so, dass jeder Schüler alle Instrumente gespielt hat. Stehen nicht alle Instrumente zur Verfügung, habt ihr immer noch die Möglichkeit, den Klang mit anderen Instrumenten zu imitieren.

Gesang

Es gibt viele Möglichkeiten, die manchen ungewohnt oder sogar »verrückt« erscheinen, um Klänge mit Instrumenten und Stimmen zu erzeugen: Biergläser oder Tischtennisbälle, die auf den Saiten eines Flügels rollen bzw. hüpfen, Laute, die beim Ein- statt Ausatmen produziert werden …

Mit dem eigenen Instrument, der Stimme, hat man noch viel mehr Möglichkeiten, als man ahnt. Sie kann flüstern und schreien, sprechen und singen, weinen und lachen, jammern und jubeln.

Wie beschreibt man den Klang einer Stimme? Musikkritiker haben im Laufe der Jahrzehnte eine Menge Metaphern gefunden, um Stimmen zu charakterisieren: »silberne Trompete«, »flüssiges Gold«, »metallisches Gebelle«, »gehauchte Erotik«, »Eis im Glas«, »klangliches Hackfleisch«, »Samtgurgel«, »Reibeisen auf Steinen«. Aber selbst die stärksten Ausdrücke erzeugen noch keinen Klang im Ohr oder können den Eindruck, den außergewöhnliche Stimmen bei den Zuhörern hinterlassen, wirklich wiedergeben.

REINHARD MEY

LUCIANO PAVAROTTI

JANIS JOPLIN

GURGELND UNNATÜRLICH TIEF KLASSISCH EROTISCH HAUCHIG NATÜRLICH ÜBERLUFTET GEPRESST SCHARF HEISER HOCH DÜNN SCHRILL PIEPSIG DUNKEL KLANGVOLL KÜNSTLICH RAU

AUFGABEN

- *Beschreibt mithilfe des Adjektivzirkels die Stimmen in den drei Aufnahmen und vergleicht sie miteinander.* **CD II/65–67**
- *Singt euer Lieblingslied und imitiert dabei jede der Stimmen. Imitiert beim Singen auch die Körperhaltung des Sängers / der Sängerin.*
- *Bringt Stimmen aus der Popmusik mit und charakterisiert sie.*

Knockin' on Heaven's Door

für Solist/innen, Chor und Band

Text und Musik: Bob Dylan
Arrangement: Thomas Stapf

Intro

D   A   Em   D   A   G

Uh _____   Uh _____

Strophen

D   A   Em

1. Ma - ma, take   this   badge   off   of   me ____
2. Ma - ma, put   my   guns   in   the   ground

D   A   G

I can't   use ____   it   an - y - more ____
I can't   shoot   them   an - y - more ____

D   A   Em

It's gett'n   to   dark   for   me   to   see ____
That long   black   cloud   is   com - in'   down ____

D   A   G

1., 2. I feel I'm   knock - in' on   hea - vens   door ____

Refrain

D   A   Em

Knock knock, knock - in' on   hea - ven's   door ____

D   A   G

Knock knock, knock - in' on   hea - ven's   door ____

D   A   Em

Knock knock, knock - in' on   hea - ven's   door ____

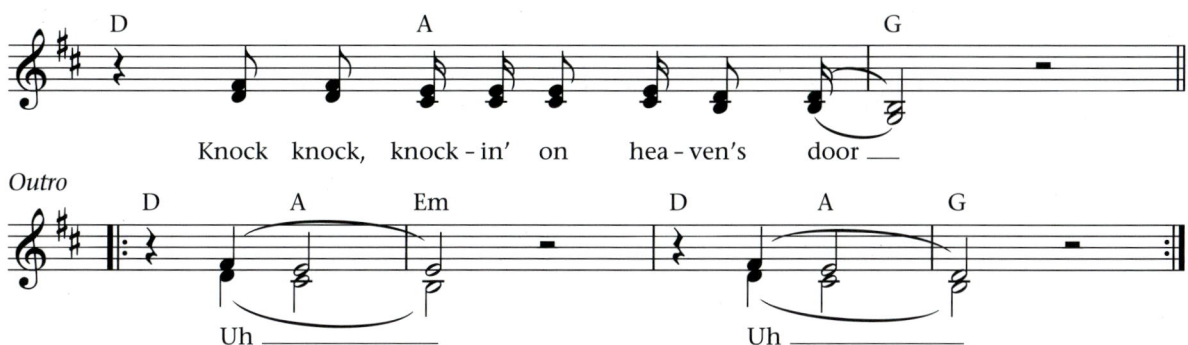

Knock knock, knock-in' on hea-ven's door —

Outro

Uh ——— Uh ———

Begleitung

E-Piano

Strings

Gitarre

D   A   Em   D   A   G

Drums

Bass

AUFGABEN

- *Teilt eure Klasse auf in Solistinnen bzw. Solisten, dreistimmigen Chor und Band und probt den Titel entsprechend der Partitur. Beginnt mit dem Refrain.*
- *Vergleicht verschiedene Einspielungen miteinander.* **CD II/68–70**

So entsteht euer eigener Hit

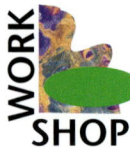

1. Überlegt euch einen Text in der Länge von *Knockin' on heaven's door*.
2. Entscheidet euch für eine Akkordfolge aus der Tabelle, die eurem Song zugrunde liegen soll.
3. Spielt die Akkordfolge im Stil von *Knockin' on heaven's door*.
4. Sprecht den Text zur Musik. Ihr werdet hören, dass unweigerlich eine Melodie entsteht: **euer Song!**
5. Entscheidet euch für einen formalen Ablauf, für eine Instrumentation und spielt und singt …

Akkordfolgen

D	G	A	Em
D	G	A	A
D	G	A	G
D	G	Em	A
D	D	A	G
D	Em	G	A
D	Em	G	G
D	G	D	A
D	A	D	G usw.

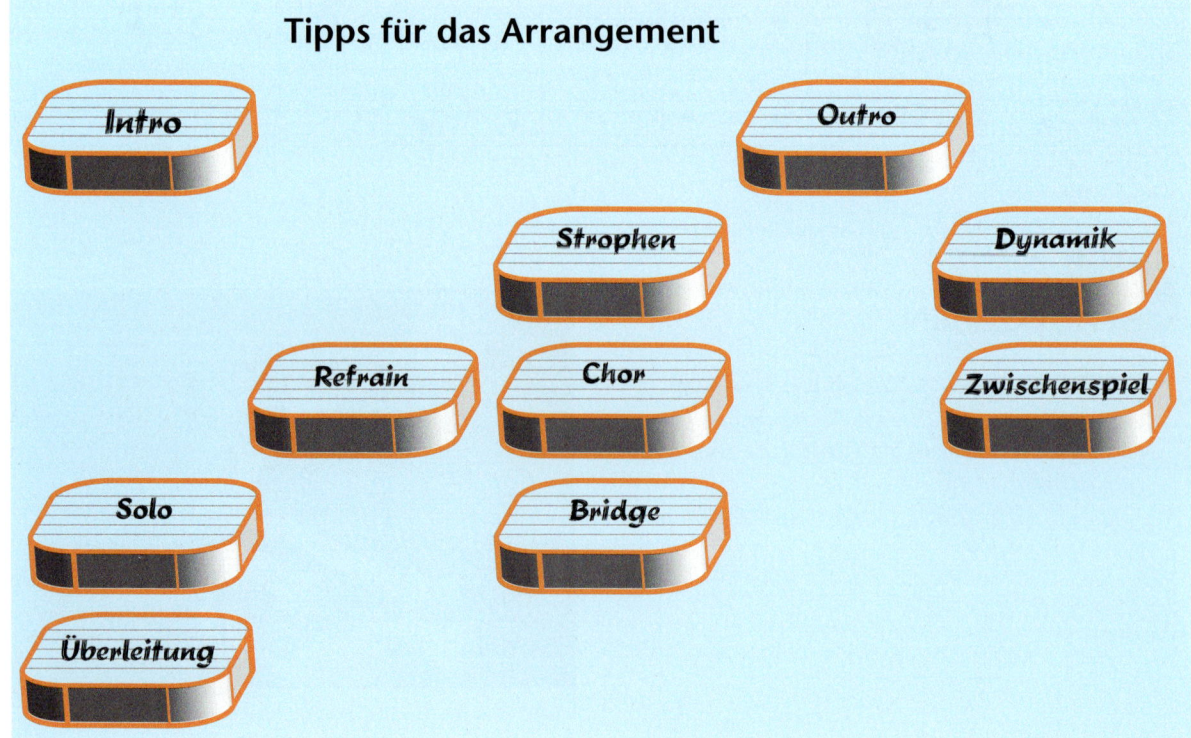

Tipps für das Arrangement

Intro · Outro · Strophen · Dynamik · Refrain · Chor · Zwischenspiel · Solo · Bridge · Überleitung

PPPP – Die Vermarktung eines Songs

Als Anregung für die Vermarktung eures Songs stehen euch aus Profihand die klassischen vier P's des Marketing zu Verfügung. Die dazugehörigen Fragen helfen euch, die einzelnen P's genauer zu definieren.

Product

Was macht das Produkt einzigartig?
Warum ist es besser als andere Produkte?
Wer soll das Produkt kaufen (Zielgruppe)?
Warum sind wir mit unserem Produkt erfolgreicher?

Price

Wie ist die Preisgestaltung? Ist das Produkt preislich attraktiv?
Wird zu Werbezwecken etwas kostenlos verteilt (z. B. Singles in Clubs verschenken)?

STAR CONTACTS

ORLANDO BLOOM
c/o Artists Management Group, 9465 Wilshire Blvd., Beverly Hills, CA 90212, USA
www.angelfire.com/celeb2/orlandobloom

KID ROCK
c/o Eastwest Records, Heußweg 25, 20255 Hamburg
www.kidrock.com

JESSICA ALBA
c/o Brad Cafferelli, Bragman/Nyman/Cafferelli, 9171 Wilshire Blvd., Beverly Hills, CA 90210, USA
www.jessica-alba.com

NICKELBACK
c/o Roadrunner Records, Aachenerstr. 209, 50931 Köln
www.nickelback.com

Place

Wo wird das Produkt verkauft?
Auf welchen Medien ist es erhältlich?

Promotion

Wie wird geworben (z. B. Telefonaktionen, Touren)?
Wo wird für das Produkt geworben (z. B. Straße, Internet, Europa)?

STECKBRIEF

● Robert James Ritchie alias Kid Rock wurde am 17. Januar 1971 in Romeo/Michigan geboren
● 1990 erschien sein Debütalbum „Grit Sandwiches For Breakfast"
● Auf Eminems Erfolgsscheibe „The Slim Shady LP" rockte Kid Rock 1999 als Gaststar
● Das Album „Devil Without A Cause" knackte 1999 erstmals die US-Top-Ten
● Kid wohnt zusammen mit seinem Sohn Robert James jr. (8) und seiner Schwester Carol in der Nähe von Detroit

WORK SHOP

• Erörtert gemeinsam die **vier P's** und findet weitere Fragen und Beispiele. Teilt euch in vier Gruppen. Jede Gruppe ist für ein **P** verantwortlich. Die einzelnen Marketingbereiche sind nicht immer klar zu trennen, so kann es durchaus zu Überschneidungen kommen, die von einem »Kontaktmann« pro Gruppe geregelt werden können. Präsentiert der Klasse euer Marketingkonzept.
• Vermarktet euren eigenen Song und erfindet dazu einen Tanz. Es wir euch helfen, wenn ihr Anregungen aus dem Club-Tanz von S. 244 und aus den Musikclips aufnehmt.

Wie alles begann

Amerikas Bevölkerung setzt sich aus vielen verschiedenen Bevölkerungsgruppen zusammen: Die größten Gruppen bilden die Afroamerikaner (ehemalige Sklaven und deren Nachkommen) und Europäer (vor allem Iren, Engländer, Schotten). Sie alle pflegen ihre Musik aus der alten Heimat, die sich entsprechend den Bedingungen ihrer neuen Umgebung verändert. Die Verschmelzung und Kombination dieser verschiedenen Musikstile bilden die Grundlage für die Geburt der Pop-/Rockmusik.

Mit der Entstehung des **Rock 'n' Roll** Anfang der 1950er Jahre in Amerika beginnt eine neue Ära der Musikgeschichte: Das Zeitalter der Pop-/Rockmusik. Anstelle von »seichter«, »schmalzig« gesungener Schlagermusik wird ein mitreißender Band-Groove gespielt, der Interpret fordert mit seiner Stimme die Zuhörer und tanzt auf der Bühne. Endlich haben die Jugendlichen ihre eigene Musik, ihren eigenen Tanzstil, ihre eigene Mode und Idole gefunden, mit der sie sich identifizieren können.

Die Wurzeln der Pop-/Rockmusik

Worksongs

Blues

Spirituals

Amerikanische Schlager

Ragtime

Folkmusic

Country and Western

AUFGABE

- *Ordne die unterschiedlichen Musikstile den Hörbeispielen und Bildern zu.* **CD II/71–75, CD II/54, CD VII/12**

Country and Western

WANTED

Johnny Cash

Beruf:	**Country-and-Western-Sänger**
Zuletzt gesehen in:	**Country-and-Western-Metropole** **Nashville/Tennesse**
Kleidung:	**Fransenkleidung, Cowboyhut, Stiefel**
Instrumente:	**Gitarre, Mundharmonika, Banjo, Fidel**
Lieblingssongs:	**I walk the Line, Country Roads,** **Maschendrahtzaun**
Lieblingsserie:	**Bonanza**
Seine Musik:	**einfache Harmonik, Wechselbass,** **tiefer Gesang**
Freunde:	**JOHN DENVER, GARTH BROOKS, TRUCK STOP**

AUFGABE

- *Wo wird heutzutage Country-and-Western-Musik gespielt?*

WORK SHOP

Singt das Lied *I walk the line* und legt dabei die Füße auf den Tisch wie ein Cowboy.

3. As sure as night is dark
   and day is light.
   I keep you on my mind
   both day and night;
   and happiness I've known
   proves that it's right.
   Because you'r mine,
   I walk the line.

4. You've got a way to keep
   me on your side.
   You give me cause for love
   that I can't hide.
   For You I know,
   I try to turn the tide.
   Because you'r mine,
   I walk the line.

I walk the Line

Text und Musik: Johnny Cash
Satz: Thomas Stapf

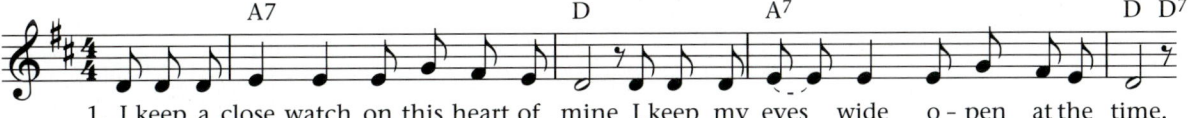

1. I keep a close watch on this heart of mine I keep my eyes wide o-pen at the time.
2. I find it ver-y eas-y to be true. I find my-self a-lone when each day is through.

I keep the ends out for the tie that binds   be-cause you'r mine   I walk the line.
Yes, I'll ad-mit that I'm a fool for you.   be-cause you'r mine   I walk the line.

Rhythm & Blues

LITTLE RICHARD
THE ORIGINAL
BRITISH
HIT SINGLES
ace

Anfang der 1950er Jahre war die innenpolitische Situation in den USA gekennzeichnet von der Rassentrennung zwischen Schwarzen und Weißen und dem alltäglichen Rassismus gegen Afroamerikaner, vor allem im Süden der USA. Das spiegelte sich auch in der Musik wider. »Schwarze« Musik wurde nur von kleinen Radiostationen gespielt und von kleinen Plattenfirmen veröffentlicht. Die Musik der Afroamerikaner wurde bis zum Juni 1949 diskriminierend als »race music« (»Rassenmusik«), ihre Platten als »race records« bezeichnet. Dann führte die Musikzeitschrift *Billboard*, in der die wöchentlichen Charts veröffentlicht wurden, den neutralen Begriff **Rhythm & Blues** (Abk. **R & B**) als Sammelbezeichnung für alle Formen »schwarzer« Tanz- und Unterhaltungsmusik ein.

Hauptvertreter: Little Richard, Chuck Berry, Fats Domino

Tutti Frutti

Text und Musik: Richard Penniman / Dorothy LaBostrie / Joe Lubin

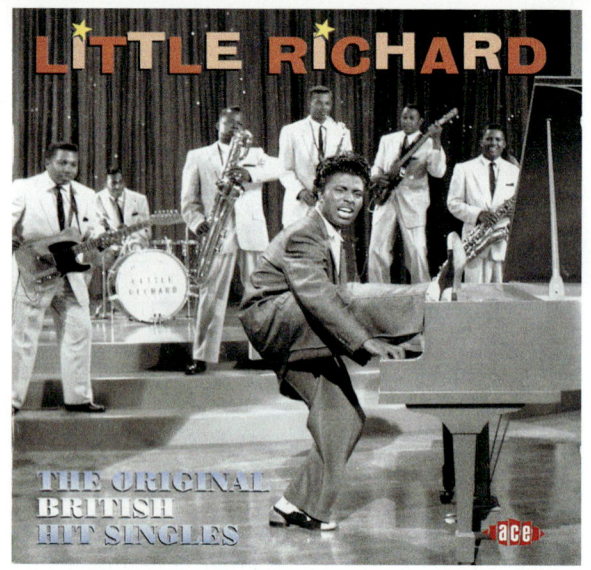

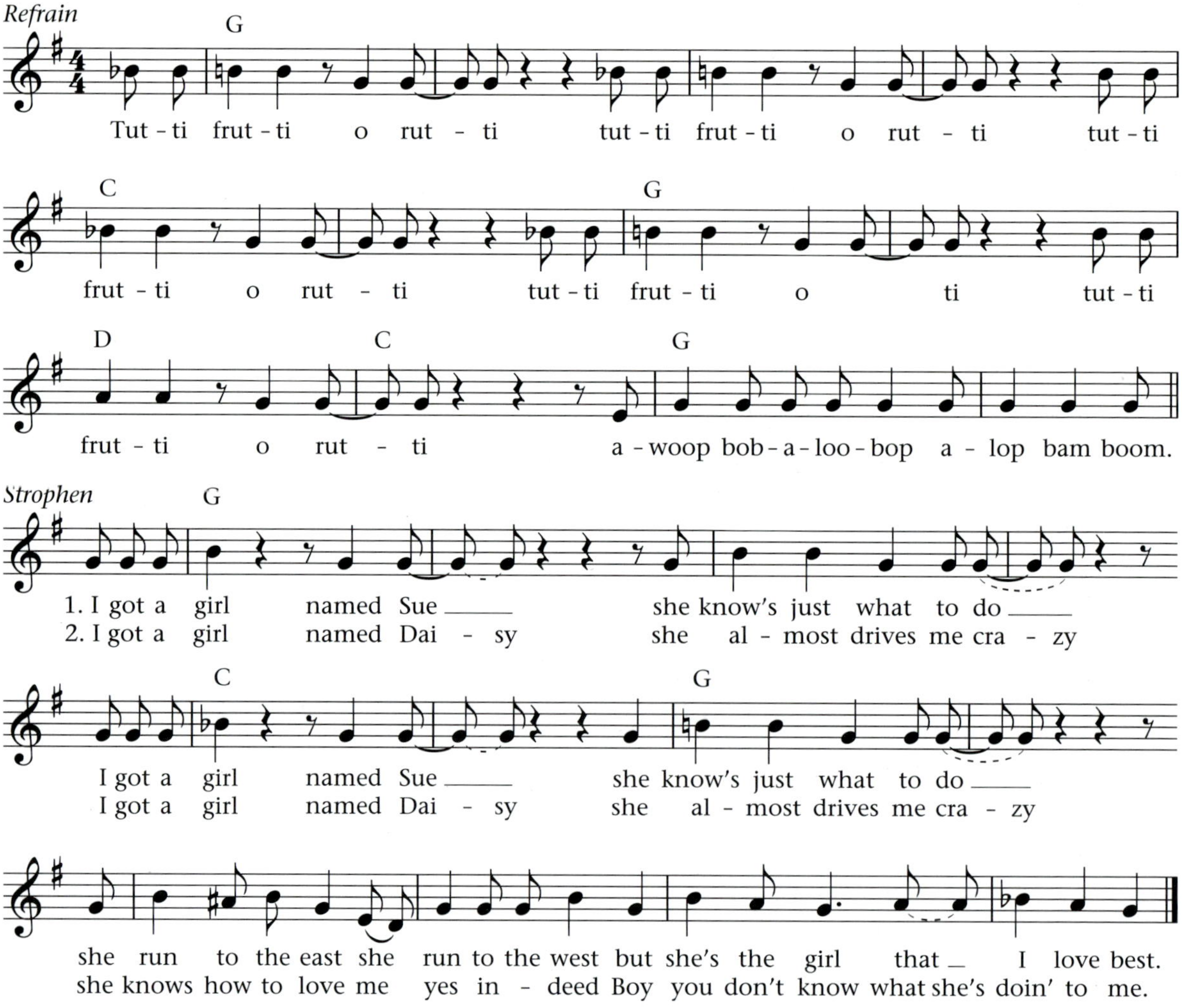
Refrain
G
Tut - ti frut - ti o rut - ti tut - ti frut - ti o rut - ti tut - ti
C G
frut - ti o rut - ti tut - ti frut - ti o ti tut - ti
D C G
frut - ti o rut - ti a - woop bob - a - loo - bop a - lop bam boom.
Strophen
G
1. I got a girl named Sue she know's just what to do
2. I got a girl named Dai - sy she al - most drives me cra - zy
C G
I got a girl named Sue she know's just what to do
I got a girl named Dai - sy she al - most drives me cra - zy
she run to the east she run to the west but she's the girl that I love best.
she knows how to love me yes in - deed Boy you don't know what she's doin' to me.

Rock 'n' Roll

Der Begriff **Rock 'n' Roll** wurde 1951 zum ersten Mal von dem (weißen) Radio-Discjockey ALAN FREED verwendet und bezeichnete zunächst die R-&-B-Songs, die bei den weißen Jugendlichen sehr populär waren. Die großen Plattenfirmen befürchteten einen empfindlichen Verlust an Marktanteilen und ließen als Reaktion die erfolgreichsten R-&-B-Titel von weißen Musikern covern, nachdem sie die Texte umgeschrieben und »entschärft« hatten. Hauptvertreter: ELVIS PRESLEY, BILL HALEY, BUDDY HOLLY

Die deutsche Elvis-Presley-Kopie hieß PETER KRAUS. Er war der Star der deutschen Nachkriegsjugend und füllte Konzert- und Tanzsäle. Dennoch spielten die Radiosender den Rock 'n' Roll nur am späten Abend und in der Nacht.

ELVIS PRESLEY, 1956

PETER KRAUS, 1956

AUFGABEN

- *Hört euch den Rock-'n'-Roll-Titel »Tutti Frutti« von LITTLE RICHARD an und bestimmt die Instrumente, den Aufbau und das Tempo. Beschreibt seine Wirkung.* **CD II/76**
- *Vergleicht die verschiedenen Versionen von »Tutti Frutti« miteinander und diskutiert die Unterschiede.* **CD II/76–78**
- *Kennt ihr andere Musikstile, die von Weißen kopiert wurden?*

Soul

Der **Soul** ist eine vokal orientierte Stilmischung aus Gospel-
gesang und Rhythm & Blues,
die von 1965 bis 1968 ihre erste Blütezeit erlebte. Wichtige
Merkmale sind die große Emo-
tionalität und Ausdrucksstärke
(Expressivität) der Stimme(n)
und der sich wiederholende
Begleitrhythmus.
Hauptvertreter: JAMES BROWN,
ARETHA FRANKLIN, SAM COOKE

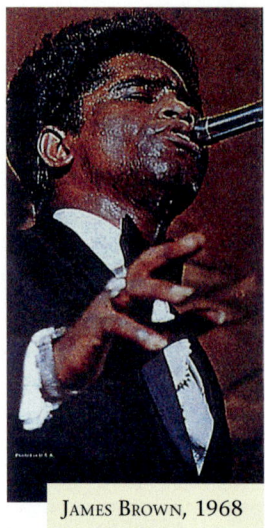

JAMES BROWN, 1968

ARETHA FRANKLIN, 1969

Stand by me

Text und Musik: Ben E. King / Jerry Leiber / Mike Stoller
Arr.: Thomas Stapf

1. When the night has come and the land ist dark
2. If the sky that we look u-pon should tumb-le and fall

and the moon is the on-ly light we'll see
or the moun-tain should crum-ble to the sea.

no, I won't be a-fraid no, I won't be a-fraid
no, I won't shed a tear no, I won't shead a tear

just as long as you stand stand by me So Dar-ling, Dar-ling

stand by me oh stand by me.

Oh stand stand by me stand by me.

Begleitsatz

Der Soul lebt weiter

Der Einfluss des Soul der 1960er Jahre ist auch in der heutigen Musik spürbar und reicht bis in den Bereich des Rap/Hip-Hop. Viele schwarze Sängerinnen, aber auch einige weiße Sängerinnen verweisen auf den Einfluss, den zum Beispiel ARETHA FRANKLIN und ihre Art zu singen auf sie hatte bzw. hat.

MARIAH CAREY (*27. 3. 1970), Tochter einer Opernsängerin, ist eine der erfolgreichsten amerikanischen Sängerinnen der 1990er Jahre. Sie hatte zwölf Singles auf Platz 1 der US-Charts und führte sie 57 Wochen lang an. Bereits als 16-Jährige begann sie ihre ersten Songs zu schreiben. Für ihre Songs hat sie viele Auszeichnungen erhalten.
Der Song *Emotions* ist der Titelsong ihres gleichnamigen zweiten Albums, das 1991 veröffentlicht wurde.

AUFGABEN

- *Sammelt Informationen zur Musik und zur Biografie anderer Soul-Diven der heutigen Zeit.*
- *Aufgrund welcher Merkmale kann man diesen Song dem Soul zuordnen?* **CD III/1**

Funk

Der Funk entwickelte sich aus dem Soul, lateinamerikanischer Musik und dem Jazz und wurde in den 1970er Jahren populär. Prägend für diese Stilrichtung ist der treibende Groove, der sich aus einem federnden Sechzehntel-Beat ergibt. Zur Standard-Bandbesetzung kommen in der Regel noch Bläser und Percussion hinzu.
Hauptvertreter: EARTH, WIND & FIRE, KOOL AND THE GANG, TOWER OF THE POWER

WORK SHOP

- Übt den Funk-Groove am Drumset oder mit Bodypercussion und spielt ihn zum Titel *Fantasy*. **CD III/2**

EARTH, WIND & FIRE

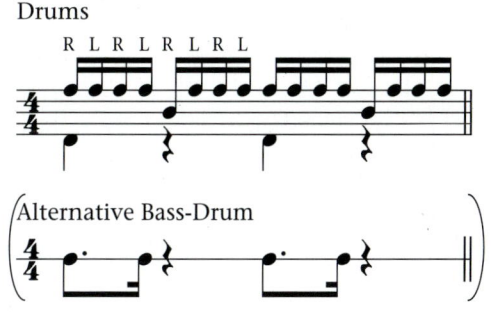

Drums

Alternative Bass-Drum

Beat

Der **Beat** erlebte seine Blütezeit in den 1960er Jahren. Er entstand in England als eine Art Mischung aus der harmonisch reicheren englischsprachigen Schlagermusik und Klassik und der »fetzigen« Sing- und Spielweise des amerikanischen Rock 'n' Roll. An die Stelle des 12-Takt-Schemas des Blues bei den gecoverten Roch-'n'-Roll-Titeln traten ABA-Formen oder Strophe-Refrain-Formen. Der typische Beat-Rhythmus ist binär und betont innerhalb eines Taktes die Schläge 2 und 4 (**Backbeat**, s. S. 70) Hauptvertreter: THE BEATLES, THE BEE GEES, SMOKIE

THE BEATLES: PAUL MCCARTNEY, JOHN LENNON, GEORGE HARRISON UND RINGO STARR (v. l. n. r.)

The Beatles

sind für viele die bedeutendste Band der Pop-/ Rockgeschichte. Es waren die Musiker PAUL MC-CARTNEY (b), JOHN LENNON (g), GEORGE HARRISON (g) und RINGO STARR (dr). Die meisten Songs wurden von LENNON/MCCARTNEY geschrieben und gesungen.

Das Besondere an ihrer Musik war ihre Vielseitigkeit und ihr Gespür für unvergängliche Melodien.

Sie waren immer auf der Suche nach neuer Inspiration: In Indien übten sie sich im Meditieren und Sitarspiel oder integrierten Geräusche in ihre Songs. Ihr Spektrum reicht daher von einfachen Rock-'n'-Roll-Nummern (z. B. *I'm down*) bis zu komplexen experimentellen Stücken (z. B. *Tomorrow never knows*). Zu ihren unzähligen Hits gehören *Yesterday*, *Help* und *Obladi-Oblada*.

Auf dem Höhepunkt ihrer Karriere kam es zu einer Massenhysterie ihrer Fans, der »Beatlemania». Die Musiker trennten sich 1970, zehn Jahre später wurde JOHN LENNON von einem Attentäter ermordet; im Jahr 2001 verstarb GEORGE HARRISON.

AUFGABEN

- *Beschreibt das Verhalten der Beatles-Fans auf dem Foto. Vergleicht es mit dem Verhalten heutiger Fans.*
- *Was unterscheidet den Song »Yesterday« von Songs aus der Rock-'n'-Roll-Zeit. Bezieht beim Vergleich auch die Harmonik und die Form mit ein.* **CD III/3**

Yesterday

Text und Musik: John Lennon / Paul McCartney
Satz: Thomas Stapf

C   Hm⁷   E⁷   Am   (Am/G)

Yes - ter - day _ all my troub - les seemed so far a - way _
Sud - den - ly _ I'm not half the man I used to be _
Yes - ter - day _ love was such an eas - y game to play _

F   G   C   (C/H) Am   D   F   C

Now it looks as though they're here to stay. Oh I be - lieve in yes - ter - day.
There's a sha - dow hang - ing ov - er me. Oh yes - ter - day came sud - den ly. _
Now I need a place to hide a - way. Oh I be - lieve in yes - ter - day.

E⁴ – 3   Am   F   Dm   G⁷   C

Why she had to go I don't know she would – n't say _____

D.C. al

E⁴ – 3   Am   F   Dm   G⁷   C

I said some - thing wrong now I long for yes - ter - day _____

Coda

C/G   D/F♯   F   C

Mm mm mm mm mm mm mm

Beat in Deutschland

Das Beat-Fieber schwappte mit leichter Verzögerung auch nach Deutschland über. Teils wurden Songs Eins-zu-Eins gecovert, teils im Stil der Vorbilder geschrieben oder die Originalsongs wurden in deutscher Sprache gesungen.
Hauptvertreter: DIE LORDS, HOWARD CARPENDALE, RATTLES.

WORK SHOP

Fertigt einen deutschen Text (zumindest vom Anfang) von *Yesterday* an und singt ihn. Ändert sich die Wirkung des Songs?

AUFGABE

- *Hört euch Howard Carpendales Version des Beatles-Songs »Ob-La-Di, Ob-La-Da« an und diskuitert die Stilbezeichnung »Deutscher Beat«.*
CD III/4

Folkmusic

Wie auch der Beat wurde die so genannte Folkmusic in den 1960er Jahren populär. Sie ist keine Volksmusik im engeren Sinn, da sie nicht vom »Volk« überliefert, sondern von Urhebern geschaffen wurde. Es ist vielmehr die Einfachheit von Melodik und Harmonik, für die diese Bezeichnung gerechtfertigt ist. So kommt es, dass diese Musik häufig von Laien nur als »Lagerfeuer-Songs« benutzt wird.
Hauptvertreter: WOODY GUTHRIE (*This land is your land*), PETE SEEGER (*Where have all the flowers gone*), BOB DYLAN.

BOB DYLAN

Der wichtigste Vertreter der Folkmusik (auch Folkrock) ist BOB DYLAN (* 24. 5. 1941). Er hat unzählige Hits geschrieben und zeichnet sich musikalisch durch eine melodische Originalität aus, die er trotz einfacher Harmonik erreicht. Seine Texte sind sozialkritisch und politisch und haben viele Musiker seiner Zeit beeinflusst, so auch THE BEATLES.

AUFGABE

• *Welche Musikrichtung im deutschsprachigen Raum kommt der Folkmusic nahe?*

Blowin' in the Wind   CD III/5

Text und Musik: Bob Dylan
Satz: Thomas Stapf

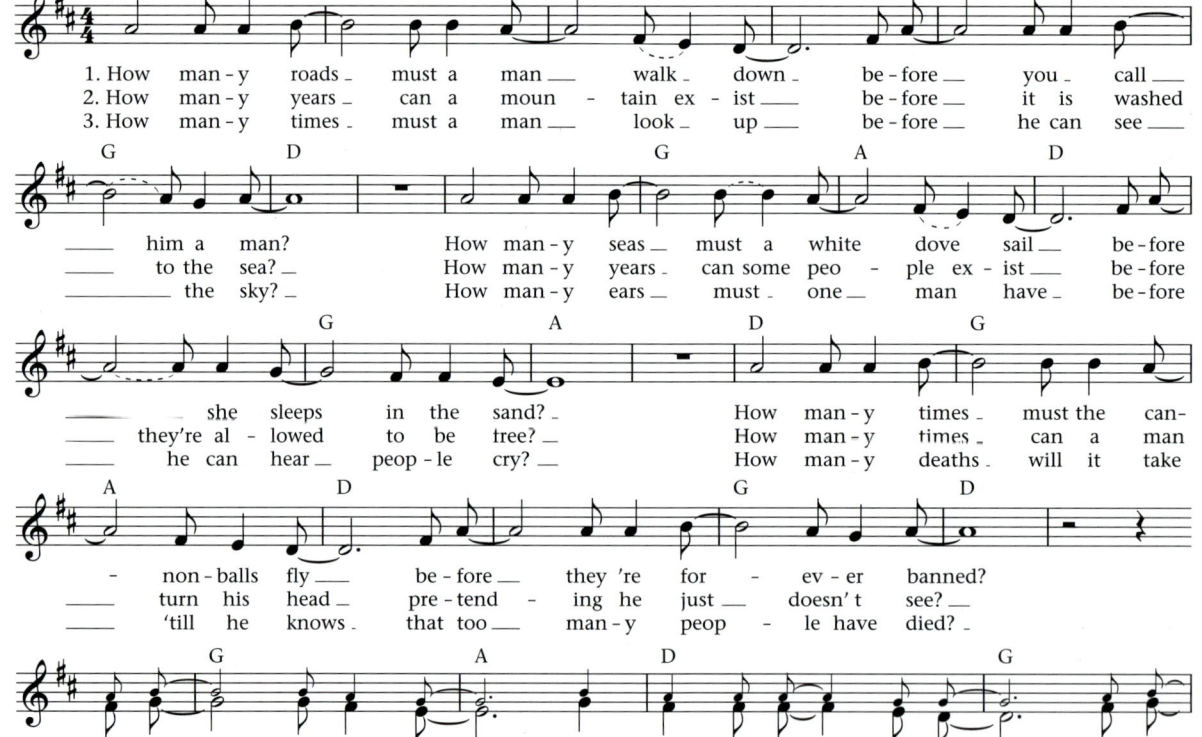

1. How many roads must a man walk down before you call him a man?
2. How many years can a mountain exist before it is washed to the sea?
3. How many times must a man look up before he can see the sky?

How many seas must a white dove sail before she sleeps in the sand?
How many years can some people exist before they're allowed to be free?
How many ears must one man have before he can hear people cry?

How many times must the cannon-balls fly before they're forever banned?
How many times can a man turn his head pretending he just doesn't see?
How many deaths will it take 'till he knows that too many people have died?

1.–3. The answer, my friend, is blowin' in the wind, the answer is blowing in the wind.

Reggae

Was für die Afroamerikaner in den USA der Blues ist, ist der Reggae für die farbigen Jamaikaner. Gleichermaßen einfach, aber charakteristisch in seinen musikalischen Mitteln ist er bei BOB MARLEY von »raffinierter Simplizität« (Rocklexikon). Die Texte erzählen vom Alltag der Schwarzen in den Gettos, von Kriminalität und Arbeitslosigkeit, von Revolution und auch von »Jah«, dem Gott der Rastafaris. Vorformen des Reggae entwickelten sich in den 1950er Jahren besonders in Kingston durch den Einfluss des Rhythm & Blues auf die jungen Jamaikaner. Zunächst betätigten diese sich als DJs, indem sie mit großen selbst gebastelten Sound-Systems die Straßen beschallten. Anfang der 60er Jahre gründeten sich die ersten Bands. Sie spielten den Rhythm & Blues nach und entwickelten ihren eigenen Stil, in dem die Gitarre mit regelmäßigen Nachschlägen spielte und der Bass mit Spielfiguren, die Akzente gegen das Betonungsschema des Metrums setzten, zu mehr Eigenständigkeit gelangte. Dieser neue Musikstil wurde **Ska** genannt.

Mitte der 60er Jahre wurde die Musik dichter, das Tempo verlangsamte sich, der Bass wurde immer selbstständiger und die Bläser wurden sparsamer eingesetzt. Zum Backbeat (die Zwei und die Vier) kamen die ständig treibenden Nachschläge (die »Unds« eines jeden Schlags), die je nach Geschmack von dem Hi-Hat, der Snare, der Gitarre, der Orgel oder von anderen Instrumenten gespielt werden können.

Hauptvertreter: BOB MARLEY, PETER TOSH, JIMMY CLIFF

BOB MARLEY

BOB MARLEY (1945–1981) aus Jamaika war der unbestrittene »König des Reggae«. Er gilt als Symbol für den erfolgreichen Kampf gegen Unterdrückung in der gesamten Karibik. Mit großer Empfindsamkeit spiegelte er die Ängste und Hoffnungen des Gettos in seinen Liedern wider und gab so den Menschen Kraft und Zuversicht.

1. Übt aus dem Reggae-Groove den Schlagzeugpart auf Percussion und spielt ihn zu *I shot the Sheriff.* **CD III/6**
2. Ergänzt den Groove mit den anderen Instrumenten und begleitet *Knockin' on Heaven's Door* (S. 74).
3. Vergleicht eure Version mit der von BOB DYLAN, gespielt von dem Gitarristen ERIC CLAPTON.

Reggae-Groove

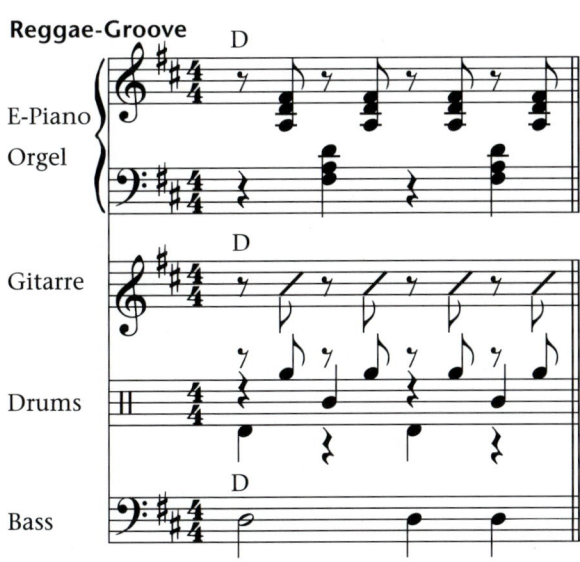

Beispiele für den Einfluss des Reggae auf die Rockmusik
1975 ERIC CLAPTON, *Knockin' on Heaven's Door* (von BOB DYLAN) **CD II/69**
1979 POLICE, *Walking on the Moon* (von STING) **CD III/7**
1999 EISSFELD, ABSOLUTE BEGINNER, *Irgendwie, irgendwo, irgendwann* (von NENA) **CD III/8**

Pop

Rock 'n' Roll, Soul, Beat, Reggae, Heavy Metall, Grunge, Rap und vieles mehr findet man im Plattenladen in der Abteilung »Pop«, »Rock« oder auch »Pop/Rock«. Beide Bezeichnungen werden gleich verwendet und dienen in erster Linie der Abgrenzung gegenüber Musikrichtungen wie Jazz oder Klassik. Und dennoch gibt es einen Unterschied zwischen Pop und Rock: Seit den 1970er Jahren wird die vom Rock 'n' Roll und Beat beeinflusste weichere Musik mit Anklängen an den Schlager **Pop**, die vom weißen Blues beeinflusste härtere Musik **Rock** genannt.

Hauptvertreter der Popmusik: PHIL COLLINS, ELTON JOHN, FLEETWOOD MAC

ELTON JOHN, Sänger/Songwriter und Pianist, behauptet sich schon seit Jahrzehnten auf dem Markt der Popmusik. Aufgrund seiner gemäßigten Richtung zählt man ihn zum »Mainstream«.
Mit *Your song* schaffte er seinen Durchbruch und mit

Titeln wie *Crocodile rock* und *Candle in the wind* bewies er immer wieder, dass er niveauvolle Popmusik schreiben kann. Als Texter hat er den kongenialen Bernie Taupin zur Seite, der auch seinen ursprünglichen Text von *Candle in the wind* als Huldigung an Prinzessin Diana umschrieb.

ELTON JOHN in der Trauerfeier für Prinzessin Diana, 1997

Candle in the Wind CD III/9

Text: Bernie Taupin
Musik: Elton John

Strophe

D   G

1. Good - bye Nor - ma Jean, though I nev - er knew you at all. You had the grace to hold
2. Lone - li - ness was tough the tough - est role you ev - er played. Hol - ly-wood cre - at - ed a su-
3. Good - bye Nor - ma Jean, though I nev - er knew you at all. You had the grace to hold

D/F♯   G

_____ your - self while those a - round you crawled. They crawled out of the
- per - star and pain was the price you payed. And ev - en when you
_____ your - self for those a - round you crawled.

D   G

wood - work and they whis - pered in - to _____ your brain.
died oh, the press still houn - ded you.
Good - bye Nor - ma Jean, from the young man in the twen - ty - se - cond row

D/F♯   G

They set you _ on the tread - mill _ and they made you change your name.
All the pa - pers _____ had to say was that Ma - ri - lyn was found in the nude.
who sees you some - thing more than sex - u - al more than just our _____ Ma - ri - lyn Mon - roe.

Refrain

A   D

And it seems to me _ you lived your live _ like a can - dle in the wind.

Nev-er know-ing who to cling to when the rain set in.

And I would have liked to've known you but I was just a kid. Your

cand-le burned out long be-fore your le-gend ev-er did.

Rock

Im Vergleich zur Popmusik ist die Rockmusik härter und aggressiver: Im Gesang werden Schreie bewusst als Stilmittel eingesetzt, das Schlagzeug wird kräftiger angeschlagen und der Ton der Gitarre mit Effektgeräten verzerrt.

Die Harmonik ist einfacher als die der Popmusik, die Melodie ist meist einstimmig gehalten und eher an der Bluesmelodik orientiert. In Rocksongs sind oftmals Einleitungen, Zwischenspiele oder Begleitungen der Strophen mit sich wiederholenden einfachen Melodiefloskeln gestaltet, den so genannten »Riffs«. Einer der bekanntesten Gitarrenriffs ist zweifelsohne der aus *Smoke on the water* von DEEP PURPLE. Er besteht nur aus »leeren Quinten«, den so genannten Powerchords. **CD III/10**

Hauptvertreter der Rockmusik: DEEP PURPLE, AC/DC, BLACK SABBATH

Innerhalb der Rockmusik gibt es verschiedene Stilrichtungen wie **Hard Rock** und **Heavy Metal.** Ende der 1970er Jahre entstand der Punk (SEX PISTOLS) als »Bewegung von unten« gegen die Rockheroen der

DEEP PURPLE

Starbands. Der Grunge (NIRVANA) der 90er verbindet Elemente der Rockmusik mit denen des Punk und der Popmusik.

Die wohl erfolgreichste Hardrock-Band der 70/80er Jahre war DEEP PURPLE. Mit dem Sänger und Gitarristen RICHIE BLACKMOORE als Frontman und JOHN LORD an den Keyboards schufen sie Hits wie *Smoke on the water, Black night* und *Child in time.*

J. Lord/R. Blackmore/R. Glover/I. Gillan/I. Price

Das Riff aus »Smoke on the Water«

WORK SHOP

- Überlegt euch Fragen für ein Straßeninterview, bei dem ihr Leute nach dem Unterschied zwischen Pop- und Rockmusik befragt. Präsentiert eure Ergebnisse in der Klasse.
- Singt und spielt Songs im »Kuschelrock-Stil« und als »heavy« Rockmusik.

Deutschrock

In den 1950er und 60er Jahren imitierten deutsche Musiker englische Originalsongs. Songs mit deutschen Texten hatten meist den Charakter von Schlagern und wurden deshalb von den Jugendlichen nicht angenommen; die englische Sprache hingegen war »in«. Erst in den 70er Jahren fanden deutsche Liedtexter ihre Ausdrucksweise, die zu moderner populärer Musik passte – der Deutschrock war geboren.

Hauptvertreter: UDO LINDENBERG, NINA HAGEN, HERBERT GRÖNEMEYER

Zunächst war UDO LINDENBERG Schlagzeuger, bevor er sich dem Singen zuwandte und sich als einer der Pioniere des Deutschrock einen Namen machte. Er singt in der Proletensprache der Hamburger Straßenszene und kreierte Sprüche wie »Locker vom Hocker« und »Der Schlagerfuzi ist auch zu nichts mehr nutzi«. Die Jugendlichen in Deutschland hatten einen Star im eigenen Land, mit dem sie sich identifizieren konnten. Seine Texte sind meist sozialkritischer und politischer Natur, wie z. B. *Rudi Ratlos (1974)*, *(Sie spielte) Cello* und *Sonderzug nach Pankow*.

UDO LINDENBERG

AUFGABE

- *Vergleicht Text und Musik von »Rudi Ratlos« mit Songs aus den Charts. Was zeichnet den Song aus?* **CD III/11**

Rudi Ratlos

Udo Lindenberg

Rudi Ratlos heißt der Geiger
der streicht uns grad 'n Evergreen,
er ist 80, hat zittrige Finger
und ist schon ganz weich in den Knien.
Rudi Ratlos mit viel Pomade
in den wenigen Haaren, die er noch hat.
Schade, schade, schade, schade, Berlin '33,
da war er der schönste Geiger der Stadt,
da war er der Liebling aller Frauen,
außerdem Leibmusikalartist
von Adolf Hitler und Eva Braun.
Rudi Ratlos, heute wieder
auf den Brettern, die die Welt bedeuten,
er wurde aus dem Altersheim abgeholt
von diesen cleveren Businessleuten.
Und der galante Kerl Brutal
tanzt den Schieber jetzt noch mal
und er schiebt die Lady nett übers glänzende Parkett.

Und der Geiger geigt uns einen
und manche Damen fangen an zu weinen
und eine ist schon ganz nass
in den Augen und um die Nase blass.
Rudi Ratlos geigt den Tango
auf eine Art, die uns betört,
er ist ein solcher Wahnsinnsmacker,
dass selbst ein falscher Ton uns nicht stört.
Dieser Rhythmus, dass jeder mit muss,
diese Melodie vergisst man nie,
uh, das geht in jedes Bein,
so muss ein Tango wohl sein.

Schreibt einen Vierzeiler in verschiedenen Dialekten, der als Liedtext verwendet werden könnte.

Neue Deutsche Welle

Als Gegensatz zum »ernsthaften« Deutschrock kristallisierte sich in den 1980er Jahren eine Musikrichtung heraus, die sowohl textlich wie auch musikalisch ironisierte.

Hauptvertreter: TRIO (*Da, da, da*), PETER SCHILLING (*Major Tom*), RIO REISER (*König von Deutschland*)

TRIO, 1983

Spielt das Arrangement in kleiner Besetzung und arbeitet auch das ironische Element in Text und Musik heraus.

Da, da, da CD III/12

Text und Musik: Gert Kralle / Stephan Remmler
Arr.: Thomas Stapf

A – ha, a – ha, a – ha

nur Dr. + Keyb. I

3x

A – ha

1.

Was ist los mit dir, mein Schatz, a – ha?
Geht es im – mer nur berg – ab, a – ha?
Geht nur das, was du ver – stehst, a – ha?
This is what you got to know.
Loved you thought it did – n't show.

2.

So so, du denkst es ist zu spät, a – ha?
Und du meinst, dass nichts mehr geht, a – ha?
Und die Son – ne wan – dert schnell, a – ha?
Af – ter all is said and done.
It was right for you to run.

Refrain: Ich lieb …

Refrain:
Ich lieb dich nicht, du liebst mich nicht. (4x)
Da, da, da, (4x)
Da, da, da – ich lieb dich nicht, du liebst mich nicht. (4x)
Da, da, da, (4x)
Ich lieb dich nicht, du liebst mich nicht. (4x)

Hip-Hop – eine Jugendkultur

Hip-Hop ist eine Anfang der 1970er Jahre in den Armenvierteln der amerikanischen Großstädte entstandene Jugendkultur, die sich aus **Rappen, DJ-ing, B-Boying** und **Writing** zusammensetzt. Über allem steht die Idee, als Jugendlicher selbst aktiv zu sein und auszuprobieren – und so dem Alltag entgegenzutreten. Hinzu kommt der Aspekt des Wettbewerbs (Battle) im künstlerischen Bereich: Beim **Dissen** (von engl. disrespect: ›respektlos‹) werden als schlecht erachtete Künstler offen auf ihre Mängel hingewiesen.

Hauptvertreter in den USA: Public Enemy, in Deutschland: Advanced Chemistry, Die Fantastischen Vier, Die 3. Generation

DJ-ing

Ein DJ ist ein »Plattenaufleger«, der durch verschiedenste Techniken, wie z. B. Kratzen (scratching) von Platten neue Geräusche erzeugt oder alte verändert. So wird aus zwei Plattenspielern und einem Mischpult ein Musikinstrument.

KON TEXT

Wenn du Hip-Hop bist, dann lebst du das jeden Tag und du kannst das auch nicht abschalten wie etwa Musik, die man gerade hört.
Jason, 20 Jahre alt

Writing

Beim Writing steht die eigene Präsenz, das Verbreiten seines Künstlernamens mittels Sprüdosen im Zentrum. Die dazu verwendeten Bildtypen reichen von Tags, der Unterschrift des Writers, bis zu Masterpieces, den fein ausgearbeiteten Werken von hoher Qualität.

B-Boying

Das B-Boying ist ein von vielen verschiedenen Tänzen beeinflusster, akrobatischer Tanzstil. Die meisten Parallelen sind zum Capoeira, einem brasilianischen Kampftanz, zu erkennen, aber auch das Popping (roboterartiger Tanzstil) und das Locking (von verschiedenen Trickfilmen inspirierter Tanz) hatten einen bedeutenden Einfluss.

Rappen

Rappen bzw. MCen ist das rhythmische Sprechen zu bzw. mit einer zumeist aus Bass-Drum, Snare, Hi-Hat, Bass und verschiedenen anderen Instrumenten oder Samples (veränderte Melodiefragmente anderer Musikstücke) be-stehenden musikalischen Untermalung. Die Stimme wird hierbei Teil dieses Rhythmus und somit zum Instrument.

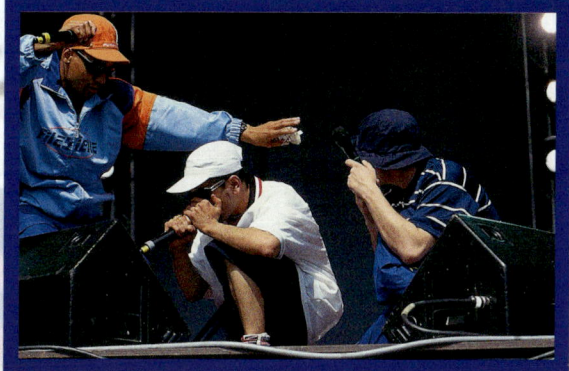

KON TEXT

Man hielt eh nichts von mir, meinen Fehlern und Noten,
so wie ich nichts von denen und deren Verboten.
Also brach ich ab und versprach mich dem Rap einer inneren Stimme, meine Bestimmung.
WASI (MASSIVE TÖNE) *auf »Nichtsnutz«*

Ich lieb' unser'n Sound wie Latinos Bossa, leb' mein Leben im Zeichen der Bandiera Rossa, für die Posse und Beats, die mich reinigen wie Wasser, geh auf steinigen Straßen, meine Peiniger erblassen, denn ich leide beileibe für die Scheibe, die aufliegt, weiß nicht, ob es das aufwiegt, was ich aus dem Verkauf zieh', lauf euch nicht hinterher für 'nen Platz in eurer Plattenkiste, ich kenn' den wahren Wert, und wenn ich auch im Schatten dichte, banaler Rap ist publik und macht uns in Sachen Kunst zu 'ner Bananenrepublik, nur das Gute liegt so nah, warum in die Ferne schweifen, wenn wir lernen und reifen, bevor wir nach den Sternen greifen [...]
FREUNDESKREIS: *Wenn der Vorhang fällt* **CD III/13**

KON TEXT

Der Reim entspringt einer Neigung des Menschen, mit seiner Sprache zu spielen, genauer: Worte mit gleichklingenden Bestandteilen zusammenzustellen. Schon die Kinder tun das, wenn sie einander mit ihrem Namen necken: Paul, Paul – Lügenmaul …
Willy Steputat, in: Reimlexikon

WORK SHOP

- Sprecht den Textausschnitt aus *Wenn der Vorhang fällt* als Rap.
- Erfindet euren eigenen Rap und präsentiert ihn der Klasse.

AUFGABE

- *Erläutert die Zusammenhänge zwischen Hip-Hop und Rap.*

Techno

Techno ist der Oberbegriff für unterschiedliche Richtungen wie **House**, **Trance**, **Ambient** oder **Hardcore** und stellt für viele die wichtigste Musikrichtung der 1990er Jahre dar. Die Musik, überwiegend mit Computern, Samplern und Synthesizern erzeugt, dient vor allem als Tanzmusik in Diskotheken. Die Stars sind sie ihre Partys als Teil einer erlebnisorientierten Freizeitkultur.

Bekannte DJ's: WESTBAM, MARUSHA, SVEN VÄTH.

weniger die Musiker, sondern die DJ's, die die Musik auflegen. Tausende von Jugendlichen tummeln sich jedes Jahr auf großen Rave-Veranstaltungen wie beispielsweise der »Loveparade« in Berlin. Raver sind weder Aussteiger noch Gesellschaftsveränderer, vielmehr sehen

»Beim Mega-Rave kannst du im Vorraum am Boden liegen und ein Ohr voll Schlaf nehmen, bewusstlos oder tot sein, niemand wird dich dabei stören.«

Somewhere over the Rainbow

Text: E. Y. Harburg
Musik: Harold Arlen
Bearb.: Marusha

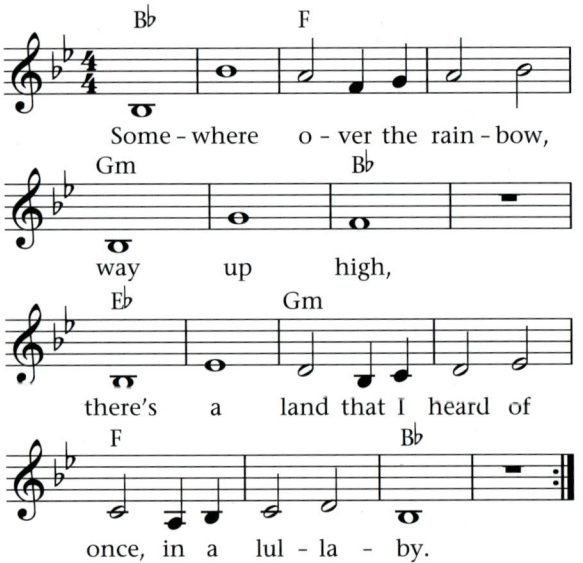

Some - where   o - ver the rain - bow,
way   up   high,
there's   a   land that I   heard of
once, in a   lul - la – by.

Synthesizer
Melodie
Akkorde
Gitarre
Drums
Bass

»Das Gemeinschaftsgefühl der ›one nation under one groove‹, die Irgendwiezusammengehörigkeit aller rhythmisch wackelnder Popos ist auf Sand gebaut.«

»Technoparties sind organisiert, um Ecstasy-Trips einen idealen Rahmen zu geben.«

»Ausgetobt vom Tanzen und mit der Pille gedopt, finden sich die Raver im Chillout-Raum ein, fühlen sich erschöpft und touchy.«

- Setzt zur Begleitung des Liedes elektronische Instrumente ein. Spielt zum Hörbeispiel. **CD III/14**
- Stell dir vor, du wärst ein Raver und beschreibst dein Wochenende in Form eines Tagebucheintrags.

AUFGABE

- *Ist auch Techno eine Jugendkultur?*

»Cover me softly with this Song«

Covern bedeutet, einen Song so originalgetreu wie möglich nachzuspielen. Ein **Remake** hingegen beinhaltet eine individuelle Bearbeitung eines bekannten Liedes. Im allgemeinen Sprachgebrauch wird meistens zwischen Cover und Remake nicht unterschieden.

Killing me softly

*Musik: Charles Fox (*1972)*
Text: Norman Gimbel

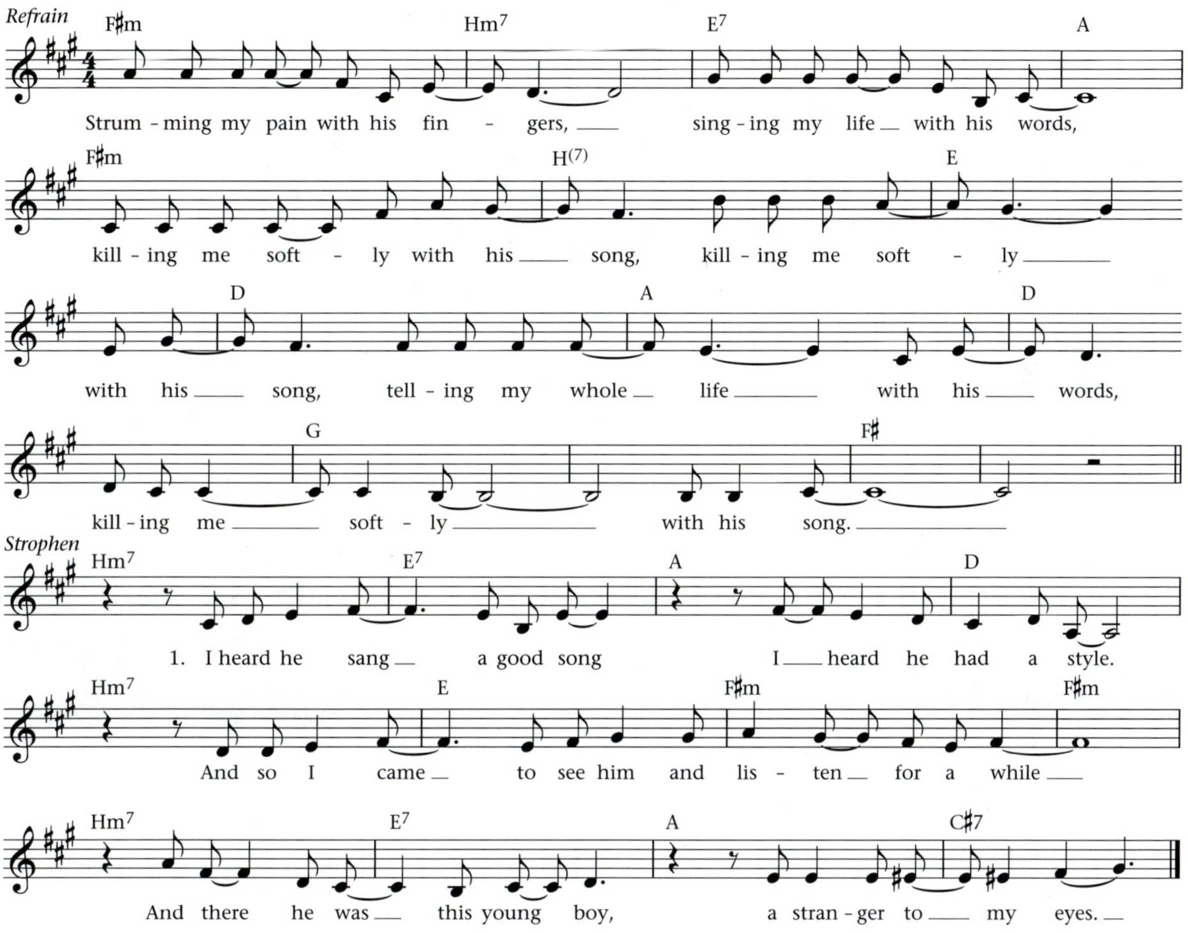

Refrain

Strum - ming my pain with his fin - gers, ___ sing - ing my life ___ with his words,

kill - ing me soft - ly with his ___ song, kill - ing me soft - ly ___

with his ___ song, tell - ing my whole ___ life ___ with his ___ words,

kill - ing me ___ soft - ly ___ with his song. ___

Strophen

1. I heard he sang ___ a good song I ___ heard he had a style.

And so I came ___ to see him and lis - ten ___ for a while ___

And there he was ___ this young boy, a stran - ger to ___ my eyes. ___

2. I felt all flushed with fever embarrassed by the crowd. / I felt he found my letters and read each one out loud. / I prayed that he would finish but he just kept right on:

3. He sang as if he knew me in all my dark despair. / And then he looked right through me as if I wasn't there. / But he was there this stranger was singing clear and strong:

AUFGABEN

- *Vergleiche zwei verschiedene Einspielungen miteinander.* **CD III/15–16**
- *Welche Version gefällt dir am besten? Versuche zu begründen.*
- *Was ist eurer Meinung nach die Intention für ein Remake?*

Macht euer eigenes Remake von *Knocking on heaven's door* (S. 74) oder *Killing me softly.*

Ton, Satz und Spiel

Rezept für eine Liedbegleitung

Zutaten:
1 Lied
1 Tonart
1 großes Glas Tonleitern
1 Teelöffel Moll
1 Teelöffel Dur
1 Portion leitereigene Dreiklänge
je 1 Prise Tonika, Subdominante und Dominante
1 Esslöffel Hauptfunktionen
eine Hand voll Intervalle und
1 Messerspitze Vierklänge

Alle Zutaten langsam und überlegt mischen, einige Schulstunden gehen lassen und bei milder Hitze sanft garen. Probieren, genüsslich vertilgen – nicht schlingen!

• Teilt eure Klasse in kleine Gruppen und begleitet das Lied mit den beiden Dreiklängen:

C-Dur   G-Dur

• Tragt eure Begleitung der Klasse vor.
• Beschreibt die unterschiedliche Wirkung der beiden Dreiklänge.

Tipp: Im Verlauf dieser Unterrichtseinheit werden weitere Möglichkeiten für Begleitakkorde hinzukommen. Schreibt deshalb die Melodie so auf, dass ihr unter jeder Melodiezeile vier Notensysteme frei habt, um die Veränderungen eurer Begleitakkorde zu beobachten.

Ziel dieses Kapitels ist es, dass jeder von euch eine Begleitung zu seinem Lieblingslied schreiben kann. Wie ihr aus dem »Rezept« erkennen könnt, bedarf es vieler »Zutaten«, um zu einem zufrieden stellenden Ergebnis zu kommen. Die folgenden Seiten erläutern harmonische Zusammenhänge, die Verwandtschaft von Tonarten und den Intervallaufbau von Akkorden – alles Dinge, die ihr für eine Liedbegleitung benötigt.

Nehmt Abschied, Brüder

Melodie: aus Schottland
deutscher Text: Claus Ludwig Laue

Nehmt Ab - schied, Brü - der, un - ge - wiss ist al - le Wie - der - kehr,

die Zu - kunft liegt in Fins - ter - nis und macht das Herz uns schwer.

Refrain

Der Him - mel wölbt sich ü - bers Land, a - de, auf Wie - der - sehn.

Wir ru - hen all in Got - tes Hand, lebt __ wohl, auf Wie - der - sehn.

Dreiklänge

Eine große Auswahl an Begleitakkorden bieten die **leitereigenen Dreiklänge**. Das sind die Dreiklänge, die über jeder Tonstufe einer Tonleiter gebildet werden. Sie enthalten ausschließlich Töne eben jener Tonleiter.

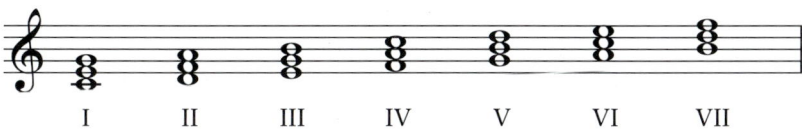

I   II   III   IV   V   VI   VII

Begleitet das Lied mit den leitereigenen Dreiklängen der I., IV. und V. Stufe.
* Beschreibt die Wirkung der IV. Stufe im Verhältnis zu den anderen Stufen.
* Spielt euch eure Liedbegleitungen gegenseitig vor und ratet die Stufen.
* Verändert eure Liedbegleitung mithilfe der Umkehrungen und Lagen.

Jeder Dur- oder Moll-Dreiklang lässt sich leicht aufschreiben, wenn man sich an folgende Reihenfolge hält:
1. Grundton notieren
2. darüber den 3. und den 5. Ton schichten[1]
3. Halbtonschritte überprüfen:
   große Terz = 4 Halbtonschritte;
   kleine Terz = 3 Halbtonschritte
4. eventuell durch Setzen von Vorzeichen den richtigen Abstand herstellen

[1] Liegt der Grundton auf einer Linie, müssen die beiden weiteren Töne auch auf einer Linie liegen. Liegt der Grundton zwischen zwei Linien (im Zwischenraum), so gilt das auch für die beiden weiteren Töne.

Aufbau des Dur-Dreiklangs
Grundton, große Terz, kleine Terz
Aufbau des Moll-Dreiklangs
Grundton, kleine Terz, große Terz

Dur   Moll

Das Erkennen von Dreiklängen wird dann schwieriger, wenn einzelne Dreiklangstöne in einem Akkord mehrfach auftreten oder wenn der Dreiklang nicht in der Grundstellung auftritt.
Liegt die Terz des Dreiklangs unten, spricht man von der **1. Umkehrung** (auch Sextakkord genannt). Bei der **2. Umkehrung** liegt die Quinte des Dreiklangs unten (Quartsextakkord).

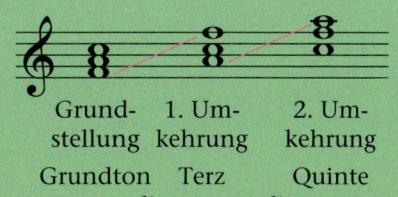

Grund-   1. Um-   2. Umstellung kehrung   kehrung
Grundton Terz   Quinte
          liegt unten liegt unten

Außerdem können Dreiklänge auch in **weiter Lage** oder **enger Lage** notiert werden, d. h., dass sie nicht direkt übereinander liegen. Um den Dreiklang besser bestimmen zu können, werden die Töne wieder so geschichtet, dass sie in der Grundstellung liegen.

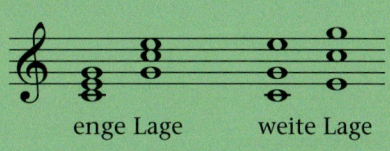

enge Lage   weite Lage

Kadenzen, Haupt- und Nebenfunktionen

Der Fachbegriff **Harmonik** bezieht sich in der Musik auf den Aufbau und die Abfolge von Zusammenklängen. Akkordfolgen werden als **harmonische Wendungen** bezeichnet. Eine **harmonische Funktion** kann ein Akkord immer nur im Zusammenhang mit einem anderen Akkord erfüllen, denn es geht hierbei um die Beziehung zwischen Akkorden. So wie Menschen im Beruf eine bestimmte Funktion erfüllen, d. h. eine festgelegte Aufgabe ausführen, so können in der Harmonik auch Akkorde bestimmte Aufgaben erfüllen.

Harmonik steht immer im Zusammenhang mit dem Begriff **Tonalität,** der besagt,

– dass alle Töne einer Tonleiter immer in einer bestimmten Beziehung zum Grundton als zentralem Ton stehen

– dass alle Akkordfolgen immer in einer bestimmten Beziehung zur Tonika als zentraler Funktion stehen.

In unserer Musikkultur hat seit ca. 1600 die Akkordfolge, die aus den Dreiklängen der I., IV. und V. Stufe

besteht – die **Kadenz** –, eine zentrale Bedeutung. Jeder Akkord erfüllt eine harmonische Funktion: Die **Tonika (T)** bildet – wie ihr Name schon sagt – das tonale Zentrum.

Die **Dominante (D)**, was so viel wie »Beherrschende« bedeutet, strebt zur Tonika zurück.

Die **Subdominante (S)**, das heißt »Unter«-Dominante, hat zwar nicht die Kraft der Dominante, aber bereitet sie vor.

Die Akkorde der I. (T), IV. (S) und V. (D) Stufe werden auch **Hauptfunktionen** genannt. Die übrigen Stufen heißen **Nebenfunktionen**. Sie sind nahe Verwandte der Hauptfunktionen und können als deren »Vertreter« benutzt werden.

- Ersetzt ab und zu die Hauptdreiklänge eurer Liedbegleitung durch andere leitereigene Dreiklänge (Nebendreiklänge). Was fällt auf?
- Erarbeitet in eurer Gruppe eine »Abschlussbegleitung«, die euch am besten gefällt und präsentiert sie der Klasse.

AUFGABE

- *Schreibe Kadenzen in anderen Tonarten.*

Kadenz in C-Dur

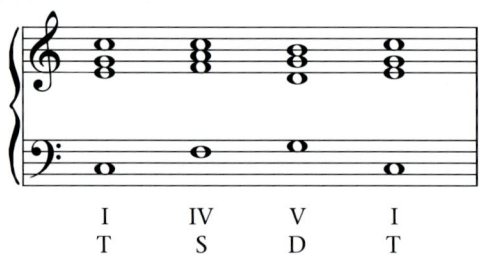

I	IV	V	I
T	S	D	T

Kadenz in c-Moll

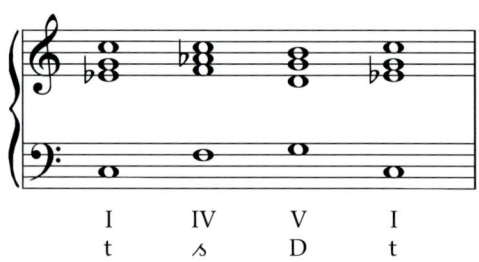

I	IV	V	I
t	s	D	t

oder:

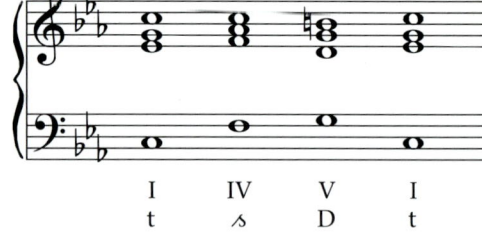

I	IV	V	I
t	s	D	t

Die Kadenzen in Moll werden nach demselben Prinzip wie Dur-Kadenzen gebildet: I., IV. und V. Stufe der jeweiligen Molltonleiter.

Damit allerdings der Leitton im Dominantakkord, der die spezielle Spannung zur Tonika erzeugt, erhalten bleibt, ist die Dominante in einer Moll-Kadenz ein Dur-Akkord.

- Schreibt und spielt Begleitakkorde zu dem Lied *Hevenu shalom alejchem* auf Seite 308.
  Tipp: Bildet zuerst die leitereigenen Dreiklänge zur entsprechenden Molltonleiter.

Septakkorde

Wird auf einen Dreiklang eine weitere Terz geschichtet, so erhält man einen Vierklang, der **Septakkord** genannt wird. Je nach Größe der geschichteten Terzen entstehen verschiedene Septakkordtypen:

- Dur-Dreiklang mit kleiner Septime (z. B. G^7)

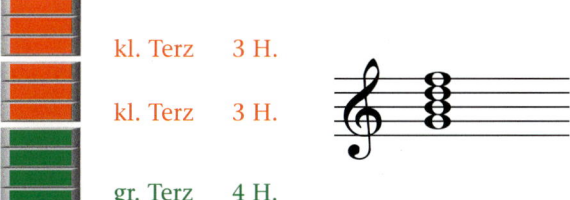

kl. Terz   3 H.

kl. Terz   3 H.

gr. Terz   4 H.

Dieser Akkordtyp wird häufig in der Funktion der Dominante verwendet und heißt dann **Dominantseptakkord**.
Die Septime verleiht der Dominante noch mehr »Zugkraft«.

- Dur-Dreiklang mit großer Septime (z. B. G$^{maj\,7}$)

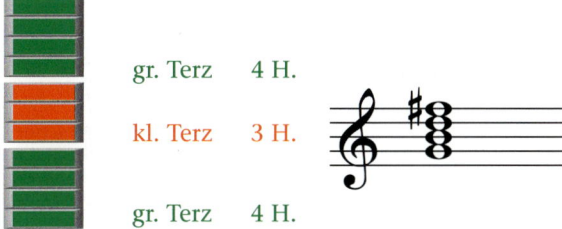

gr. Terz   4 H.

kl. Terz   3 H.

gr. Terz   4 H.

Dieser Septakkord wird vor allem in der Jazz- und Popmusik verwendet und heißt **Majorakkord.** Das Wort »major« bezieht sich auf die Septime und meint damit die große Septime.

- Moll-Dreiklang mit kleiner Septime (z. B. Gm^7)

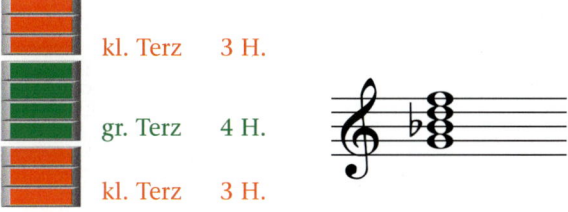

kl. Terz   3 H.

gr. Terz   4 H.

kl. Terz   3 H.

Der **Mollseptakkord** findet seine Verwendung in der Jazz- und Popmusik und in der Klassik.

- Verminderter Septakkord (G°)

kl. Terz   3 H.

kl. Terz   3 H.

kl. Terz   3 H.

Durch die Aufeinanderschichtung von kleinen Terzen entsteht der **verminderte Septakkord**.

AUFGABE

- *Welcher Septakkordtyp fehlt?*

Fly me to the Moon

Text und Musik: Howard Bart

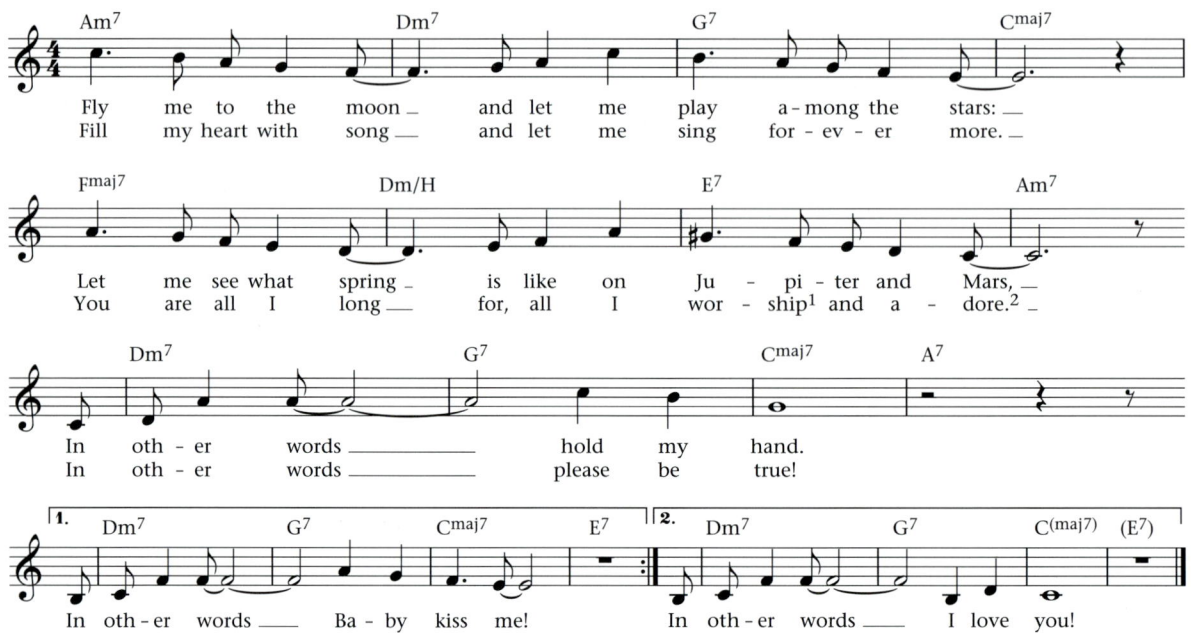

Fly me to the moon — and let me play a-mong the stars: —
Fill my heart with song — and let me sing for-ev-er more. —

Let me see what spring — is like on Ju – pi-ter and Mars, —
You are all I long — for, all I wor-ship[1] and a-dore.[2] —

In oth – er words ——— hold my hand.
In oth – er words ——— please be true!

1. In oth – er words —— Ba-by kiss me!
2. In oth – er words —— I love you!

[1] anbeten
[2] über alles lieben

Begleitakkorde

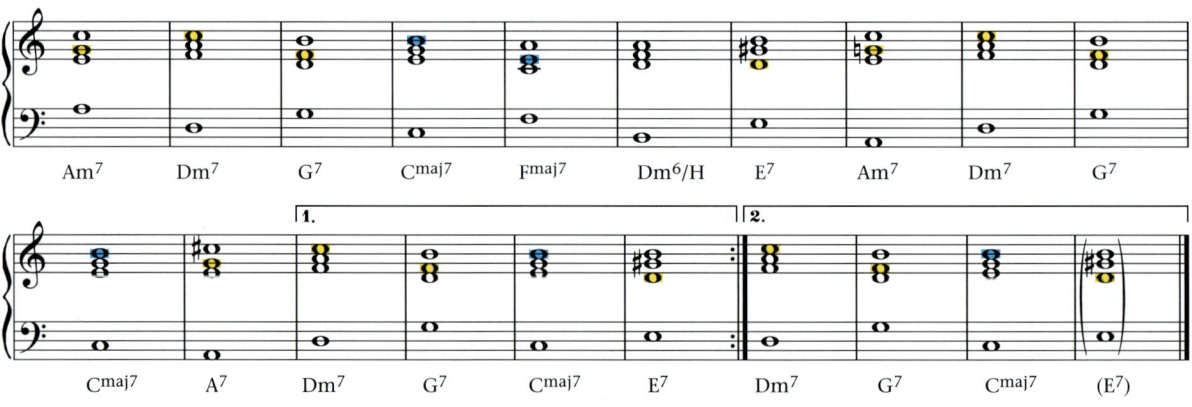

WORK SHOP

In den Begleitakkorden zu *Fly me to the moon* sind die großen Septimen blau unterlegt, die kleinen Septimen gelb unterlegt.
- Spielt die Begleitakkorde mit und ohne Septimen und vergleicht die klangliche Wirkung.

»Ich bin so in dich verliebt, dass ich am liebsten mit dir gemeinsam zum Mond fliegen würde.« Das ist zwar eine etwas altmodische Liebeserklärung, aber es lässt sich nachvollziehen, was damit gemeint sein könnte. Der Song *Fly me to the moon,* auch unter dem Titel *In other words* bekannt, wurde im Jahr 1954 geschrieben, die Einspielung mit FRANK SINATRA und dem COUNT BASIE ORCHESTRA stammt aus dem Jahre 1964. **CD III/17**

Konzert für Violine und Orchester D-Dur, op. 61, 2. Satz

Ludwig van Beethoven

ANALYSE

- Bestimmt im obigen Klavierauszug die gekennzeichneten Akkorde und diskutiert, warum der Komponist gerade dort diesen Akkord setzt. **CD III/18**

ANNE-SOPHIE MUTTER, 1985

Konsonante und dissonante Intervalle

Für die **Wirkung eines Klangs** aus zwei Tönen ist es entscheidend, welchen Abstand die beiden Töne voneinander haben, d. h., um welches **Intervall** es sich handelt. Bei Klängen aus mehreren Tönen, den Akkorden, ergibt sich die Wirkung aus allen darin enthaltenen Intervallen.

Wenn der Klang in sich ruht und entspannt wirkt, rührt dies daher, dass die Töne sehr stark miteinander verschmelzen. Man spricht in diesem Falle von einer **Konsonanz**. Wenn aus dem Zusammenklang eine starke Spannung entsteht, sodass man das Gefühl hat, die Töne reiben sich aneinander, bezeichnet man das als **Dissonanz**.

AUFGABE

- *Spielt die einzelnen Klänge nacheinander auf Instrumenten, bei denen die Töne möglichst lange klingen können. Hört intensiv in jeden Klang hinein und macht euch Notizen, wie ihr die Wirkung empfindet (starke Spannung, geringe Spannung, in sich ruhend etc.).*

Die Ursache für **konsonante** und **dissonante** Klänge lässt sich physikalisch erklären: Die Höhe eines Tones ist von der Anzahl der Schwingungen abhängig (s. auch S. 24). Schwingt ein Ton z. B. mit 440 Hertz (Anzahl der Schwingungen pro Sekunde) und ein anderer doppelt so häufig, nämlich mit 880 Hz, dann verschmelzen sie gut miteinander. Der Ton mit der doppelten Schwingungszahl klingt immer eine Oktave höher. Da der **Verschmelzungsgrad** einer Oktave sehr hoch ist, empfinden wir sie als sehr konsonant. Bei geringem Verschmelzungsgrad wirken die Töne dissonant.

Schematische Darstellung der Schwingungskurven zweier Töne im Abstand einer Oktave (hoher Verschmelzungsgrad)

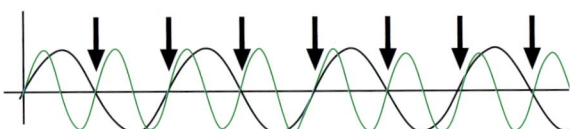

Ausgangston (schwarz), Ton im Oktavabstand (grün)

im Abstand einer Sekunde (sehr geringer Verschmelzungsgrad)

Ausgangston (schwarz), Ton im Sekundabstand (rot)

Zum Nachlesen

Die Intervallnamen **Prime** (1), **Sekunde** (2), **Terz** (3), **Quart** (4), **Quint** (5), **Sexte** (6), **Septime** (7), **Oktave** (8), **None** (9), **Dezime** (10) usw. sind von lateinischen Zahlen abgeleitet und geben den Abstand der beiden Stammtöne an (beide Töne immer mitzählen!).

Die Feinbestimmung der Intervalle erfolgt durch die Zusatzbezeichnungen: klein (k), groß (g), rein (r), vermindert (v) und übermäßig (ü).
Die konsonanten Intervalle sind gelb markiert, die dissonanten rot.

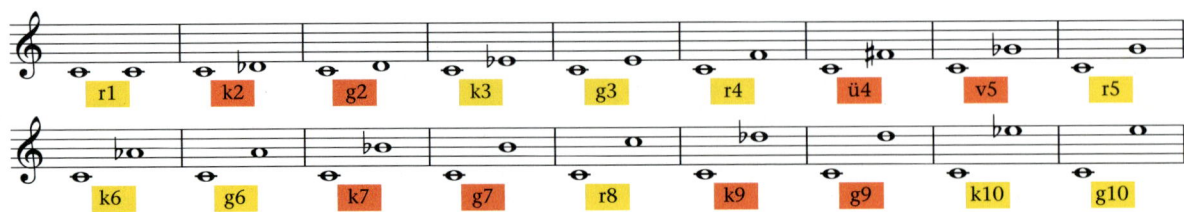

Symbolschrift für Akkorde

Über allen Liedern in diesem Buch stehen Großbuchstaben in Kombination mit Kleinbuchstaben, Ziffern, Vorzeichen und grafischen Elementen. Das ist eine Kurzschrift für die Begleitakkorde. Die Symbole sind zwar international, aber nicht immer einheitlich.

Die Grundlage ist die angloamerikanische Bezeichnung der Tonnamen.

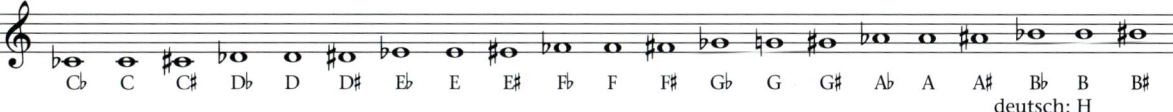

In diesem Buch haben wir das internationale *B* durch das deutschsprachige *H* ersetzt.

Bei den Akkordsymbolen sind die weniger gebräuchlichen Schreibweisen in Klammern gesetzt.

Hinzugefügte Intervalle werden durch entsprechende Ziffern bezeichnet. Während »7« stets die kleine Septime meint, bedeuten alle anderen Ziffern immer das große oder reine Intervall

$C^9_7 =$ $C^6 =$

Um diese um einen Halbton zu erhöhen oder zu erniedrigen, werden sie mit einem ♯ (+) oder einem ♭ (-) versehen: z. B. $C^{\flat 9}_7$.

Erscheint hinter dem Akkordsymbol ein Schrägstrich und dahinter ein großer Buchstabe für einen Tonnamen (z. B. F/G), dann soll der Ton hinter dem Akkordsymbol als Basston auftreten. In manchen Notenausgaben findet sich dafür auch folgende Schreibweise: F̱

G

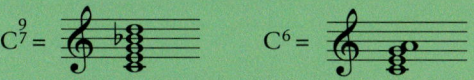

 AUFGABE

- *Schreibe folgende Akkordsymbole in Noten: D♭9, F♯m/C♯, A♭+*

Tonleitern

Es gibt viele Möglichkeiten, Töne zu einer Melodie zu gestalten. Die bei uns gebräuchlichsten Melodiebausteine sind die Dur-Tonleiter und die Moll-Tonleiter. Man erkennt sie an ihrem Bauprinzip – einer festgelegten Folge von Ganz- und Halbtonschritten:

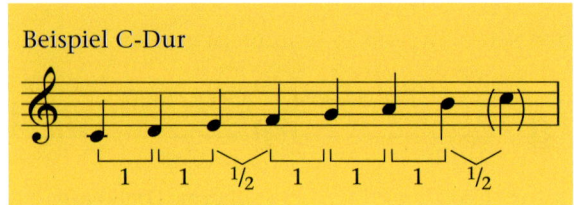

Beispiel C-Dur

Beispiel c-Moll

Fünf gewinnt!

Um Melodien zu schreiben, benötigt man nicht unbedingt 7 oder gar bis zu 12 Töne. Oft hat die Beschränkung auf weniger Töne eine reizvolle Wirkung. Ein häufig benutztes Tonmaterial sind die 5 Töne der **pentatonischen Leiter** (griech.: ›Fünf-Tonleiter‹). Ihre Verwendung hat eine lange Tradition, auch außerhalb der westlichen Kultur. Das Bauprinzip beruht – wie bei Dur und Moll – auf zwei unterschiedlich großen Tonabständen, die in bestimmter Weise angeordnet sind. Pentatonische Leitern können – wie Dur und Moll – von jedem Ton aus gebildet werden. Die zwei häufigsten Typen pentatonischer Leitern zeigen die Notenbeispiele von den Anfangstönen *f* bzw. *d* aus.

Dur-Pentatonik

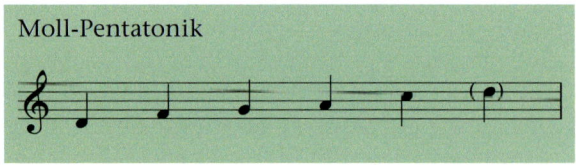

Moll-Pentatonik

- Jeder komponiert eine einfache Melodie (z. B. zwei Takte im $^4/_4$-Takt) aus den Tönen der Dur-Pentatonik. Spielt sie nacheinander vor und fügt immer denselben Zweitakter ein. So entsteht ein Kettenrondo.

Es kommt ein Schiff

Text und Melodie: Andernacher Gesangbuch, 1608
Satz: Ernst Pepping (1901–1981)
aus: »Spandauer Chorbuch«

2. Das Schiff geht still im Triebe, es trägt ein teure Last;
   das Segel ist die Liebe, der Heilig Geist der Mast.

3. Der Anker haft' auf Erden, da ist das Schiff an Land.
   Das Wort tut Fleisch uns werden, der Sohn ist uns gesandt.

4. Zu Bethlehem geboren im Stall ein Kindelein,
   gibt sich für uns verloren; gelobet muss es sein.

Text: Rose Köpfer
Melodie: aus Finnland

Ja, mein Schatz

 AUFGABE

- Sammelt den Tonvorrat der oben stehenden Lieder, des Liedes »Hava nagila« (S. 240) und des Liedes »Die Gedanken sind frei« (S. 296). Bildet zu jedem Lied die entsprechende Tonleiter, markiert die Ganz- und Halbtonschritte und transponiert die Tonleitern auf a'. Vergleicht sie visuell und auditiv miteinander.

Und sie klingen doch!

Eine Tonleiter ist mehr als nur eine übersichtliche Anordnung zusammengehöriger Töne. Die folgenden Beispiele zeigen Tonleiten als wesentliche Bestandteile von musikalischen Werken.

AUFGABE

- *Hört euch die einzelnen Beispiele an und beschreibt die Wirkung der Tonleitern.*

Pianistes (aus: Der Karneval der Tiere) CD III/19

Camille Saint-Saëns

Allegro moderato

Klav. I f

Klav. II f

Habanera (aus der Oper Carmen) CD VIII/22

Georges Bizet
deutscher Text: Kurt Soldan

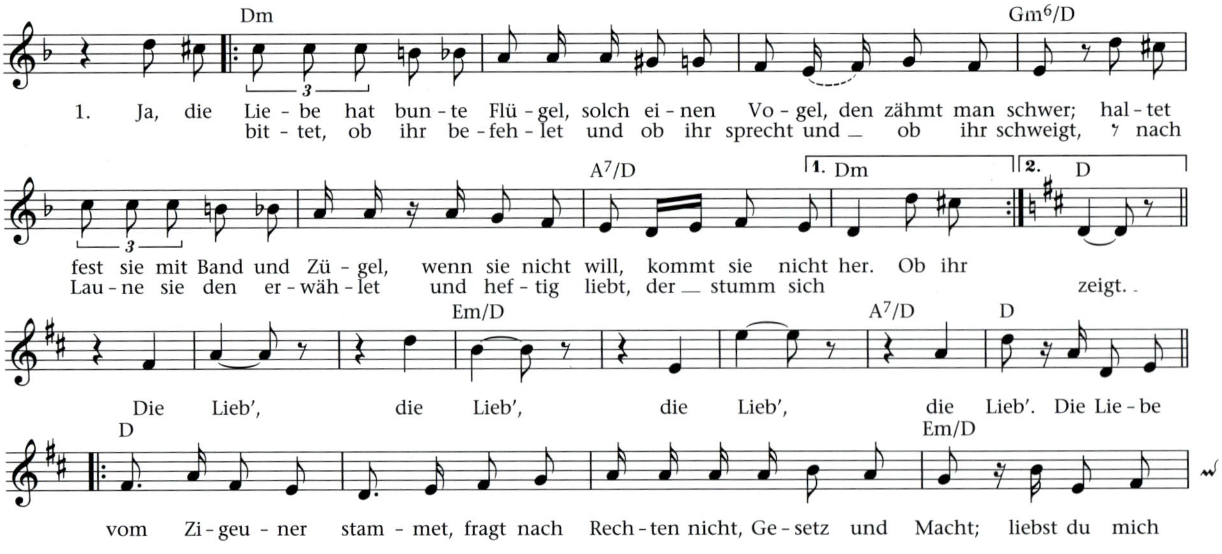

Dm ... Gm⁶/D

1. Ja, die Lie- be hat bun-te Flü-gel, solch ei-nen Vo-gel, den zähmt man schwer; hal- tet
bit- tet, ob ihr be-feh-let und ob ihr sprecht und _ ob ihr schweigt, ↗ nach

A⁷/D ... 1. Dm ... 2. D

fest sie mit Band und Zü- gel, wenn sie nicht will, kommt sie nicht her. Ob ihr
Lau- ne sie den er- wäh- let und hef- tig liebt, der _ stumm sich zeigt.

Em/D

Die Lieb', die Lieb', die Lieb', die Lieb'. Die Lie- be

D ... Em/D

vom Zi- geu- ner stam- met, fragt nach Rech- ten nicht, Ge-setz und Macht; liebst du mich

Konzert für Klavier und Orchester Nr. 4, *1. Satz* CD III/20

Ludwig van Beethoven

Morgenstimmung *(aus: Peer-Gynt-Suite Nr. 1)* CD III/21

Melodie: Edvard Grieg
Satz: Walther Engel

Auf einen Blick: alle Tonleitern ...

natürlich Moll

harmonisch Moll

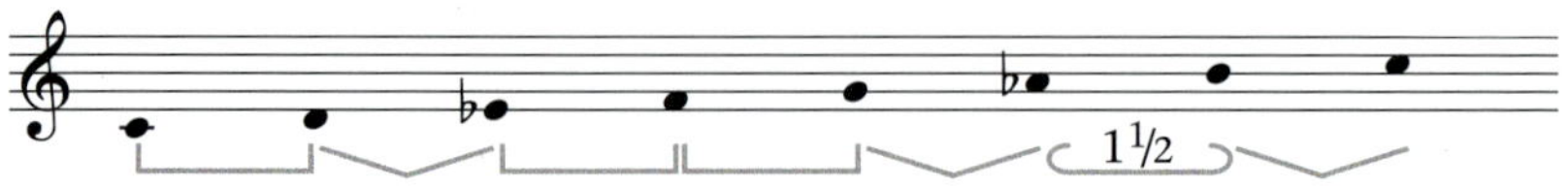

1½

melodisch Moll

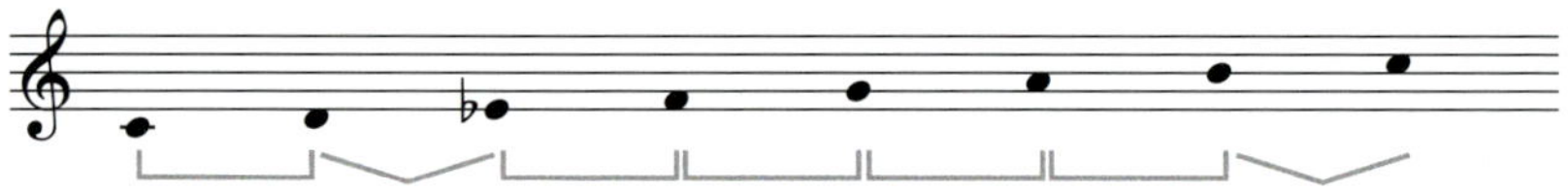

Dur

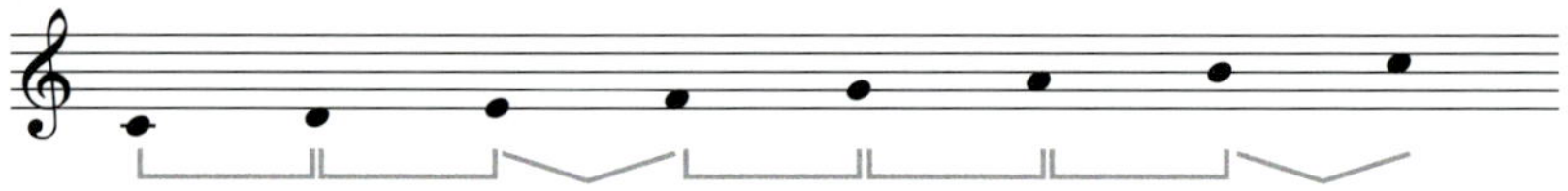

Ganztonleiter

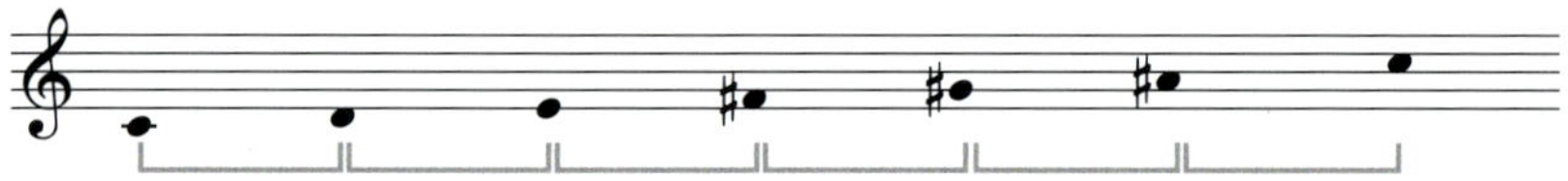

chromatische Tonleiter

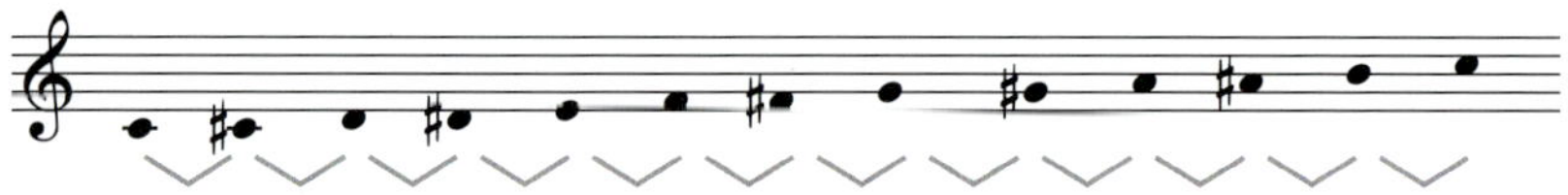

Blues-Tonleiter

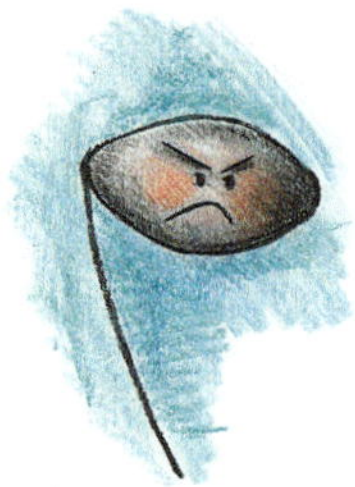

AUFGABE

- *Welche Tonleitern liegen den Werken auf den Seiten 106f. zugrunde?*

... und alle Modi

Bis ins 17. Jahrhundert wurde unser Tonsystem nicht in Dur und Moll unterschieden, sondern man verwendete die so genannten **Kirchentonarten** (auch: **Modi**), die auch heute immer wieder von Musikern des Jazz und der Pop-/Rockmusik aufgegriffen werden, vor allem im Modalen Jazz.

ionisch

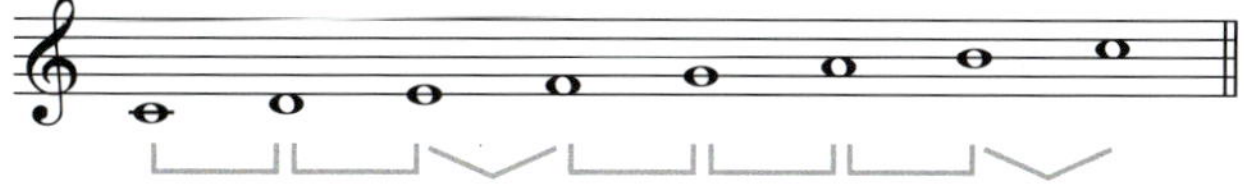

dorisch

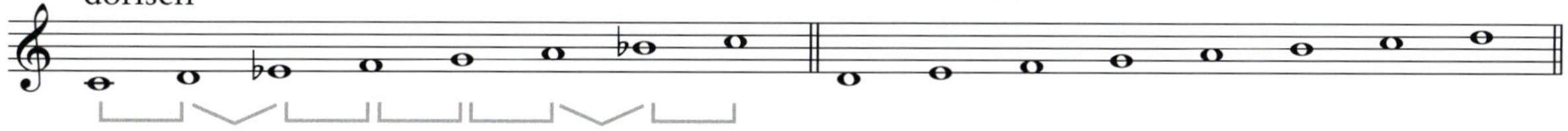

phrygisch

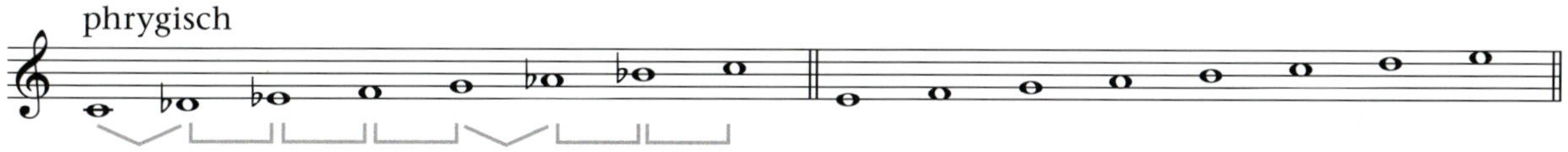

lydisch

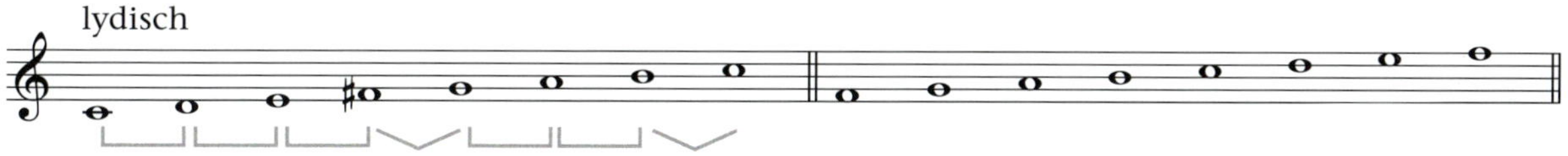

mixolydisch

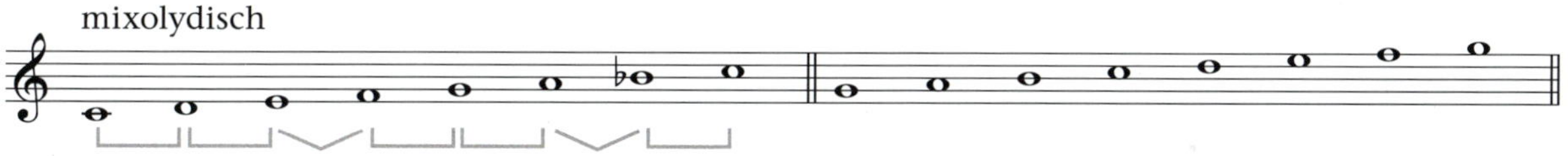

äolisch

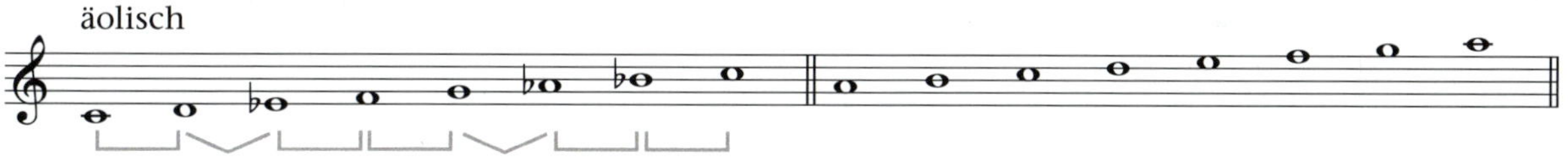

lokrisch

AUFGABE

- *Die Bauweisen der Kirchentonarten sind, wie du siehst, immer unterschiedlich. Es gibt hierfür eine Merkhilfe, die du herausfindest, wenn du die transponierten Modi in der rechten Spalte betrachtest. Erfinde einen Merkspruch, um dir die Reihenfolge der Modi zu behalten. In welcher Tonart stehen »O Heiland, reiß die Himmel auf« (S. 110), »Oye como va« (S. 110) und »Scarborough Fair« (S. 111)?*

WORK SHOP

- Euer Lehrer spielt euch leichte Motive (Reihenfolge in der Leiter beibehalten) einer Kirchentonart vor und ihr spielt sie auf euren mitgebrachten Instrumenten nach.
- Ein/e Schüler/in (S) spielt eine Frage, ein/e S antwortet und umgekehrt. Die übrigen Schüler können eine Quintbegleitung dazu spielen.
- S spielt Frage und Antwort alleine.
- S improvisiert im 2- oder 4-Takt-Schema.

O Heiland, reiß die Himmel auf

Text: Friedrich Spee von Langenfeld
Musik: Augsburg, 17. Jahrhundert
Satz: Erna Woll

1. O Heiland reiß die Himmel auf, herab, herab vom Himmel lauf; reiß ab vom Himmel Tor und Tür, reiß ab, wo Schloss und Riegel für.

2. O Gott, ein' Tau vom Himmel gieß, im Tau herab, o Heiland, fließ.
   Ihr Wolken, brecht und regnet aus den König über Jakobs Haus.

Oye como va CD III/22

Text und Musik:
Tito Puente/Carlos Santana

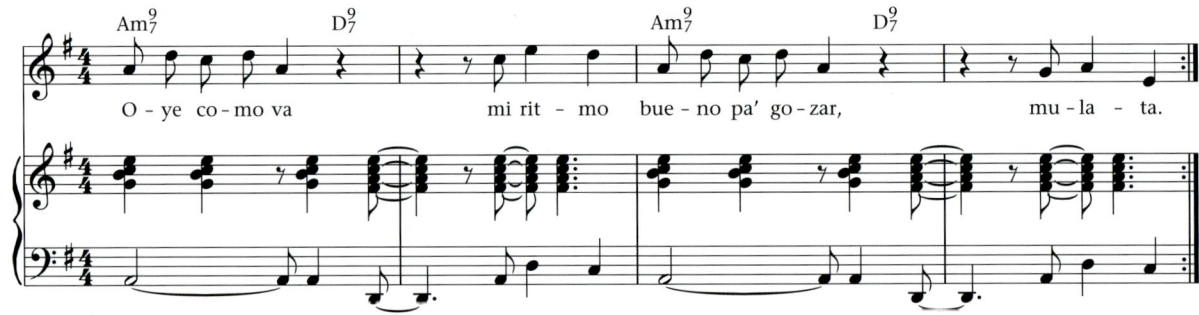

O-ye co-mo va mi rit-mo bue-no pa' go-zar, mu-la-ta.

ANALYSE
- Bilde aus den Akkordtönen des Akkordes Am$_7^9$ eine Tonleiter und füge den zusätzlichen Ton aus der Melodie ein. Ergänze schließlich die Skala mit dem leitereigenen Ton aus der melodischen Moll-Tonleiter. Welche Tonleiter entsteht?
- Verfahre ebenso mit dem D$_7^9$. Ergänze den fehlenden Ton aus der Dur-Tonleiter. Welche Tonleiter entsteht?
- Vergleiche beide Skalen miteinander. Warum eignet sich die Skala auf *a* auch für eine Improvisation über den zweiten Akkord?

WORK SHOP

- Während ein Teil der Klasse den Begleitsatz musiziert, spielt euch euer/e Lehrer/in leichte Motive aus Tönen in der Reihenfolge der Skala vor. Spielt diese Motive auf Instrumenten nach.
- Dann könnt ihr über dieser Skala ein Solo improvisieren.

Scarborough Fair CD III/23

Text und Musik: Paul Simon
nach einem aus England überliefertem Lied

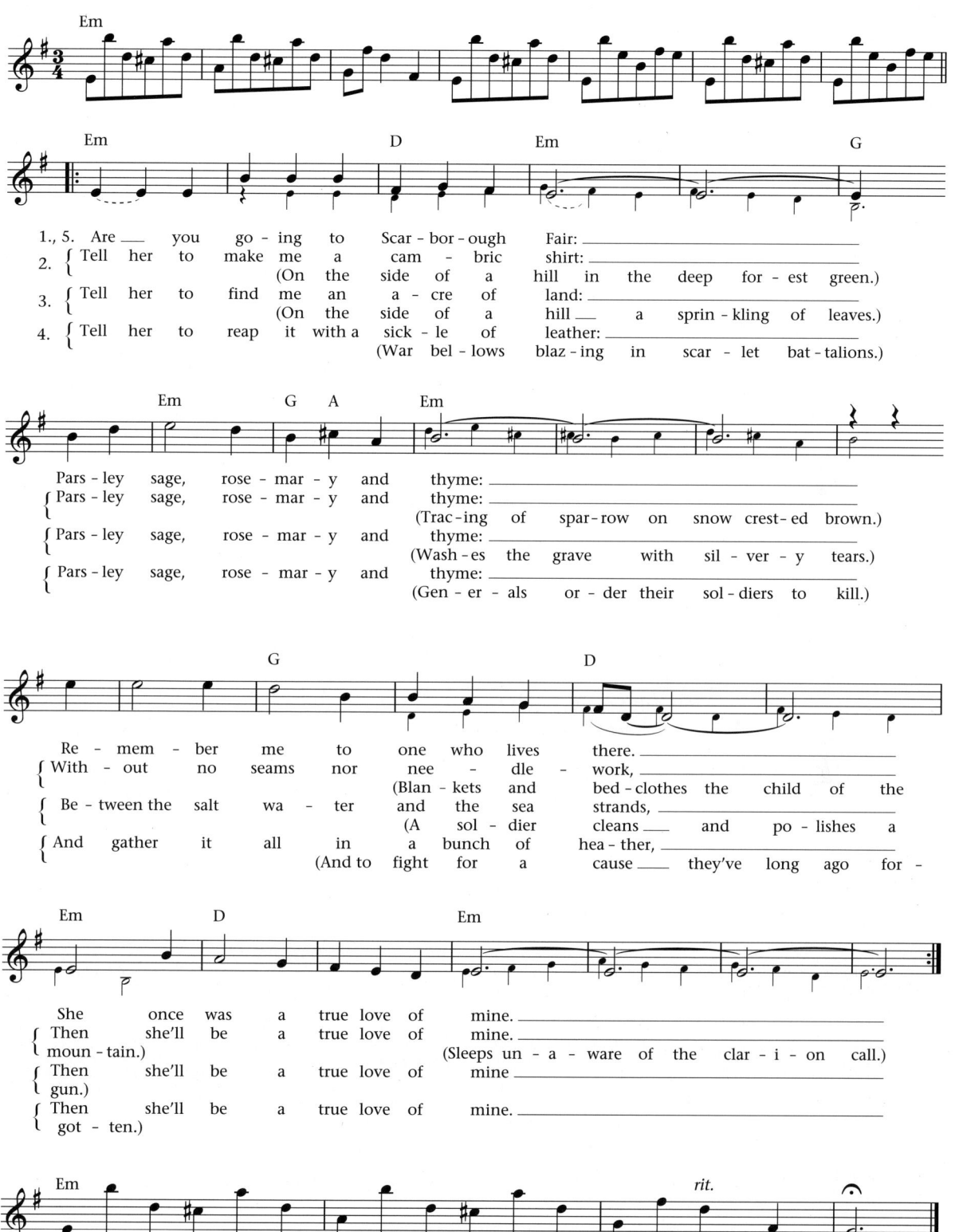

1., 5. Are ___ you go - ing to Scar - bor - ough Fair: _____
2. { Tell her to make me a cam - bric shirt: _____
   { (On the side of a hill in the deep for - est green.)
3. { Tell her to find me an a - cre of land: _____
   { (On the side of a hill ___ a sprin - kling of leaves.)
4. { Tell her to reap it with a sick - le of leather: _____
   { (War bel - lows blaz - ing in scar - let bat - talions.)

Pars - ley sage, rose - mar - y and thyme: _____
{ Pars - ley sage, rose - mar - y and thyme: _____
{ (Trac - ing of spar - row on snow crest - ed brown.)
{ Pars - ley sage, rose - mar - y and thyme: _____
{ (Wash - es the grave with sil - ver - y tears.)
{ Pars - ley sage, rose - mar - y and thyme: _____
{ (Gen - er - als or - der their sol - diers to kill.)

Re - mem - ber me to one who lives there. _____
{ With - out no seams nor nee - dle - work, _____
{ (Blan - kets and bed - clothes the child of the
{ Be - tween the salt wa - ter and the sea strands, _____
{ (A sol - dier cleans ___ and po - lishes a
{ And gather it all in a bunch of hea - ther, _____
{ (And to fight for a cause ___ they've long ago for -

She once was a true love of mine. _____
{ Then she'll be a true love of mine. _____
{ moun - tain.) (Sleeps un - a - ware of the clar - i - on call.)
{ Then she'll be a true love of mine. _____
{ gun.)
{ Then she'll be a true love of mine. _____
{ got - ten.)

Auf einen Blick: alle Tonarten

Tonarten und ihre dazugehörigen Vorzeichen sind mithilfe des **Quintenzirkels** und Merksprüchen leicht einzuprägen:

Geht man vom Grundton der C-Dur-Leiter sechsmal um eine Quinte aufwärts bzw. sechsmal eine Quinte abwärts, so erhält man alle zwölf Grundtöne von Dur-Tonleitern. Trägt man diese Grundtöne auf einem Kreis ein, entsteht der Quintenzirkel. Zusätzlich kann man zu jeder Dur-Tonart gegenüber auch die parallele Moll-Tonart eintragen. Am Quintenzirkel lässt sich nicht nur ablesen, wie viele und welche Vorzeichen eine Tonart hat, sondern man kann auch den Grad der Verwandtschaft feststellen: Je näher die Tonarten beieinander liegen, desto enger sind sie verwandt.

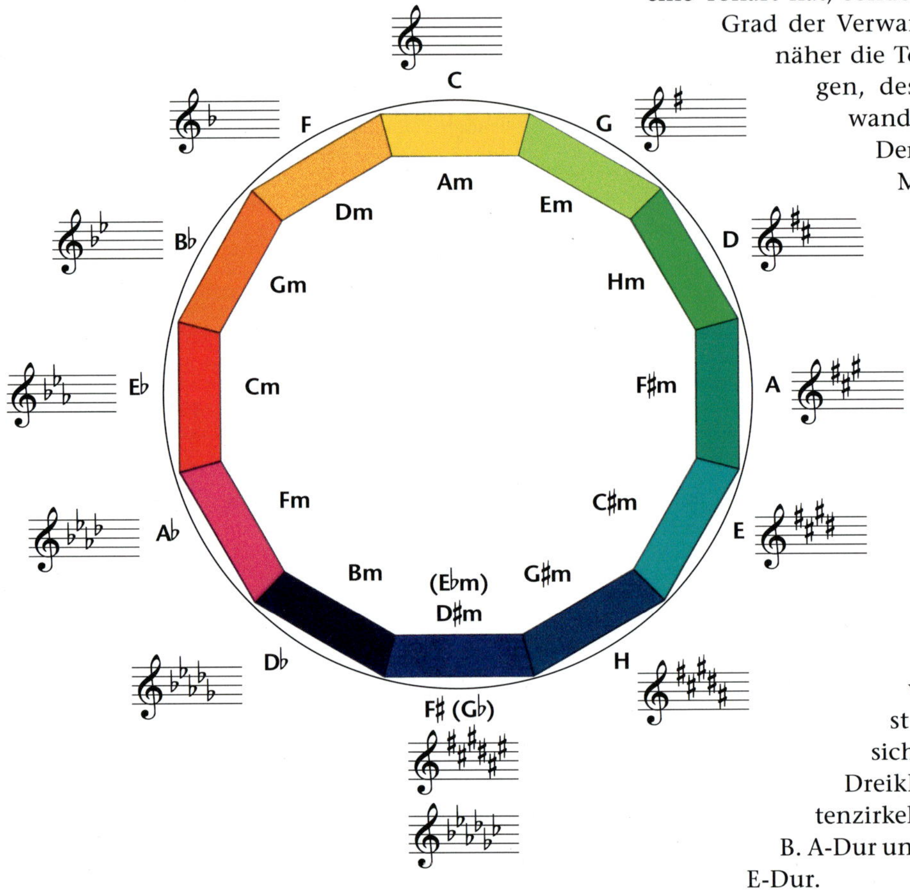

Der Quintenzirkel hat in der Musik eine ähnliche Bedeutung wie der **Farbkreis** in der Malerei. Die stärksten Kontraste ergeben sich bei gegenüberliegenden Tonarten bzw. Farben. Die Gegensätze Rot – Grün oder Blau – Orange (die so genannten Komplementärfarben) werden z. B. bei der Gestaltung von Plakaten benutzt, um etwas besonders deutlich hervorzuheben. Besonders starke Kontraste ergeben sich auch in der Musik bei Dreiklängen, die sich im Quintenzirkel gegenüberliegen, wie z. B. A-Dur und Es-Dur oder B-Dur und E-Dur.

Merksprüche für Dur-Tonarten mit ♯-Vorzeichen

Geh Du Altes Ekel Hole Fische	fis, cis, gis, dis, ais, eis

Merksprüche für Dur-Tonarten mit ♭-Vorzeichen

Frische Brezeln Essen Asse Des Gesangs	b, es, as, des, ges, ces

Merksprüche für Moll-Tonarten mit ♯-Vorzeichen

Ein Hund Fischt Cischend Giselas Disc	fis, cis, gis, dis, ais, eis

Merksprüche für Moll-Tonarten mit ♭-Vorzeichen

Die Große Cola Fehlt Beim Essen	b, es, as, des, ges, ces

Sie geht mir nicht aus dem Kopf – die Melodie!

Melodien und Motive können sich mit Penetranz im Ohr festsetzen und immer wieder ins Bewusstsein vordrängen – die so genannten »Ohrwürmer«. Oft sind es Melodien, die spontan Gefallen finden (oder auch nicht!) und schnell und einfach nachzusingen sind. Weitere Gründe lassen sich herausfinden, wenn Melodien oder Melodieabschnitte genauer betrachtet werden.

 **ANALYSE** • Sammelt »Ohrwürmer«, die euch spontan einfallen und notiert sie.

Untersucht die Intervallstruktur, den Rhythmus und den formalen Aufbau der Melodien und diskutiert, welche der Komponenten das Haftvermögen des »Ohrwurms« ausmachen.

Die folgenden Beispiele könnten zur Erweiterung der »Ohrwurmliste« beitragen:

Torerolied (aus: Carmen, CD VIII/25)
Georges Bizet

Auf in den Kampf, To - re - ro! Stolz in der Brust, sie - ges - be - wusst.

Hallelujah (aus: Messias, CD IV/16)
Georg Friedrich Händel

Hal - le - lu - ja! Hal - le - lu - ja! Hal - le - lu - ja, Hal - le - lu - ja, Hal - le - lu - ja!

Treulich geführt (Brautchor aus: Lohengrin, CD III/24)
Richard Wagner

Treu - lich ge - führt zie - het da - hin, wo euch der Se - gen der Lie - be be - wahr!

Thema (aus der Sinfonie g-Moll KV 550, 1. Satz, CD III/25)
Wolfgang Amadeus Mozart

Semper crescis (aus: Carmina Burana, CD III/26)
Carl Orff

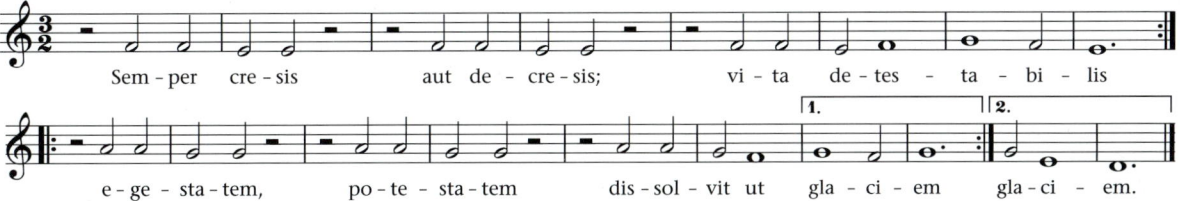

Sem - per cre - sis aut de - cre - sis; vi - ta de - tes - ta - bi - lis
e - ge - sta - tem, po - te - sta - tem dis - sol - vit ut gla - ci - em gla - ci - em.

Tipps und Tricks für das Komponieren von Melodien

Die Entstehungsgeschichten von berühmten Melodien sind so vielfältig wie ihre Erfinder. Manche Komponisten erzählen, sie hätten die Melodie geträumt, oder sie (die Melodie) sei auf einmal da gewesen; andere wiederum wollten gleich gezielt »Gassenhauer« komponieren. Die folgenden Tipps sind Hilfen, die ihr beim Komponieren von Melodien befolgen könnt, aber nicht müsst.

1. Der Tonumfang (Ambitus) sollte maximal eine reine Duodezime (Oktave + reine Quint) betragen. Dieser Tonumfang kann von jeder Singstimme und jedem Instrument bequem erreicht werden.

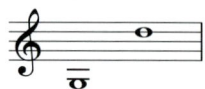

2. Als Tonmaterial für die Melodie werden Töne aus Dur-, Moll-, Kirchen- oder Bluestonleitern verwendet (s. Seiten 108/109).

3. Große Intervallsprünge sollten abgefangen werden, meist in entgegengesetzter Richtung.

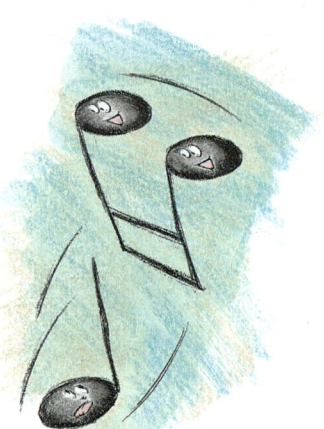

4. Aufeinanderfolgende Sprünge in gleicher Richtung und gleichen Intervallabständen sind schwer zu singen und können den Melodieverlauf stören.

5. Übermäßige und verminderte Intervallsprünge sind schwer zu singen.

6. Der Anfangston sollte einer der Dreiklangstöne des Akkordes sein, der Schlusston der Grundton des Schlussakkordes.

Text und Musik: Sam Cooke/Herp Alpert/Lou Adler

7. Die rhythmische Struktur eurer Melodie findet sich leicht, wenn ihr einen Text darunter legt und ihn zur Melodie sprecht.

8. Die meisten Melodien sind geradtaktig, d. h. 2-, 4-, oder 8-taktig.

Schreibt eine Melodie zu den Begleitakkorden der Seite 116. Vielleicht fällt euch spontan ein Text dazu ein.

Die Seite für Spezialisten

Oft hat man eine Anfangsidee, einzelne Töne, die aber noch keine Melodie ergeben. Auf dieser Seite werdet ihr an vier Beispielen Kompositionstechniken kennen lernen, die es euch ermöglichen sollen, eine Anfangsidee zu bearbeiten und daraus eine Melodie entstehen zu lassen. Diese Kompositionstechniken beziehen sich vor allem auf die Architektur, den formalen Aufbau einer Melodie.

Die Melodie des Titels *Narcotic* von LIQUIDO besteht im Wesentlichen aus zwei Tönen. Durch die **Wiederholung** der Töne und die anschließende **Sequenzierung** (Wiederholung eines Motivs auf einer anderen Tonstufe) ist daraus ein Melodie entstanden.

Wolfgang Schrödl

Bei einer **Spiegelung** wird das Motiv um seine Achse gespiegelt: nach oben geführte Intervallsprünge werden in gleicher Größe nach unten geführt. Eine solche Spiegelung heißt **Umkehrung.**

Johann Sebastian Bach

Motiv   Umkehrung

Wenn das Motiv von hinten nach vorne, also rückwärts gelesen wird, spricht man von einem **Krebs.**

George Gershwin

I ——— got   rhy - thm, .   I ——— got   mu - sic. .

Eine nach dem Prinzip der **Periode** gebaute Melodie besteht aus einem Vorder- und einem Nachsatz (s. dazu S. 171).

WORK SHOP

- Komponiert eine 8-taktige Melodie mithilfe einer der oben beschriebenen Möglichkeiten. Spielt euch eure Melodien gegenseitig vor und erratet die jeweilige Kompositionstechnik.

- Schreibt zu eurer Melodie Begleitakkorde. Dazu der Tipp: Ein Akkord kann immer für mehrer Töne gelten und wechselt meisten auf betonten Taktzeiten.

Das Zusammenspiel von Melodie und Harmonie ...

Unsere ersten musikalischen Erfahrungen im Leben sind meist einstimmige Melodien, mit denen wir in den Schlaf gesungen werden. Später hören wir einstimmige Melodien (ob gesungen oder von Instrumenten gespielt) nur noch selten. **Einstimmigkeit** gibt es manchmal in der Volksmusik. **CD III/27** Vor allem aber ist die alte gregorianische Kirchenmusik so komponiert. Aus der Einstimmigkeit hatte sich im spätmittelalterlichen Europa zunächst eine **Mehrstimmigkeit** gleichberechtigter, aber zusammenpassender Melodien entwickelt **(Polyfonie)**. **CD III/28** Ab etwa 1600, verbunden mit dem solistischen Gesang in der Oper, gibt es das uns vertraute Prinzip von **Melodie und Begleitung**: Zur Untermalung der Melodie werden auf einem Akkordinstrument mehrere Töne gleichzeitig gespielt, die zueinander passen (Harmonien). Die Akkorde oder Harmonien (meistens Drei- oder Vierklänge) haben ihre musikalische Bedeutung nur durch die Melodie, unter der sie liegen: Sie »begleiten« die Melodie **(Monodie)**. **CD III/29** In der Musik, die wir heute hören, ist dieses Prinzip noch immer vorherrschend. Meistens verhalten sich die Töne einer Melodie zu denen der Begleitung konsonant. Dissonanzen werden in Konsonanzen aufgelöst, indem:

- die Harmonie wechselt und die Melodie einen dazu konsonanten Ton erreicht
- der Melodieton liegen bleibt und die Harmonie in einer Weise fortschreitet, dass ein konsonanter Zusammenklang entsteht
- die Melodie stufenweise wieder zu einem konsonanten Ton geführt wird:
  Die **Durchgangsnote** (D) liegt zwischen zwei benachbarten konsonanten Melodietönen.
  Die **Wechselnote** (W) liegt zwischen zwei gleichen konsonanten Melodietönen, die sie um eine Stufe über- oder unterschreitet.
  Die **Nebennote** (N) liegt eine Stufe über oder unter einem konsonanten Melodieton und wird durch einen Sprung erreicht oder verlassen.

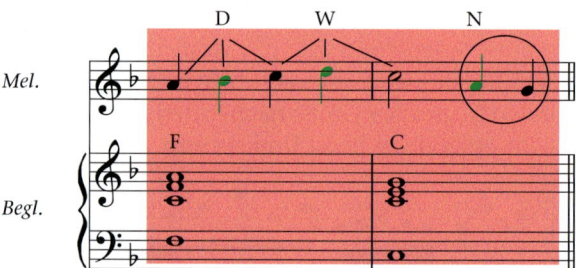

In der mehrstimmigen Musik sind zwei Ebenen voneinander zu unterscheiden: die **horizontale (waagrechte) Ebene** mit den Melodieverläufen und die **vertikale (senkrechte) Ebene** mit den Zusammenklängen (Akkorden). Die Analyse dieser Musik fragt danach, wie sich die beiden Ebenen zueinander verhalten. Im folgenden Workshop könnt ihr mehrstimmige Musik selbst gestalten.

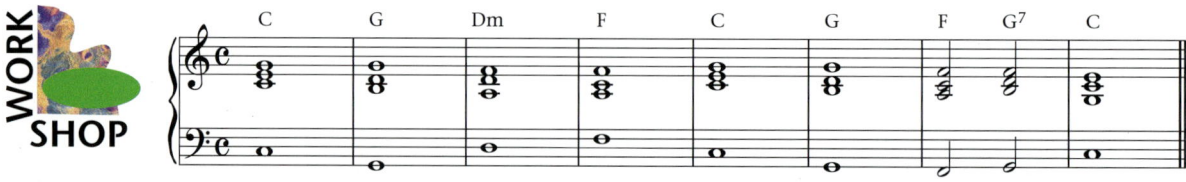

Erfindet zu den oben stehenden Begleitakkorden eine Melodie.
- Bildet eure Melodie zuerst nur aus den Dreiklangstönen der jeweiligen Begleitakkorde.
- Baut Durchgangs-, Wechsel- und Nebennoten ein.
- Spielt euch eure Melodien gegenseitig vor und beschreibt deren Verlauf.

... und Rhythmus

Entscheidend für die Wirkung von mehrstimmiger Musik ist außer dem Zusammenspiel von Melodie und Harmonie auch der Einfluss von weiteren Faktoren wie Rhythmus, Tempo, Takt, Klangfarbe und Lautstärke. Manche Werke leben vom rhythmischen Element, andere überraschen durch die außergewöhnliche Zusammenstellung von Instrumenten oder dem Wechselspiel von Stimme und Instrumenten; wieder andere wirken durch ungewohnte Akkordfolgen.

Prélude Nr. 4

Frédéric Chopin (1810–1849)

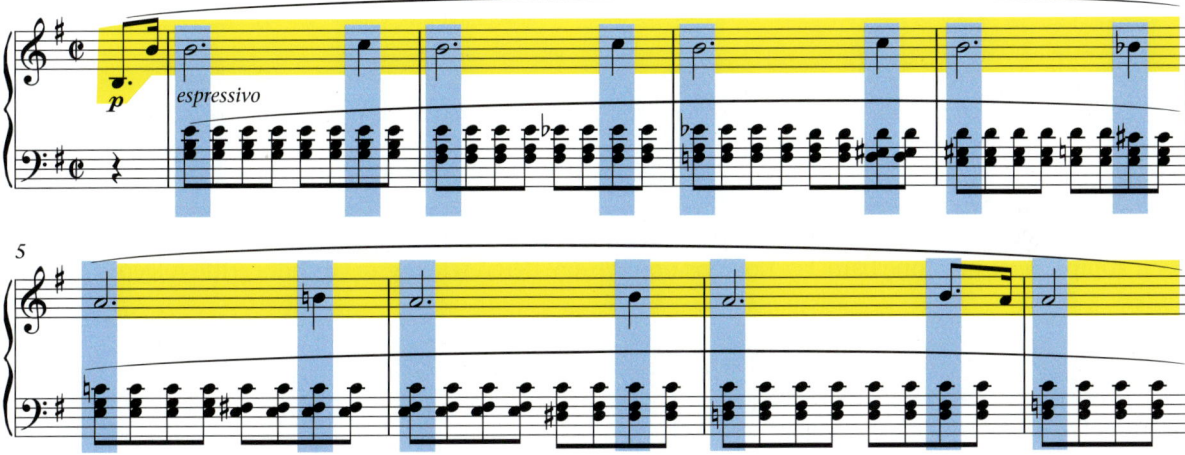

In den Anfangstakten fällt zunächst auf, dass eine Hauptmelodie von Akkorden in gleichmäßiger Achtelbewegung begleitet wird. Obwohl die Oberstimme (horizontale Ebene) in beiden Abschnitten jeweils nur aus zwei Tönen besteht (Takte 1 – 4: h' und c''; Takte 5 – 8: a' und h''), erscheint jeder Melodieton durch die unterschiedlichen Begleitakkorde immer in einem neuen Licht (vertikale Ebene).

AUFGABEN

- *Hört euch das ganze »Prélude« an und beschreibt die Wirkung und den Verlauf des Stückes.*
  CD III/30
- *Bestimmt einzelne Akkorde (vertikale Ebene). Wo treten Schwierigkeiten auf?*

- *Die Begleitakkorde bestehen aus jeweils drei Tönen. Beschreibt den horizontalen Verlauf der oberen, mittleren und unteren Akkordtöne.*
- *Fasst die wesentlichen Faktoren zusammen, die entscheidend zur Gesamtwirkung des Stückes beitragen.*

Polyfonie

Die Mehrstimmigkeit in der Musik des Abendlandes ist einer Art Revolution zu verdanken: der Verschriftlichung von Melodien (ab ca. 600 n. Chr.; s. auch S. 126). Erst durch die Schrift wurde eine theoretische Beschäftigung mit Melodien und Zusammenklängen angeregt. Es entstanden Kompositionen mit mehreren gleichzeitig erklingenden, aber voneinander unabhängigen Stimmen, die bestimmten Regeln unterlagen. Später erst setzte sich in der Kunstmusik die akkordische Begleitung einer Melodie durch. Seitdem gibt es innerhalb der mehrstimmigen Musik zwei grundlegende Gestaltungsmöglichkeiten:

Polyfonie (griech.: ›Vielstimmigkeit‹): Mehrstimmige Musik, in der die beteiligten Stimmen melodisch und rhythmisch eigenständig sind.

Homofonie (griech.: ›Gleichklang‹): Mehrstimmige Musik, in der die beteiligten Stimmen einer führenden Melodiestimme untergeordnet sind.

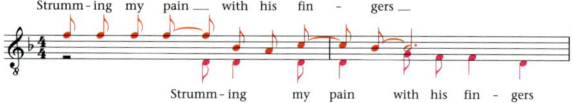

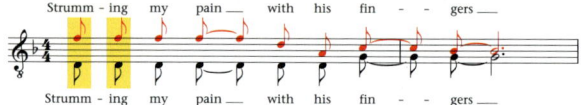

Für seine Schüler schrieb J. S. Bach (1685–1750) eine Reihe kurzer (»einfacher«) Stücke, u. a. auch seine *Inventionen*. Sie sollten sowohl fingertechnische Übungen sein als auch die Kunst der polyfonen Ausarbeitung eines musikalischen Gedankens verdeutlichen. Bis heute gehören sie zum Pflichtprogramm jedes Klavierschülers. Bach komponierte im Sinne barocker Kompositionslehren, deren wichtigste Grundbegriffe folgendermaßen lauten:

inventio = Erfindung (musikalischer Grundgedanke, Thema)
dispositio = Anordnung (Form)
elaboratio = Ausarbeitung (eigentliche Komposition)

In den *Inventionen* findet sich eine Technik, in der ein melodischer Abschnitt von einer anderen Stimme in relativ kurzem Abstand wiederholt bzw. imitiert wird. Diese Wiederholung kann wörtlich bzw. oktavversetzt sein, sie kann aber auch Tonfolge und Rhythmus mehr oder weniger stark verändern. Man nennt diese Technik **Imitation** (lat. Imitatio: ›Nachahmung‹).

KONTEXT

Mancher meinet, wenn er etwa ein wenig Vorrath an *Erfindungen* hat, so sey es mit seiner Komposition schon gut bestellet. Es ist aber weit gefehlet […]. Was nun die Disposition betrifft, so ist sie eine nette *Anordnung* aller Theile und Umstände in einem gantzen Wercke, fast auf die Art, wie man ein Gebäude einrichtet und abzeichnet […]. Leuten, die keine taugliche Disposition machen, wird hernach die *Ausarbeitung* desto saurer […]; sie meinen, ihre ausschweifenden Fratzen müßten schon eben so gut seyn, als eine wolgegründete *Erfindung*, die klüglich eingerichtet, und hernach eben so leicht ausgearbeitet, als mit Lust angehöret wird.
(Johann Mattheson, ›Der vollkommene Capellmeister‹, Hamburg 1739)

AUFGABEN

- *Erklärt anhand der obigen Notenbeispiele, wie Polyfonie und Homofonie mit dem horizontalen und dem vertikalen Prinzip zusammenhängen.*
- *Hört Bachs »Invention« und verfolgt dabei die Noten.* **CD III/31**
- *Erklärt, was Mattheson unter dem Begriff* **Erfindung** *versteht, und versucht, ihn auf Bachs Komposition anzuwenden.*
- *Welche Aussagen könnt ihr über die* **Anordnung** *und die* **Ausarbeitung** *treffen? Untersucht dazu den formalen Aufbau des Stückes und die Art und Weise, wie Bach seine Erfindung einsetzt.*
- *Begründet, warum man dieses Stück als polyfon bezeichnen kann. Bezieht euch dabei auch auf das Kompositionsprinzip der* **Imitation**. *An welchen Stellen entsteht dennoch ein homofoner Eindruck? Woran liegt das?*

Inventio 8, F-Dur *BWV 779*

Johann Sebastian Bach

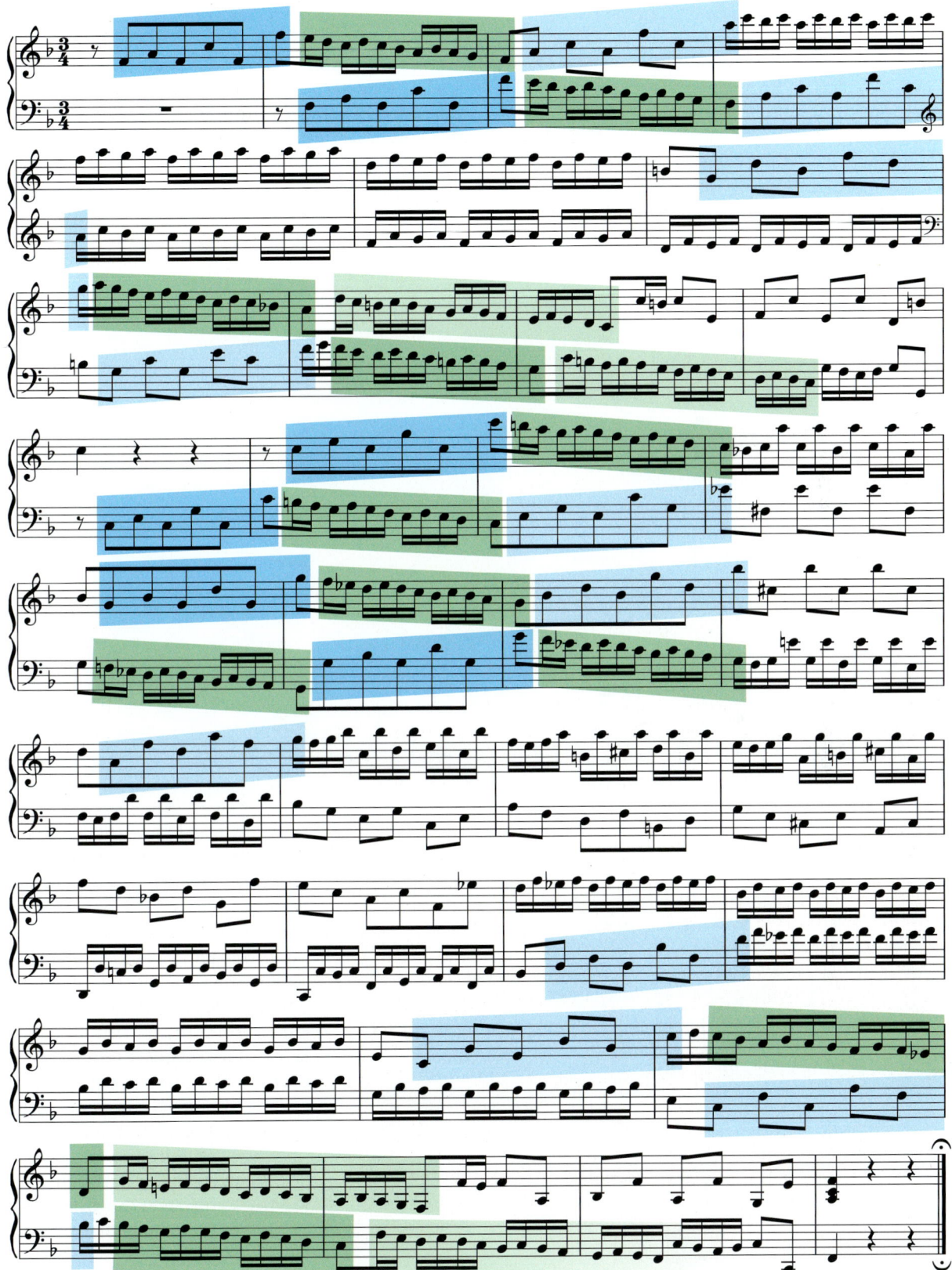

Die Fuge

Die ausgeprägteste Form polyfoner Musik stellt die **Fuge** dar. Für J. S. Bach war sie der Gipfel der Kompositionskunst und spiegelte in besonderer Weise das Göttliche in der Musik wider. Viele seiner Orgelwerke enthalten Fugen, ebenso seine großen Vokalwerke, wie z. B. die *Messe in h-Moll*. Im *Wohltemperierten Klavier* hat er Fugen in allen 24 Tonarten verfasst. Die Krönung seines Lebenswerkes sah er in der *Kunst der Fuge*, einem Zyklus verschiedenster Arten von Fugen, die aber alle auf demselben Thema beruhen. Während der Arbeit an der kompliziertesten dieser Fugen ist Bach gestorben; sie blieb unvollendet. Auch Komponisten des 19. und 20. Jahrhunderts haben – oft in bewusster Anlehnung an Bach – Fugen geschrieben.

Fuga IX, E-Dur *(aus dem »Wohltemperierten Klavier«, Bd. 2)*

Johann Sebastian Bach

Fachbegriffe zur Fugenkomposition:

Thema (Hauptgedanke) – in zwei Versionen: *Dux* (Führer) und *Comes* (Begleiter)
Kontrapunkt (Nebengedanke): Gegenstimme, die untrennbar mit dem Thema verbunden ist und ständig wiederkehrt *(obligater K.)* oder vorübergehenden Charakter hat *(freier K.)*
Durchführungen: Teile der Fuge, in denen das Thema nacheinander je einmal in den verschiedenen Stimmen erklingt. Die erste Durchführung wird *Exposition* genannt.
Zwischenspiel: themafreie Takte zwischen den Durchführungen
Engführung: Eine zweite Stimme beginnt mit dem Thema, bevor die erste es beendet hat.
Fugato: freiere Form der Fuge, die nur aus einer Exposition besteht und in der Regel Teil einer anderen nicht-polyfonen Komposition ist

Was ist die »Idee« der Fuge? Ein – oft eher unscheinbar wirkender – Gedanke wird im Gespräch verschiedener Stimmen von allen denkbaren Seiten her beleuchtet, bis er am Ende in einem neuen, glanzvollen Licht dasteht. Jede der beteiligten Stimmen hat dabei Wesentliches beizutragen, kein Nebengedanke ist unwichtig, aber er ist immer auf den Hauptgedanken bezogen. Der Gedanke ist musikalisch das **Thema**, das im Sinne der **Imitation** durch alle Stimmen wandert, wodurch der Eindruck entstehen kann, dass die Stimmen voreinander fliehen (lat. Fuga: ›Flucht‹).

Fuga IX, E-Dur (notiert als Partitur in vier Systemen)

ANALYSE
- Begründet anhand des Notenbildes der E-Dur-Fuge von J. S. Bach, dass es sich um ein polyfon komponiertes Stück handelt.
- Vergleicht die originale Klaviernotation mit der hier abgedruckten Partitur: Worin besteht die Veränderung? Welche Vorteile und welche Nachteile hat sie?
- Hört den abgedruckten Anfang der Fuge und verfolgt den Notentext der Partitur. Beschreibt das Thema sowie die Art und Weise seines Auftretens. **CD III/32**
- Worin unterscheiden sich Dux (blau) und Comes (grün)?
- Hört und verfolgt eine einzelne Stimme (2.): Warum kann man sagen, dass dies eine selbstständige Stimme ist, keine Begleitstimme? **CD III/33**
- Verfolgt die Kontrapunkte. Was zeigen die Markierungen (Grautöne)? **CD III/34**
- Wie viele Durchführungen und Zwischenspiele sind abgedruckt? Wo sind sie im Notentext zu finden?
- Hört die gesamte E-Dur-Fuge in einer Einspielung mit Klavier. Beschreibt euren Gesamteindruck. Wie viele weitere Themen-Einsätze nach Takt 15 hört ihr? **CD III/35**
- Hört zum Vergleich einen Ausschnitt aus der *5. Sinfonie* von Gustav Mahler (1860–1911). Schildert euren Höreindruck und nennt Gemeinsamkeiten und Unterschiede. **CD II/57**

Der Kanon

Give me a Ticket

Text und Musik: Carson Wayne Thompson

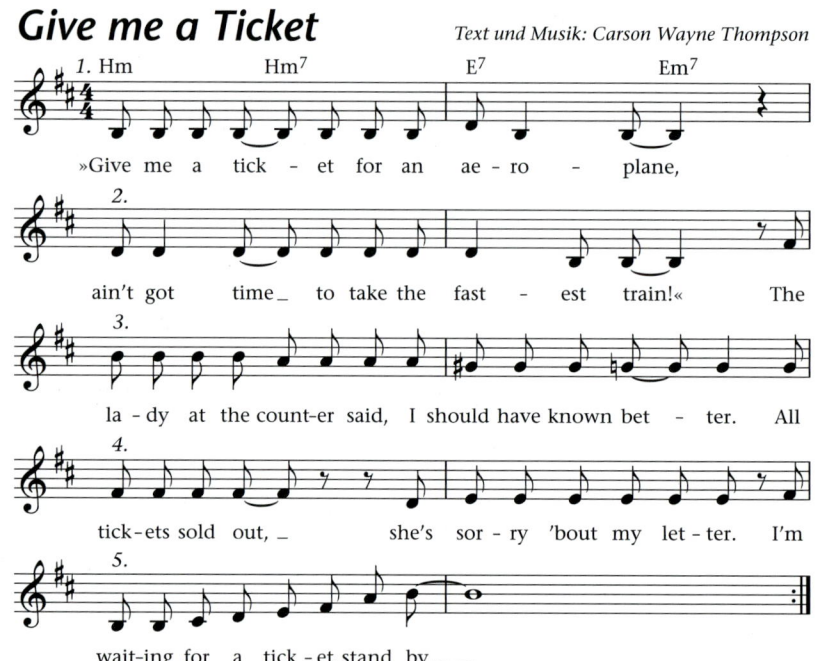

»Give me a tick-et for an ae-ro-plane, ain't got time to take the fast-est train!« The la-dy at the count-er said, I should have known bet-ter. All tick-ets sold out, she's sor-ry 'bout my let-ter. I'm wait-ing for a tick-et stand by.

AUFGABEN

- Singt die nebenstehende Melodie zunächst gemeinsam. Nehmt zur Begleitung die angegebenen Akkorde.
- Singt die Melodie als Kanon. Auch Instrumente können eine Kanon-Stimme übernehmen.
- Warum wäre es nicht sinnvoll, diesen Kanon mit drei statt zwei Takten pro Notensystem zu drucken?
- Beschreibt, wie sich im Kanon aus BACHS »Goldberg-Variationen« die beiden Kanonstimmen (farbig) zueinander verhalten.

Kanon (griech.: ›Maßstab, Regel‹) bedeutet in der Musik das strengste Verfahren der **Imitation:** Durch die genaue »Nachahmung« einer Melodie entsteht ein mehrstimmiges Satzgefüge. Man bezeichnet sowohl dieses Verfahren als auch das entstehende Stück als Kanon.

Die volkstümliche Form des Kanons – etwa seit dem 13. Jahrhundert belegt – ist der **Zirkel-Kanon** (engl. Round): Eine Melodie wird in gleich lange Abschnitte zerlegt, die jeweils die gleiche Harmonisierung haben. Die Anzahl der Abschnitte ist gleich der Anzahl der beteiligten Stimmen. Die Stimmen setzen nacheinander ein und beginnen am Ende der Melodie wieder von vorn:

a b c a b c a b c …
a b c a b c a b …
a b c a b c a …

Das Prinzip des Kanons hat Komponisten auch zu anspruchsvolleren Werken herausgefordert. Dabei leitete sie die Idee, dass man eine Melodie nicht nur wörtlich wiederholen kann, sondern auch verändern kann, ohne ihre Substanz anzutasten. Die »Kanon-Künste« beinhalteten u. a. Umkehrung, Transposition (der gesamten Melodie), Vergrößerung bzw. Verkleinerung (der Notenwerte) und Krebs (s. auch S. 115).

Goldberg-Variationen (Beginn der 15. Variation)

Johann Sebastian Bach

Canone alla Quinta in moto contrario

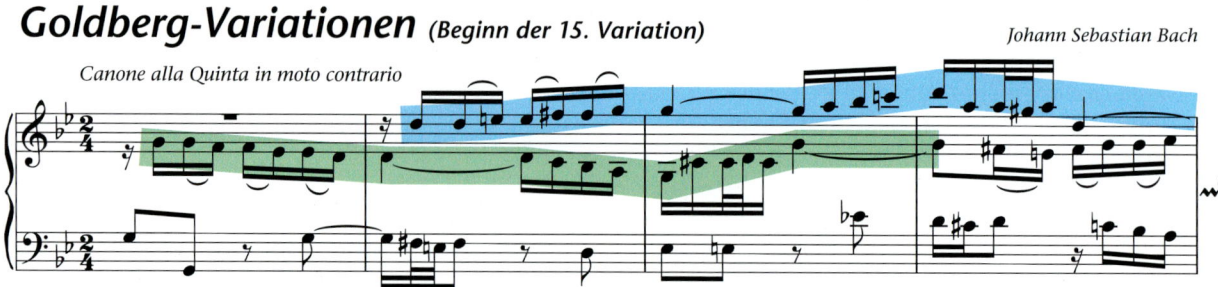

Kanon D-Dur

nach Johann Pachelbel (1653–1706)
Satz: Marcus Altmann

Beim Kanon nach PACHELBEL ist die Besetzung der Keyboard- und Bass-Stimme verbindlich. Alle anderen Instrumente sind frei wählbar.

- Keyboard und Bass spielen ihre vier Takte, die sie ständig wiederholen (Tempo ♩ = 70). Analysiert die Akkorde.
- Alle anderen spielen dazu die Systeme 1 und 2 hintereinander.
- Nehmt dann die Systeme 3 und 4 hinzu.
- Probiert als Zwischenergebnis einen Kanon zu vier Gruppen, der aus den Systemen 1–4 plus Keyboard und Bass besteht.
- Übt entsprechend die Systeme 5 und 6 und führt den Kanon zu sechs Gruppen auf.
- Hört den originalen *Kanon für 3 Violinen und Generalbass* von JOHANN PACHELBEL. Beschreibt den Verlauf. Ist es ein Zirkel-Kanon? Welche Bedeutung hat die Bass-Stimme?
- Spielt euren Kanon zu PACHELBELS Original. **CD III/36**

Komponiert einen eigenen Zirkel-Kanon. Ihr könnt dabei folgendermaßen vorgehen:
- Legt eine Akkordfolge und eine Taktanzahl fest, z. B. vier Akkorde in zwei Takten – wie in *Give me a ticket.* Vorschlag: **C Em | Am G**
- Überlegt euch einen kurzen dreizeiligen Text (für einen dreistimmigen Kanon).
- Schreibt drei Melodieabschnitte, einen in tieferer, einen in mittlerer, einen in höherer Lage, deren Töne zu den Akkorden passen. Bei einem ersten Akkord C-Dur könntet ihr also in Zeile 1 mit *c*, in Zeile 2 mit *e* und in Zeile 3 mit *g* beginnen.
- Achtet auf den Rhythmus. Er sollte nicht in allen Zeilen identisch sein.

Entwicklungen

Entwicklungen auf der Spur

Musik als Teil der menschlichen Kommunikation unterliegt ständigen Wandlungen, ebenso wie sich Gesellschaften und die Verhaltensweisen der Menschen im Laufe der Zeit verändern. Manche Entwicklungen vollziehen sich zumeist nur langsam über Jahrzehnte oder gar Jahrhunderte, andere Ereignisse treten überraschend ein.

Es gibt musikalische Moden, die schnell wieder verfliegen. Aktuelle Hits können morgen schon wieder vergessen sein. Andere Musik wird noch nach Jahrzehnten oder sogar nach Jahrhunderten gerne gehört. Welche Faktoren den musikalischen Geschmack einer Zeit prägen, ist oft nur im Rückblick genauer zu sagen.

Musik diente zu allen Zeiten auch der Unterhaltung, allerdings gab es daneben andere Funktionen, wie z. B. die kultisch-religiöse.

Was könnte der Begriff »Arbeitsteilung« in Bezug auf die Musik bedeuten?

Hat es zu allen Zeiten einen Starkult gegeben?

Wie haben sich die Lebensgewohnheiten von Musikern und Komponisten verändert?

Wie zeigten sich Stars gegenüber dem Publikum?

Zu welchen Anlässen wurde Musik gemacht bzw. gehört?

Bei welchen Tätigkeiten wurde nebenbei Musik gehört?

Wann · **Wo** · **Weshalb** · **Für wen** · **Von wem** · **Wie**

wurde Musik gemacht und gehört?

Wo waren Musiker beschäftigt und welche Rechte hatten sie?

Wo konnten die unterschiedlichen gesellschaftlichen Gruppen Musik hören?

Seit wann gibt es den Beruf des Dirigenten?

Welche Rolle spielten Frauen?

Für wen schrieben Komponisten und Komponistinnen?

Wo liegen Unterschiede in der Entwicklung der vokalen und instrumentalen Musik?

AUFGABEN

- *Überlegt weitere Fragen. Denkt allerdings daran, dass dieses Buch nicht alle Fragen beantworten kann.*
- *Die Bilder auf der linken Seite stammen aus Zeitabschnitten, die in diesem Kapitel behandelt werden. Es sind z. B. Personen, bestimmte Instrumente, musikalische Gattungen, Begriffe aus der Musik, der bildenden Kunst oder dem gesellschaftlichen Leben, die in einem Zusammenhang mit einer Epoche stehen. Wenn ihr eine Vermutung habt, aus welcher Zeit das Bild sein könnte, dann schlagt in dem Kapitel nach, ob ihr in dem entsprechenden Zeitabschnitt etwas dazu findet. Zur Orientierung befindet sich auf jeder Seite eine Zeitleiste.*

Vergangenheit erforschen – Entwicklungen klären

Für die Erforschung der Musik vergangener Zeiten sind zwei Ereignisse von grundlegender Bedeutung:

1. die Erfindung der **Notenschrift** um das Jahr 1000 und
2. die Erfindung des **Phonographen** im Jahre 1877, mit dem die Geschichte der Tonaufzeichnung auf so genannten Tonträgern begann.

Bis etwa 900 wurden die Melodien in den Gottesdiensten nur auf mündliche Weise überliefert. Für die Sänger bedurfte es lediglich gewisser Gedächtnisstützen. Erste Niederschriften geben vor allem die Richtung der Melodielinien an (linienlose Neumenschrift), exakte Tonhöhenunterschiede fehlten noch.

Der Benediktinermönch **Guido von Arezzo** (um 992 bis ca. 1050) erleichterte das Singen einerseits durch die Einführung eines Vierliniensystems, andererseits durch die Verwendung der »Guidonischen Hand«, die den Mönchen zum Erlernen der gregorianischen Melodien diente: Schneckenförmig sind die Tonbuchstaben den verschiedenen Bereichen der linken Handinnenfläche zugeordnet, von G bis d''. Bis die Notenschrift sich allgemein durchsetzte, konnte man damit Gesänge sicher einüben und die Abfolge von Ganz- und Halbtönen veranschaulichen.

Gregorianischer Choral (G. Gesang), ein von einem Chor oder Solisten ausgeführter einstimmiger, liturgischer, in lateinischer Sprache verfasster Gesang der katholischen Kirche.

KON TEXT

Seit Mitternacht ist Deutschland nun auch postalisch vereint.
Die neuen, fünfstelligen Postleitzahlen gelten von heute an
und lösen die 1961 eingeführten vierstelligen Postleitzahlen ab.
Die Umstellung war unter anderem auch deshalb notwendig geworden,
weil 802 Orte nach der deutschen Vereinigung die gleichen Zahlenkombinationen hatten.

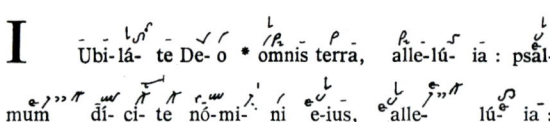

WORK SHOP

- Setze den Anfang des »Jubilate Deo« in Handzeichen um.
- Diktiere in Partnerarbeit eine Melodie durch Zeigen mit der Hand.

AUFGABEN

- *In welchem Zusammenhang stehen die drei Textbeispiele?*
- *Versuche die Notennamen des gregorianischen Chorals zu lesen (der Notenschlüssel markiert die c-Linie).*
- *Welche typischen Merkmale des gregorianischen Chorals kannst du in dem Hörbeispiel feststellen? CD III/37*

12. Jh.	13. Jh.		14. Jh.	15. Jh.	16. Jh.
	1200 Mittelalter	1300	1400	1500 Renaissance	160

Der amerikanische Erfinder **Thomas Alva Edison** (1847–1931) zählt zu den Pionieren auf dem Gebiet der Technik. Über 1000 Patente tragen seinen Namen. Seine Versuche, den Telegrafen zu verbessern, führten ihn 1877 zur Erfindung des Phonographen, eines Schallspeichergerätes, mit dessen Hilfe Tonsignale als spiralförmige Rille auf einer mit Stanniol oder Hartwachs umwickelten Walze aufgezeichnet und von dieser wieder abgespielt werden konnten: der Beginn der Tonaufzeichnung.

Schon bald jedoch wurde der Phonograph vom Grammofon verdrängt. Die weitere Entwicklung in der Technik der Schallaufzeichnung ist auf den Seiten 34f. ausführlich dargestellt

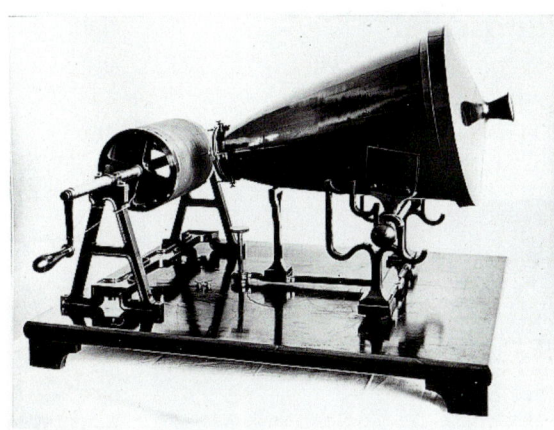

KONTEXT

Eine Zeitungsanzeige aus dem Jahre 1880

DER EDISON PHONOGRAPH

Weshalb verlassen junge Leute das Haus? – Um sich zu amüsieren! – Wenn Sie ihnen die schönste Art der Unterhaltung in Ihrem eigenen Heim bieten, so werden sie zu Hause bleiben. Die beste Art der Unterhaltung bietet der Edison-Phonograph. – Er singt die Lieder, die sie gerne hören, und er spielt die Tänze, bei deren Klang es ihnen in den Füßen kribbelt. –

Sie können Ihre und Ihrer Lieben Stimme selbst aufnehmen.

Völlige Naturtreue. Keinerlei Nebengeräusch.

Lernen Sie ihn kennen, und Sie werden ihn bewundern. – Sie können ihn beim nächsten Edison Händler hören. Kataloge kostenlos durch Edison Gesellschaft m. b. H., Berlin N. 39, Südufer 8.

AUFGABEN

- *Mit welchen Argumenten wirbt Edison für seinen Phonographen?*
- *Informiere dich über weitere Erfindungen Edisons.*
- *Wie beeinflussen Tonträger das Leben der Menschen?*
- *Wie wirken sich technische Neuerungen auf die Verbreitung und das Hören von Musik aus?*
- *Warum haben bestimmte Musikkonserven für uns ihren Stellenwert verloren?*
- *Erläutere das Bild des Malers* SALVADOR DALI.
- *Welche historischen Quellen geben Aufschluss über das Leben vergangener Zeiten?*
- *Begründet die besondere Bedeutung der Entwicklung einer Notenschrift und der Erfindung der Tonaufzeichnung für die Erforschung der Musik der Vergangenheit.*

SALVADOR DALI, *Lilium musicum*, 1967

17. Jh.	18. Jh.	19. Jh.	20. Jh.	21. Jh.
	1700 Barock	1800 Klassik	1900 Impressionismus Expressionismus	2000
		Romantik		

Epochen und Stile

Größere geschichtliche Zeitabschnitte, die durch einen deutlichen, einschneidenden Wandel der Verhältnisse gekennzeichnet sind, nennt man **Epochen**. Experten können z. B. an der Bauweise (Baustil) eines Hauses erkennen, wann es gebaut wurde, oder auf Anhieb sagen, in welcher Zeit eine Person gelebt hat, wenn sie sehen, nach welcher Mode sie gekleidet ist. Diese Epochen werden außer durch Politik, Wirtschaft, Erfindungen, Sitten und Gebräuche, Moden und Kunstrichtungen auch durch ihren jeweiligen **Musikstil** geprägt. Dazu gehören typische, relativ gleichbleibende und wiederkehrende Merkmale, wie das Tonmaterial ausgewählt und behandelt wird.

Ebenso wie es zu allen Zeiten bestimmte Instrumente gab, die durch andere abgelöst wurden, so haben sich auch **Musikgeschmack** und **Hörgewohnheiten** im Laufe der Geschichte ständig gewandelt.

WORK SHOP

Epochen-Mosaik – ein Zuordnungsspiel

- Welche Bilder gehören derselben Epoche an? Ordnet zu.
- Bringt die Bildkombinationen mit einer Epoche auf der Zeitleiste in Verbindung.

AUFGABEN

- *Zu welchen Bildern passt der jeweilige Hörausschnitt?* **CD III/38–41**
- *Was war typisch für die Zeit eurer Eltern/ Großeltern? Was ist typisch für die heutige Zeit?*

12. Jh.	13. Jh.	14. Jh.	15. Jh.	16. Jh.
1200	1300	1400	1500	1600
Mittelalter			Renaissance	

Einteilung von Musik

Auf der Welt gibt es unüberschaubar viele Arten von Musik. Manchmal ist es nötig, Ordnung in diese Vielfalt zu bringen. CD-Läden zum Beispiel sortieren ihr Angebot nach unterschiedlichen Gesichtspunkten (Aspekten). Rundfunksender bieten ihren Hörern und Hörerinnen unterschiedliche Programme an. Bibliotheken gliedern ihre Notenkataloge in unterschiedliche Sachgruppen. Nach welchem Gesichtspunkt die Musik jeweils eingeteilt wird, hängt davon ab, wer die Musik einteilt und zu welchem Zweck er sie einteilt.

Europäische Musik	Asiatische Musik	Afrikanische Musik	...			
Konzertmusik	Tanzmusik	Filmmusik	...			
Musik für Streichinstrumente	Musik für Blasinstrumente	Musik für Tasteninstrumente	...			
Musik für Kinder	Musik für Jugendliche	Musik für Erwachsene	...			
Mittelalter	Renaissance	Barock	...			
Pop	Jazz	Klassik	...			

Radioprogramm 1

0:00 **Nightline** – Musikwünsche, Höreraktionen, Talk, Kinotipps & die aktuellen Charts

2:00 **Chill Out** – Musik Non-stop

5:30 **Guten Norbert** – Die Morningshow – Infos, Interviews, Höreraktionen, Stars und Comedy

9:00 **@Work** – Service, Call-in's, Helpline

12:00 **UpDate** – Die Top-Themen des Tages

14:00 **100%** – Stars, Comedy, Infos, Aktionen, Gewinnspiele, Veranstaltungshinweise, Charts, Musikwünsche & Höreraktionen

19:00 **UpDate** – Die Top-Themen des Tages

20.00 **Soundfiles** – Mo: Hip Hop & Rap, Di: Dance & Techno, Mi: Rock Alternative, Do: V.I.P.-Star der Woche oder Live in Concert, Fr: Friday Night – Wochenendshow

News halbstündlich 5:50–8:30 Uhr und stündlich

Radioprogramm 2

0:05 **ARD-Nachtkonzert**

6:05 **Ouverture** – Klassik am Morgen

8:30 **Am Morgen vorgelesen**

9:10 **Matinee** – Das Klassik-Magazin

12:10 **Divertimento** – mit Konzertterminen

14:05 **Musikforum** – Notizen aus dem Musikleben

16:05 **Klassik-Panorama** – Thema der Woche

17:30 **Texte und Zeichen** – Kulturnachrichten

18.05 **Serenade**

19:05 **Texte und Zeichen** – kulturelles Thema

19:25 **Neue Bücher**

19:30 **A la carte** – Musikwünsche und mehr

20:05 **Internationale Musikfestspiele**

22:30 **Am Abend vorgelesen**

23:05 **Notturno**

Nachrichten stündlich 4:00–9:00, 12:00–14:00, 16:00, 18:00–20:00, 23:00–0:00, 2:00

AUFGABEN

- Findet in der Tabelle die jeweiligen Gesichtspunkte heraus, nach denen Musik eingeteilt ist. Welche Gründe könnte es für unterschiedliche Einteilungen geben?
- Ordnet die vier Musikbeispiele den Feldern zu. Wo gibt es Schwierigkeiten? **CD III/42–45**
- Vergleicht die beiden Radioprogramme. Welche Arten von Musik bieten sie an? Für welche Zielgruppen sind sie gedacht?
- Versucht die Musikbeispiele den Radioprogrammen zuzuordnen. Welcher Sender würde wohl welche Musik senden?
- Wie könnte eine Tabelle aussehen, die deine Vorstellungen einer Einteilung von Musik wiedergibt?

17. Jh.	18. Jh.	19. Jh.	20. Jh.	21. Jh.
1700 Barock	1800 Klassik	Romantik	1900 Impressionismus Expressionismus	2000

Mittelalter – Spielleute und Minnesänger

Im Mittelalter waren die Musizieranlässe vielfältig: auf dem Marktplatz, wo der Medicus mit Jongleuren und Spielleuten seine Heilkunst anbot, während des Gottesdienstes in der Kirche, bei bäuerlichen Tanzfesten, aber auch bei Feierlichkeiten der adligen Burgherren sowie im Refektorium (Speisesaal) des Klosters. Die Melodien waren einstimmig, auch wenn der **Spielmann (Musicus)** mit anderen zusammen Spiel-, Tanz- und Trinklieder aufführte. Mehrere gleichzeitig gespielte Melodien gab es noch nicht. Als Begleitung diente ein rhythmischer **Ostinato** (eine ständig wiederholte Figur) oder ein **Bordun** (ein durchgängiger Begleitton oder Zweiklang).

Die Menschen im Mittelalter liebten prächtige Farben in ihrer Kleidung, scharfe Kontraste in ihren Gemälden und starke Gewürze in ihren Speisen. Ebenso waren die Merkmale ihrer Instrumente typisch und markant. Man teilte in »stille« Instrumente (z. B. Fiedel, Flöte) und »laute« Instrumente (z. B. Trommel, Schalmei) ein. Nicht nur das Klangvolumen, sondern auch der Tonumfang der Instrumente war begrenzt. Der umherfahrende Spielmann wurde oft mit Vagabunden und Gaunern auf eine Stufe gestellt. Spielfrauen hatten es noch schwerer. Sie zogen, trotz des scharfen Kampfes der Kirche gegen ihr Auftreten, als Sängerinnen oder Tänzerinnen umher. Manche schafften es, zu »hofieren«, also am Hof eines regierenden Fürsten aufzutreten.

Auch die **Minnesänger** zogen umher, waren aber angesehene Ritter. Sie begleiteten sich selbst auf der Fiedel oder Harfe. Ihre als Lieder vorgetragenen Erzählungen berichten von Liebe (Minne), von eigenen Reisen, Abenteuern und der Natur. Berühmte Minnesänger sind WALTHER VON DER VOGELWEIDE (ca. 1170–1230), WOLFRAM VON ESCHENBACH († um 1220), OSWALD VON WOLKENSTEIN († 1445) und FRIEDRICH VON HAUSEN († 1190).

Aus der *Manessischen Liederhandschrift*, 13. Jh.

KONTEXT

Wisse gut zu erfinden und zu reimen und im Wettstreit gut aufzugeben. Wisse Trommel und Cymbel frisch zu rühren und die Bauernleier wohl zu spielen. Wisse kleine Äpfel zu werfen und mit Messern aufzufangen und den Vogelgesang nachzuahmen. Kunststücke mit Karten zu machen und durch vier Reifen zu springen. Wisse die Cotole, die Mandoline zu spielen und die Gitarre zu handhaben, die Rotte mit 17 Saiten zu beziehen, die Harfe zu behandeln und auf der Geige gut zu begleiten, um den Gesang gefälliger zu machen
(aus einer alten Spielmannsregel)

Friedrich von Hausen hat zum ersten Mal in der deutschen Lyrik das Thema der hohen Minne verarbeitet. Er gilt als der bedeutendste Vertreter des rheinischen Minnesangs und gehörte zum Kreis des Stauferkaisers Friedrich I. Barbarossa.

AUFGABEN

- *Welche Instrumente der Spielleute kannst du auf dem Bild erkennen? Welche in den Hörbeispielen?* **CD III/46–48**
- *Erkläre den Unterschied zwischen Musici und Minnesängern. Berücksichtige dabei die Fertigkeiten, die ein Spielmann beherrschen musste, und die Eigenschaften, die ein Minnesänger in seiner Person vereinte.*

12. Jh.	13. Jh.	14. Jh.	15. Jh.	16. Jh.
1200 Mittelalter	1300	1400	1500 Renaissance	160

Mir ist daz herze wunt

Friedrich von Hausen († 1190)
Bearbeitung: Marcus van Langen

Mir ist daz her-ze wu-unt und siech ge-we-sen. Nû vil lange daz ist re-ht wan ez ist tumb. Sît ez eine vro-wen êrst be-kande der Kei-ser ist in al-len Landen kuste er sî-î-ze ei-ner stu-und an ir vil rô-ten mu-hu-hu-unt er jaehe ez waere im wol er-gangen.

Textübertragung:

1. Mein Herz leidet und ich habe nun schon sehr lange Liebeskummer. (Das gehört sich so: außer dass es töricht ist.) Seitdem eine Dame erst bekannt machte, der Kaiser ist überall, küsste er sie zu einer bestimmten Zeit auf ihren rot leuchtenden Mund, er sagt, es sei ihm gut ergangen.

2. Seitdem ich mein Herz an eine der Besten verloren habe, soll ich von ihr, die ich meine, belohnt werden. Obgleich ich es ihr kaum zeige, so bin ich es doch, der Mann, der ihr mehr Glück gibt als irgendeiner auf der Welt.

3. Wer könnte mich trösten außer einer schönen Frau, die meinem Herzen Kummer bereitet, was niemand sehen kann? Aus Not erleide ich solche Ruhe, wenn es zu stark wird, mag ich die Minne nicht mehr. So soll ihr niemand mehr vollkommen trauen.

ANALYSE
- Welche Situation wird in dem Minnelied beschrieben?
- Aus wie vielen Teilen besteht es? Vergleiche sie miteinander.
- Höre das Lied. Wie wird es vorgetragen? **CD III/49**

Trotto

Prima pars

Secunda pars

Terça pars

1. Aperto 2. Chiusso

WORK SHOP

- Melodie: Der Trotto ist ein schneller Tanz. Die drei Teile können in unterschiedlicher Reihenfolge mehrfach wiederholt werden. Benutzt bei den Wiederholungen unterschiedliche Instrumente (Blockflöte, Kazoo, Keyboard …)
- Bordun: Verwendet die Grundtöne *d, c* und *e*. Welche Instrumente sind geeignet?
- Begleitrhythmus: Überlegt euch einen einfachen Rhythmus, den ihr während des ganzen Stückes ständig wiederholt (Schellenring, Handtrommel).
- Vergleicht euer Stück mit dem **CD III/50**

17. Jh.	18. Jh.	19. Jh.	20. Jh.	21. Jh.
1700	1800		1900	2000
Barock	Klassik	Romantik	Impressionismus Expressionismus	

Die »Carmina Burana«

Nach ihrem Fundort, dem Kloster Benediktbeuren, benannt, sind sie die umfangreichste Sammlung weltlicher Gesänge aus dem 13. Jahrhundert. Wohl als Liederbuch für einstimmigen Gesang gedacht, enthält die Sammlung moralisch-satirische Lieder, Trink- und Spiellieder, Liebeslieder und geistliche Lieder in lateinischer und deutscher Sprache. Eine moderne Fassung dieser mittelalterlichen Lyrik schuf CARL ORFF (1895–1982), der 1936 auf einige ausgewählte Texte die szenische Kantate *Carmina Burana* für Soli, Chor und Orchester komponierte. Unterdessen sind ORFFS *Carmina Burana* zum meistgespielten Werk der Musikliteratur unserer Zeit geworden.

Titelblatt der Partitur

 **KON TEXT**

Die *Dresdner Neusten Nachrichten* berichten am 8. Juni 1937 von einem »Bühnenwerk von bestürzender Neuigkeit«. Der Komponist gehe »auf die elementaren Urkräfte des Rhythmus und der Melodik zurück. Lange nicht hat man eine Partitur gehört, die so quellfrisch wirkt. Und bewundernd stellt man fest, wie mit ganz einfachen Mitteln […] Wirkungen von überwältigender Kraft erreicht werden.«

CARL ORFF, 1953

O Fortuna!

Carl Orff

O Fortuna	O Fortuna!
velut luna	Wie der Mond
statu variabilis	So veränderlich,
semper crescis	Wächst du immer
aut decrescis;	Oder schwindest!–
vita detestabilis	Schmählich Leben!
nunc obdurat	Erst misshandelt,
et tunc curat	Dann verwöhnt es
ludo mentis aciem	Spielerisch den wachen Sinn
egestatem,	Dürftigkeit,
potestatem	Großmächtigkeit
dissolvit ut glaciem.	Sie zergehen vor ihm wie Eis.

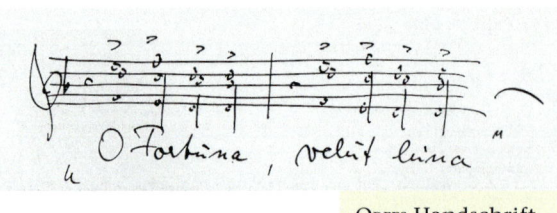

ORFFS Handschrift

12. Jh.		13. Jh.	14. Jh.	15. Jh.	16. Jh.
	1200 Mittelalter		1300	1400	1500 Renaissance	1600

Chramer, gip die varwe mir

Aus der Carmina Burana, 13. Jh.

Chra - mer, gip die var - we mier diu min wen - gel roe - te da mit ich die jun - gen man

an ir danck der min - nen lie - be noe - te. Seht mich an jun - gen man lat mich eu ge - val - len.

Kramer! Gib die Farbe mir,
   Meine Wangen rot zu malen,
   Dass ich so die jungen Männer,

Ob sie wollen oder nicht, zur Liebe zwinge
   Seht mich an,
   Junge Männer!
   Lasst mich euch gefallen!

Chramer, gip die varwe mir

Aus der Carmina Burana von Carl Orff, 1936

1. Chra - mer, gip die var - we mir, die min wen - gel roe - te.
2. Min - net, tu gent - li - che man, min - nec - li - che frou - we.

da - mit ich die jun - gen-man an - - ir - dank der min - nen - lie - be _ noe - te.
min - ne tuot iu hoch - ge - muot un - de lat iuch in ho - hen e - ren schou - wen.

(summen!)
mh ...

Seht mich an, jun - gen-man! lat mich lu ge - vel - len, seht mich an, jun - gen-man!

(summen!) *rit.*

lat mich lu ge - val - - - - - - - - len. mh ...

WORK SHOP

• Singt das Lied *Chramer, gip die varwe mir* und begleitet euch auf Instrumenten (Tambourin, Handtrommel etc.).

ANALYSE

• Vergleiche ORFFS Bearbeitung mit der mittelalterlichen Vorlage. Berücksichtige dabei besonders Melodie, Instrumente und Gesang. **CD IV/1**

• Wie gelingt es ORFF, alte und neue Elemente zu verbinden?

AUFGABEN

• *Zu welchem Themenbereich der »Carmina Burana« gehört das Lied?*

• *Das Glücksrad der Göttin Fortuna gibt das Auf und Ab des menschlichen Lebens wieder. Beschreibe die Darstellung.*

• *Welche Elemente in der Musik ORFFS sind typisch für seinen Kompositionsstil?* **CD IV/2–3**

• *Nenne Gründe für die Wahl des Eingangschores »O Fortuna« in der Fernsehwerbung (Schokolade), im Film (»Excalibur«) und bei Showveranstaltungen (Michael Jackson).* **CD IV/4**

17. Jh.	18. Jh.	19. Jh.	20. Jh.	21. Jh.
1700 Barock	1800 Klassik	1900 Romantik Impressionismus Expressionismus	2000	

Musik und Gesellschaft

ALBRECHT DÜRER, *Der Dudelsackspieler*, 1514

Der heutige Musikhörer hat jederzeit die freie Auswahl zwischen allen möglichen Arten von Musik. In früheren Jahrhunderten hatten die Menschen in Europa kaum eine Wahl. Welche Musik sie zu hören bekamen, hing davon ab, zu welchem Stand sie gehörten.

Vom Mittelalter bis zum Ende des 18. Jahrhunderts gab es im Wesentlichen drei Stände:
– das **Volk** (Bauern, Knechte, Teile der Stadtbevölkerung usw.)
– den **Adel** (Grafen, Barone usw.) und
– den **Klerus** (Bischöfe, Priester, Mönche usw.).
Dementsprechend gab es drei Arten von Musik:
– die **Volksmusik**, d. h. Lieder, aber auch Musik, die zu Tanz und zu Festen gespielt wurde **CD IV/5**
– die **Musik am Hofe** (Höfische Musik), z. B. Tanzstücke, die die Hofkapelle im Ballsaal zur Unterhaltung der Adligen spielte **CD IV/6**
– die **Musik in der Kirche** (Kirchenmusik), z. B. die Choräle und geistliche Musik zum Lobe Gottes **CD IV/18**

In der Zeit des Barock und der Klassik gewann das **Bürgertum** (städtische Handwerker, Kaufleute usw.) zunehmend an Einfluss. In der Zeit der Romantik und der Moderne bildete sich im Zuge der Industrialisierung eine andere Bevölkerungsgruppe heraus: die **Arbeiterschaft** (Fabrikarbeiter, Bauarbeiter usw.).

Gleichzeitig entwickelten sich weitere Arten von Musik:
– die **Kunstmusik**, z. B. die Sinfonien, die Orchester im Konzertsaal zur Erbauung des zahlenden Publikums spielten **CD IV/7**
– die **Unterhaltungsmusik**, z. B. Tanzmusik und Schlager **CD IV/8**

Noch heute erinnert die Unterteilung in **U-Musik** (»Unterhaltungsmusik«) und **E-Musik** (»Ernste Musik«) an frühere Zeiten: In der ersten Abteilung findet man Unterhaltungsmusik und Volksmusik, in der zweiten die Musik, die früher für Bürgertum, Adel und Kirche bestimmt war.

Das Instrument der einfachen Leute war der **Dudelsack**. Er gilt als typisch schottisch, ist in Wirklichkeit aber international. Fast überall (außer in Schottland und Irland) war er das Instrument der Bauern und Hirten. In Deutschland wurde der Dudelsack erst im 19. Jahrhundert von der Ziehharmonika verdrängt. Noch LEOPOLD MOZART, der Vater von WOLFGANG AMADEUS MOZART, schrieb Musik für Dudelsack und Drehleier. **CD IV/9**

Pauken und Trompeten waren bis zum Ende des 18. Jahrhunderts besondere Instrumente. Sie gehörten normalerweise nicht ins Orchester, sondern wurden an fürstlichen Höfen, bei städtischen Feierlichkeiten und beim Militär gespielt. Die Instrumentalisten mussten in der Regel einer Trompeterzunft angehören. Manchmal wurden sie auch für die Kirchenmusik benutzt, so zum Beispiel von dem französischen Komponisten MARC-ANTOINE CHARPENTIER in seinem *Te Deum*, einem Lobgesang zur Ehre Gottes (s. S. 174). **CD IV/10**

AUFGABEN

- *Aus welchem Material konnten Bauern und Hirten ihre Dudelsäcke herstellen?*
- *Warum benutzte MARC-ANTOINE CHARPENTIER Pauken und Trompeten für sein »Te Deum«?*
- *Warum eignet sich der Anfang von CHARPENTIERS »Te Deum« heute als Eurovisionsmelodie?*
- *Erkläre, was die Redewendung »mit Pauken und Trompeten« heute in der Alltagssprache bedeutet.*

12. Jh.	13. Jh.	14. Jh.	15. Jh.	16. Jh.
1200	1300	1400	1500	160
Mittelalter			Renaissance	

WORK SHOP

Im Vordergrund des Bildes (Ausschnitt) von PETER JACOB HOREMANS (1700–1776, seit 1727 Hofmaler in München) sind die Spieler der Instrumente nicht zu sehen.

- Stell dir die fünf Instrumentalisten vor und zeichne oder beschreibe sie!

- Überlege, warum sie vielleicht ihre Instrumente haben stehen und liegen lassen?

- Stell dir vor, dass die fünf Instrumentalisten zum Tor hinausgehen. Was passiert?

17. Jh.	18. Jh.	19. Jh.	20. Jh.	21. Jh.
1700	1800		1900	2000
Barock	Klassik	Romantik	Impressionismus Expressionismus	

Renaissance

Der Zeitraum von ungefähr 1450 bis 1600 wird **Renaissance** (franz.: ›Wiedergeburt‹) genannt. Mit der Wiederentdeckung antiker Werte war der Mensch zum Maß aller Dinge geworden. Die Wertschätzung des Menschen spiegelt sich in dem damals entwickelten Begriff **Humanismus** (lat. humanus: ›menschlich‹) wider. Mit der »Entdeckung« des Menschen begann parallel die neuzeitliche Entdeckung der Natur und der Welt. Dies geschah nicht nur geografisch, indem die Welt bereist und entdeckt wurde, es änderte sich auch das Denken der Menschen.

Die neuen Ideen machten sich in der Musik bemerkbar. Die Natürlichkeit, die man anstrebte, veränderte viele musikalische Bereiche. Die Melodieabschnitte beispielsweise wurden so komponiert, dass man sie mit einem Atem singen konnte und anstelle der komplizierten Rhythmen des späten Mittelalters wählte man nun klare Formen und Proportionen.

Bei den Musikinstrumenten entstanden Stimmwerke, das heißt, von jedem Instrument gab es unterschiedliche Größen. Dadurch entstand ein vorher nie gekanntes Spektrum an Klangfarben, besonders an Hell-Dunkel-Abstufungen. Auf diese

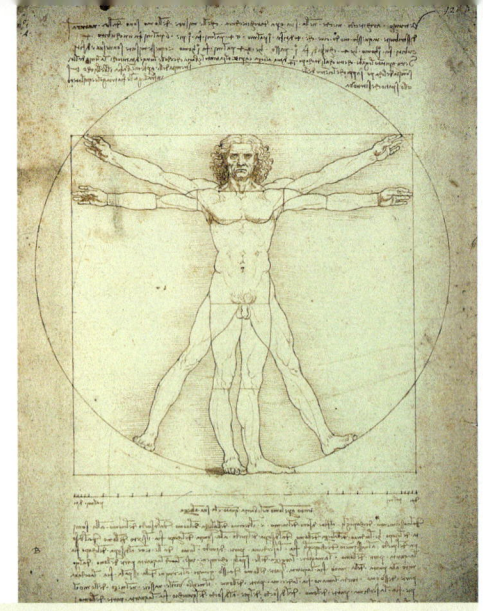

Leonardo da Vinci: Proportionsschema der menschlichen Gestalt nach Vitruv, um 1490

Weise verschmolzen die Einzelstimmen zu einem Klang. Heute bezeichnet man solche Stimmwerke als Instrumentenfamilien.

| 1455 | Erfindung der Buchdruckkunst durch Johannes Gutenberg aus Mainz |
| 1476 | erster Notendruck |

Zur Familie der Krummhörner gehören:

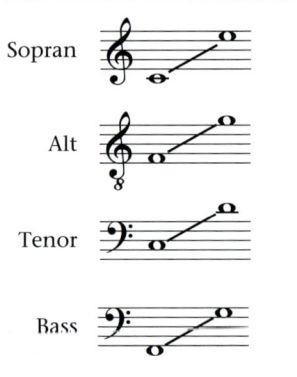

Sopran

Alt

Tenor

Bass

Koffer mit Krummhörnern, um 1650

Das Krummhorn

Drei Krummhornspieler, Holzschnitt von 1551

Im 16. Jahrhundert kommt eine neue Art von Holzblasinstrumenten auf, die in mehreren Größen gebaut werden. Das zylindrisch gebohrte Rohr ist am unteren Ende wie eine Krücke umgebogen (daher »Krummhorn«) und hat 6–8 Grifflöcher, ein Daumenloch, sowie 1–2 Stimmlöcher zum Ausgleichen der Intonation bei tiefen Tönen. Anders als bei der Blockflöte bläst der Spieler in den Schlitz einer Windkapsel, in der ein Doppelrohrblatt frei schwingt. Der Klang erinnert an eine Oboe. **CD IV/11**

AUFGABEN

- *Welche Stimmlage der abgebildeten Krummhörner ist mehrfach vertreten? Was schließt du daraus?*
- *Welche Familien von Musikinstrumenten kennst du?*
- *Welche naturwissenschaftlichen und geografischen Entdeckungen fallen in den Zeitraum der Renaissance?*

12. Jh.	13. Jh.	14. Jh.	15. Jh.	16. Jh.	
1200	1300	1400		1500	1600
Mittelalter				Renaissance	

Königin Elisabeth I. beim ›großen Sprung‹ (anonym)

WORK SHOP

Seit dem 16. Jahrhundert gibt es zahlreiche Drucke von Tänzen. Sehr bekannt sind die des Musikverlegers PIERRE ATTAIGNANT (um 1494–1552), der auch die *Branles* von CLAUDE GERVAISE veröffentlicht hat. Auffallend ist, dass viele Tänze paarweise angelegt sind: Das gleiche musikalische Material erscheint in der ruhigen Pavane (langsamer Schreittanz im $^4/_4$-Takt) und der raschen Galliarde (schneller gesprungener Tanz im $^3/_4$-Takt).

- Der unten abgedruckte *Branle de Champaigne* bietet sich für einen solchen Paartanz an. Eine kleine rhythmische Veränderung macht ihn zu einer Galliarde:

238 TANZ

  Probiert beide Möglichkeiten aus.
- Spielt den zweiten Teil des Branle. Was hat sich der Komponist bei diesem Schluss gedacht? Erklärt, warum dieser Schluss zum Begriff »Tanzepidemien« passt.
- Das Kazoo hat einen ähnlich näselnden Klang wie das Krummhorn. Versucht die Oberstimme mit dem Kazoo zu spielen.
- Hört euch weitere Tänze der Renaissance an und beschreibt den Klang der Instrumente. **CD IV/12–15**

Aus der Renaissance wird von Tanzfesten und regelrechten »Tanzepidemien« berichtet. Die Obrigkeit und die Kirche versuchten mit allen Mitteln, diese Exzesse zu unterbinden. Ein typischer Tanz aus dieser Zeit ist der Branle: Der Name bedeutet so viel wie »seitwärts hin- und herschwingen«.

Branle de Champaigne

Pierre Attaignant

17. Jh.	18. Jh.	19. Jh.	20. Jh.	21. Jh.
	1700	1800	1900	2000
	Barock	Klassik	Romantik	Impressionismus Expressionismus	

Georg Friedrich Händel: »Der Messias«

Von der Oper zum Oratorium

In Hannover war GEORG FRIEDRICH HÄNDEL noch Hofkapellmeister im Dienste des Herzogs von Hannover. Nach seiner Übersiedelung nach London machte er sich selbstständig und gründete ein Opernunternehmen, mit dem er seine Opern in italienischer Sprache aufführte. Trotz zweier schwerer Rückschläge konnte er davon recht gut leben, musste aber feststellen, dass sich das englische Publikum immer weniger für die italienische Oper mit ihren Heldengeschichten interessierte. So stellte sich Händel von der Oper auf das **Oratorium** in englischer Sprache um.

HÄNDEL hatte in England den Vorteil, dass seine damaligen Zuhörer (nicht nur Adelige, sondern immer mehr Bürger) die Bibel gut kannten und so der Handlung in den Oratorien gut folgen konnten. Trotzdem bemühte er sich, mit seiner Musik die Ereignisse und Gefühle der Handlung dem Publikum möglichst deutlich zu machen. Sein beliebtestes Oratorium wurde der *Messias*. HÄNDEL war damals so wohlhabend geworden, dass er die Einnahmen von der Uraufführung für zwei Krankenhäuser und die Unterstützung Strafgefangener spenden konnte.

Der *Messias* schildert Leben und Bedeutung von Jesus Christus. Am berühmtesten wurde das *Halleluja* aus dem zweiten Teil des Werkes. **CD IV/16** In der *Pifa* des ersten Teils erinnerte sich HÄNDEL an seinen Rom-Aufenthalt. Damals kamen Hirten aus Kalabrien (in Süditalien) während der Weihnachtszeit als Pifferari in die Stadt und spielten auf ihren Pfeifen und Dudelsäcken.

KON TEXT
Als Lord Kinnoull, ein guter Bekannter Händels, ihm nach der Aufführung eines Oratoriums für die gute Unterhaltung dankte, sagte der Komponist: »Mylord, ich würde es bedauern, wenn ich sie lediglich unterhalten würde. Mein Wunsch ist es, sie zu bessern.«

1685	Geburt in Halle
1702	Student und Organist in Halle
1703	Cembalist und Geiger an der Hamburger Oper
1703–1741	Erfolge als Opernkomponist und Organist
1706–1710	Aufenthalt in Italien
1710	Hofkapellmeister in Hannover, England-Reise
1712	Übersiedlung nach London
1732–1759	Erfolge als Oratorienkomponist und Organist
1742	Uraufführung *Der Messias*
1759	Tod in London

Das **Oratorium** ist ähnlich der Oper und der Kantate ein großes mehrteiliges Musikwerk für Gesangsolisten, Chor und Orchester, in dem eine dramatische Handlung durch Gesangsolisten dargestellt wird. Diese ist ernst; oft stammt sie aus der Bibel. Im Gegensatz zur Oper gibt es keine Schauspielbühne; die Zuhörer sehen die Handlung nicht, sondern stellen sie sich während der Musik selbst vor.

Es gibt Textteile, in denen die eigentliche Handlung in einer Art Sprechgesang geschildert wird. Der Text eines solchen **Rezitativs** muss gut zu verstehen sein, er ist meistens syllabisch, d. h. jeder Note ist eine Textsilbe zugeordnet. Beim einfachen Secco-Rezitativ (»trockenen« Rezitativ) wird die Sängerin oder der Sänger in der Regel nur von einem Cembalo (oder einer Orgel) und einem Bass-Instrument, der so genannten »Continuo«-Gruppe begleitet. Beim Accompagnato-Rezitativ (begleiteteten Rezitativ), das nur in besonderen Fällen benutzt wird, spielt das Orchester sparsam mit.

In der **Arie** stehen Gefühle und Gedanken im Vordergrund; die Handlung bleibt kurzzeitig stehen. Der Text ist meist gereimt und wiederholt sich in der Regel, er ist oft melismatisch, d. h. eine Textsilbe wird über mehrere Noten gedehnt; die Sängerinnen und Sänger haben Gelegenheit, zur Begleitung durch das Orchester ihre stimmlichen Fähigkeiten zu zeigen.

12. Jh.	13. Jh.	14. Jh.	15. Jh.	16. Jh.	
	1200 Mittelalter	1300	1400	1500 Renaissance	1600

Nr. 11 Arie (Bass)

Das Volk, das da wandelt im Dunkeln, es sieht ein großes Licht; und über die da wohnen im Lande der Schatten des Todes, ein heller Schein sie überstrahlet. *(Jes. 9, 1)*

Nr. 12 Chor

Denn es ist uns ein Kind geboren, es ist uns ein Sohn gegeben, und die Herrschaft ist gelegt auf seine Schulter, und sein Name soll heißen: Wunderbar, Herrlicher, der starke Gott, der Ewigkeiten Vater, der Friedensfürst! *(Jes. 9, 6)*

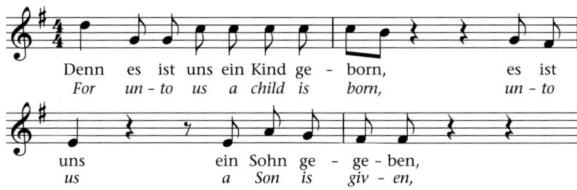

Nr. 13 Orchesterzwischenspiel (Pifa)

Nr. 14 Rezitativ

Es waren Hirten beisammen auf dem Feld, die hielten Wacht bei ihren Herden zur Nacht. *(Luk. 2, 8)*
Und siehe, der Engel des Herrn trat zu ihnen, und die Klarheit des Herrn leuchtete um sie, und sie fürchteten sich sehr. *(Luk. 2, 9)*
Und der Engel sprach zu ihnen: »Fürchtet euch nicht! Ich bringe euch große Freude, die da wird allen Völkern. Denn euch ist heute geboren in der Stadt König Davids der Heiland, welcher ist Christus, der Herr.« *(Luk. 2, 10–11)*
Und alsobald war da bei dem Engel die Menge der himmlischen Heerscharen, die lobten Gott und sprachen: *(Luk. 2, 13)*

**ANALYSE**
- Beschreibe die Stimmung der Bass-Arie Nr. 11. **CD IV/17**
- Wie drückt Händel den Inhalt des Textes musikalisch aus?
- An welchen Textstellen ist die Musik des Chores Nr. 12 polyfon, an welchen homofon? Welche Wirkung erzielt Händel damit? **CD IV/18**
- Woran kann man die *Pifa* (Nr. 13) als Hirtenmusik erkennen, obwohl weder Pfeifen noch Dudelsäcke spielen? **CD IV/19**
- Wie wirkt die Musik, wenn man sich dazu bewegt?

Nr. 15 Chor

»Ehre sei Gott in der Höhe und Fried' auf Erden und allen Menschen Heil.« *(Luk. 2, 14)*

**AUFGABE**

- *Hört das Rezitativ Nr. 14 und den Übergang zum Chor Nr. 15 mit geschlossenen Augen. Was geschieht?* **CD IV/20–21**

**WORK SHOP**

- Spiele mit einem Partner den Dialog zwischen HÄNDEL und Lord Kinoull. Wie könnte die Unterhaltung weitergehen?

17. Jh.	18. Jh.	19. Jh.	20. Jh.	21. Jh.
1700 Barock		1800 Klassik	1900 Impressionismus Expressionismus	2000
		Romantik		

Johann Sebastian Bach: »Weihnachtsoratorium«

Zu BACHS Zeiten wussten die Menschen, was sie bei einer Kantate erwartete: Musik für Sängerinnen bzw. Sänger und begleitende Instrumente, die sich, ganz wie in den Opern der damaligen Zeit, im Wesentlichen aus Rezitativen und Arien zusammensetzte. Im Unterschied zur Oper wurden die Kantaten jedoch nicht schauspielerisch dargestellt, sondern nur konzertant vorgetragen. Man unterscheidet je nach Inhalt zwischen **weltlichen Kantaten** und **Kirchenkantaten.**

Als BACH 1723 zum Thomaskantor und zum Musikdirektor der Stadt Leipzig berufen wurde, zählte es zu seinen Hauptaufgaben, jede Woche eine Kantate zu komponieren, die sonntags während des Gottesdienstes in der Thomaskirche aufgeführt wurde.

BACH hat auf diese Weise über 200 Kirchenkantaten komponiert – eine gewaltige Zahl, die aber für die damalige Zeit keineswegs unüblich war, sondern sich sogar eher am unteren Rand bewegte. So hat der Darmstädter Hofkapellmeister CHRISTOPH GRAUPNER insgesamt über 1000 Kantaten hinterlassen.

BACH war bei seiner Komposition einem gehörigen Termindruck ausgesetzt und hatte zudem genaue Vorgaben einzuhalten. Jede Woche musste er sich zunächst den Text der Kantate von der Kirchenbehörde genehmigen lassen. Hatte er die Kantate vollendet, so waren Stimmen für die Instrumentalisten und Sänger herzustellen, eine Aufgabe, bei der ihm seine Frau ANNA MARIA MAGDALENA und seine Söhne halfen. Und da die Kantate nicht ohne Proben aufgeführt werden konnte, musste alles so rechtzeitig geschehen, dass die Musiker noch etwas Zeit hatten, die zum Teil sehr anspruchsvollen Partien einzuüben.

Angesichts dieses dicht gedrängten Arbeitspensums überrascht es nicht, dass BACH mitunter auf Stücke zurückgriff, die er bereits früher komponiert hatte. Er konnte sich hierbei einer Technik bedienen, die in der Barockzeit sehr verbreitet war: das **Parodieverfahren.** Bei diesem Verfahren wurde die Musik ohne große Änderungen übernommen, der Text hingegen der neuen Aufführungsgelegenheit angepasst bzw. völlig neu hinzugedichtet.

Ein bekanntes Beispiel für die Anwendung des Parodieverfahrens ist das *Weihnachtsoratorium*. Dieses Werk besteht aus sechs einzelnen Kantaten, die teilweise in völlig anderen Zusammenhängen entstanden. Gleich der Eingangschor hat in seiner ursprünglichen Gestalt nichts mit Weihnachten zu tun, sondern stammt aus der Kantate *Tönet ihr Pauken! Erschallet, Trompeten*, die BACH 1733 für die Geburtstagsfeier der sächsischen Königin komponiert hatte. **CD IV/22–23**

Aus der Kantate *Tönet ihr Pauken*

Tönet, ihr Pauken!
Erschallet Trompeten!
Klingende Saiten erfüllet die Luft!
Singet itzt Lieder ihr muntren Poeten,
Königin lebe! Wird freundlichst geruft.
Königin lebe! Dies wünschet der Sachse,
Königin lebe und blühe und wachse!

Aus dem *Weihnachtsoratorium*
Jauchzet, frohlocket, auf preiset die Tage,
rühmet, was heute der Höchste getan!
Lasset das Zagen, verbannet die Klage!
Stimmet voll Jauchzen und Fröhlichkeit an!
Dienet dem Höchsten mit herrlichen Chören!
Lasst uns den Namen des Herrschers verehren!

BACHS langjähriger Wirkungsort: Innenansicht der Leipziger Thomaskirche vor der Restaurierung im Jahre 1885. Die Orgelempore ist links oben sichtbar.

AUFGABE

- *Warum lässt sich die Musik der »Glückwunschkantate« ohne Schwierigkeiten wiederverwenden?*

12. Jh.	13. Jh.	14. Jh.	15. Jh.	16. Jh.	
1200 Mittelalter	1300	1400	1500 Renaissance	160	

Neues vom alten Bach: »Die Bauernkantate«

Ein Gespräch über JOHANN SEBASTIAN BACH *auf der Leipziger Frühjahrsmesse, zehn Jahre nach seinem Tod. Es treffen sich die drei Kaufleute Schwab aus Leipzig, Hess aus Weimar und Sachs aus Frankfurt zum Bier. Sie reden natürlich zuerst über ihren Beruf und ihre Geschäfte, doch beim dritten Krug sind sie bei ihrem Hobby, der Musik.*

Schwab: Ja, der alte BACH, das war ein Kerl!

Hess: Wen meinst du, JOHANN SEBASTIAN?

Schwab: Ja, den Thomaskantor. Nicht den berühmten CARL PHILIPP EMANUEL BACH, der beim preußischen Königshof angestellt ist und den alle kennen. Das ist der Sohn, aber ich meine den Vater.

Sachs: Was war denn Besonderes an dem alten BACH? Kein Mensch kennt den bei uns in Frankfurt.

Schwab: Seltsam, ihr in Frankfurt habt doch den TELEMANN gehabt, der war Taufpate von CARL PHILIPP EMANUEL. Vater BACH und TELEMANN waren befreundet. Kommt ja nicht so oft vor bei Komponisten!

Hess: Der alte BACH war doch auch mal bei uns in Weimar angestellt, hat mir mein Vater erzählt. Eigensinniger Kopf, der Mann! Hat sich vom Herzog ins Gefängnis werfen lassen, um aus seinem Dienst als Geiger herauszukommen und eine bessere Stelle in Köthen anzutreten.

Schwab: Der Herzog war auch schlimm, das hat sich ja in ganz Deutschland herumgesprochen. Eigensinnig war BACH allerdings später auch noch. 1723 wurde er hier Thomaskantor. Er spielte die Orgel, leitete den Thomaschor, gab den Knaben im Internat Musikunterricht und musste jeden Sonntag eine neue Kantate komponieren. Nebenbei hat er noch mit den Studenten an der Universität Musik gemacht. Aber er hatte immer noch Kraft übrig, sich mit seinem Schuldirektor zu streiten – und sogar mit dem Stadtrat, wenn es um seine Musik ging.

Hess: Ein toller Klavier- und Orgellehrer muss er gewesen sein. Was er alles eigens für seine Schüler geschrieben hat! Unser Kantor in Weimar hat sich für teures Geld eine Abschrift des *Wohltempe-*

rierten Klaviers machen lassen. Er sagt, wenigstens die Klavierspieler werden JOHANN SEBASTIAN BACH auf keinen Fall vergessen.

Sachs: Und warum kennt diesen Mann niemand bei uns in Frankfurt?

Hess: Na, er ist ja schon 10 Jahre tot. Und der alte BACH war schon damals irgendwie von gestern. Aus der Mode eben. – So viel Kirchenmusik wie der komponiert heute kein Mensch mehr, und so gründlich! Und dann noch so schwierige, polyfone Musik, wo die Stimmen alle durcheinander laufen. Heute haben's die Leute gerne einfacher, man muss mitsingen und mitpfeifen können. *(Singt:)* »Ich bin so lang nicht bei dir g'west.« – Wird Zeit, dass ich heimkomme nach Weimar!

Schwab: Du, so von gestern war der alte BACH gar nicht mal. Mein ältester Bruder hat bei ihm gespielt im Collegium Musicum an der Uni und auch sonst manchmal. Er sagt, er kennt keine Musik, die so witzig ist wie BACHS *Bauernkantate*.

Sachs: *Bauernkantate*? Haben da Bauern gesungen?

Schwab: Nein, aber es waren einige dabei, als BACH und seine Leute die Musik beim Herrn von Dieskau gespielt haben. Der von Dieskau war nämlich ein Freund von BACHS Textdichter PICANDER.

Hess: Und wo ist jetzt da der Witz?

Schwab: PICANDER hat dem BACH ja Tausende von Strophen für seine Kantaten gedichtet – für den Gottesdienst, aber auch für den Königshof in Dresden. Lauter ernstes Zeug. Manchmal musste der alte Spaßvogel sich dafür ganz schön zusammennehmen. Aber als der von Dieskau feierlich die Herrschaft über die Dörfer Knauthain und Kleinzschocher hier in der Nähe antrat, da wollten PICANDER und BACH ihn mal so richtig auf die Schippe nehmen, sagt mein Bruder.

Sachs: Wie denn?

Schwab: Zunächst haben sie so getan, als ob die Bauern die Musik machen, und haben sich dazu als Bauern verkleidet. Die Musik klang fast wie bei den Bauern. Manchmal auch so, als ob die Bauern extra vornehm tun für ihren edlen neuen Herrn. Der von Dieskau soll sich gebogen haben vor Lachen bei diesen Bauern-Arien!

Hess: Und was noch?

17. Jh.	18. Jh.	19. Jh.	20. Jh.	21. Jh.
1700 Barock		1800 Klassik	1900 Impressionismus	2000
		Romantik	Expressionismus	

Schwab: Ja, sie haben zum Beispiel ein Rezitativ geschrieben für die beiden Gesangsolisten, Mann und Frau. Da geht's nicht nur ums Küssen. Die Instrumente spielen etwas dazwischen: Das Lied, das unser Freund Hess da gerade gesungen hat, und noch ein anderes. *(Singt:)* »Mit mir und dir ins Federbett, mit mir und dir ins Stroh, da sticht dich keine Feder net, da beißt mich auch kein Floh.«

Sachs: Ha, das kennen wir auch in Frankfurt!

Schwab: Übrigens: Der Gnädigen Frau vom Dieskau haben sie jede Menge Söhne gewünscht. Die hatte nämlich noch keinen, bloß fünf Töchter!

Hess: Töchter sind doch auch nicht schlecht.

Schwab: Nein, nein, die zweitälteste hab ich sogar mal kennen gelernt, ein nettes Mädchen, gar nicht eingebildet. Damals jedenfalls. Aber so ein Adeliger braucht doch einen Stammhalter als Erben. – Was war da noch? Ach ja, sie haben dem von Dieskau ein Lied gesungen auf die Melodie »Was helfen mir tausend Dukaten, wenn sie versoffen sind«, aber den Text geändert. Wie, weiß ich nicht mehr!

Sachs: Und der von Dieskau? Das war dem doch bestimmt peinlich vor den vornehmen Gästen?

Schwab: Hat sich köstlich amüsiert, der von Dieskau. Er hat ja was von Musik verstanden und

ist später auch Direktor der Musik am Dresdner Königshof geworden. Und er war natürlich keiner von den verbiesterten Adeligen, die jeden Spaß gleich krumm nehmen und den Musikern heimzahlen!

Hess: Und der alte BACH hat so 'was freiwillig mitgemacht?

Schwab: Der habe am meisten Vergnügen dabei gehabt, sagt mein Bruder. Alle Welt hat gedacht, der Herr Thomaskantor schreibt nur noch sein musikalisches Testament, *Die Kunst der Fuge.* Das ist wirklich nur noch etwas für Spezialisten wie euern Kantor in Weimar. Aber damals in Kleinzschocher, da hatten sogar die Bauern ihren Spaß!

Nr. 3 Rezitativ CD IV/24

Nu, Mieke, gib dein Gu-schel[1] im-mer her! Wenn's das al-lei-ne wär'. Ich kenn dich schon, du Bä-ren-häu-ter, du willst her-nach nur im-mer wei-ter. *(Mit mir und dir in's Fe-der-bett, mit mir und dir in's Stroh.)* Der neu-e Herr hat ein sehr scharf Ge-sicht. Ach! Un-ser Herr schilt nicht, er weiß so gut als wir, und auch wohl bes-ser, wie schön, wie schön ein biss-chen Dah-len[2] schmeckt. *(Ich bin so lang nicht bei dir g'west.)*

[1] Mäulchen (Mündlein, »Gosch«)
[2] spielen, tändeln, zärtlich tun

12. Jh.	13. Jh.	14. Jh.	15. Jh.	16. Jh.
1200	1300	1400	1500	1600
Mittelalter			Renaissance	

Nr. 16 Arie (Bass)

Es nehme zehntausend Dukaten
der Kammerherr alle Tag' ein.
Er trink ein gutes Gläschen Wein
und lass' es ihm bekommen sein. Es nehme […]

Nr. 17 Rezitativ (Sopran)

Das klingt zu liederlich.
Es sind so hübsche Leute da,
die würden ja von Herzen drüber lachen;
nicht anders, als wenn ich
die alte Weise wollte machen.

Nr. 18 Arie (Sopran)

Gib, Schöne, viel Söhne von art'ger Gestalt
und zieh sie fein alt;
das wünschet sich Zschocher
und Knauthain gar bald.

Nr. 19 Rezitativ (Bass)

Du hast wohl recht.
Das Stückchen klingt zu schlecht;
ich muss mich also zwingen,
was Städtisches zu singen.

Nr. 20 Arie (Bass)

Dein Wachstum sei feste und lache vor Lust.
Deines Herzens Trefflichkeit
hat dir selbst das Feld bereit,
auf dem du blühen musst.
Dein Wachstum […]

AUFGABEN

- *Untersucht die Ausschnitte aus der »Bauernkantate«. Was klingt nach Bauernmusik, was klingt städtisch? Welche Nummern lassen sich gut mitsingen?* **CD IV/25–30**
- *Erklärt die Witze, von denen der Kaufmann Schwab erzählt.*
- *Sucht andere Musik von* JOHANN SEBASTIAN BACH, *Musik seines Freundes* GEORG PHILIPP TELEMANN *und Musik seines Sohnes* CARL PHILIPP EMANUEL.
- *Vergleicht diese Musikbeispiele. Könnt ihr verstehen, a) weshalb die Musik des alten* BACH *aus der Mode kam und b) weshalb die Musik des alten* BACH *heute wieder so berühmt ist?*
- *Kennt ihr andere Musik, die aus der Mode gekommen ist? Welche Gründe gibt es dafür?*

WORK SHOP

- Spielt die Ausschnitte aus der *Bauernkantate* im Playback-Verfahren mit verteilten Rollen. Achtet dabei nicht nur auf das Auftreten der beiden Solisten, sondern auch auf die Reaktion der Adeligen und der Bauern im Publikum.
- Singt den Schlusschor und erfindet als Fortsetzung eine Kneipenszene mit Dudelsack.
- Ergänzt die *Bauernkantate* durch eine »Arie«, indem ihr zu dem Lied *Im Märzen der Bauer* einen neuen witzigen Text schreibt.
- Schreibt als Einleitung zu der neuen Arie ein Rezitativ für Sopran oder Bass. Singt eure Eigenkomposition.

Nr. 24 Duett
(Sopran und Bass, transponiert)

Wir geh'n nun, wo der Tu-del-sack, der Tu-del, Tu-del, Tu-del, Tu-del, Tu-del, Tu-del-sack

Fine Mieke

Jochen

in uns-rer Schen-ke brummt. Und ru-fen da-bei fröh-lich aus: »Es le-be Dies-kau

D.C. al Fine mit Chor

und sein Haus, ihm sei be-schert, was er be-gehrt und was er selbst sich wün-schen mag.«

17. Jh.	18. Jh.	19. Jh.	20. Jh.	21. Jh.
1700 Barock		1800 Klassik	1900 Impressionismus	2000
		Romantik	Expressionismus	

Alles Klassik – oder was?

Die Epoche der Klassik

Klassik (lat. classicus: ›mustergültig‹) bezeichnet in der Musik die Epoche der **Wiener Klassik** (ungefähr 1770–1830). Als musikalische Gattungen und Formen werden in der Klassik die Sonate, das Solokonzert, die Sinfonie sowie Streichquartett und andere Kammermusikformen entwickelt. Formale Klarheit (Sonatenform), volksliedhafte Melodien, achttaktige Perioden, deutlich zu erkennende Motive und Themen finden sich in vielen klassischen Werken.

Die bekanntesten Komponisten der Klassik sind:

- Joseph Haydn (1732–1809, 104 Sinfonien, Solokonzerte, 52 Klaviersonaten, Streichquartette),
- Wolfgang Amadeus Mozart (1756–1791, 40 Sinfonien, Solokonzerte, 18 Klaviersonaten, Streichquartette, Opern)
- Ludwig van Beethoven (1770–1827, 9 Sinfonien, Solokonzerte, 32 Klaviersonaten, 16 Streichquartette).

Ruhe ist rosa. Oder bunt.

OHROPAX Wachskugeln – der Klassiker
OHROPAX Soft – Stöpsel aus Schaumstoff
OHROPAX ColorPlux – bunte Stöpsel aus Schaumstoff

OHROPAX® Ohrschutz

In Apotheken und Drogerien

❶

Spice Girls sind Klassiker

Die **Spice Girls** haben die Aufnahme in ein „Wörterbuch der unvergänglichen Zitate des 20. Jahrhunderts" geschafft. Der Titel ihrer Debüt-Single „I'll tell you what I want, what I really really want" („Ich sag' dir was ich will, was ich wirklich wirklich will") steht nun im Zitatwörterbuch des Penguin-Verlags neben unvergessenen Aussagen von Personen der Zeitgeschichte.

(dpa vom 3. 11. 2000)

❷

❺

SOUVERÄNE KLASSIK.

❹

❸

KON TEXT

»Klassisch« bedeutet allgemein so viel wie mustergültig, wahr, schön, voll Ebenmaß und Harmonie, dabei einfach und verständlich.

Die neuen Klassiker

KON TEXT

Das Zeitalter wird geprägt durch die Wiener Klassik, die Weimarer Klassik (Goethe, Schiller), die Aufklärung und den Klassizismus in der Architektur.

Diese Design-Klassiker sind bereits erschienen:

❻

 ISBN 3-931317-15-3

 ISBN 3-931317-16-1

 ISBN 3-931317-17-X

 ISBN 3-931317-18-8

AUFGABEN

- In der Umgangssprache werden Begriffe aus dem Bereich der Musik oft ungenau oder anders als in der Fachsprache verwendet. Findet aus den abgebildeten Materialien heraus, in welchen Bedeutungen der Begriff ›Klassik‹ angewendet wird.
- Vergleicht die unterschiedlichen Arten von Texten.
- Welche Kennzeichen der Musik der Klassik könnt ihr aus den Musikausschnitten wiedererkennen? **CD IV/31–33**
- Beschafft euch weitere Informationen und Materialien über die Zeit der Klassik aus dem Internet, aus Nachschlagewerken, Begleittexten zu CDs.
- Entwerft eine eigene Definition des Begriffs »klassisch«.

12. Jh.	13. Jh.	14. Jh.	15. Jh.	16. Jh.	
1200	1300	1400	1500		1600
Mittelalter			Renaissance		

Zeitungsausschnitte

(7) Mehta eröffnet Classix Festival

Das Braunschweiger Kammermusikpodium startet nach 13 Jahren unter

FRANKFURT

AMJAD ALI KHAN ist nach Ravi Shankar der wahrscheinlich berühmteste indische Musiker. Anfang Februar wurde der Sarod-Spieler beim Weltwirtschaftsgipfel in Davos mit dem „Crystal Award" ausgezeichnet, jetzt spielt Khan mit seinem Ensemble klassische indische Musik am

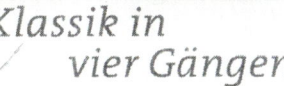

Werbung für Fitness-Studio

Bekannt aus der TV-Werbung von SAT 1

Classic sports
Fitness auf höchstem Niveau

(13)

(14)

(Der Spiegel, 3/2000)

Wo Omas Augen glitzern **(8)**

Classic kontra Klassik: Warum Helmut Lotti triumphiert

Kurz nach halb neun ist der Unter- | aufgeweckte Knabe, der bei einer Fami-
gang des Abendlandes nicht mehr zu | lienfeier gebeten wird: „Nun sing doch

(15)

Klassik in vier Gängen

Genuß nach Noten: Willkommen zu einem stilvollen Abend bei klassischer Live-Musik! Jeden Samstag im November ab 18.30 Uhr.

Menue classique

Spielwarenbranche setzt in schwerer Zeit auf Klassiker **(9)**

Hersteller und Handel klagen über Umsatzrückgänge

(dpa) Der von Umsatzein- | mußten Handel und Hersteller in diesem
| Jahr vor allem wegen des heißen Som-
| Umsatzrückgänge hinnehmen.
| Handel mit 3770

Jubelruf der Klassikfans

Abend mit George Gershwin in der Musikhochschule Hannover

Der amerikanische Komponist Ge- | niefolge von „I got Rhythm",
orge Gershwin hat mit die bestän- | Schwingendes von Basie oder
digsten Brücken zwischen Klassik | Opernhaftes aus „Porgy & Bess",
und Jazz geschlagen. Seine „Rhapso- | Gershwin lachte einer aus vielen
dy in Blue" kommt in Konzertpro- | Richtung

(10)

Umgangssprachlich redet man heute von »klassischer Musik« im Sinne von »ernster Musik« (E-Musik) und in Abgrenzung zum ebenso unscharf umrissenen Komplex der Unterhaltungsmusik (U-Musik).

Klassik im grellen Licht

Beethovens Neunte als Laser-Show im Kuppelsaal

Hinterher konnte man noch nicht | mum an Professionalität. Selbst einen
mal richtig böse sein. Man hätte alle | volleren Kuppelsaal hätte man mit
trösten mögen. Den Dirigenten zum | dieser Darbietung ernüchtern kön-
Beispiel. Er tat, was er konnte. Das | nen.

(11)

Klassik unter freiem Himmel **(12)**

Erstmals präsentiert sich die Feldherrnhalle am prächtigen Münchner Odeonsplatz als theatralische Orchesterkulisse.

Hochkultur für möglichst viele – das war die Millenniums-Idee der zwei großen Orchester Münchens. Am 1. und 2. Juli werden auf dem Odeonsplatz vor jeweils bis zu 10 000 Zuhörern die Münchner Philharmoniker unter Dirigent James Levine und Symphonieorchester des Bayrischen Rundfunk unter der Leitung von Lorin Maazel ein Open-Konzert geben. Am 14. und 15. Juli geht es mit zwei weiteren Klassik-Konzerten der Extraklasse auf dem Münchner Königsplatz weiter: Am 14. Juli treten und die erfolgreichste Klassik-Open-Air-Produktion

ABBOTT / INTER-TOPICS

[...] Im weiteren Sinn kann auch jede [...] vorbildliche Musik als klassisch bezeichnet werden.

Open Air Opera auf. Eine
Startenor Plácido Domin einziges Konzert im
deutschsprachigen Raum. Hoffentlich ohne Regen.

DB München ist von vielen deutschen Großstädten aus per ICE/IC/EC oder IR erreichbar. Der Vorverkauf läuft unter Tel. 089/54 81 81 81, in allen bekannten Vorverkaufsstellen und Reisebüros. „Klassik am Odeonsplatz" ist außerdem im Zusammenhang mit einer Hotelübernachtung ab 156 Mark im AMEROPA-Katalog „Events & Highlights" buchbar. Infos und Buchung in den DB ReiseBüros der ReiseZentren sowie in allen Reisebüros mit DB Lizenz.

Geigenvirtuose **Nigel Kennedy.**

(db mobil 6/2000, S. 35)

PINK FLOYD
Schulmäßige Rebellion **(16)**

Die legendäre, 1965 gegründete Rockband Pink Floyd feierte ihren größten Erfolg mit der Rockoper »The Wall«. Roger Waters freilich, 55, Komponist des längst zum Klassiker avancierten Werks und Mitbegründer von Pink Floyd, liegt seit Jahren in erbittertem Streit mit dem Rest der Gruppe, die er 1983 verließ. Waters musste seinen Ex-Kollegen das Recht am Markennamen Pink Floyd überlassen.

(Der Spiegel, 21/2000)

17. Jh.		18. Jh.		19. Jh.		20. Jh.		21. Jh.
	1700 Barock		1800 Klassik	1900 Romantik	Impressionismus Expressionismus		2000	

Wolfgang Amadeus Mozart – Komponist und Virtuose

1756	27. 1.: WOLFGANG als Sohn von LEOPOLD und ANNA MARIA MOZART in Salzburg geboren
1762	erste Konzertreisen nach München und Wien
1769	Anstellung als dritter Konzertmeister beim Erzbischof von Salzburg; Konzertreisen
1772	Anstellung als besoldeter Konzertmeister beim Erzbischof von Salzburg; Konzertreisen
1778	Tod der Mutter
1779	Anstellung als Hoforganist; Konzertreisen
1781	Aufkündigung des Dienstes beim Erzbischof gegen den Willen des Vaters, Verabschiedung durch einen Fußtritt; Umzug nach Wien
1782	Uraufführung des deutschen Singspieles *Die Entführung aus dem Serail*; Heirat mit KONSTANZE MOZART, geb. Weber
1783–1786	zahlreiche Konzertauftritte als Pianist in Wien; Komposition von 15 Klavierkonzerten für den eigenen Gebrauch
1787	Tod des Vaters LEOPOLD MOZART; Erfolge als Komponist in Prag mit den Opern *Le Nozze di Figaro* und *Don Giovanni*; Ernennung zum kaiserlich-königlichen Kammerkomponisten
1789	finanzielle Schwierigkeiten wegen einer Krankheit Konstanzes, wegen des Wegfalls von Konzerteinnahmen durch den Türkenkrieg und aufgrund des anspruchsvollen Lebensstils
1791	Uraufführung des Singspiels *Die Zauberflöte* 5. 12.: Tod nach kurzer Krankheit in Wien

Virtuosen

Solokonzerte geben den Solisten die Möglichkeit, ihre **Virtuosität**, d. h. ihre Geschicklichkeit im Umgang mit ihrem Instrument, zu beweisen. Schon durch ihren besonderen Schwierigkeitsgrad hebt sich die Solostimme von den Orchesterstimmen ab. Die meisten Solokonzerte bieten den Virtuosen kurz vor dem Ende des ersten und letzten Satzes eine besondere Gelegenheit, ihr Können vorzuführen: Das Orchester setzt aus und der Solist greift frei improvisierend Melodien (Themen) des Satzes auf. Dieser Abschnitt, der das Ende des Satzes einleitet, wird **Kadenz** genannt.

Man bewunderte an Musikern die unglaublich erscheinenden technischen Bravourakte auf dem Instrument oder mit der Singstimme, die geradezu magische Faszination, die von der Persönlichkeit des Künstlers ausging, auch das extravagante Auftreten sowie das oft exotische Äußere, das den Eindruck des Außerordentlichen noch erhöhte.

Zu den erfolgreichen Virtuosen auf dem Klavier gehörten beispielsweise WOLFGANG AMADEUS MOZART, LUDWIG VAN BEETHOVEN, FRANZ LISZT, der als das »9. Weltwunder« gepriesen wurde, und CLARA SCHUMANN (geb. Wieck, 1819–1896). NICCOLO PAGANINI (1782–1840) gilt als der bedeutendste Geigenvirtuose. Seine Auftritte waren Teilen des Publikum so unheimlich, dass man munkelte, er stehe mit dem Teufel im Bunde. **CD IV/34**

AUFGABEN

- *Vater* LEOPOLD, *der jahrelang* WOLFGANGS *wichtigster Berater gewesen war, regte sich über* WOLFGANGS *Kündigung beim Salzburger Erzbischof gewaltig auf und verzieh ihm dieses Verhalten nur mühsam nach Jahren. Hatte der Vater Recht mit seiner Prophezeiung, dass sein Sohn in Wien ohne eine feste Anstellung nicht überleben würde? Warum ignorierte* WOLFGANG *die Warnungen seines Vater?*

- *Gibt es heute Virtuosen wie im 18. und 19. Jahrhundert?*

12. Jh.	13. Jh.	14. Jh.	15. Jh.	16. Jh.	
	1200	1300	1400	1500	1600
	Mittelalter			Renaissance	

Wien, am 10. März 1785: WOLF-GANG AMADEUS MOZART *wird im Burgtheater sein neues Klavierkonzert spielen. (Er ist ganz knapp, nur einen Tag vorher mit der Komposition fertig geworden.) Wir belauschen einige Besucher vor dem Konzert.*

Familie MOZART, um 1780

Frau A.: Ich bin gespannt auf sein neues Konzert. Diesmal sind ja Pauken und Trompeten dabei.

Herr B.: Das klingt sicher ganz anders als beim letzten Mal. Aber, ob die überhaupt zum Klavier passen?

Herr C.: Mozart wird schon wissen, was er schreibt. Er ist einfach ein Genie. Allen gefällt seine Musik: Den Kennern, die genau verstehen, wie die Musik gemacht ist, und den Liebhabern, die bloß ihr Vergnügen beim Zuhören haben.

Herr D.: Übertreib mal nicht. Die *Entführung aus dem Serail* fand ja selbst der Kaiser zu schwer. »Gewaltig viel Noten, lieber Mozart«, soll er gesagt haben.

Frau A.: Aber zu den Klavierkonzerten kommt der Kaiser regelmäßig. Neulich hat er sogar seinen Hut gezogen und laut »Bravo, Mozart« gerufen.

Herr B.: Ein Klavierkonzert ist ja auch etwas anderes. Das ist nicht kompliziert: Das Thema wird erst vom Orchester gespielt, dann vom Klavier alleine, danach kommt von beiden ein Zwischenspiel; danach folgt wieder das Orchester mit einem neuen Thema, und das wird auch wieder vom Klavier wiederholt. Und so ähnlich geht das dann weiter.

Herr C.: Ich bitte dich! Wo hast du denn deine Ohren? Hast du noch nicht gemerkt, dass Mozart sich in jedem Konzert wieder etwas Neues einfallen lässt?

Herr D.: Der denkt, glaube ich, gar nicht so darüber nach, was er schreibt. Der komponiert mehr so automatisch, was ihm in den Kopf kommt – und in die Finger natürlich!

Frau A.: Vor allem in die Finger! Bei einem Klavierkonzert ist ja die Hauptsache, dass der Pianist ordentlich zu tun hat. Dafür bezahlen die Leute; die wollen sehen, was er kann auf seinem Instrument. Ich bin ganz gespannt auf seine Kadenz.

Herr B.: Mir ist die Stimmung am wichtigsten.– Mozart ist ein fröhlicher Komponist! Immer gute Laune! Wenn ich seine Musik höre, geht's mir genauso; die steckt richtig an.

Herr C.: Ich finde, da hast du nur teilweise Recht. Manchmal geht's mir genauso, aber manchmal wird mir auch unheimlich bei dieser Musik, beinahe schwindelig.

Herr D.: Jetzt übertreibst du aber! So ein Konzert dient der Unterhaltung und nicht irgendwelchen komischen Stimmungen und Lebensgefühlen. Ich hoffe nur, heute Abend dauert's nicht so lange. Schließlich gehen wir nachher noch essen; und wenn's so spät wird, liegt mir das Schnitzel heute Nacht wieder so schwer im Magen …

WORK SHOP

- Hört den ersten Satz des Konzertes. Schreibt auf, was die Konzertbesucher A, B, C und D nach dem Konzert sagen werden.
- Hört den zweiten und dritten Satz. Wie würden die Konzertbesucher hiernach reagieren?

17. Jh.		18. Jh.		19. Jh.		20. Jh.		21. Jh.
	1700		1800		1900		2000	
	Barock		Klassik	Romantik	Impressionismus Expressionismus			

W. A. Mozart: Konzert für Klavier und Orchester C-Dur, *KV 467, 1. Satz*

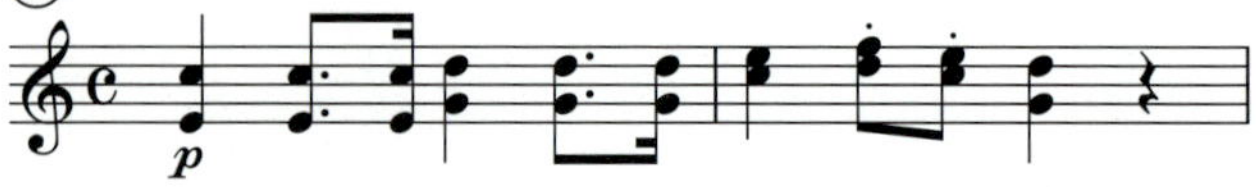

Mozarts Konzertflügel, heute in seinem Geburtshaus in Salzburg

ANALYSE
- Untersucht die Notenbeispiele aus dem ersten Satz. **CD IV/35–40**
- Welche dieser Ausschnitte kann man als »Thema« bezeichnen?
- Welche Instrumente spielen?
- Worin zeigt sich Mozarts Virtuosität auf dem Klavier?

EINLASS - KARTE
ZUM
CONCERT
von
W. A. Mozart.

12. Jh.	13. Jh.		14. Jh.	15. Jh.	16. Jh.
	1200	**1300**	**1400**	**1500**	**160**
	Mittelalter			Renaissance	

Ludwig van Beethoven – ein freier Bürger

Wer um 1770, dem Geburtsjahr Ludwig van Beethovens, Komponist werden wollte, hatte nur wenige Alternativen. In der Regel begann eine professionelle musikalische Laufbahn mit der Lehrzeit bei einem Stadtpfeifer, in der ein Schüler verschiedene Instrumente und die Grundbegriffe der Komposition erlernte. Danach konnt er in eine fürstliche Kapelle eintreten und es auf diesem Wege bis zum Kapellmeister bringen. Galten seine Interessen eher der Kirchenmusik, so hatte er die Möglichkeit, ein Kantorenamt zu versehen.

Wer 1827, dem Todesjahr Ludwig van Beethovens, Komponist werden wollte, hatte noch immer die Möglichkeit, eine dieser beruflichen Laufbahnen einzuschlagen, verfügte aber über eine Alternative, an die sechzig Jahre zuvor noch nicht zu denken gewesen war: Er konnte versuchen, ohne feste Anstellung einzig und allein von seinen Kompositionen zu leben. Beethoven war nicht der erste Komponist, der diesen risikoreichen Weg beschritt, wohl aber der erste, der dabei Erfolg hatte – großen Erfolg sogar: Als er 1827 starb, gab es kaum einen Bürger seiner Wahlheimat Wien, der nicht an seinem Begräbnis teilnahm. Mehr als 20.000 Menschen waren anwesend; sie waren aus ganz Europa angereist.

Ohne die finanzielle und freundschaftliche Unterstützung reicher Adliger wie etwa der Fürsten Waldstein, Lichnowsky und Rasumowsky hätte Beethoven in Wien nicht existieren können. Es ist jedoch bezeichnend für sein Selbstverständnis als Komponist, dass er sich im Umgang mit Fürsten niemals als Bittsteller oder Unterlegener, sondern immer als Ebenbürtiger empfand. So soll er dem Fürsten von Lichnowsky geschrieben haben:

»Fürst, was Ihr seid, seid Ihr durch einen Zufall der Geburt; was ich bin, bin ich durch mich selbst. Tausende von Fürsten hat es gegeben und wird es geben. Aber es gibt nur einen Beethoven.«

Die Geringschätzung, die Beethoven Adelstiteln entgegenbrachte, hängen eng mit einem politischen Ereignis zusammen, das auch für Künstler um 1800 eine bedeutsame Rolle spielte: die Französische Revolution von 1789. Beethoven bekannte sich stets offen zu den Idealen dieser Revolution: Freiheit, Gleichheit, Brüderlichkeit. Sein Stolz und seine geistige Unabhängigkeit beschäftigten die Zeitgenossen. Über seinen unbeugsamen Freiheitswillen und seine Verachtung für den Adel gibt es viele Anekdoten. Eine von ihnen berichtet von einem Zusammentreffen zwischen Beethoven und Goethe. Auf einem Spaziergang trafen beide Künstler unversehens auf eine Kutsche, in der die kaiserliche Familie saß. Während Goethe seinen Hut abnahm und sich ehrfurchtsvoll verbeugte, ging Beethoven mit hoch erhobenem Kopf und eiserner Miene weiter.

AUFGABEN

- *Welche äußeren Bedingungen müssen erfüllt sein, damit ein Komponist ausschließlich von seinen Kompositionen leben kann?*
- *Welche Eigenschaften muss ein freiberuflich tätiger Komponist neben seinem musikalischen Talent noch besitzen?*
- *Auf welche Art haben die Musiker, die vor Beethoven lebten, ihren Lebensunterhalt verdient?*

Beethovens Beerdigungsfeier

17. Jh.	18. Jh.		19. Jh.	20. Jh.		21. Jh.
	1700 **Barock**	**1800** **Klassik**	**Romantik**	**1900** **Impressionismus** **Expressionismus**	**2000**	

1770	Geburt in Bonn
1789	Der Sturm auf die Bastille leitet die Französische Revolution ein.
1792	BEETHOVEN geht nach Wien, um bei JOSEPH HAYDN Komposition zu studieren.
1793	BEETHOVEN empfängt einen Vertrag über eine Jahresrente von 4000 Gulden, für die der Komponist nicht mehr zu leisten hatte, als in Wien zu bleiben.
1794	BEETHOVEN schreibt das Orchesterwerk *Wellingtons Sieg*
1795	BEETHOVEN komponiert die Oper *Fidelio*
1801	erste Anzeichen der Taubheit
1813	Napoleon wird in der Völkerschlacht bei Leipzig vernichtend geschlagen.
1815	Neuordnung der europäischen Kräfteverhältnisse auf dem Wiener Kongress
1823	BEETHOVEN schreibt seine *Sinfonie Nr. 9*
1827	Tod in Wien

AUFGABEN

- *Hört euch einige Ausschnitte aus Werken BEETHOVENS an. Warum verstanden viele Zeitgenossen seine Musik als »Verkörperung der Ideale der Französischen Revolution«?* **CD IV/41**
- *Welches Bild von der Persönlichkeit BEETHOVENS spiegelt sich in den Anekdoten (S. 149f.)?*

KON TEXT

Heiligenstädter Testament, 1802 (Auszüge)

O ihr Menschen, die ihr mich für feindselig, störrisch und misanthropisch haltet oder erklärt, wie unrecht tut ihr mir! Ihr wißt nicht die geheime Ursach von dem, was euch so scheinet. […] Selbst große Handlungen zu verrichten, dazu war ich immer aufgelegt; aber bedenket nur, dass seit sechs Jahren ein heilloser Zustand mich befallen, durch unvernünftige Ärzte verschlimmert. Von Jahr zu Jahr in der Hoffnung gebessert zu werden, […] selbst empfänglich für die Zerstreuungen der Gesellschaft, musste ich mich früh absondern, einsam mein Leben zubringen. […] Auch wie wär' es mir möglich, dass ich die Schwäche eines Sinnes zugeben sollte, der bei mir in einem vollkommeneren Grade als bei anderen sein sollte; einen Sinn, den ich einst in der größten Vollkommenheit besaß, in einer Vollkommenheit, wie ihn wenige von meinem Fache gewiss haben noch gehabt haben. […] O wie hart wurde ich durch die verdoppelte, traurige Erfahrung meines schlechten Gehörs zurückgestoßen und war's mir noch nicht möglich, den Menschen zu sagen: Sprecht lauter, schreit, denn ich bin taub. […] welche Demütigung, wenn jemand neben mir stund und von Weitem eine Flöte hörte und ich nichts hörte. […] Solche Ereignisse brachten mich nahe an Verzweiflung: Es fehlte wenig, und ich endigte selbst mein Leben. Nur sie, die Kunst, hielt mich zurück.

AUFGABEN

- *Was sagt der Auszug aus dem »Heiligenstädter Testament« über BEETHOVENS Verhältnis zu seinen Mitmenschen aus? Wie veränderte ihn die Krankheit?*
- *Wie schätzte er sich im Vergleich zu anderen Künstlern ein?*

Eine Geschichte berichtet, dass BEETHOVEN vorhatte, seine *Sinfonie Nr. 3* Napoleon Bonaparte zu widmen. Gerade jedoch, als er Napoleons Namen auf das Titelblatt geschrieben hatte, erhielt er die Nachricht, dass sich dieser in Paris selbst zum Kaiser gekrönt hatte. »Ist er auch nichts anderes als ein gewöhnlicher Mensch«, soll er ausgerufen und die Widmung ausradiert haben.

12. Jh.	13. Jh.	14. Jh.	15. Jh.	16. Jh.	
1200	1300	1400		1500	1600
Mittelalter				Renaissance	

Von der »Neunten« zur Olympia- und Europahymne

Bis zu BEETHOVENS *Sinfonie Nr. 9* hatten Sinfonien in aller Regel vier Sätze und dauerten etwa 15 bis 30 Minuten. BEETHOVEN hatte diese Dauer schon mehrmals überschritten: Bis zu 45 Minuten konnte ein Werk von ihm beanspruchen. Mit der etwa 65 Minuten dauernden »*Neunten*« sprengte er diesen Rahmen erheblich – auch in der Besetzung: Im letzten Satz der Sinfonie treten zum Orchester vier Gesangsolisten und ein großer Chor hinzu. Sie singen die *Ode an die Freude,* die BEETHOVENS Zeitgenosse FRIEDRICH SCHILLER gedichtet hatte.

ANALYSE

- Untersucht am Notenausschnitt das Thema aus dem 4. Satz der *9. Sinfonie* in Bezug auf den formalen Aufbau, den Rhythmus, den Tonumfang und die Intervalle.
- Welche Anhaltspunkte deuten darauf hin, dass sich die Melodie gut einprägt?
- Wie oft ist das Thema in dem Ausschnitt zu hören? Welche Instrumente tragen es beim ersten Mal vor? **CD IV/42**
- Welche Botschaft verkündet der Text?

Ode an die Freude

Musik: Ludwig van Beethoven
Text: Friedrich Schiller

Freu- de, schö- ner Göt- ter- fun- ken, Toch- ter aus E- ly- si- um,
wir be- tre- ten feu- er- trun- ken, Himm- li- sche, dein Hei- lig- tum.
Dei- ne Zau- ber bin- den_ wie- der, was die_ Mo- de streng ge- teilt. Al-
- le Men- schen wer- den Brü- der, wo dein sanf- ter Flü- gel weilt.

Zu den Olympischen Spielen 1952 waren aufgrund politischer Differenzen nur westdeutsche Athleten gefahren. Für die Olympiade in Melbourne 1956 konnte man sich nach langen Verhandlungen auf BEETHOVENS *Ode an die Freude* als gemeinsame Hymne der gesamtdeutschen Mannschaft einigen. 1972 in München traten zwei getrennte deutsche Mannschaften mit unterschiedlichen Hymnen und Fahnen auf. Zur Eröffnung der Olympischen Winterspiele in Nagano 1998 wurde die bisher monumentalste Aufführung der Beethoven'schen *Ode* inszeniert: Der japanische Star-Dirigent Seiji Ozawa dirigierte sechs Chöre in Nagano, Berlin, Sydney, Kapstadt, Peking und New York in einer Satellitenschaltung.

Die *Europahymne* – eine Bearbeitung des letzten Satzes der *9. Sinfonie* – wurde 1972 vom Europarat eingeführt und seit 1986 von der EU verwendet. Herbert von Karajan, einer der größten Dirigenten des 20. Jahrhunderts, kam der Bitte des Europarates nach, drei Instrumentalfassungen zu arrangieren.

AUFGABEN

- *Warum konnte bei internationalen Sportkämpfen das Finalthema der »9. Sinfonie« als gemeinsame Hymne der BRD- und DDR-Mannschaften verwendet werden?*
- *Welche Gründe bewegten den Europarat wohl dazu, gerade diese Melodie als Hymne zu wählen?*
- *Braucht Europa eine eigene Hymne? Wenn Ihr der Meinung seid, haltet ihr »Freude, schöner Götterfunken« dafür geeignet?*
- *Anlässlich der Eröffnung des »Hauses der Geschichte der BRD« 1994 spielte das Bundes-Jazz-Orchester unter der Leitung von PETER HERBOLZHEIMER die »Jazzzeit-Story«. Höre den Anfang und äußere dich zu den Melodien.* **CD IV/43**

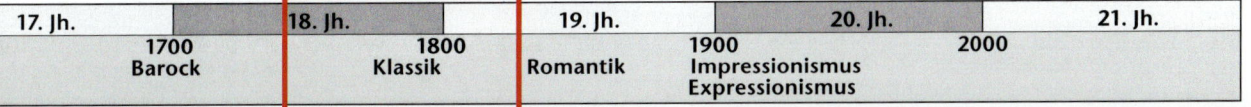

17. Jh.		18. Jh.		19. Jh.	20. Jh.		21. Jh.
	1700 Barock		1800 Klassik	Romantik	1900 Impressionismus Expressionismus	2000	

Romantik

Mondnacht

Es war, als hätt' der Himmel die Erde still geküsst,
dass sie im Blütenschimmer von ihm nur träumen müsst'.
Die Luft ging durch die Felder, die Ähren wogten sacht,
es rauschten leis' die Wälder, so sternklar war die Nacht.
Und meine Seele spannte weit ihre Flügel aus,
flog durch die stillen Lande, als flöge sie nach Haus.

Joseph von Eichendorff

Der Verstand irrt, das Gefühl nie.

Robert Schumann

Vergangenes Gefühl Symbolik Nacht Traum Fantasie Sehnsucht Geheimnisvolles

Lied Oper Sinfonie Gesamtkunstwerk Sinfonische Dichtung Volkslied

Liederbuch »Des Knaben Wunderhorn« (1808)
»Kinder- und Hausmärchen« der Brüder Grimm (1812)
Gründung des Deutschen Sängerbundes (1862)
Aufkommen des bürgerlichen Konzertbetriebs
neuer Berufsstand: »Musikkritiker«
Trennung der Musik in die Sparten »U«-Musik und »E«-Musik

12. Jh.	13. Jh.	14. Jh.	15. Jh.	16. Jh.
1200	1300	1400	1500	160
Mittelalter			Renaissance	

Robert Schumann – ein Romantiker

1809	Am 8. 6. wird ROBERT SCHUMANN in Zwickau (Sachsen) geboren.
1817	Er beginnt mit dem Klavierunterricht; spielt früh nicht nur nach Noten, sondern improvisiert auch am Instrument.
1822	Die ersten Kompositionen entstehen. SCHUMANN beginnt ein Tagebuch zu führen.
1825	Die älteste Schwester stürzt sich nach jahrelangen Depressionen aus dem Fenster.
1828	Nach dem Abitur beginnt SCHUMANN auf Wunsch der Mutter ein Jurastudium in Leipzig. Gleichzeitig nimmt er Klavierunterricht bei dem berühmten Pianisten Friedrich Wieck. Er verliebt sich später in Wiecks Tochter Clara, selbst eine hervorragende Pianistin.
1832	Die ersten vier Klavierkompositionen werden gedruckt, darunter die *Papillons op. 2*. Durch falsches Üben werden zwei Finger an seiner rechter Hand steif, sodass er die Hoffnung auf eine Pianistenkarriere aufgeben muss.
1834	SCHUMANN gründet die »Neue Zeitschrift für Musik«, die er bis 1844 leitet. (Sie existiert heute noch und erscheint inzwischen in Mainz beim Verlag Schott Musik International.)
1840	Wegen seiner Kompositionen wird er Ehrendoktor der Universität Jena. Nach jahrelangem Widerstand von Claras Vater erreichen er und Clara Wieck vor Gericht die Heiratserlaubnis.
1841	Das erste Kind wird geboren. CLARA SCHUMANN nimmt ihre Konzertreisen wieder auf.
1843	SCHUMANNS Tätigkeit als Lehrer am neu gegründeten Leipziger Konservatorium scheitert an seiner Schweigsamkeit; schwere gesundheitliche Beschwerden nach einer langen Konzertreise mit Clara durch Russland.
1848/49	SCHUMANN erlebt in Leipzig das Scheitern der Revolution.
1850	Er wird Musikdirektor in Düsseldorf, scheitert aber an den Musikern und am Publikum.
1853	Er legt sein Düsseldorfer Amt nieder. Bei Claras Konzertreise nach Holland wird er am Königshof gefragt, ob er auch musikalisch sei und auf welchem Instrument er spiele.
1854	SCHUMANN lässt sich nach Depressionen, Halluzinationen und einem Selbstmordversuch in die Heilanstalt Endenich bei Bonn einliefern, wo er am 29.7.1856 stirbt.

CLARA und ROBERT SCHUMANN um 1844

KONTEXT

Aussagen SCHUMANNS über seine Musik

- Das Merkmal unserer Zeit ist das Unstete, die Flucht und Jagd aller Ideen, Träume, Meinungen, Glauben.
- Es affiziert (= erregt) mich alles, was in der Welt vorgeht, Politik, Literatur, Menschen; über alles denke ich in meiner Weise nach, was sich dann durch die Musik Luft machen, einen Ausweg suchen will. Deshalb sind auch meine Kompositionen so schwer zu verstehen.
- Schmerzen im Leben sind wie Dissonanzen in der Musik; sie haben großen Reiz; aber man verlangt doch nach der Auflösung.

Barrikadenkampf in der Dresdner Mairevolution 1849

AUFGABEN

- *Kann man* ROBERT SCHUMANNS *Leben »romantisch« nennen?*
- *Welche Rolle spielt die Musik in* SCHUMANNS *Leben?*

Robert Schumann: »Papillons«

Aus einer Einleitung und zwölf kurzen Klavierstücken besteht die Sammlung *Papillons*, die SCHUMANN als sein Opus 2 (sein offizielles zweites Werk) 1832 veröffentlichte. Mit der Musik wollte SCHUMANN keine Schmetterlinge (franz. papillons) darstellen; vielmehr erinnerten ihn die zwölf Klavierstücke, als sie fertig waren, an Schmetterlinge.

Die Idee zu den *Papillons* hatte SCHUMANN wahrscheinlich aus einem Buch seines Lieblingsdichters JEAN PAUL: Im vorletzten Kapitel seines Romans *Flegeljahre* schildert er einen Maskenball, den die beiden Brüder Walt und Vult besuchen. (Nebenbei: Walt ist in Wina verliebt und hofft sie auf dem Maskenball zu finden.)

KON TEXT

Walt ging in eine Larven-Bude und suchte lange nach einer Larve [= Maske], welche einen Apollo oder Jupiter darstellte; er begreife nicht, sagte er, warum man fast nur hässliche vorstecke. Da Vult ihm geraten, erst um 11 Uhr [= 23 Uhr] in den vollen Saal zu kommen: so holte er sich im gemächlichen Anputzen [= Ankleiden] aus jedem Kleidungsstück wie aus Blumenkelchen feinen Traum-Honig. – Das Ankleiden gerade in der Zeit des Auskleidens und das allgemeine späte Wachen und Lärmen der Stadt sowie des Hauses färbte ihm die Nachtwelt mit romantischem Scheine, besonders der Punkt, dass er eine Rolle in diesem großen Fastnachtsspiele hatte. Wie anders klingt das Rollen der Wagen, wenn man weiß, man kommt ihnen nach, als wenn man es hört, mit der Nachtmütze vor dem Bett-Brett stehend. (*aus* JEAN PAULS *Roman »Flegeljahre«*)

JEAN PAUL, eigentlich Johann Paul Friedrich Richter

(A)

Und als der Großvater die Großmutter nahm,
Da war der Großvater ein Bräutigam
Und die Großmutter war eine Braut,
Da wurden sie beide zusammengetraut.

(B)

Mit mir und dir ins Federbett,
Mit mir und dir ins Stroh,
Da sticht dich keine Feder nicht,
Da beißt dich auch kein Floh.

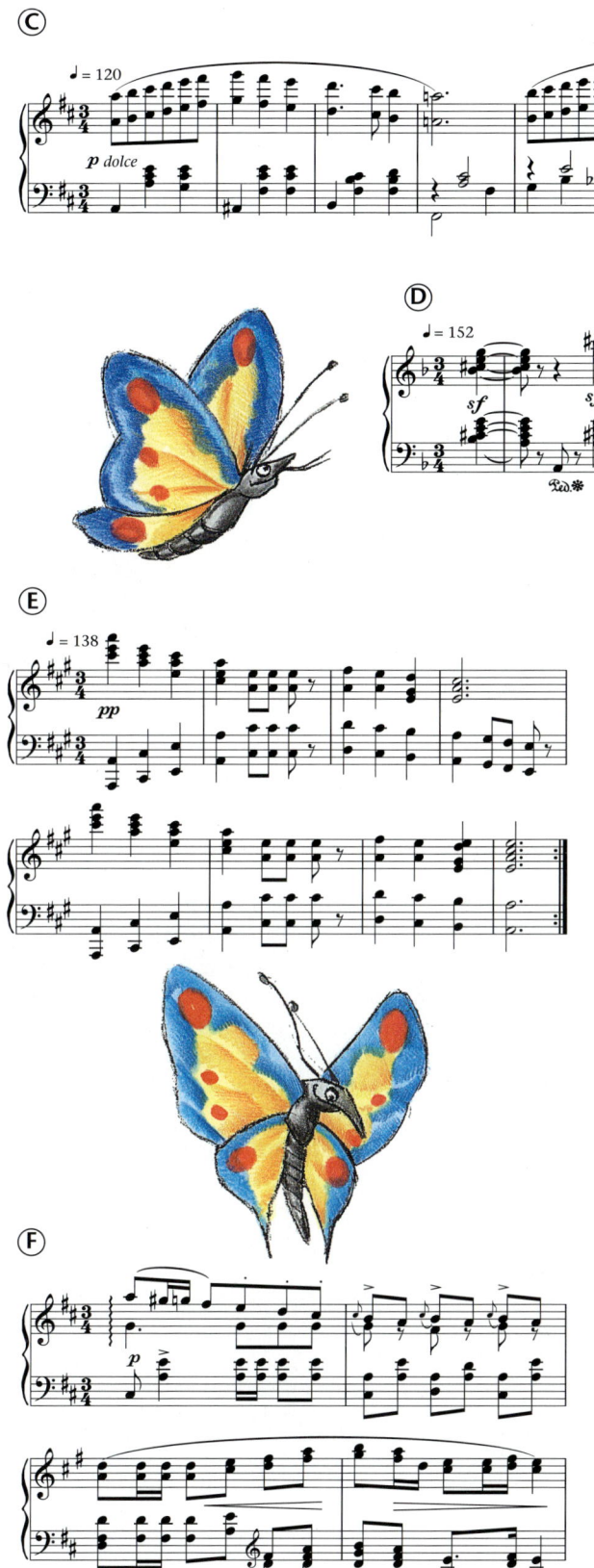

AUFGABEN

- *Beschreibe die Musik der »Papillons«.*
  CD IV/44–56
- *Skizziere nach deinem Höreindruck eine Zeichnung oder einen kurzen Text zu den einzelnen Sätzen.*
- *Bestimme, in welchen der Stücke 1–12 die abgebildeten Notenbeispiele vorkommen!*
  CD IV/57–62
- *Achte auf die Musik: Woran erkennt man im letzten Satz, dass der Maskenball um 6 Uhr morgens zu Ende geht?*
- *Wie reagierten wohl Zuhörer auf die in Notenbeispiel Ⓐ und Ⓑ versteckten Volkslieder?*
- *Mit welcher Absicht hat JOHANN SEBASTIAN BACH das zweite Lied in einem seiner Werke verwendet? (s. S. 142)*
- *Welche besonderen musikalischen Tricks und Witze baut SCHUMANN in das letzte Stück ein?*
- *Wie geht deiner Meinung nach bei SCHUMANN die Liebesgeschichte zwischen Walt und Wina aus?*
- *Warum wohl konnten die ersten Zuhörer der »Papillons« die raschen Wechsel der Musik nicht fassen?*

17. Jh.	18. Jh.	19. Jh.	20. Jh.	21. Jh.
1700	1800		1900	2000
Barock	Klassik	Romantik	Impressionismus Expressionismus	

Richard Wagner

RICHARD WAGNER wird 1813 in Leipzig geboren. Durch seinen Stiefvater, den Schauspieler und Lustspieldichter Geyer, lernt er schon früh das Leben am Theater kennen. Bald fängt er an, selbst Stücke zu schreiben. 1830 erhält er Kompositionsunterricht beim Thomaskantor Weinig. 1833 beginnt ein unruhiges und schwieriges Leben, das erst mit dem Erfolg seiner Opern *Rienzi* und *Der fliegende Holländer* in Dresden ein Ende hat. Wie zu allen seinen Stücken hat er dazu nicht nur die Musik, sondern auch den Text selbst geschrieben. WAGNER wird 1843 Hofkapellmeister beim sächsischen König. Weil er aber 1848 die fehlgeschlagene Revolution gegen den König mitgemacht hat, wird er steckbrieflich gesucht und flieht in die Schweiz.

Dort schreibt er lange und schwierig zu lesende theoretische Schriften über das Theater und seine eigenen künstlerischen und politischen Ansichten. Bald beginnt er auch die Arbeit an seinem größten Projekt, der Tetralogie *Der Ring des Nibelungen*, einer Serie von vier Opernabenden mit einer Aufführungsdauer von insgesamt 17–18 Stunden. Für dieses Monumentalwerk bearbeitet er die Nibelungensage nach seinen Vorstellungen. Zwei Themen interessieren ihn besonders: Was geschieht mit den Menschen a) durch Macht und Geld einerseits, b) durch Liebe und Opferbereitschaft andererseits?

Aber noch ist der *Ring* nicht fertig; WAGNER fehlt das Geld. Immer wieder arbeitet er als Dirigent und macht Schulden bei Freunden und Gönnern. Doch 1864 kommt in Bayern ein neuer König auf den Thron: Ludwig II. Dieser schwärmt für WAGNERS Musik und dessen Ideen und lädt den Komponisten nach München ein, wo die Opern *Tristan und Isolde* und *Die Meistersinger von Nürnberg* mit großem Erfolg uraufgeführt werden. WAGNER darf sich dann nach Bayreuth zurückziehen, wo der König ihm ein eigenes Theater baut: das heute noch berühmte Bayreuther Festspielhaus.

WAGNER ist der Meinung, dass das Theater nicht zur Unterhaltung da sei, sondern um die Menschen zu rühren und zum Nachdenken zu bringen. Eine Aufführung seiner Opern soll so etwas wie eine feierliche Festveranstaltung sein. Sein letztes Werk *Parsifal* nennt er sogar ein »Bühnenweihfestspiel«. 1883 stirbt WAGNER während einer Urlaubsreise in Venedig. Noch lange nach seinem Tod gefielen einem Teil des Publikums die Wagner'sche Musik und Ideen so gut, dass sie zu fanatischen »Wagnerianern« wurden. Andere finden WAGNER viel zu anstrengend oder gar langweilig. Die meisten Musiker geben aber zu, dass WAGNER einer der erfindungsreichsten Komponisten war, die es jemals gegeben hat.

Berühmt wurde seine Technik, die Handlung auf der Bühne musikalisch mit Leitmotiven zu unterstützen. Viele Komponisten nach ihm (s. S. 189), Filmmusikkomponisten und auch Musical-Komponisten (z. B. ANDREW LLOYD WEBBER in *Das Phantom der Oper*) haben sich seine Tricks abgeguckt.

WORK SHOP

Siegfrieds Rheinfahrt ist ein langes Instrumentalstück (ohne Sänger) aus dem *Ring des Nibelungen*. Der Theatervorhang bleibt geschlossen: Hier erzählt nur die Musik, was passiert. Der junge Siegfried fährt ganz optimistisch rheinaufwärts – neuen Heldentaten entgegen. Die Musik erzählt von dieser Fahrt, von Siegfrieds Träumen und Gedanken, aber auch von Dingen, die ihn erwarten und die er nicht kennt. **CD IV/63**

- Zeichne *Siegfrieds Rheinfahrt*.
- Beschreibe auch die Stimmung der Musik!

AUFGABEN

- *Vergleiche den Eindruck von »Siegfrieds Rheinfahrt« mit demjenigen von* JOHANN STRAUSS' *»An der schönen blauen Donau«.*
- *Verfasse ein Streitgespräch zwischen einem Wagnerianer und einem Strauß-Anhänger!*
- *Kennst du eine Filmmusik, die an Wagner erinnert?*

12. Jh.	13. Jh.	14. Jh.	15. Jh.	16. Jh.
1200 Mittelalter	1300	1400	1500 Renaissance	1600

Johann Strauß

JOHANN STRAUSS wird 1825 in Wien als Sohn des Geigers und Walzerkomponisten JOHANN BAPTIST STRAUSS und seiner Frau ANNA geboren. Gegen den Willen des Vaters beschäftigt er sich intensiv mit Musik. Nach der Scheidung seiner Eltern 1846 kann er mit Unterstützung seiner Mutter, bei der er zusammen mit seinen Geschwistern lebt, sein Vorhaben, Berufsmusiker zu werden, verwirklichen. Er nimmt Geigen- und Kompositionsunterricht und lernt, Sonaten, Quartette u. a. zu komponieren. Als 19-Jähriger bewirbt er sich um die Genehmigung zur Leitung einer eigenen Kapelle.

Bei seinem ersten Auftritt hat er mit seinen eigenen Stücken auf Anhieb großen Erfolg. Da in Wien gerade der **Walzer** in Mode ist, komponiert er fast nur noch Walzer.

Er unternimmt Gastspielreisen nach Ungarn (1847), Serbien und Rumänien (1848).

1854 schließt er einen Vertrag mit einer russischen Eisenbahngesellschaft ab. Diese möchte das Eisenbahnfahren populär machen und bietet als Anreiz regelmäßige Sommerkonzerte in einem bestimmten Zielort. Hier spielt STRAUSS viele Jahre mit einem eigens dafür zusammengestellten Orchester. Tausende von Menschen, Bürger und Adlige, kommen jeden Abend zu den Konzerten, durch die STRAUSS reich und berühmt wird. Mit seinem Orchester studiert er die öffentlichen Auftritte effektvoll ein und präsentiert sich als Dirigent mit dem Geigenbogen. 1863 erhält er vom österreichischen Kaiser den Titel »Hofballmusikdirektor«. Damit hat er ein lange ersehntes Ziel erreicht, muss aber nun auf die Leitung öffentlicher Konzerte außerhalb des kaiserlichen Hofes verzichten. Ein Jahr später erhält er vom Kaiser eine goldene Künstlermedaille. Ein weiterer Orden folgt 1871.

1870 beginnt STRAUSS Operetten zu schreiben, wie z. B. *Der Zigeunerbaron* oder *Die Fledermaus*. Er erlangt mit seinen Walzermelodien große Berühmtheit in ganz Europa und unternimmt etliche Reisen, z. B. nach Berlin, Italien und Russland. Einen Höhepunkt bilden Konzerte in Boston (USA), die in einer riesigen Halle mit 100.000 Zuhörern stattfinden. STRAUSS dirigiert hier mehrere Tausend Sänger und Orchestermusiker.

Mit seinem Image als »Walzerkönig« ist er weltbekannt. Er stirbt 1899 in Wien.

JOHANN STRAUSS mit seiner Kapelle beim Hofball

KONTEXT

- Herr Johann Strauß verpflichtet sich, im Ausland eine Kapelle, gebildet aus nicht weniger als 30 tüchtigen, geübten Musikern, von denen einige aus seiner in Wien bestehenden Kapelle zu wählen sind, für seine Rechnung zu engagieren und mit derselben unter persönlicher Leitung […] vom 2. Mai bis 2. Oktober […] in Pawlowsk täglich Konzerte zu geben […].
- Herrn Strauß bleibt die Wahl der […] Opern, Garten- und Tanzmusikstücke überlassen; er wird sich dabei nach dem Geschmack des hiesigen Publikums richten […].
- Für die moralische Führung der Mitglieder seiner Kapelle ist Herr Strauß selbst verantwortlich. *(Auszüge aus dem Vertrag von 1856 mit der Petersburger Eisenbahndirektion.)*

1867 komponiert Strauß den Walzer *An der schönen blauen Donau*. Damit hat er einen so großen Erfolg, dass monatelang ständig neue Auflagen der Noten gedruckt werden müssen. **CD IV/64**

Notenblatt des ›K. K. Hofball-Musik-Direktors‹ STRAUSS

17. Jh.	18. Jh.	19. Jh.	20. Jh.	21. Jh.
	1700 Barock	1800 Klassik	Romantik	1900 Impressionismus Expressionismus	2000

Fanny und Felix

1805: Am 14.11. wird FANNY MENDELSSOHN als älteste Tochter des Ehepaars LEA und ABRAHAM MENDELSSOHN geboren.

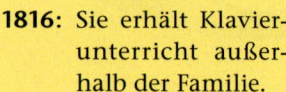

1816: Sie erhält Klavierunterricht außerhalb der Familie.

1819: zusätzlich Unterricht in Musiktheorie und Komposition

1820: Sie beginnt das erste Kompositionsalbum.

1822: erste Hauskonzerte im elterlichen Gartensaal, die FANNY bis zu ihrem Tod 1847 leiten und organisieren wird

1826: Beendigung des Kompositionsunterrichts

1829: FANNY heiratet den Maler WILHELM HENSEL, der sie im Komponieren bestärkt.

1830: FANNY HENSEL bringt ihren Sohn SEBASTIAN zur Welt.

1837: Sie veröffentlicht erstmalig eine eigene Komposition unter ihrem Namen.

1838: Sie tritt ein Mal öffentlich als Pianistin auf.

1846: Sie veröffentlicht zum zweiten Mal einige ihrer Werke.

1847: Am 14. Mai stirbt FANNY an einem Schlaganfall.

FANNY HENSEL hinterlässt eine große Anzahl von Kompositionen. Der größte Teil davon ist bis heute unveröffentlicht.

1809: Am 3. 2. wird FELIX MENDELSSOHN als ältester Sohn des Ehepaars LEA und ABRAHAM MENDELSSOHN geboren.

1816: Er erhält Klavierunterricht außerhalb der Familie.

1819: zusätzlich Unterricht in Musiktheorie und Komposition

1820: Er beginnt das erste Kompositionsalbum.

1822: Er beteiligt sich an den Hauskonzerten.

1825: Er reist mit dem Vater zu CHERUBINI nach Paris, der ihn als Komponisten testen soll.

1826: Beendigung des Kompositionsunterrichts

1827: FELIX (jetzt mit Doppelnamen: MENDELSSOHN BARTHOLDY) veröffentlicht erstmals eigene Lieder und Lieder seiner Schwester unter seinem Namen.

1829: Er beginnt ausgedehnte Bildungs- und Konzertreisen durch ganz Europa.

1833: Er wird zum Generalmusikdirektor in Düsseldorf ernannt.

1837: FELIX heiratet CÉCILE JEANRENAUD (sie bekommen 4 Kinder).

1841: Er wird Königlich Sächsischer Kapellmeister und Dirigent des Leipziger Gewandhausorchesters.

1842: Er wird durch den preußischen König zum Generalmusikdirektor ernannt. FELIX ist jetzt ein international bekannter Dirigent und Komponist in Berlin und Leipzig.

1847: Am 4. November stirbt FELIX an einem Schlaganfall.

FELIX MENDELSSOHN BARTHOLDY hinterlässt eine große Anzahl von Kompositionen. Der größte Teil davon ist veröffentlicht.

AUFGABEN

- *Worin unterscheiden sich die Lebensläufe der Geschwister?*

- *Versucht herauszufinden, welches der beiden folgenden Klavierstücke von* FANNY HENSEL *und welches von* FELIX MENDELSSOHN BARTHOLDY *ist.*
CD IV/65–66

12. Jh.	13. Jh.	14. Jh.	15. Jh.	16. Jh.
	1200 Mittelalter	1300	1400	1500 Renaissance	160

Komponistinnen

HILDEGARD VON BINGEN
(1098–1179)

KONTEXT

Nur daran will ich erinnern, dass der natürlichste und höchste Beruf des Weibes, der Beruf der Gattin, Hausfrau und Mutter, mit der Ausübung einer künstlerischen oder schriftstellerischen Tätigkeit sich schwer verträgt und fast unausbleiblich darunter leiden muss. Dass aber eine versemachende, malende oder musizierende Frau, von schmutzigen und zerlumpten Kindern umgeben, inmitten einer saloppen, liederlichen Wirtschaft, selber bei leidlicher Genialität dennoch kein anmutiges und liebenswürdiges Bild gewähre, darin wird, glaube ich, ihr weibliches Gefühl mit dem meinigen und dem der meisten Männer übereinstimmen.

(Karl Biedermann, 1856)

ELISABETH JACQUET
(1665–1729)

MARIANNE MARTINEZ
(1744–1812)

ETHEL SMYTH
(1858–1944)

CLARA SCHUMANN
(1819–1896)

ALMA MAHLER-SCHINDLER
(1879–1964)

CARLA BLEY (*1938)

AUFGABEN

- Welche dieser abgebildeten Komponistinnen kennt ihr? Zählt Komponisten auf, die euch bekannt sind.
- Versucht zu erklären, woran es liegen könnte, dass nur sehr wenige Komponistinnen, aber viele Komponisten berühmt geworden sind.
- Informiert euch über das Leben der oben abgebildeten Komponistinnen. Vergleicht ihren musikalischen Werdegang mit berühmten Komponisten derselben Zeit.

17. Jh.	18. Jh.	19. Jh.	20. Jh.	21. Jh.
1700	1800		1900	2000
Barock	Klassik	Romantik	Impressionismus Expressionismus	

Impressionismus

CLAUDE MONET:
Japanische Brücke, 1899

CLAUDE MONET (1840–1926) gilt als Begründer des **Impressionismus**. Sein Ziel war es, den unmittelbaren flüchtigen Eindruck (franz. Impression: ›Eindruck‹) eines Gegenstandes darzustellen, im Unterschied zu traditionellen Künstlern, die die Wirklichkeit realistisch abzubilden versuchten. Das führte ihn ins Freie und er begann in der Natur zu malen. Angesichts der häufig wechselnden Lichtverhältnisse musste er schnell und improvisierend arbeiten.

Als ein Kritiker dem französischen Komponisten CLAUDE DEBUSSY (1862–1918) in einer Zeitung bescheinigte, seine Werke seien »impressionistisch«, war dies im abwertenden Sinn gemeint. Mit diesem aus der Malerei übernommenen Begriff hat er allerdings die Besonderheiten seines Stils sehr genau charakterisiert.

DEBUSSY verarbeitete die unterschiedlichsten Einflüsse in seinem Werk. Zu seiner Zeit war es nicht einfach, Musik aus fernen Kontinenten zu hören. Deshalb war die Weltausstellung in Paris 1889 eine gute Gelegenheit, außereuropäische Musik kennen zu lernen. Dort gab es u. a. ein campong, d. h. den Aufbau eines javanischen Dorfes, in dem Musik und Tänze Javas aufgeführt wurden. DEBUSSY verbrachte viele Stunden an diesem Ort, weil ihn die javanische Gamelan-Musik in hohem Maße faszinierte. **CD IV/67** In seinen Kompositionen verwendete er Elemente des Gamelan-Orchesters: Ganztonleitern, Pentatonik, parallel verschobene Quart- und Quintschichtungen. Auf diese Weise versuchte DEBUSSY Naturstimmungen oder eigene Empfindungen zum Ausdruck zu bringen. **CD IV/68**

Mondnacht im Sommer

Arno Holz

Hinter blühenden Apfelbaumzweigen
Steigt der Mond auf
Zarte Ranken
Blasse Schatten
Zackt ein Schimmer in den Kies
Lautlos fliegt ein Falter
Ich wandle wie trunken durch sanftes Licht

Die Fernen flimmern
Selig silbern blitzt Busch und Gras
Das Tal verblinkt
Aus weichestem Dunkel
Traumsüß flötend, schluchzend, jubelnd
Mein Herz schwillt über
Die Nachtigall!

AUFGABEN

- *Lest das Gedicht von Arno Holz (1863–1929) sowohl von oben nach unten, als auch von links nach rechts (d. h. die jeweils nebeneinander stehenden Zeilen).*

- *Findet die Tonleiter heraus, die DEBUSSYS »Prélude Nr. 2« aus dem ersten Heft mit dem Titel »Voiles« (Segel, Schleier) zugrunde liegt (vgl. S. 108).*
- *Beschreibt die Wirkung der ersten Takte dieses Stückes.* **CD IV/69**

WORK SHOP

Verwendet bei euren Improvisationen die Ganztonleiter, benutzt Stabspiele oder Tasteninstrumente, ergänzt später Gong, Becken und andere Percussion:
- Spielt in drei Gruppen mehrmals die Tonleiter. Beginnt gleichzeitig, aber in unterschiedlichem Tempo.

Voiles

Claude Debussy

- Bildet vier beliebige Akkorde aus drei Tönen der Leiter. Improvisiert dazu eine Melodie mit Tönen der gleichen Leiter.
- Überlegt euch Titel und versucht sie in euren Improvisationen umzusetzen.

12. Jh.	13. Jh.	14. Jh.	15. Jh.	16. Jh.	
1200	1300	1400	1500		1600
Mittelalter			Renaissance		

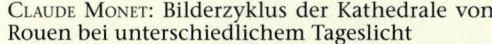

CLAUDE MONET: Bilderzyklus der Kathedrale von Rouen bei unterschiedlichem Tageslicht

Die versunkene Kathedrale
Claude Debussy

CLAUDE DEBUSSYS *Prélude Nr. 10* aus dem ersten Heft mit dem Titel *La Cathédrale engloutie* (die versunkene Kathedrale) entstand 1910 in Anlehnung an MONETS Gemälde. Von den 50 Darstellungen sind hier einige zu sehen.

Außerdem ließ sich DEBUSSY beim Komponieren durch eine in Frankreich bekannte bretonische Sage inspirieren, in der eine Kathedrale im Wasser versunken ist. Morgens taucht sie unter Glockengeläut und Orgelklängen aus dem Wasser auf, um dann abends wieder zu versinken.

Dieses Anfangsmotiv kommt während des Stückes immer wieder vor.

AUFGABEN

- *Zu welchen Tages- und Jahreszeiten wird MONET die verschiedenen Darstellungen der Kathedrale angefertigt haben?*
- *Worin ähneln sich die Musik DEBUSSYS, die Bilder MONETS und das Gedicht von HOLZ? Stellt Merkmale zusammen.*
- *Ordnet die Ausschnitte aus DEBUSSYS Kompositionen den Titeln zu.*
  CD V/1–6
  Für die Schlangentänzerin / Mondlicht / Wellenspiel / Gärten im Regen / Der Schnee tanzt / Gespräch zwischen Wind und Meer
- *Welche Kompositionstechnik verwendet DEBUSSY im Anfangsmotiv der »Cathédrale engloutie«?*
- *›Allmählich aus dem Nebel hervortretend‹. – An welcher Stelle des Préludes könnte diese Spielanweisung stehen? – Wann habt ihr den Eindruck, die Kathedrale wirklich sehen zu können?* **CD V/7**

17. Jh.		18. Jh.		19. Jh.		20. Jh.		21. Jh.
	1700		1800		1900		2000	
	Barock		Klassik	Romantik	Impressionismus Expressionismus			

Expressionismus

Während der Kaiserzeit unter Wilhelm II. veränderten sich durch eine wachsende Technisierung und eine Vielzahl neuer Erfindungen die Lebensgewohnheiten der Menschen.

Vielen Menschen machte die rasante Entwicklung um die Jahrhundertwende Angst. Das neue, von Unsicherheit und inneren Widersprüchen geprägte, fragwürdige Weltbild fand in der Literatur, der Malerei und der Musik seinen Niederschlag. Es kam zu Umbrüchen und mancher geriet in den Sog einer Weltuntergangsstimmung. Viele Künstler erlebten ihren eigenen Lebensraum als eng und zunehmend fremdbestimmt. Sie suchten neue Wege, sich auszudrücken.

Einige Maler, zu denen auch FRANZ MARC gehörte, gründeten die Künstlergemeinschaft *Der Blaue Reiter*. Sie beschäftigten sich mit abstrakter Malerei (abstrakt: ›losgelöst‹) und standen im Austausch mit Komponisten wie ARNOLD SCHÖNBERG (1874–1955), der ähnliche Ziele verfolgte. Man versuchte neue künstlerische Formen umzusetzen. Später nannte man diesen Stil **Expressionismus.**

Bei Bildern von MARC ist in den Jahren 1910–1914 eine Veränderung zu beobachten, die (unter anderem) durch einen Konzertbesuch mit Werken SCHÖNBERGS im Jahre 1911 angeregt wurde.

Drei Bilder des Künstlers FRANZ MARC: Die Titel lauten: *Turm der blauen Pferde, Drei rote Pferde* und *Die kleinen gelben Pferde.* MARC wurde 1880 geboren und fiel als Soldat im Ersten Weltkrieg 1916.

AUFGABEN

- *Vergleicht die drei Bilder von MARC. Welche Veränderungen könnt ihr bei den Pferden erkennen? Beachtet auch die jeweiligen Hintergründe.*
- *Die Bilder wurden in den Jahren 1911, 1912 und 1913 gemalt. Ordnet ihnen die Entstehungszeit zu und begründet eure Entscheidung.*

PABLO PICASSO:
›Le toureau‹,
1945/46

Abstraktion

12. Jh.	13. Jh.	14. Jh.	15. Jh.	16. Jh.
1200 Mittelalter	1300	1400	1500 Renaissance	160

Arnold Schönberg

Der Komponist ARNOLD SCHÖNBERG wurde 1874 in Wien geboren. Er starb 1955 in Los Angeles. Als Komponist war er im Wesentlichen Autodidakt. 1925 wurde er Professor für Komposition in Berlin, aber 1933 als Jude entlassen. Er emigrierte nach Amerika und wurde Professor für Musik an der University of California. Sein Schritt um 1908 von der Tonalität zur **Atonalität** (oder freier Tonalität, wie SCHÖNBERG sie nannte) war für den Beginn des Expressionismus sehr wichtig. Diese Kompositionsweise wird als eine der radikalsten Neuerungen der Musik des 20. Jahrhunderts angesehen. **CD V/8–10**

ARNOLD SCHÖNBERG, um 1930

AUFGABEN

- *Auf welche Idee könnte* FRANZ MARC *beim Hören der Musik von* SCHÖNBERG *gekommen sein? Überlegt, was der Maler nach dem Hören der Musik verändert haben könnte.*
- *Beschreibt die Veränderungen in der Bildfolge »Le taureau« von* PICASSO *und im Notenbeispiel.* **CD V/11**
- *Auch* IGOR STRAWINSKY *sprengte in seinem Ballett »Le Sacre du Printemps« (1913) die Grenzen der Tonalität. Formuliert mögliche Reaktionen des Publikums.* **CD V/12**

Atonalität (freie Tonalität)
Bei der Wahl des Klangmaterials wird auf ein tonales Zentrum mit Kadenzen, Leittönen und gewohnten Akkorden verzichtet. Es wird nicht nach konsonanten oder dissonanten Intervallen unterschieden. Konsonanzen werden zugunsten der Dissonanz eher vermieden.
»Die Tonalität ist kein ewiges Naturgesetz der Musik.«
(Arnold Schönberg, 1911)

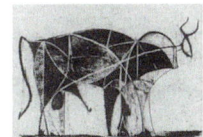  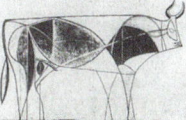 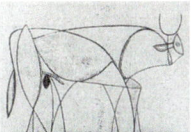  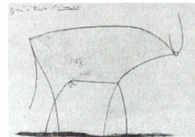

Walther Engel

17. Jh.		18. Jh.		19. Jh.			20. Jh.		21. Jh.
	1700 Barock		1800 Klassik		Romantik	1900 Impressionismus Expressionismus		2000	

Aufbruch –
Bitonalität, Atonalität, Zwölftonmusik

KON TEXT

Die Musikschriftsteller, die über den Zeitabschnitt nach DEBUSSY schreiben, machen meistens einmütig SCHÖNBERG und STRAWINSKY verantwortlich für die Reaktion, die jene Jahre ausgelöst haben. Nach meiner Auffassung ist vielmehr BARTÓK – mit SCHÖNBERG und STRAWINSKY zusammen – der eigentliche Repräsentant der musikalischen Revolution in dieser Generation.
(Aus dem Vorwort ARTHUR HONEGGERS zu dem Buch von Serge Moreux: Béla Bartók, 1949)

Bagatelle *(aus: 14 Bagatellen, op. 6)*

Béla Bartók

BÉLA BARTÓK (1881–1945), ungarischer Komponist, Pianist, Volksliedforscher und Klavierpädagoge; 1940 als Gegner des Faschismus in die USA emigriert. Sein Schaffen umfasst alle musikalische Gattungen; klavierpädagogisches Werk: *Mikrokosmos.*

ANALYSE

- Was fällt dir im Vergleich zur »gewohnten« Musik auf? **CD V/13**
- Bestimme den Grundton.
- Welche Hand spielt die Melodie? Wie ist die Begleitung beschaffen? Untersuche das Zusammenspiel beider Hände.
- Entwerfe auf der Grundlage deiner Analyse eine Definition des Begriffs »Bitonalität«.

WORK SHOP

- Spielt das Stück oder Teile daraus ohne Vorzeichen auf einem oder zwei Instrumenten und äußert euch zum Zusammenklang.
- Tauscht die Vorzeichen in den beiden Systemen aus. Wie verändert sich das Stück?
- Schreibe die beiden Tonleitern untereinander und spiele sie. Äußere dich zum Klangeindruck.

12. Jh.	13. Jh.	14. Jh.	15. Jh.	16. Jh.	
	1200	1300	1400	1500	1600
	Mittelalter			Renaissance	

II. Klavierstück (aus: Sechs kleine Klavierstücke, op. 19)

Arnold Schönberg

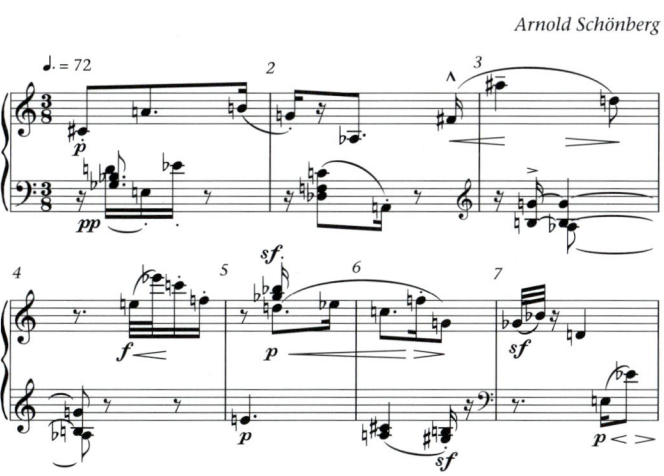

ANALYSE

- Welcher Ton (oder Akkord) bildet das »Klangzentrum« des *Klavierstückes II?* **CD V/14**
- Sucht im Notenbild die Terzen und lasst sie euch vorspielen. Äußert euch zum Klang. Wodurch wirkt der gewohnte Terzengebrauch beim Hören hier fremd?
- Was ist an diesem Klavierstück »atonal«?
- Suche Begründungen für und gegen die Meinung, die Musik sei »abstrakt«.

- Dem *Walzer* liegt eine Zwölftonreihe zugrunde. Hört euch die Einspielung an und äußert euch zur Gesamtwirkung und zum Titel des Werkes. **CD V/9**
- Die Melodie in den Takten 1–4 hat Schönberg aus den rhythmisierten Tönen der Reihe geformt. Notiert die Reihe und nummeriert die Töne.
- Mit welchem Verfahren gewinnt Schönberg aus der Reihe die Gestalt für die Figur in der linken Hand? Welche Funktion kommt ihr zu?

Walzer (aus: Fünf kleine Klavierstücke, op. 23)

Arnold Schönberg

> Die **Zwölftontechnik (Dodekafonie)** ist ein von Arnold Schönberg ab 1920 entwickeltes Kompositionsverfahren, bei dem anstelle tonaler Tonleitern eine **Reihe** zugrunde liegt, die alle 12 Töne der chromatischen Skala je einmal in einer verbindlichen Reihenfolge enthält.

Die neue Freiheit – Musik der Gegenwart

Das 20. und 21. Jahrhundert sind geprägt durch die Auflösung der konventionellen Notation einerseits und die Stilvielfalt innerhalb einer relativ kurzen Epoche andererseits. Diese neue Freiheit reicht vom Rückgriff auf historische Kompositionsweisen bis zur Aufgabe des gesamten traditionellen Musik- und Werkbegriffs (s. auch S. 52f.).

Die so genannte »U-Musik« blieb von diesem Bruch allerdings so gut wie unberührt.

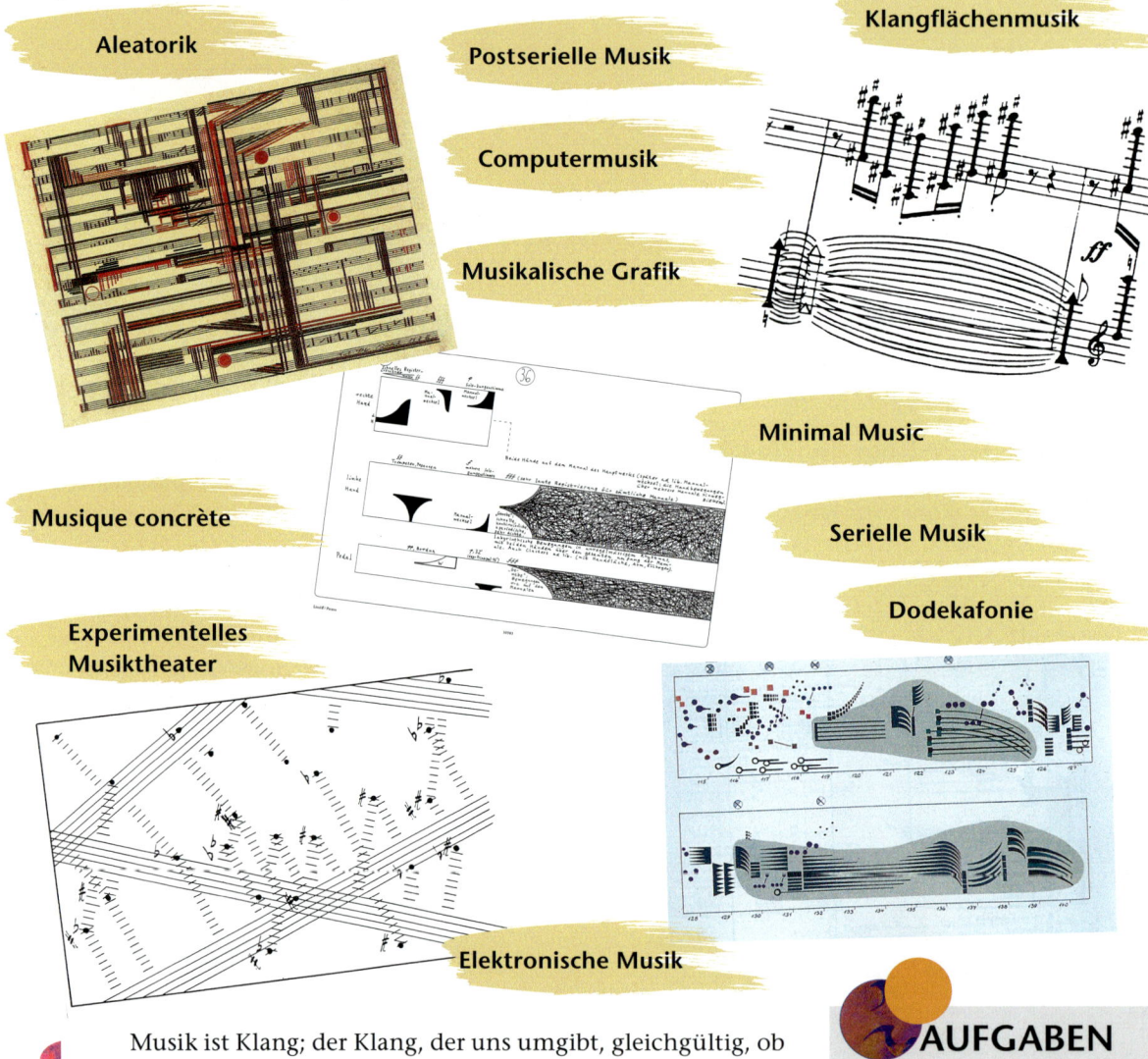

Aleatorik

Postserielle Musik

Klangflächenmusik

Computermusik

Musikalische Grafik

Minimal Music

Musique concrète

Serielle Musik

Dodekafonie

Experimentelles Musiktheater

Elektronische Musik

KONTEXT

Musik ist Klang; der Klang, der uns umgibt, gleichgültig, ob wir uns im Konzertsaal aufhalten oder sonstwo.
(John Cage, um 1965)

Frei ist die Tonkunst geboren und frei zu werden, ihre Bestimmung. [...] Nehmen wir es uns doch vor, die Musik ihrem Urwesen zurückzuführen, befreien wir sie von architektonischen, akustischen und ästhetischen Dogmen, lassen wir sie reine Erfindung und Empfindung sein, in Harmonien, in Formen und Klangfarben.
(Ferrucio Busoni, 1907)

AUFGABEN

- *Welche Auffassung von Musik spiegelt Cages Definition wider?*
- *Vergleiche die Aussagen von Busoni und Cage.*
- *Warum stießen Busonis und Cages Ideen auf Widerstand?*

12. Jh.	13. Jh.	14. Jh.	15. Jh.	16. Jh.
1200 Mittelalter	1300	1400	1500 Renaissance	1600

Grafik für mehrere Spieler im Raum

Gernot Klein

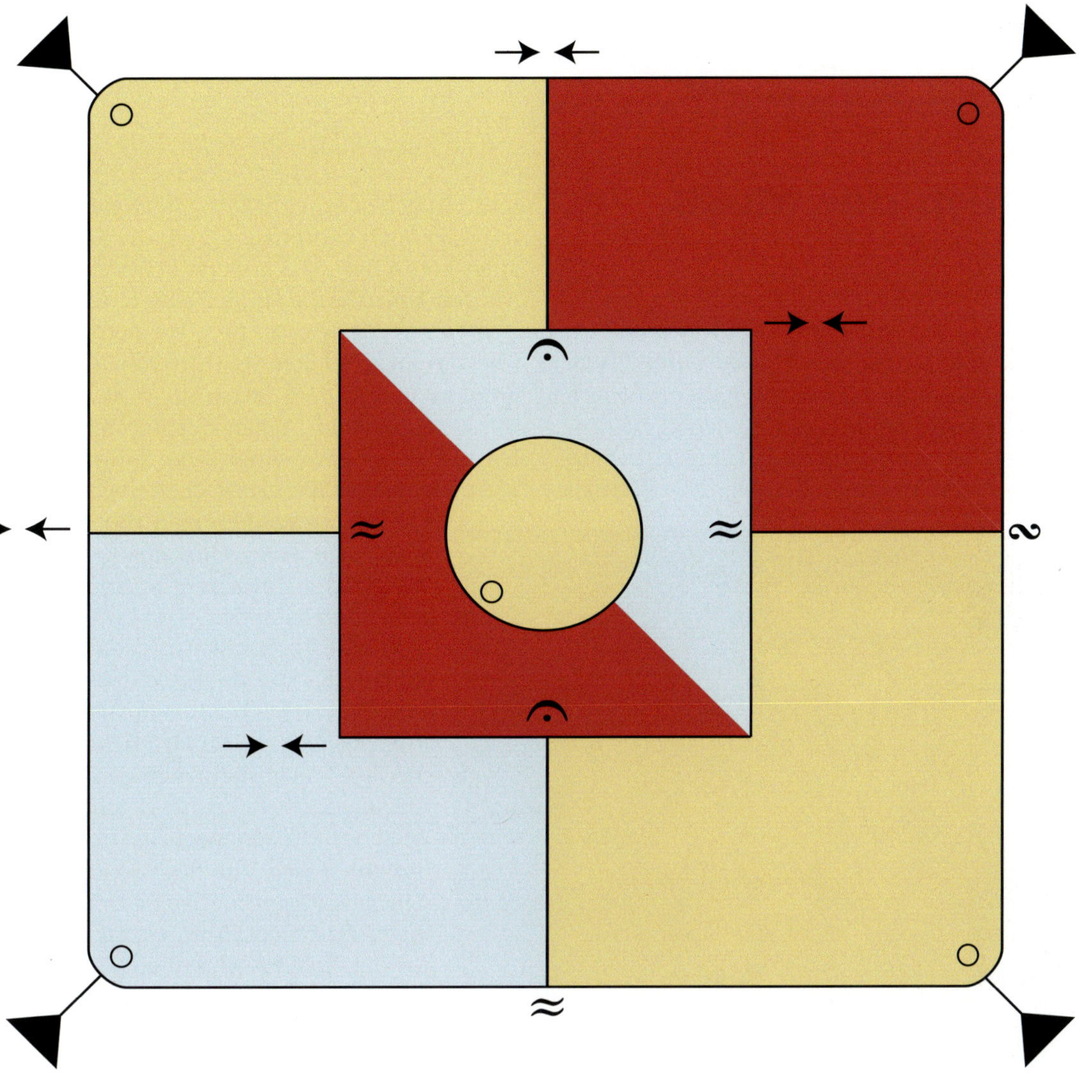

Aktionsbestimmung:

≈	Imitation
∾	Variation
→ ←	Kontrast
⌢	Pause
O	neue, unabhängige Aktion

Ausführung:
- instrumental
- vokal
- darstellerische Aktion
- Aktion mit Materialien
- Die Spieldauer wird vorher verabredet oder ergibt sich aus dem Spiel.

Zeichenerklärung:
Die Linien geben Zeitdauer und Einsatzabstände der Ereignisse an. Die Spieler beginnen jeweils in den schwarzen Dreiecken.

- Entwerft auf der Grundlage der Legende einen Spielverlauf für zwei oder mehrere Spieler.
- Entscheide dich für eine der vier Ausführungsmöglichkeiten oder für eine Kombination.
- Überlege einen geeigneten Schluss.
- Finde weitere sinnvolle Spielregeln.

Gut in Form

Die Form der Musik

Was eine Form ist, weiß schon ein Kind, das im Sandkasten spielt oder der Mutter beim Plätzchenbacken zuschaut. Zunächst haben Formen immer etwas mit dem äußeren Aussehen zu tun. Gegenstände können aus runden, eckigen, ovalen und vielen anderen Formen bestehen. Sie können sehr einfach sein (ein Kreis, ein Dreieck, ein Würfel) oder auch kompliziert (z. B. die Körperformen eines Menschen oder anderer Lebewesen).

An den Umrissen, d. h. der äußeren Form, lassen sich Gegenstände erkennen. Formen nehmen wir über das Auge mit dem Sehsinn wahr. Oder wir »begreifen« sie mit dem Tastsinn. So ist zum Beispiel mit geschlossenen Augen nur durch Ertasten der Form, ein Apfel von einer Birne zu unterscheiden. Formen lassen sich weder riechen noch schmecken.

Aber kann man Formen auch hören?

Die **Form eines Musikstückes** kann man vergleichen mit den äußeren Umrissen von Gegenständen. Der äußere Rahmen von Musik ergibt sich aus dem **Aufbau** und **Ablauf** des Stückes. Ihr kennt zum Beispiel den Unterschied zwischen **Strophe** und **Refrain** bei Liedern, Schlagern oder Songs. Der Refrain – auch **Kehrreim** genannt – kehrt nach jeder Strophe mit gleichem Text und gleicher Melodie wieder. Strophen unterscheiden sich durch verschiedene Texte. Die Melodie von Strophe und Refrain ist bei vielen Liedern unterschiedlich. Songs in der Rockmusik haben als zusätzliche Formteile oft noch ein **Intro** als Einleitung, als Überleitungsteil die **Bridge** und sie können mit einem **Outro** enden.

GIUSEPPE ARCIMBOLDO: *Der Sommer*, 1573

AUFGABE

- *Betrachtet das Bild aus einer größeren Entfernung. Was hat* ARCIMBOLDO *gemacht, um beim Betrachter den Eindruck einer Kopfform hervorzurufen?*

Intro | Strophe | Refrain | Strophe | Refrain | Bridge | Strophe | Refrain | Outro

Gleich – ähnlich – anders

Um die Form eines Liedes oder eines Instrumentalstückes herauszufinden, müsst ihr untersuchen, welche Abschnitte gleich, ähnlich oder verschieden sind. Die einzelnen Teile werden nach dem Alphabet mit **Großbuchstaben** benannt. Gleiche Teile bekommen auch den gleichen Buchstaben. Sind Abschnitte ähnlich, dann wird zum Buchstaben ein Strich hinzugefügt (z. B. A', B' usw.).

Viele Lieder haben keinen Refrain, sie bestehen nur aus einem einzigen **Teil A**. Dieser lässt sich, wie alle größeren Formteile eines Musikwerkes auch, noch weiter untergliedern. Die kleinen Abschnitte werden mit **Kleinbuchstaben** bezeichnet. Der Teil A kann z. B. aus den **Teilen a b b'** bestehen.

Oft lassen sich innerhalb der kleinen Abschnitte noch weitere sinnvolle Unterteilungen vornehmen.

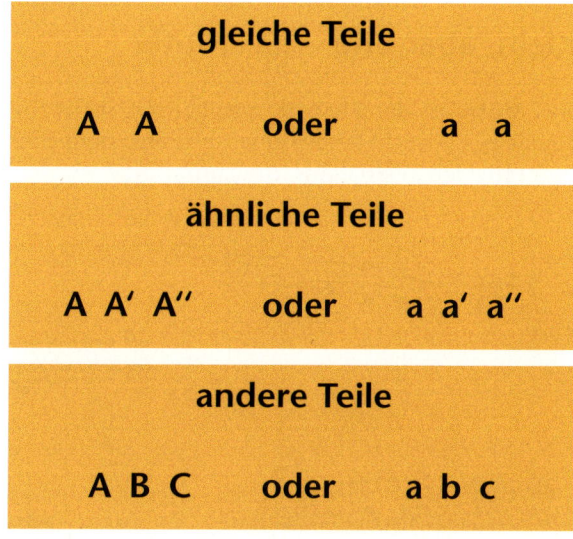

gleiche Teile

A A oder a a

ähnliche Teile

A A' A'' oder a a' a''

andere Teile

A B C oder a b c

Groovy Kind of Love

Text und Musik: Toni Wine / Carole B. Sager
(nach einem Rondo aus einer Sonatine von Muzio Clementi)

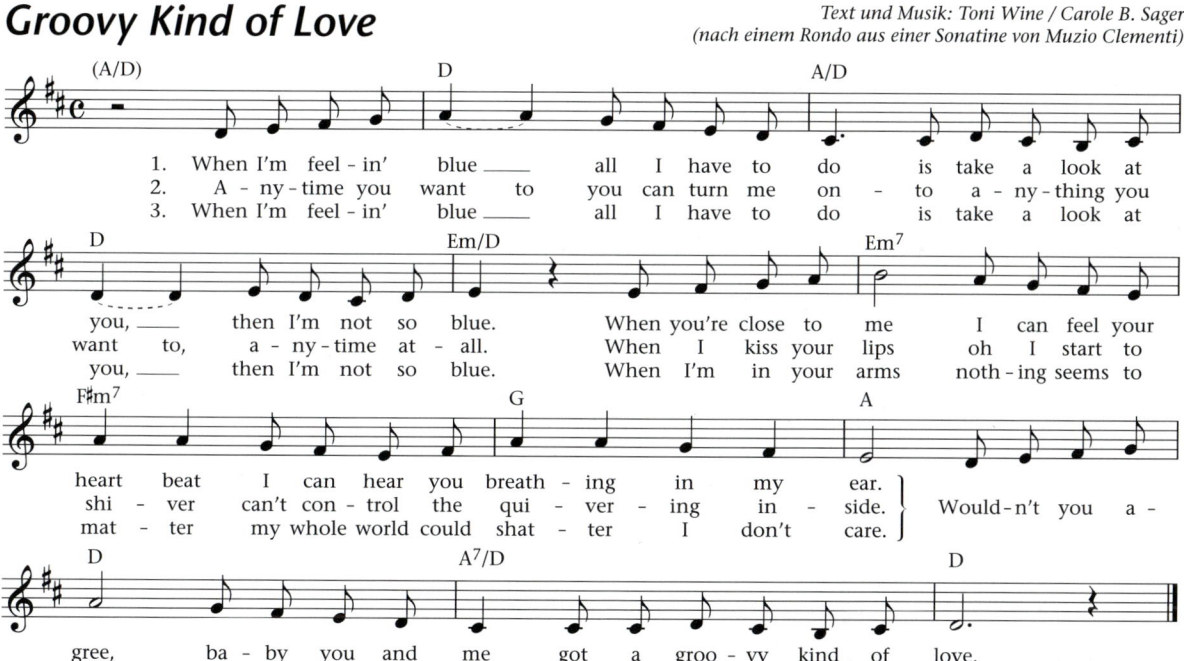

1. When I'm feel-in' blue _____ all I have to do is take a look at
2. A-ny-time you want to you can turn me on – to a-ny-thing you
3. When I'm feel-in' blue _____ all I have to do is take a look at

you, _____ then I'm not so blue. When you're close to me I can feel your
want to, a-ny-time at-all. When I kiss your lips oh I start to
you, _____ then I'm not so blue. When I'm in your arms noth-ing seems to

heart beat I can hear you breath-ing in my ear.
shi – ver can't con-trol the qui-ver-ing in – side. } Would-n't you a-
mat – ter my whole world could shat-ter I don't care.

gree, ba – by you and me got a groo-vy kind of love.

AUFGABEN

- *Sucht im Buch nach Liedern, die sich in Strophe und Refrain aufteilen. Stellt jeweils fest, aus wie vielen Takten die Formteile bestehen.*

- *Untersucht den Song »Groovy kind of love« nach Formteilen, die gleich, ähnlich oder anders sind, und bezeichnet sie mit Groß- und Kleinbuchstaben.*

Vom Motiv zum Thema

Klein, aber oho – das Motiv

Das **Motiv** ist der kleinste musikalisch sinnvolle Baustein. Er drückt bereits eine Geste aus, steht aber nicht für sich alleine. Aus ihm kann durch Wiederholung, Veränderung und durch Kombination mit weiteren Motiven ein größerer Melodieabschnitt entstehen.

Aussagekräftig – die Phrase

Eine **Phrase** (griech.: ›das Sprechen, der Ausdruck‹) besteht meist aus mehreren Motiven und hat melodischen Charakter. Sie ist vergleichbar mit einem Teilsatz, der mit einem Komma endet oder dem ein anderer Teilsatz vorangestellt ist.

- Erfinde selbst prägnante Motive.
- Entwickle aus diesen Motiven Phrasen.

AUFGABE

- *Suche im Kapitel »Lieder« nach Motiven und Phrasen.*

Wiederkehr mit Schluss – die Periode

In der Musik kann ein solcher Teilsatz, der mit einem Komma endet, wiederholt werden und am Ende mit kleinen Veränderungen zum Schluss führen. Was in der Sprache ungebräuchlich ist, ist in der Musik eine häufig verwendete melodische Form – die **Periode** (griech.: ›regelmäßige Wiederkehr‹). Eine periodisch geformte Melodie besteht in der Regel aus acht Takten: Der **Vordersatz** aus den ersten vier Takten besitzt einen sich öffnenden Charakter, der **Nachsatz** wiederholt und endet geschlossen.

AUFGABE

- *Auf welchen harmonischen Stufen enden die beiden Teilsätze (s. auch S. 151)?*

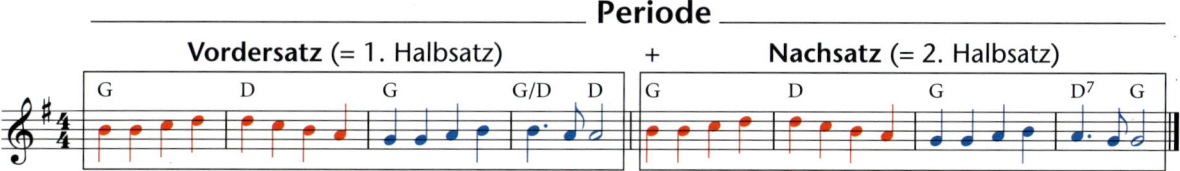

Wiederkehr mit Entwicklung – der Satz

Eine andere melodische Form, der **Satz**, basiert auf der Kombination von Motiven, die sich weiterentwickeln. Solche Melodien wirken nicht geschlossen, sondern haben einen nach vorne drängenden Charakter. Der Begriff **Satz** hat in der Musik noch andere Bedeutungen, z. B. in Bezeichnungen wie **Sonatensatz** (s. Seite 176f.), **homofoner Satz** (s. Seite 118), **Vordersatz** (s. o.), **Bläsersatz** (s. Seite 28) oder **erster Satz** einer Sinfonie (s. Seite 178).

AUFGABE

- *Zeige auf, wie sich der Satz aus der f-Moll-Sonate von* Ludwig van Beethoven *aus zwei kombinierten Motiven entwickelt.* **CD V/15**

Ludwig van Beethoven

Wiederkehr der Hauptsache – das Thema

Viele Musikwerke sind geprägt von den Melodien, die darin erklingen. Diejenigen, die häufiger auftreten und aus denen große Formen, wie z. B. Sinfonien und Sonaten, gebaut sind, nennt man **Themen** (s. Seite 176f.). Der Umfang eines Themas kann von wenigen Tönen bis zu mehrteiligen Melodien reichen.

Liedformen

Kinder- und Volkslieder sind oft formal einfach gebaut. Die einfachste Form, bestehend aus einem **Teil A**, kennen wir von dem Lied *Alle meine Entchen*. Das Lied *Die Moorsoldaten* (s. Seite 303) weist die beiden unterschiedliche **Teile A und B** auf.

Dreiteilige Formen entstehen häufig durch einen Rückgriff auf den ersten Teil. Eine solche **A-B-A-Form** finden wir beispielsweise in *Alle Vögel sind schon da*.

Alle Vögel sind schon da

Von dieser **A-B-A-Form** lassen sich zahlreiche Varianten ableiten:
AABA oder AA'BA' ...

Aus dem 2. Satz der Sinfonie Nr. 9 (»Aus der neuen Welt«) *Antonin Dvořák (1841–1904)*

WORK SHOP

- Musiziere *Alle Vögel sind schon da* auch in anderen Formen (z. B. AABA) und vergleiche.

AUFGABEN

- *Bestimme die Liedform des »Largos« mithilfe von Klein- und Großbuchstaben.* **CD V/16**
- *Bestimme die Liedformen von Beispielen aus dem Kapitel »Lieder«.*

Das Menuett – eine getanzte Form

Das **Menuett** war ursprünglich ein barocker Tanz, der aufgrund seiner Beliebtheit oft in die Sonaten und Sinfonien der Wiener Klassik übernommen wurde. Typisch ist seine A-B-A-Form:

A1 = Menuett, B = Trio, A2 = Menuett

Jeder Teil weist in sich wiederum eine dreiteilige Form auf: a b a' bzw. c d c'.

Zahlreiche Wiederholungen im Menuett **A1** und im Trio **B** treten im Ablauf hinzu: Der erste Formteil a und der erste Formteil c werden einzeln wiederholt, die zwei darauffolgenden Teile werden zusammen wiederholt (b a' bzw. d c').

239 TANZ

Menuett (aus dem Streichquintett E-Dur)

Luigi Boccherini (1743–1805)

D.C. al Fine senza repetizione

ANALYSE
- Zeige am Notenbeispiel die einzelnen Formabschnitte auf.
- Schreibe mithilfe des Arbeitsblattes die Form mit Klein- und Großbuchstaben auf.
- Wie sind die Teile b und d aufgebaut?
- Überprüfe die Ergebnisse beim Hören. **CD V/17**

Rondoformen

Prélude (aus: »Te deum« für Soli, Chor und Orchester)

Marc Antoine Charpentier (1636–1704)
Mitspielsatz: Thomas Stapf

WORK SHOP

- Spielt den Satz mit geeigneten Instrumenten für die Melodie (1) und die Begleitstimmen (2), (3).
- Hört euch das Hörbeispiel auf **CD IV/10** an und prägt euch die Passagen ein, an denen die obenstehende Musik (= A) erklingt. Ihr könnt auch an den entsprechenden Stellen mitspielen.
- Notiert die Form des Rondos mit Großbuchstaben. Welche Rondoform ergibt sich?

Kettenrondo, Bezeichnung für die Form A B A C A und deren logische Fortführung.
Bogenrondo, Bezeichnung für die Form A B A C A B A.
Refrain, Teil A
Couplets, unterschiedliche Zwischenteile B, C.

Die Variation

So wie hier das Wort »Musik« verändert (variiert) wurde, kann man auch ein musikalisches Thema variieren. Die Möglichkeiten sind vielfältig; oftmals geschieht die Variation auf mehreren Ebenen, sodass das originale Thema nur noch erahnt werden kann.

Musik – MUSIK – MmUuSsiKk – MkuissiukM –

Musik – kisuM

AUFGABEN

- Welche der Variationen über das Wort »Musik« lassen sich auf die Musik selbst übertragen?
- Beschreibt die Melodiestimme und die Begleitung des Themas aus der Klaviersonate von WOLFGANG AMADEUS MOZART. **CD V/18**
- Beschreibt die II. und VI. (= letzte) Variationen. **CD V/19–20**

Sonate für Klavier, A-Dur KV 331

Wolfgang Amadeus Mozart (1756–1791)

Die Sonatenhauptsatzform

Im Laufe der Musikgeschichte haben sich Formen herausgebildet, die charakteristisch für bestimmte Epochen wurden und zum Teil auch bei Kompositionen der heutigen Zeit zu finden sind. Dazu gehören z. B. die **Sonate** und die **Sinfonie**. Die einzelnen Sätze lassen sich noch in kleinere Abschnitte untergliedern. In der Epoche der Klassik kann man bei sehr vielen Sonaten und Sinfonien im ersten Satz einen ähnlichen musikalischen Aufbau feststellen. Man spricht von der **Sonatenhauptsatzform** (oder Sonatensatzform). Diese dreiteilige Form ist in der Grafik (verallgemeinernd) schematisch dargestellt.

Sonata facile, C-Dur, KV 545

Wolfgang Amadeus Mozart

Teil A: Exposition

Teil B: Durchführung

Teil A': Reprise

ANALYSE

- Beschreibt das erste Thema und das zweite Thema.
- Achtet beim Hören der Exposition auf die Einsätze der Themen. **CD V/21**
- Worin besteht die Überleitung zwischen den beiden Themen?
- Wie ist die Durchführung gestaltet? **CD V/22**
- Orientiert euch beim Hören der Reprise am Formschema. **CD V/23**
- Hört im 1. Satz der Sinfonie Nr. 5 von FRANZ SCHUBERT die beiden Themen heraus und versucht ihre charakteristischen Merkmale vom Höreindruck her zu benennen (Exposition). **CD V/24**
- Wodurch unterscheidet sich die Durchführung von der Durchführung aus der Klaviersonate von MOZART? **CD V/25–26**

FÜHRUNG — REPRISE

Erstes Thema (Hauptsatz) · Überleitung · Zweites Thema (Seitensatz) · Coda

Die sinfonische Großform

Eine **Sinfonie** ist ein großes Orchesterwerk, das aus meist drei bis vier Teilen – **erster Satz, zweiter Satz, dritter Satz** – besteht. Jeder einzelne Satz hat einen ausgeprägten Charakter und sorgt so für **Abwechslung** in der Sinfonie, die meist eine halbe bis eine ganze Stunde dauert. Die Komponisten erreichen dies durch eine unterschiedliche Gestaltung im Tempo und Takt, in der Form, in der Lautstärke (Dynamik) und der Instrumentation, in den Tonarten, in der Satztechnik usw.

Damit die Sinfonien trotz gegensätzlicher Einzelsätze auch eine **Geschlossenheit** aufweisen, haben viele Komponisten auch Zusammenhänge zwischen den einzelnen Sätzen hergestellt, indem sie beispielsweise die Motive ähnlich gestaltet haben, verwandte Tonarten gewählt haben, Überleitungen vom einen zum anderen Satz komponiert haben oder Zitate aus vorhergehenden Sätzen eingebunden haben.

Die bekannteste Sinfonie überhaupt ist wahrscheinlich BEETHOVENS fünfte Sinfonie in c-Moll, die so genannte »Schicksalssinfonie« (ausführlicher zu LUDWIG VAN BEETHOVEN: s. Seiten 149f.)

Der **erste Satz** der Sinfonie steht in c-Moll und ist traditionsgemäß in der Sonatenhauptsatzform komponiert.

Der **zweite Satz** ist ein Variationssatz in As-Dur:

Der **dritte Satz**, wieder in c-Moll, steht im schnellen 3/4-Takt und ist eine Art schnelles Menuett, ein **Scherzo**:

Zum **vierten Satz** hat Beethoven eine Überleitung komponiert, sodass es zwischen dem dritten und vierten Satz keine Pause gibt. Der Finalsatz erklingt im strahlenden C-Dur und ist wiederum in der Sonatensatzform angelegt.

Erstes Thema (Anfang)
CD V/33

Zweites Thema (Anfang)
CD V/34

Symphonie Nr. 5, *op. 67, 1. Satz*

Ludwig von Beethoven
(Mit-)Spielsatz: Thomas Stapf

Allegro con brio (♩ = 108)

Pauken: G G G G(tr) G G G G(tr)

- Charakterisiere die Gegensätzlichkeit der Themen des ersten Satzes.
- Inwieweit ist die Melodie des Themas aus dem zweiten Satz in der Variation I verändert worden?
- Vergleiche Tonarten und Charaktere der beiden Themen aus dem dritten Satz.
- Auf welchen Stufen der Tonart C-Dur stehen die beiden Themen des vierten Satzes?
- Überlegt euch eine Instrumentation für den Mitspielsatz und spielt ihn zu einer Aufnahme dazu.

Das Konzert als Form

Der Begriff **Konzert** wird nicht nur für die musikalische Veranstaltung, sondern auch für verschiedene musikalische Formen benutzt. Schon im 16. Jahrhundert wurde das Zusammenspiel von unterschiedlichen Klanggruppen als »concert« (von lat. conserere: ›zusammenfügen, zusammensetzen‹) bezeichnet. Eine weitere Wurzel ist das italienische Wort concertare: ›wetteifern, streiten‹, das auf ein Wetteifern zwischen den Klanggruppen hinweist. Beiden Wortquellen liegt das Prinzip des **Zusammenwirkens unterschiedlicher Klanggruppen**, wie z. B. Chor und Chor, Chor und Instrumente, Chor und Solisten, Orchester und Solist etc., zugrunde.

Venezianische Mehrchörigkeit

Die Ursprünge der instrumentalen Konzertformen Concerto grosso und Solokonzert liegen in der **venezianischen Mehrchörigkeit**. Diese wiederum begründet sich auf das Wechselspiel zweier Organisten in der Kirche San Marco in Venedig Mitte des 16. Jahrhunderts. Später wurde dieser »konzertante Effekt« auch auf Chöre übertragen, die von einander gegenüberliegenden Emporen sangen. GIOVANNI GABRIELI (ca. 1555–1612) war einer der bedeutendsten Komponisten dieser Zeit, der diese Musizierform auf Instrumente übertrug. **CD V/35**

Concerto grosso

Concerto grosso heißt wörtlich ›großes Konzert‹. In dieser Konzertform wechseln sich zwei verschiedene Klanggruppen ab. Die kleine Gruppe umfasst in der Regel drei Solisten, ist zumeist anspruchsvoller und wird **Concertino** (›kleines Konzert‹) genannt. Die große Gruppe umfasst das volle Orchester, ist einfacher gehalten und wird **Ripieno** genannt. Diese beiden Klanggruppen spielen im Wechsel miteinander. Dadurch unterscheiden sich die aufeinander folgenden Abschnitte im Concerto grosso meist im Klang, in der Lautstärke und in der Melodie.

Das **Concerto grosso** hat mehrere Sätze, darunter auch Tanzsätze wie z. B. die Sarabande, das Menuett und die Courante. Als Erfinder des Concerto grosso gilt der Komponist und Geiger ARCANGELO CORELLI (1653–1713). Diese Konzertform war in der Barockzeit sehr verbreitet. Besonders berühmt sind die *Brandenburgischen Konzerte* von JOHANN SEBASTIN BACH (1685–1750).

Solokonzert

Nach der Barockzeit wurde eine andere Konzertform, die gleichzeitig entstanden war, populär: das dreisätzige **Solokonzert**. Hier steht dem Orchester nicht eine kleine Instrumentengruppe gegenüber, sondern ein einzelnes Instrument – das Konzertieren findet zwischen **Solo** (allein) und **Tutti** (alle) statt.

Die Solokonzerte aus der Zeit der Wiener Klassik und der Romantik sind meist angelegt wie Sinfonien: Der erste Satz zeigt die Sonatensatzform, die Folge der einzelnen Sätze bringt Abwechslung und Zusammenhang zugleich.

Als Soloinstrumente wurden anfangs nur Trompete, Oboe oder Violine benutzt. Heute gibt es jedoch kaum ein Instrument, für das noch kein Konzert geschrieben wurde. Besonders viele Solokonzerte gibt es für die Violine und das Klavier.

WOLFGANG AMADEUS MOZART (1756–1791) und CARL STAMITZ (1745–1801) schrieben im 18. Jahrhundert die ersten Klarinettenkonzerte, da die Klarinette in der damaligen Zeit entwickelt wurde. Die Klavierkonzerte MOZARTS (s. Seite 146ff.) und das einzige Violinkonzert von LUDWIG VAN BEETHOVEN (1770–1827) sind die weltweit mit am häufigsten gespielten Solokonzerte. FRANZ LISZT, einer der bedeutendsten Pianisten des 19. Jahrhunderts, komponierte besonders virtuose Klavierkonzerte.

Im 20. Jahrhundert entstehen auch Konzerte für andere Instrumente, wie z. B. das Konzert für Bratsche und Konzerte für einzelne Blasinstrumente von PAUL HINDEMITH (1895–1945). In den Konzerten für Orchester von BÉLA BARTÓK und IGOR STRAWINSKY (1882–1971) leben Elemente des barocken Concerto grosso wieder auf.

Brandenburgisches Konzert Nr. 2, F-Dur, BWV 1047, 1. Satz

Johann Sebastian Bach
(1685–1750)

Verlaufsskizze zum Anfang des 1. Satzes

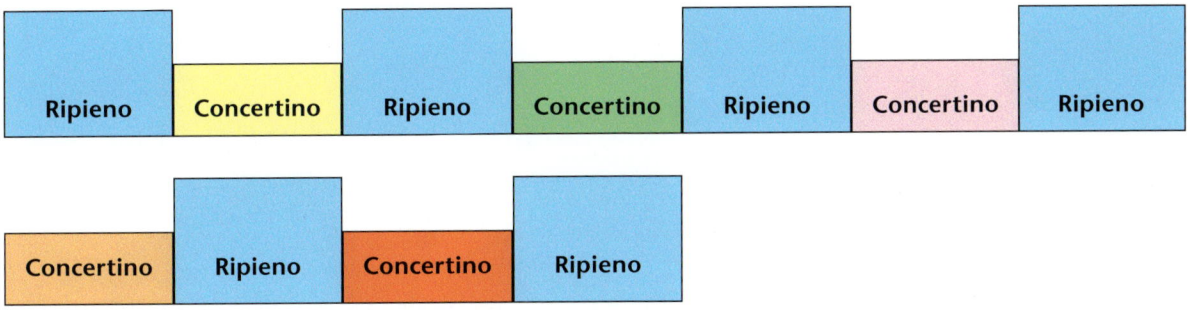

AUFGABEN

- Welches Prinzip liegt den folgenden drei Hörbeispielen zugrunde? **CD V/36–38**
- Verfolgt beim Hören des Anfangs des 1. Satzes aus dem »2. Brandenburgischen Konzert« von J. S. Bach die oben abgebildete Grafik. Aus

welchen Instrumenten besteht jeweils das Concertino? **CD V/39**
- Fertigt nach dem gleichen Muster eine eigene Grafik zu dem Ausschnitt aus dem »Concerto grosso« von Arcangelo Corelli an. **CD V/40**

Neue Klangwelten

Töne, Klänge und Geräusche umgeben und begleiten uns. Da die Natur für unsere Ohren keine Klappen oder Lider vorgesehen hat, sind wir ein Leben lang mit Klängen, Tönen und Geräuschen in Verbindung, sehr selten auch mit der Stille. Für die meisten Menschen haben Geräusch und Musik nichts miteinander zu tun. »Musik muss einen guten Rhythmus zum Mitklatschen und eine schöne Melodie zum Mitsingen haben«, sagen viele. Nicht so die Komponisten zeitgenössischer Musik: Für sie kann alles Musik sein: das Rascheln einer Zeitung, die Sirene eines Dampfers, das Rauschen des Regens oder die Geräusche einer Autobahn. Viele experimentieren mit Klängen und Geräuschen, versuchen mit Instrumenten Geräusche nachzumachen oder erfinden neue Klänge und sogar neue Instrumente. Für die Hörer bietet die zeitgenössische Musik neue Klangwelten, zu denen man sich in der Fantasie ganz neue Bilder oder Geschichten entwickeln kann. Vielleicht habt ihr schon Filme gesehen, die mit dieser neuen Musik spannende oder aufregende Szenen gestalten. Seit etwa dreißig Jahren gibt es auch Klang- und Geräuschesammler, die überall auf der Welt Tonaufnahmen machen und damit Musikstücke gestalten.

Metropolis-Atlantis
Klangkomposition über eine versunkene Stadt unter Wasser.

Soundmarks of the Ocean
Der Komponist CECIL DE PRADO hat Klänge des Meeres eingefangen.

Internet-Wasser-Musik
Erdbeben auf dem Meeresboden wurden in Klänge umgewandelt und zu einer großen Internet-Sinfonie gestaltet.

Roratorio
JOHN CAGE, einer der wichtigen Komponisten des 20. Jahrhunderts, reiste durch Irland und fing Klänge der Insel und des Meeres ein.

Soundscape Vancouver
Der Komponist und Klangsammler ROBERT MURRAY SCHAFER hat aus den Originaltönen der kanadischen Stadt Vancouver und der Küste eine Klangkomposition gestaltet.

AUFGABEN

- *Was unterscheidet das Foto auf der linken Seite von einer üblichen Aufnahme eines Radrennens?*
- *Malt die Teile der versunkenen Stadt Atlantis, die ihr beim Hören erkennen könnt.* **CD V/41**
- *Welche konkreten Meeresklänge könnt ihr identifizieren?* **CD V/42**
- *An welche musikalischen Bausteine erinnern einige umgewandelte Erdbebenschallwellen?* **CD V/43**

- *JOHN CAGE spricht und singt im Hörbeispiel selbst die Texte. Schreibt auf, was ihr verstehen könnt.* **CD V/44**
- *Welche realen Klänge aus dem Hafen von Vancouver sind zu hören?* **CD V/45**
- *Sammelt Klänge und Geräusche (z. B. in der Schule, am Computer, an einer Rolltreppe …).*

Naturklänge – Wassermusik

Seit Menschen Musik machen, beschäftigen sie sich auch musikalisch mit der Natur. Im Griechenland der Antike schnitzten z. B. Hirten aus Bambus- oder Weidenrohr Blasinstrumente und versuchten, Gesänge und Rufe der Vögel nachzuahmen. Aber auch andere Eindrücke der Natur wurden musikalisch verarbeitet: Gewitter und Sturm, Landschaften wie die Alpen (s. S. 188) oder die Wüste, Tages- und Jahreszeiten, Rufe und Bewegungen von Tieren, Pflanzenformen, Vulkanausbrüche oder Weltraumexplosionen.

Eines der populärsten Stücke der Musikliteratur ist *Die Moldau* von BEDŘICH SMETANA (1824–1884), ein Orchesterwerk, in dem der Verlauf eines Flusses von seinen Quellen bis zur Mündung dargestellt wird. Unter den Naturerscheinungen hat besonders das Wasser zu Kompositionen angeregt. Dabei spielt nicht nur das Wasser direkt eine Rolle, sondern auch Tätigkeiten, die im weitesten Sinne mit Wasser verbunden sind.

①

Wasser fließt... strömt... plätschert... rinnt... s

②

③

④

Stücke, die direkt und indirekt mit Wasser zu tun haben

- *Gewitterszene* (aus der *Sinfonie Nr. 6* von LUDWIG VAN BEETHOVEN)
- *Kahnfahrt* (Klavierstück von BÉLA BARTÓK)
- *Raindrops keep falling on my Head* (Song von DAVID/BACHARACH)
- *La Mer* (Orchesterstück von CLAUDE DEBUSSY)
- *Regenbögen* (Song von CAPPUCCINO)
- *Singin' in the Rain* (Song von BROWN/FREED)
- *Regentropfen-Prélude* (Klavierstück von FRÉDÉRIC CHOPIN)
- *Regentropf-Polka* (gesungene Fassung des Instrumentalstücks von JOHANN STRAUSS)
- Meeresmusik oder Klänge aus dem Regenwald (CDs, die man zum Entspannen und Meditieren in Drogerien kaufen kann)

AUFGABEN

- *Wählt eines der Wasserfotos aus und beschreibt es so, dass andere herausfinden können, von welchem ihr sprecht.*
- *Wie bewegt sich das Wasser auf den verschiedenen Abbildungen? Welche Gestalt hat es?*
- *Versucht, den vier Aufnahmen von verschiedenen Wassergeräuschen die passenden Fotos zuzuordnen.* **CD V/46–49**
- *Inwiefern haben die Titel der Stücke, die in dem Kasten abgedruckt sind, etwas mit Wasser zu tun?*
- *Lässt sich das in den Ausschnitten hören?* **CD V/50–53**

(5)

t... gluckst... zischt... braust... tost... nieselt... gießt... tropft...

WORK SHOP

- Wählt einzelne Konsonanten und Vokale aus, mit denen ihr verschiedene Wassergeräusche mit der Stimme darstellen könnt. Manche Laute klingen kurz, andere kann man lange aushalten. Ihr braucht Buchstabenfolgen, die sich leicht wiederholen lassen.
- Versucht die gefundenen Buchstabenkombinationen den Wasserklängen ähnlich werden zu lassen, indem ihr Geschwindigkeit und Lautstärke verändert. Manchmal können Klänge von Wassergeräuschen erst in ungewöhnlichen Stimmlagen erreicht werden.
- Ihr könnt auch ganz neue oder ungewöhnliche Wasserlaute erfinden, die ihr noch nie gehört habt, z. B. »schwong« oder »blasch«!
- In kleinen Gruppen oder mit der ganzen Klasse könnt ihr dann eine Wasserstimmenmusik aufführen. Legt vorher die Länge, den Inhalt und den Verlauf fest.

Gerhard Müller-Hornbach: »Wassermusik«

Der Frankfurter Komponist GERHARD MÜLLER-HORNBACH (*1951) hat für Instrumentalgruppen eine *Wassermusik* komponiert, die aus fünf Teilen bzw. Sätzen besteht. In jedem Satz wird musikalisch ein Wasserzustand dargestellt, der auch gleichzeitig den Titel bildet.

1 Alle Instrumente beginnen mit ihren Aktionen gleichzeitig. Diese werden unregelmäßig oft wiederholt. Jede Aktion besteht aus einem Crescendo (Lauterwerden) und Decrescendo (Leiserwerden) eines Trillers, Wirbels oder einer kurzen Tonfolge. Einige Male werden alle Instrumente gemeinsam lauter und leiser.

2 Alle Instrumente spielen Dauertöne, die manchmal von kleinen Umspielungen mit danebenliegenden Tonhöhen unterbrochen werden. Der Satz besteht aus drei sehr leisen Klangschichten, die nacheinander einsetzen: zuerst tiefe Dauertöne, dann sehr hohe Streicherklänge und zuletzt mittlere Holzbläserklänge.

3 Diesem Satz liegt ein $^6/_4$-Takt zugrunde, der sich 35-mal wiederholt. Alle Spieler wiederholen eine kurze Folge von Tonhöhen, die extrem kurz und leise gespielt wird. Nach jedem Kurzklang folgt eine längere Pause.

4 Nacheinander setzen Bläser, Gitarren, Streicher und Klavier ein. Die Bläser beginnen mit einem statischen Rauschen und gehen dann zu einem bewegteren Rauschklang über. Die Streicher beginnen mit einem Rauschen (auf dem Steg) und verschieben dann die Strichstelle so, dass allmählich der Ton *D* zu ahnen ist. Die Gitarren beginnen mit ruhigen Wischbewegungen und gehen allmählich zu bewegterem Wischen über. Das Klavier spielt sehr leise Cluster in unregelmäßigen Abständen.

5 Der Dirigent gibt Einsätze im Abstand von 7 Sekunden. Alle Spieler setzen nacheinander ein und wiederholen ihre Aktionen selbstständig, ohne auf die anderen zu warten, bis zum Ende. Die hohen Streichinstrumente werfen z. B. den Bogen auf die Saiten, wiederholen kurze hohe Töne, die immer leiser werden, das Klavier lässt kurze Tontrauben (Cluster) erklingen und der Bass zupft in gleichmäßigen Abständen die D-Saite.

AUFGABEN

- *Lest die fünf Spielanweisungen des Komponisten für die verschiedenen Sätze durch und überlegt, zu welchem Foto (s. S. 184f.) eines Wasserzustandes sie passen könnten.*
- *Hört euch die gesamte »Wassermusik« an und versucht, für die fünf Sätze die passenden Spielanweisungen zu finden.* **CD V/54–58**
- *Welchen Wasserzustand empfindet ihr als besonders gut getroffen? Begründet eure Meinung.*

Brandung

In dem letzten Teil seiner *Wassermusik* stellt GERHARD MÜLLER-HORNBACH eine Brandung musikalisch dar. Lest die Spielanweisung des Komponisten für *Brandung* und versucht sie mit den Instrumenten, die euch zur Verfügung stehen, erklingen zu lassen. Für die verschiedenen Instrumentenfamilien hat der Komponist wenige Zeichen notiert, die ihr euch erst gegenseitig erklären solltet, bevor ihr mit dem Spielen beginnt.

Spielanweisung

Alle Instrumente beginnen mit ihren Aktionen gleichzeitig. Die Aktionen werden unregelmäßig vielfach wiederholt. Es gibt keine Koordination für die Instrumente. Es entsteht ein in sich bewegter Gesamtklang, der auf und ab wogt. Ein Dirigent kann im Verlauf des Stückes einige Mal ein Zeichen für das gemeinsame An- und Abschwellen von Gruppen oder des gesamten Ensembles geben.

Gerhard Müller-Hornbach

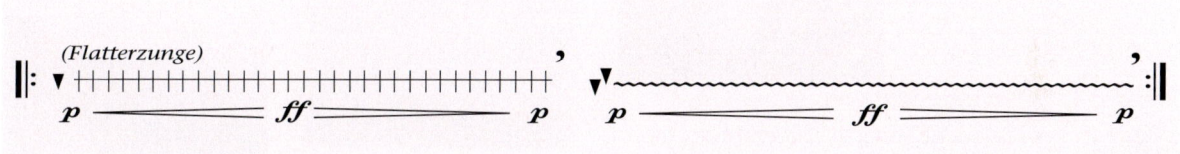

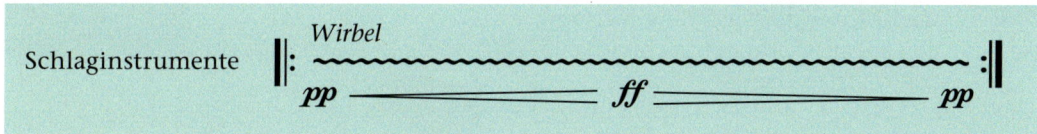

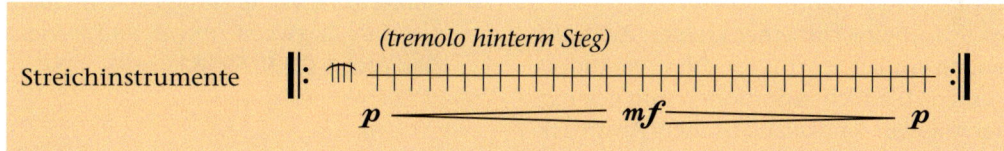

Zur Erklärung:
Unter Koordination für Instrumente versteht man ein gemeinsames Tempo und denselben Grundschlag. Für die *Brandung* möchte der Komponist, dass die Instrumente unabhängig voneinander spielen; deswegen ist keine Koordination vorgesehen.

Richard Strauss: »Eine Alpensinfonie«

1915 komponierte RICHARD STRAUSS die *Alpensinfonie*, ein durchgängiges Musikstück mit 22 Abschnitten, von denen ein jeder eine Überschrift trägt. Sie stellen Stationen und Erlebnisse dar, an die sich RICHARD STRAUSS bei der Komposition erinnert: »Ich hab' einmal so komponieren wollen, wie die Kuh Milch gibt.«

KON TEXT

Ein Jugenderlebnis, das sich auf die spätere Komposition ausgewirkt hat:
1878, also mit 14 Jahren, unternahm Richard Strauss von Murnau aus eine Bergwanderung auf den Gipfel des Heimgarten (1790 m, Walchenseeberge). Weil die Gruppe vom Weg abkam, dauerte die Wanderung 12 Stunden lang, und das bei Regen und Sturm. Die Nacht mussten sie ungeplant in einem Bauernhaus verbringen. Am nächsten Tage heimgekehrt, setzte sich Richard ans Klavier und stellte die ganze Wanderung musikalisch dar.

WORK SHOP

- Versucht, mit geeigneten Instrumenten die abgebildeten Stationen einer Bergwanderung in Gruppenarbeit musikalisch darzustellen. Verratet den anderen Gruppen nicht, welche Station ihr ausgewählt habt.
- Wenn ihr euer Stück gut geübt hat, spielt es den anderen Gruppen vor. Die sollen erraten, um welche Station es sich handelt.

RICHARD STRAUSS arbeitet mit einer kleinen Auswahl an Themen mit einfacher Struktur. Diese verändert er für die unterschiedlichen Stationen und gelangt so zu einer Vielflalt im musikalischen Ausdruck (**Leitmotivtechnlk**):

AUFGABE

- *Ordnet die Hörbeispiele den Bildern mit Stationen einer Bergwanderung zu und begründet eure Zuordnung.* **CD V/59–62**

ANALYSE
- Spiele, singe oder pfeife die verschiedenen Themen. Beschreibe und analysiere den Melodieverlauf, das Tonmaterial und den Charakter.
- Hört verschiedene Fassungen des »Wandererthemas« und beschreibt, wie sich Klang und Wirkung verändern. **CD V/67–71**

das »Wandererthema« CD V/63

das »Felsenthema« CD V/64

das »Jodler-Motiv« CD V/65

das »Sonnenthema« CD V/66

ANALYSE

- Dieser Partiturauszug ist mit **»Gewitter und Sturm. Abstieg«** überschrieben. Wie wird dies in der Musik deutlich? **CD V/72**

Richard Strauss

Maschinenklänge

Auch die Technik mit ihrer merkwürdigen Wirkung, die sie bei den Menschen hervorruft, ist zum Gegenstand musikalischer Werke geworden. Technik kann uns imponieren, in gebanntes Staunen versetzen, aber auch zugleich eine gewisse Beunruhigung, die leicht in Angst umschlagen kann, erzeugen. Die mehrdeutige Faszination, die von Maschinen ausgeht, hat vor allem im 19. und beginnenden 20. Jahrhundert die Künstler zu neuen Werken angeregt, wie die drei Beispiele auf dieser Seite zeigen.

WILLIAM TURNER: *Regen, Dampf und Geschwindigkeit,* 1844

Bahnwärter Thiel (1892)

Gerhart Hauptmann

[…] Ein dunkler Punkt am Horizont, da wo die Geleise sich trafen, vergrößerte sich. Von Sekunde zu Sekunde wachsend, schien er doch auf einer Stelle zu stehen. Plötzlich bekam er Bewegung und näherte sich. Durch die Geleise ging ein Vibrieren und Summen, ein rhythmisches Geklirr, ein dumpfes Getöse, das, lauter und lauter werdend, zuletzt den Hufschlägen eines heranbrausenden Reitergeschwaders nicht unähnlich war. Ein Keuchen und Brausen schwoll stoßweise fernher durch die Luft. Dann plötzlich zerriss die Stille. Ein rasendes Tosen und Toben erfüllte den Raum, die Geleise bogen sich, die Erde zitterte – ein starker Luftdruck – eine Wolke von Staub, Dampf und Qualm und das schwarze, schnaubende Ungetüm war vorüber. So wie sie anwuchsen, starben nach und nach die Geräusche. Der Dunst verzog sich. Zum Punkte eingeschrumpft, schwand der Zug in der Ferne, und das alte heil'ge Schweigen schlug über dem Waldwinkel zusammen. […]

Pacific 231 (1923)

Arthur Honegger (1892–1955)

AUFGABEN

- *Setzt den Text von GERHARD HAUPTMANN in Musik und Bewegung um.*
- *Sammelt Tondokumente zu Dampflokomotiven (Sound-CDs, Filmausschnitte etc.)*

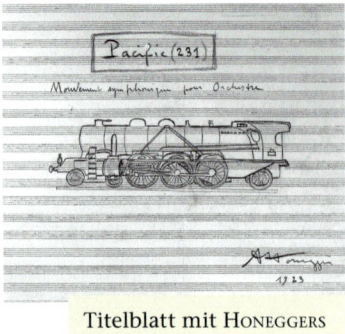

Titelblatt mit HONEGGERS Zeichnung

Ich habe immer eine leidenschaftliche Liebe für Lokomotiven gehabt. Für mich sind sie lebende Wesen, die ich liebe wie ein anderer Frauen und Pferde. In *Pacific 231* wollte ich nicht den Lärm der Lokomotive nachahmen, sondern einen **visuellen und physischen Genuss** ins Musikalische übersetzen. Das Werk geht von der sachlichen Beobachtung aus – das ruhige Atemholen der Maschine im Stillstand, die Anstrengung beim Anziehen, das allmähliche Anwachsen der Schnelligkeit –, bis sie einen lyrischen Hochstand erreicht, die Pathetik eines Zuges von 300 Tonnen, der mit 120 km/h durch die tiefe Nacht stürmt. – Der Gegenstand meiner Komposition war eine Lokomotive vom Typ Pacific Marke 231 für Gütereilzüge. *(Arthur Honegger)*

AUFGABEN

- *Wie würde eine kontinuierliche Beschleunigung der Notenwerte aussehen. Sammelt mehrere Möglichkeiten und vergleicht diese dann mit der Lösung* Honeggers.
- *Mit welchen musikalischen Mitteln wird in den ersten Takten (s. S. 190) das »ruhige Atemholen der Maschine im Stillstand« dargestellt?*
- *Welchen Eindruck hinterlässt das gesamte Stück bei euch?* **CD V/73**

WORK SHOP

- Musiziert die ausgewählten Rhythmen in zwei Gruppen. Ordnet dann die Beispiele von langsam bis schnell.

Programmmusik

Mit dem Gattungsbegriff **Programmmusik** bezeichnet man Instrumentalwerke, die ein bestimmtes Sujet (außermusikalisches Thema) darstellen wollen. Dabei kann der Komponist sein Programm selbst erfinden (Hector Berlioz: *Symphonie fantastique*), aus der **Literatur** (Richard Strauss: *MacBeth*, Franz v. Liszt: *Faust-Sinfonie*) oder der **bildenden Kunst** übernehmen (Modest Mussorgsky: *Bilder einer Ausstellung*), auf eine **Landschaft** (Bedřich Smetana: *Mein Vaterland*, Alexander Borodin: *Eine Steppenskizze aus Mittelasien*) oder auf **Technik** (Arthur Honegger: *Pacific 231*, Alexander Mossolow: *Die Eisengießerei*) beziehen. Das Programm »gibt den Gesichtspunkt an, von dem aus er [der Komponist] sein Sujet erfasst: die poetische Idee, die geistige Skizze seines Werkes,

den poetischen oder philosophischen Faden.« *(Franz Liszt)*. Die Aufmerksamkeit des Zuhörers wird durch die Vorgabe des Programms gelenkt. Die Form dieser Werke folgt alleine dem Programm und ist frei von jeglicher Regel. Bevorzugtes Mittel der Programmmusik ist die **Tonmalerei**, d. h. die instrumentale Nachbildung optischer und akustischer Erscheinungen und Vorgänge, z. B. Tierstimmen, Gewitter, Sturm, Landschaftsidylle, Schlittenfahrt etc.

WORK SHOP

- Entwerft in eurer Gruppe ein Miniprogramm, das ihr mit Instrumenten und Geräuscherzeugern tonmalerisch darstellt.

Minimal Music

In den 1960er Jahren entwickelten Musiker wie TERRY RILEY, LA MONTE YOUNG, PHIL GLASS und STEVE REICH in den USA einen Musikstil, bei dem die musikalischen Strukturen für alle Hörer wieder nachvollziehbar und erlebbar sein sollen. Dies gelang den Komponisten durch die Verwendung einfacher rhythmischer Muster (**Pattern**). Diese werden in ihren Werken einerseits ständig wiederholt, andererseits allmählich gegeneinander verschoben (**Phase Shifting**), was zu einer allmähliche Verschiebung der Betonungen führt. Dies kann aber nur dann gelingen, wenn mit größter Genauigkeit gespielt wird. Improvisatorische und agogische Momente fehlen deshalb vollkommen. Mit Hilfe von Bandschleifen (Tapeloops) lassen sich im Tonstudio die Patternwiederholungen und -verschiebungen besonders präzise herstellen.

Minimusic I

Peter Jacob

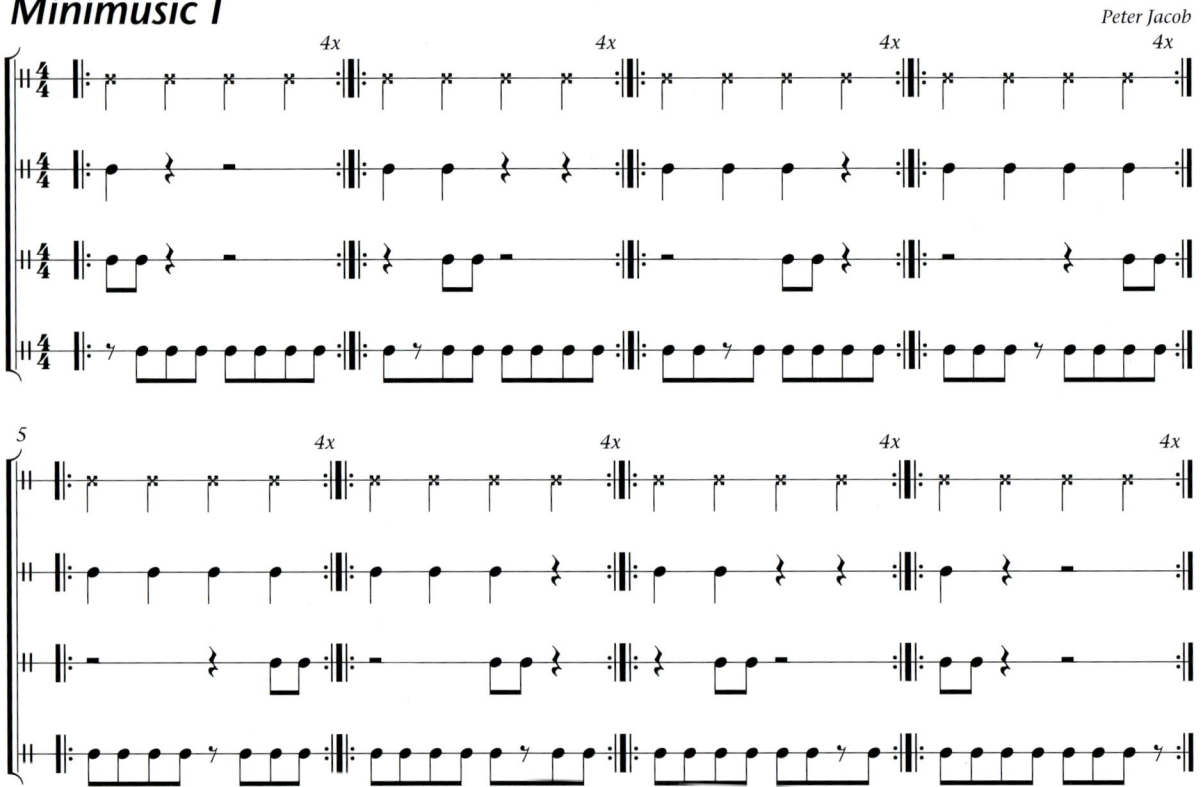

- Musiziert das Stück *Minimusic I,* nachdem ihr festgelegt habt, welche Stimme mit welchem Instrument gespielt werden soll.
- Erfindet in Gruppenarbeit (5–6 Teilnehmer) nach obigem Muster ein eigenes Stück in einem anderen Metrum. Notiert die erfundenen Pattern auf Notenzeilen.
- Beschränkt euch beim Musizieren auf ein Klangmaterial (Holz, Metall, Hände).
- Ihr könnt dann den Pattern verschiedene Tonhöhen zuweisen und das Stück auf Melodieinstrumenten spielen.

AUFGABEN

- *Aus welchen Bausteinen und nach welchem Prinzip ist das Stück »Minimusic I« aufgebaut?*
- *Beschreibt die Wirkung der beiden Stücke »It's gonna rain« und »Music for 18 musicians« von* STEVE REICH. **CD VI/1–2**
- *Bezieht in eure Überlegungen auch die Thematik »New Age und Techno« (s. S. 202f.) mit ein.*

Aleatorik

Seit 1957 haben Komponisten wie KARLHEINZ STOCK-HAUSEN, PIERRE BOULEZ und JOHN CAGE in sehr unterschiedlichen Verfahren den gelenkten Zufall anstelle von exakt festgelegten Ordnungsprinzipien in die Kompositionen miteinbezogen. Nicht Chaos, sondern neue Klangwelten waren das Ergebnis. **Aleatorik** (lat. alea: ›Würfel‹) ist der Oberbegriff für diese Kompositionsweisen.

Ein Beispiel einer aleatorischen Komposition sind die 45 *Number pieces* von JOHN CAGE (1912–1992). Die Stücke haben nur Zahlentitel, welche die Anzahl der Mitwirkenden angeben. Es gibt zu diesen Stücken keine Partitur, sondern nur Einzelstimmen. An Auszügen aus *Four* soll das Prinzip deutlich werden: Am linken und rechten Ende der Notenzeile ist in Zeitspannen angegeben, wann die Aktion begonnen bzw. beendet werden soll. Das ganze Stück besteht aus drei Teilen (A, B, C) von je 5 Minuten. Jeder Teil

gliedert sich in 10 Notensysteme. Es müssen nicht alle Teile gespielt werden. Der Aufführende legt sich das Werk, d. h. die Auswahl der Teile und die Zeitspannen, selbst zurecht. Alle Tonhöhen wurden mittels Zufallsoperationen bestimmt. **CD VI/3–4**

WORK SHOP

- Bildet mehrere Gruppen und entscheidet dann in jeder Gruppe, welches Instrument welchen Part übernimmt. Jeder Spieler bekommt einen Schüler mit einer Stoppuhr zugewiesen, der ihm die »Einsätze« anzeigt.
- Legt für jede Einzelstimme die Anfangs- und Endzeiten einer jeden Notenlinie fest.
- Spielt euch gegenseitig eure Fassung des Stückes vor und achtet auf die dabei entstehenden Klänge.

Four (Ausschnitt)

John Cage

Section A – Part 1

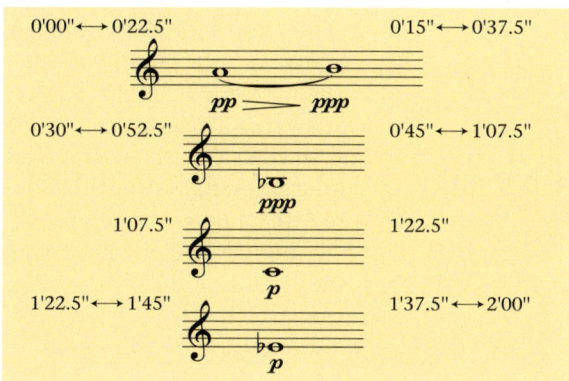

Section A – Part 2

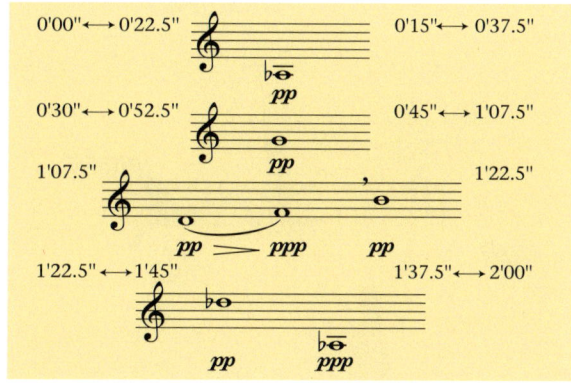

Section A – Part 3

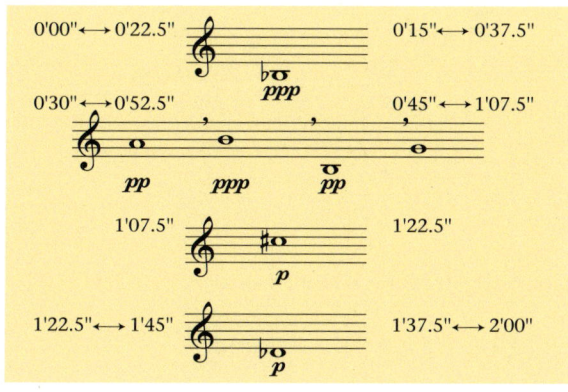

Section A – Part 4

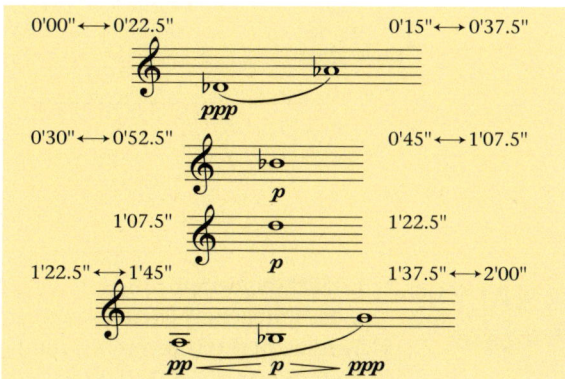

Aktion mit der Stimme

Aria

John Cage

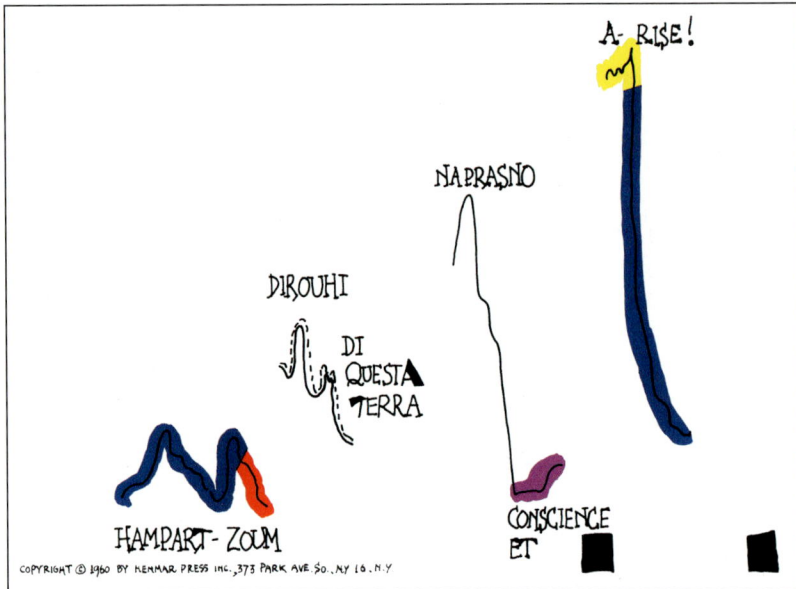

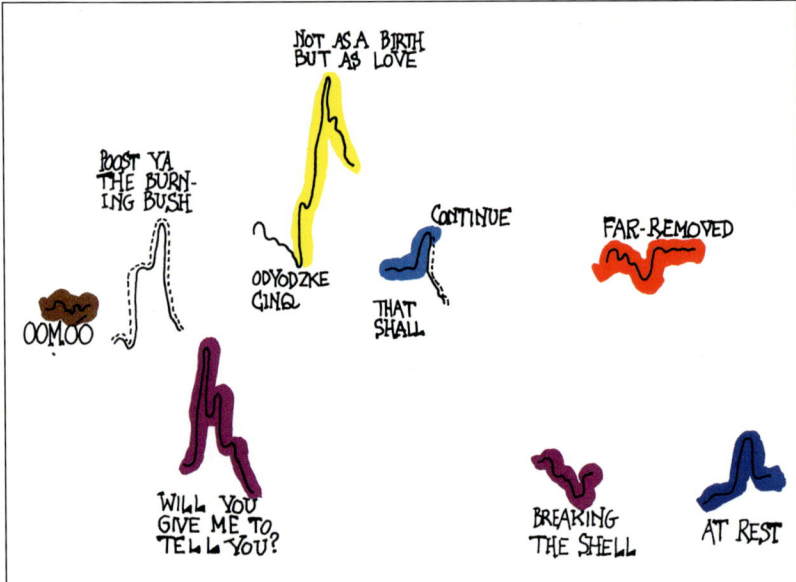

Eine andere Komposition des amerikanischen Komponisten JOHN CAGE aus dem Jahre 1958 trägt den Titel *Aria*. Dazu gibt CAGE folgende Anweisungen:

KON TEXT

Die grafische Notation bezeichnet den zeitlichen Ablauf in der Waagerechten und die ungefähre Lage der Tonhöhen in der Senkrechten. Eine Partiturseite soll 30 Sekunden dauern. Die Linien der Stimme sind in Schwarz, mit oder ohne parallel gestrichelten Linien oder in acht verschiedenen Farben gemalt. Dunkelblau bedeutet = Jazzgesang, Rot = tiefe Stimmlage, Schwarz mit parallel gestrichelter Linie = Sprechstimme, Schwarz = Theaterstimme, Lila = MARLENE DIETRICH, Gelb = Koloraturgesang, Grün = Folklore-Stil, Orange = orientalischer Gesang, Hellblau = Babystimme, Braun = durch die Nase singen. Schwarze Rechtecke bedeuten irgendwelche Geräusche.

ANALYSE
- Erklärt die Bedeutung der Zeichen auf den abgebildeten Seiten 1 und 6 der grafischen Partitur von *Aria*.
- Vergleicht die Interpretationen der Sängerinnen SALOME KAMMER und MEREDITH MONK. **CD VI/5–8**

Aktion – Cluster – Zentralton

Hinter diesen Begriffen verbergen sich drei wichtige musikalische Gestaltungsmittel. Eine **Aktion** habt ihr mit dem Stück *Aria* von JOHN CAGE kennen gelernt. Für die Komponistinnen und Komponisten bedeutet Aktion das selbstständige Handeln und Entscheiden durch die Interpreten, wenn diese bestimmte musikalische Abläufe oder improvisatorisch (im Augenblick erfunden) musizieren.

Das Wort **Cluster** (engl.: ›Traube, Büschel, Haufen‹) beschreibt dicht ausgefüllte Klangräume, in denen die Einzeltöne (im Halbtonabstand oder in noch kleineren Abständen) zu einer Klangfläche oder einem Geräuschband verschmelzen.

Der **Zentralton** bezeichnet die wichtigste Tonhöhe eines Musikstückes oder einer Melodie. Beim Hören kann man den Zentralton dadurch erkennen, dass diese Tonhöhe von allen Stimmen oder Instrumenten angesteuert und dann gemeinsam getroffen wird oder dass dieser Ton am häufigsten vorkommt.

AUFGABEN

- *Findet heraus, in welchen Hörausschnitten Cluster oder Zentralton zu hören sind. Es handelt sich um Ausschnitte aus folgenden Stücken:*
  - *»Sarabande/N-touch« aus »Surrogate Cities« von* HEINER GOEBBELS **CD VI/9**
  - *»Atmosphères« von* GYÖRGY LIGETI **CD VI/10**
  - *»Landschaft I – Farben« von* FRIEDRICH SCHENKER **CD VI/11**
  - *»Krebs« aus dem »Tierkreis« von* KARLHEINZ STOCKHAUSEN **CD VI/12**
- *Welches der Beispiele findet ihr am spannendsten? Erklärt den anderen warum.*

WORK SHOP

Clusterspiel

- Haltet auf dem Vokal *u* einen Ton auf gleicher Tonhöhe, der immer weiter klingt.
  Einzelne von euch gleiten in einen eng anschließenden neuen Ton, der dann ebenfalls weiterklingt, bis eine dichte Tontraube entsteht.

Zentralton finden

- Alle singen ihren Ton im Raum und laufen mit dem Ton umher. Der Ton klingt immer weiter, nur von kurzem Atemholen unterbrochen. Mit der Zeit ändert jede/r den eigenen Ton langsam, bis alle einen gemeinsamen Ton gefunden haben: den Zentralton.

Unkonventionelle Wege

Es gibt Komponisten mit einer ganz individuellen Musiksprache, die sich wehren, in bestimmte »Schubladen« wie Jazz, Neue Musik oder Weltmusik gesteckt zu werden.

KONTEXT Crossover und Worldmusic? – Meiner Meinung nach entstehen diese Phänomene aus kommerziellen Gründen. *(Luciano Berio)*

WORKSHOP

- Versetzt euch in die Lage eines Werbetexters einer CD-Firma, die ein Porträt des Komponisten MICHAEL RIESSLER für einen Sampler »The best of Riessler« herausbringen will.
- Schreibt zu den Kompositionen in drei Sätzen den Covertext für den Sampler:
  – »May Be« **CD VI/13**
  – »Zungen« **CD VI/14**
- Welche Informationen könnten in den Covertext aufgenommen werden?
- Entwerft ein Cover zum Sampler.

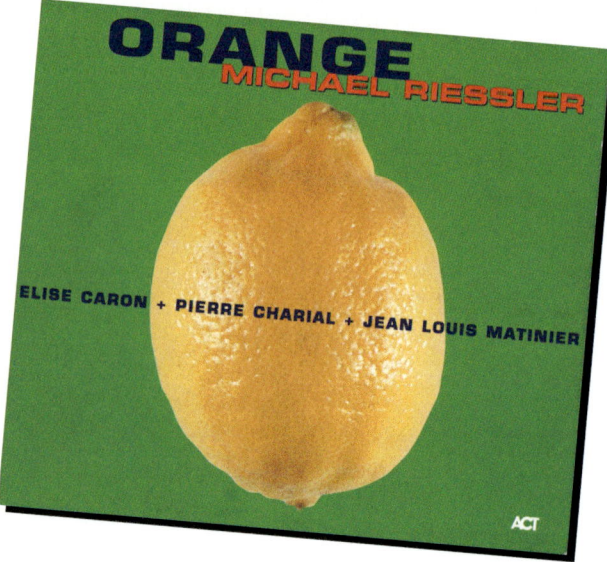

Michael Riessler –
Klarinettist, Saxofonist und Komponist

MICHAEL RIESSLER wurde 1957 in Ulm geboren. Mit 5 Jahren war er begeistert vom Klavierspiel eines Nachbarjungen und schaffte es, seine Eltern zu überreden, ein Klavier zu kaufen. Sein Versprechen, ausdauernd zu üben und nicht schnell aufzugeben, hielt er und begann zusätzlich mit elf Jahren, als er im Orchester seines Gymnasiums mitspielen wollte, Klarinette zu lernen. Außerdem sang er zu dieser Zeit in einer katholischen Schola und im Kinderchor des Ulmer Opernhauses.

Bis zum Abitur 1975 blieb er dem Musiktheater treu und so gab es für ihn nur das Ziel, Berufsmusiker zu werden. Er studierte Klarinette bis zum Diplom an den Musikhochschulen von Köln und Hannover.

Erste professionelle Erfahrungen sammelte er von 1978 an im Ensemble MUSIQUE VIVANTE in Paris. Er selbst bezeichnet diese Jahre in der freien Musikszene der französischen Hauptstadt mit ihren multikulturellen Musikstilen und -spielstätten als die wichtigsten für die Entwicklung seiner persönlichen Musiksprache. Die Zusammenarbeit mit Freelance-Musikern[1], Avantgardisten wie VINKO GLOBOKAR und PIERRE BOULEZ, aber auch Auftritte in unterschiedlichen Nachtlokalen wie dem »Moulin Rouge« und kleinen Jazzkneipen haben seine Ohren geöffnet und seinen Blick für alle Varianten kreativen Ausdrucks geschärft.

Als er 1982 für seinen ehemaligen Klarinettenprofessor HANS DEINZER einsprang, begann für ihn auch eine internationale Karriere als Musiker der Avantgardeszene. Er spielte und arbeitete seitdem u. a. zusammen mit MAURICIO KAGEL, STEVE REICH, JOHN CAGE, HELMUT LACHENMANN, DIETER SCHNEBEL, KARLHEINZ STOCKHAUSEN, CARLA BLEY, DAVID BYRNE (TALKING HEADS), SARAH VAUGHAN und dem ENSEMBLE MODERN.

Aber er spielte auch weiterhin in verschiedenen improvisierenden Gruppen wie der KÖLNER SAXOPHON MAFIA, mit der er 1988 auf großer Afrikatournee war, oder dem ORCHESTRE NATIONAL DE JAZZ, für das er auch 1989–1991 Kompositionen schrieb. 1990 unternahm er eine Solotournee durch die Sowjetunion mit Werken von KARLHEINZ STOCKHAUSEN.

Seitdem experimentiert und arbeitet MICHAEL RIESSLER mit den Grenzen der Strukturen von Klang, Musik und Sprache in Hörspielproduktionen (*Herr der Ringe*, 1990, *BOSCO* 1992) und Radiokompositionen (*Champs magnetique,* 1996). 1992 erhielt er den Jazzpreis des Südwestfunks, 1997 war er der »Jazzmusiker des Jahres«; für die Produktion *Heloise* erhielt er den Preis der deutschen Schallplattenkritik. Er arbeitet mit größeren Formationen wie auch mit extrem reduzierten Ensembles von 2–4 Musikern. Im Jahr 2000 erschienen seine Vertonung von THOMAS MANNS *Der Zauberberg*, die Produktionen *Looseshoes* und *Zwei Tische*.

---

[1] Musiker, die zu Studioaufnahmen oder Auftritten engagiert werden.

AUFGABEN

- *Welche verschiedenen Sparten des Musiklebens sind in der Biografie von* MICHAEL RIESSLER *berührt?*
- *Vergleicht die Ausschnitte aus Kompositionen von* MICHAEL RIESSLER:*
  – »honig und asche«* **CD VI/15**
  – »Boscaglia« **CD VI/16**
- *Für welche Formation wurden diese Werke jeweils komponiert?*
- *Welches Stück enthält besonders ungewöhnliche Experimente? Begründet eure Entscheidung.*
- *Welche Gedanken und Ideen verbindet ihr beim Hören mit dem jeweiligen Titel? Schreibt sie beim zweiten Hördurchgang auf.*

Begegnungen

Fast täglich begegnen wir fremden Menschen, Dingen oder Gedanken, meist nur im Vorbeigehen, manchmal auch sehr nahe. Etwas Fremdes macht uns zunächst Angst oder schreckt uns ab, da es sich nicht mit unseren eigenen Erfahrungen deckt. Es wirkt be*fremd*lich. Wenn wir uns aber dem Fremden öffnen und genauer hinsehen und hinhören, wird es uns nach und nach vertrauter, indem es schrittweise zu einer neuen eigenen Erfahrung wird. Wir überprüfen und korrigieren unsere Vorurteile, sodass wir zu begründeten Urteilen gelangen. Meist stellen wir dabei fest, dass sich hinter dem Fremden Grundgedanken oder Grunderfahrungen verbergen, die unseren Erfahrungen ganz ähnlich sind. Und weil sich Gegensätze oft ergänzen oder gegenseitig anregen, kann durch Begegnung wieder etwas Neues entstehen.

AUFGABEN

- *Welche Arten von Begegnungen zeigen die Bilder?*
- *Kennst du weitere Arten von Begegnungen?*
- *Welche Hindernisse treten auf, wenn wir Fremdem begegnen?*
- *Der Ausschnitt links zeigt das Programm eines Kulturzentrums. Welche Veranstaltungen bestätigen die Idee »Begegnung«?*

Im Zuge der Globalisierung ist es für die Menschen sehr viel einfacher geworden, miteinander zu kommunizieren. Mit wenigen technischen Hilfsmitteln können wir heute in die entlegensten Regionen der Erde »reisen« und den Menschen begegnen, die dort leben. Außerdem verfügt nahezu jede Stadt über eigene »Begegnungsstätten«, z. B. Kulturzentren. Hier treffen Vertreter unterschiedlichster Herkunft zusammen, um sich unmittelbar kennen zu lernen. Daraus entstehen oft ganz neue Ausdrucksformen.

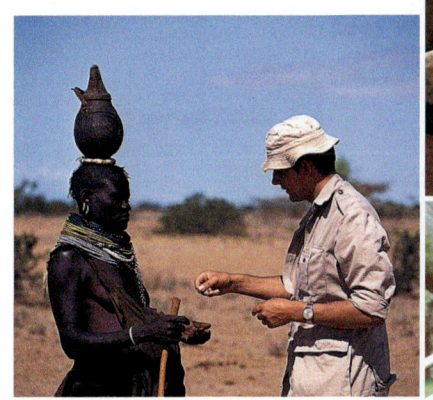

Ekstase und Meditation

In vielen Regionen der Erde leben Menschen, die als Naturvölker bezeichnet werden. Fernab unserer von Technik und Industrie geprägten Zivilisation pflegen sie noch heute eine jahrtausendealte Kultur, die sie von ihren Vorfahren erlernt haben. Dazu gehört eine Technik, mit der sie in einen andern Bewusstseinszustand, z. B. in **Ekstase** gelangen können. Schamanen nehmen nach ihrer Vorstellung in der Ekstase Kontakt mit einer übersinnlichen Geisterwelt auf. Eine wesentliche Rolle spielt dabei auch die Musik: Mit Trommeln, Sprechgesang und Tanz versetzen sie sich in einen **Trancezustand,** in dem sie böse Geister zu bannen und gute Geister gnädig zu stimmen versuchen. Schamanismus ist untrennbar mit der Naturreligion eines Volkes verbunden. Die Musik hat nach dem Glauben der Schamanen dabei die besondere Fähigkeit, zwischen der irdischen Welt und der Welt der Geister vermitteln zu können. Die Trommelsprache ist die Sprache, die der Schamane und der gute Geist gemeinsam verstehen. Mithilfe dieser

Musik versuchen Medizinmänner mit uralten Riten, Kranke von bösen Geistern zu befreien und damit zu heilen. Durch die Trance werden die Patienten so unempfindlich, dass sie chirurgische Eingriffe ohne andere Betäubungs- oder Schmerzmittel ertragen. Wissenschaftlern aus dem westlichen Kulturkreis ist es bis heute noch nicht gelungen, die Techniken des Schamanismus vollständig zu erforschen und zu erklären.

Eine weitere Form der Bewusstseinsveränderung ist die **Meditation.** Am bekanntesten sind fernöstliche Meditationstechniken, wie sie z. B. bei tibetanischen Mönchen im Gebet praktiziert werden. Um einen Zustand vollkommener Entspannung zu erreichen, setzen auch die Meditierenden Musik als wichtiges Hilfsmittel ein.

AUFGABEN

- *Worin unterscheiden sich die Mittel, die einen Trancezustand hervorrufen können?*
- *Welche Wirkung erzielt schamanische Musik bei euch?* **CD VI/17–18** *Welche Merkmale könnt ihr erkennen?*
- *Wie wirkt der Gesang tibetanischer Mönche auf euch? Woran liegt das?* **CD VI/19**

Trance (lat. transitus: ›Übergang‹): ein Zustand, in dem das Bewusstsein und die freie Willensbestimmung ausgeschlossen sind. Er tritt bei Schlafwandeln, Hypnose, Ekstase oder Meditation auf. Benommenheit und Gedächtnisverlust für die Zeit der T. sind häufige Folgen dieses Zustands.

Ekstase (griech.: ›außer sich sein‹): rauschähnlicher, tranceartiger Zustand, der die Selbstkontrolle einschränkt. E. kann künstlich erzeugt werden (Drogen, Musik, Tanz), aber auch spontan auftreten (Begeisterung). In vielen Völkern tritt E. bei religiösen Riten auf.

Meditation: Übung zur Konzentration und Versenkung. Techniken wie Körperhaltung, äußere Ruhe und Suggestion verhelfen zu vollkommener Entspannung. Ziel ist es, die gewöhnlichen Erfahrungsgrenzen zu überschreiten sowie Ruhe und Gelassenheit [...] zu bewahren. Das ursprüngliche Ziel der M. – im Hinduismus, Buddhismus und Christentum – ist das Herstellen einer Einheit mit Gott.

Das Bewusstsein eines Menschen wird dann beeinflusst, wenn seine Sinnesorgane einer permanenten Wiederholung ausgesetzt werden. Ob Bilder, sensorische Reize oder Klänge – werden sie als »Schleife« lange genug aneinandergereiht, wird das Bewusstsein mehr und mehr eingeengt. Hierin liegt auch eine große Gefahr: Bei »Gehirnwäsche« und Folter werden mit genau diesen Methoden Menschen gewaltsam ihres klaren Bewusstseins beraubt. Sie sind damit der Manipulation vollkommen ausgeliefert. Auch einige Sekten und religiöse Fanatiker bedienen sich dieser Mittel.

In unserer so genannten zivilisierten Welt sind die meisten Menschen einem gesellschaftsbedingten Leistungsdruck und einer zunehmenden Reizüberflutung ausgesetzt. Die Folge ist eine andauernde negative Anspannung, die man auch als »Distress«

bezeichnet. Daher sehnen wir uns oft nach Entspannung, Ruhe und innerer Einkehr.

Viele Menschen finden diese Besinnung im Gebet. Das monotone Sprechen und Singen in der katholischen Liturgie (z. B. im Gregorianischen Choral oder beim »Rosenkranz«-Gebet) ist ein Beispiel dafür, wie auch bei uns jahrtausendealte Meditationsrituale weiterleben. Ähnliche Rituale findet man in allen Religionen der Welt.

241
TANZ

AUFGABE

- *Wie entspannt ihr euch? Welche Rolle spielt Musik dabei?*

Mit den folgenden beiden Konzepten könnt ihr selbst meditative bzw. ekstatische Musik schaffen und erleben. Macht euch bewusst, welche Wirkung die Musik bei euch hervorruft.

»Gebet«

a-----------e--------------------------------------i--------o--------------------e-------i-----ai-------
------ä------------------a------u----------o---------------u---------ui-----------------o--------------.

Die Lautfolge ist tibetanischen Mönchsgebeten nachempfunden. Der Abstand zwischen den Vokalen steht für die Zeit des Übergangs vom einen zum anderen Vokal.

1. Versucht, durch eine mindestens einminütige gemeinsame Stille ruhig zu werden.
2. Jeder sucht sich einen eigenen Ton in bequemer Stimmlage, auf dem er die Lautfolge singen möchte. Der Einsatz, die Dauer der Übergänge und das Ende geschehen gemeinsam und ohne Absprache bzw. Zeichen. Jeder atmet, wann er möchte. Die Stille bildet den Rahmen.

Variationen:
- Alle einigen sich auf einen gemeinsamen Ton.
- Die Tonhöhen können während des Stücks verändert werden.

»Trommel-Trance«

Jeder braucht eine Trommel oder etwas Vergleichbares.
1. Im Kreis sitzend beginnt der Spieler mit dem lautesten Instrument, einen gleichmäßigen, langsamen Grundschlag zu trommeln.
2. Nach und nach setzen alle anderen reihum ein und ergänzen einen eigenen Rhythmus, der zum vorgegebenen Grundschlag passt. Spielt so lange, wie es euch angenehm ist.

Variation:
- Versucht, den vorgegebenen langsamen Grundschlag zuerst in zwei, dann in drei, vier, fünf und sechs Teilschläge zu unterteilen. Wie verändert sich das Klangbild?

New Age

In den 70er Jahren des 20. Jahrhunderts entwickelte sich zunächst in den USA eine Bewegung, die **New Age** (»neues Zeitalter«) genannt wurde. Als Gegenbild zu einer mechanistischen Weltauffassung mit ihrer zunehmenden Technisierung des Lebens und Isolation des Menschen gedacht, steht im Zentrum der New-Age-Bewegung die Einheit von Mensch und Kosmos. Die Suche nach einem neuen Bewusstsein orientierte sich an esoterischen und okkultistischen Elementen, wie sie in Naturreligionen oder fernöstlichen Religionen vorhanden sind. Dabei wurde deren Musik sehr wichtig, da sie ein zentrales Hilfsmittel darstellt. Die New-Age-Bewegung hat auch in Europa ihre Spuren bis heute hinterlassen.

In Folge der New-Age-Bewegung und der allgemeinen Sehnsucht nach »etwas anderem« entwickelte sich in den letzten Jahrzehnten ein »Esoterik-Trend«. Kurse für Meditation, Yoga oder andere Entspannungstechniken haben großen Zulauf, und in Buchhandlungen ist die Esoterik-Abteilung stets gut besucht. Natürlich nehmen auch CDs mit Meditationsmusik einen großen Anteil am derzeitigen Musikmarkt ein. Selbst bei Zahnärzten werden Patienten inzwischen mit entspannender Musik oder Naturklängen beruhigt.

JOACHIM-ERNST BERENDT (1922–2000), vor allem als Jazzspezialist bekannt, rückte mit zahlreichen Hörfunksendungen, Büchern und CDs den Klang der Natur, aber auch die Musik fremder Kulturen in unser Bewusstsein. Er hat sich dabei intensiv mit fernöstlicher Meditation, Religion und Kultur auseinandergesetzt.

JOACHIM-ERNST BERENDT, 1996

KONTEXT

Aber es ist offensichtlich. Der Ton [...] ist ein Ton »jenseits von Sinn und Ton«. Ein Ton auch jenseits aller Musik. Und doch der Ton, der aller Musik zugrunde liegt und dem alle Musik nachspürt. [...] Der Ton, der übrigbleibt – *jetzt* übrigbleibt –, wenn man Sinn und Ton ausgelöscht hat, ist der nada, das Ur-Rauschen und das Ur-Gedröhn des Ur-nadís, des Ur-Flusses, der die Welt ist. Dieser Ton selbst ist die Welt.
(J.-E. Berendt in »Nada Brahma. Die Welt ist Klang«)

AUFGABEN

- *Was könnte* JOACHIM-ERNST BERENDT *mit »Ur-Rauschen« oder »Ur-Gedröhn« meinen?*
- *Hört erneut die Musik tibetanischer Mönche – am besten in einem abgedunkelten Raum. Hört ihr einen »Ur-Klang«?* **CD VI/19**
- *Vergleicht euren Höreindruck mit »Musik« der Natur (»Lieder« der Buckelwale, Meeresrauschen, Wind etc.).* **CD VI/20**
- *Gibt es eurer Meinung nach einen »Ur-Ton« und einen »Ur-Fluss«?*
- *Habt ihr zu Hause auch meditative Musik? Bringt sie mit und hört sie gemeinsam an. Was ist das Gemeinsame der Hörbeispiele?*
- *Vergleicht diese Musik mit der Musik der Schamanen.*

Joachim-Ernst Berendt

Die Welt ist Klang

Nada Brahma

Teil 1 und 2

Network
Medien-
Cooperative

Ein Hörwerk auf 4 CDs
im Vertrieb
von Zweitausendeins

Techno und Minimal Music

Dass Meditation und Ekstase derselben Wurzel entspringen, zeigt ein weiteres Beispiel von Musik, deren Hauptmerkmal die Wiederholung bzw. die minimale Veränderung eines melodisch-rhythmischen Musters ist: **Technomusik.** Bei stunden-, manchmal tagelangem Tanzen zu lauten, schnellen Beats gelangen die »Raver« in einen ekstatischen Zustand. Wie bei schamanischer Musik ist es vor allem der gleichförmige, hämmernde Rhythmus, der Ekstase hervorruft; die Melodien und Harmonien spielen dabei eine untergeordnete Rolle.

Die »ent-spannende« Wirkung von meditativer Musik wird dagegen mit monotoner Melodik und Harmonik und einem dahinfließenden Rhythmus erzielt.

Minimal Music

Im Sinne einer »neuen Einfachheit« um 1965 entstandene amerikanische Musikrichtung, bei der kleine sich wiederholende Tongruppen aneinandergereiht und nur minimal verändert werden. Durch die monotone Repetition und die kontinuierliche Verschiebung melodisch-rhythmischer Muster kommt es zu Wahrnehmungssprüngen. Dieser Trance-Effekt knüpft an Musiktraditionen aus Vorderasien und Afrika an (s. ausführlicher S. 192).

Technomusik weist einige Parallelen zu einer in den 1960er Jahren entstandenen Form der Kunstmusik auf: der **Minimal Music.**

WORK SHOP

Erfindet selbst meditative Musik.
- Sucht euch einzelne Töne (fünf oder sechs genügen).
- Probiert verschiedene Kombinationen aus, sowohl als Tonfolge als auch als Zusammenklang.
- Wiederholt nun eine gewählte Tongruppe so oft, bis die Musik »in sich kreist«. Ihr könnt auch – im Stil der Minimal Music – kleinste Veränderungen einbauen.
- Wie lässt sich auf ähnliche Weise »ekstatische« Musik erfinden? Versucht es!

AUFGABE

- *Welche Merkmale erkennt ihr in den Ausschnitten aus Werken der Minimal Music?* **CD VI/1–2**

Son und Salsa –
bunte Vielfalt afrokubanischer Rhythmen

In Kuba, dem musikalischen Zentrum der Karibik, entwickelte sich der **Son** (span.: ›Klang‹), der seit Beginn des 20. Jahrhunderts durch die Auftritte von Straßensängern populär wurde. Traditionelle Son-Ensembles treten noch heute überall auf.

Die Welle kubanischer Musik schwappte auch zu uns herüber, besonders durch den Erfolg des Filmes *Buena Vista Social Club* von Wim Wenders.

Der Großteil der Musik, die aus der spanischsprachigen Karibik stammt, wird unter dem Begriff **Salsa** (span.: ›Soße‹) zusammengefasst. Dazu zählen ältere und neuere Rhythmen wie **Son, Cha-Cha-Cha, Mambo, Rumba, Bolero** (aus Kuba), **Bomba** und **Plena** (aus Puerto Rico) und **Merengue** (aus der Dominikanischen Republik). **CD VI/21–24**

KON TEXT

Der Son ist Feuer, Charme und Duft. Er ist honigsüß, aufregend und entspannend. Der Son ist wie ein klingender Rum, den man mit den Ohren trinkt.
(*Fernando Ortiz, Ethnologe*)

0 100 200 300 400

1:16.000.000

Karibisches Meer

AUFGABEN

- *Beschreibt den Ablauf des Liedes »Son de la loma«. Hört die Instrumente heraus.* **CD VI/25**
- *Die Karibik wird oft auch als »Schmelztiegel der Kulturen« bezeichnet. Weshalb? Betrachtet dazu die Landkarte, identifiziert die verschiedenen Staaten und informiert euch über die Geschichte der Karibik.*
- *Vergleicht die Entstehung der afrobrasilianischen Musik mit der der afrokubanischen. Welche historischen Gemeinsamkeiten, welche Unterschiede findet ihr?*

Cha-Cha-Cha

Als einfacher Tanzrhythmus im gemäßigten Tempo ist der **Cha-Cha-Cha** weltweit bekannt geworden. Eine wichtige Rolle spielen darin die **Congas** mit einer Grundfigur, die **Tumbao** genannt wird. Folgende Silben geben lautmalerisch den Sound der Trommeln wieder (Lautierung): ›du-ka-ba-ka-du-ka-gu-gu‹.

In Noten sieht der auf den Congas gespielte Tumbao so aus:

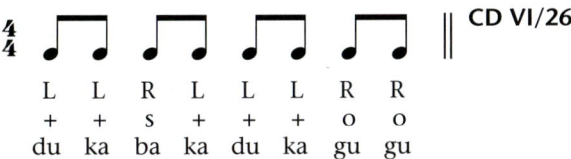

CD VI/26

L	L	R	L	L	L	R	R
+	+	s	+	+	+	o	o
du	ka	ba	ka	du	ka	gu	gu

Die **Claves** (Klanghölzer) gehören ebenfalls zu den Grundinstrumenten fast aller Salsa-Stücke. Sie spielen zum Tumbao der Congas diesen Rhythmus:

(uh) King Kong,   O - (ma – ma), O - (ma – ma), O - (pa)

Die Silben in Klammern werden nur gefühlt, aber nicht gespielt.

CD VI/27

Time-Keeper ist die **Cow-Bell,** eine kleine Glocke, die durchgehende Viertel zum Rhythmus der **Timbales** spielt:

Cow-Bell

Dong   dong   dong   dong

Timbales

CD VI/28   *Stampfen:* li. Fuß   re. Fuß

Das Hörbeispiel ist ein Playback zum Mitmachen. **CD VI/30**
- Verfolgt zunächst den Aufbau.
- Übt die Rhythmen der Instrumente zuerst einzeln als »Mund-Cha-Cha«, dann mit Instrumenten.
- Schreibt eine Rhythmus-Partitur, indem ihr die Rhythmen der einzelnen Instrumente übereinander setzt.
- Sprecht und spielt das Pattern. Fallen euch bessere Sprechsilben ein?
- Übt nun die Rhythmen zum Hörbeispiel.
- Sicherlich gibt es unter euch Einzelne, die nun auch noch die übrigen Stimmen (rechts) übernehmen können.

243 TANZ

Congas

Guiro

Nicht wegzudenken in einem Cha-Cha-Cha ist der **Guiro** (sprich: gi:ro), der in der original kubanischen Art aus einer getrockneten kürbisähnlichen Frucht hergestellt wird. In die Schale werden parallele Linien geschnitten. Ein dünner Holz- oder Plastikstab streicht auf- und abwärts über diese Riffelung und erzeugt so den typischen ›Krrrrr-tschi-tschi‹-Sound:
CD VI/29

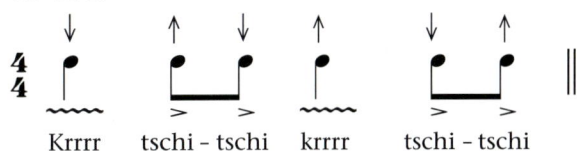

Krrrr   tschi – tschi   krrrr   tschi – tschi

Cow-Bell   Timbales

Beispiel eines kubanischen Cha-Cha-Cha

Git. 1

Git. 2   Am[7]   D[7]

Klavier

Bass (klingt eine Oktave tiefer)

Samba – Power-Percussion aus Brasilien

Batucada-Orchester aus Rio

In den Straßen von Rio de Janeiro explodiert die Samba, wenn die brasilianische Fußball-Nationalmannschaft ein wichtiges Spiel gewonnen hat. Auf den Bürgersteigen und Plätzen der Millionen-Metropole treffen sich die Leute zu riesigen Freudenfeiern. Spontan bilden sich bunt gemischte Percussion-Gruppen mit Menschen aller Rassen und Klassen. Sobald die Amateurmusiker zu den Instrumenten – Trommeln, Schüttelrohre und Glocken – greifen, erklingt ein überschwänglicher **Samba Batucada**, für Beobachter eine Art Jam-Session mit tosender Percussion.

Die Samba ist einer von mehreren hundert Tänzen und Rhythmen Brasiliens, die aus der Verschmelzung von afrikanischer, portugiesischer und indianischer Kultur hervorgingen. Zwischen 1538 und 1850 wurden rund 3,5 Millionen Afrikaner als Sklaven in das von Portugal kolonisierte Brasilien gebracht. Sie konnten hier ihre Musik, ihre Sprache und ihre Religion in reinerer Form erhalten als die Sklaven in Nordamerika und hatten daher größeren Einfluss auf die musikalische Entwicklung – was in den Rhythmen der Samba besonders deutlich wird.

So unterschiedlich wie die Spielarten sind die Besetzungen der Samba-Gruppen. Neben den Samba-Orchestern mit teilweise mehr als 300 Perkussionisten, die alljährlich beim Karneval in Rio bestaunen ... sehr kleine Ensembles, die in erster ... a **Canção** spielen. **CD VI/31**

Bass- und Basis-Instrument der Samba ist der **Surdo**. Diese etwa 80 cm hohe zylindrische Trommel wird mit einem großen Holzklöppel geschlagen, dessen Kopf mit Samt bezogen ist. Die Off-Beats auf 2 + und 4 + werden mit der linken Handfläche, die Beats auf 1 und 3 bzw. 4 mit dem Klöppel in der rechten Hand gespielt. Die Grundlinie des Surdos klingt so: **CD VI/32**

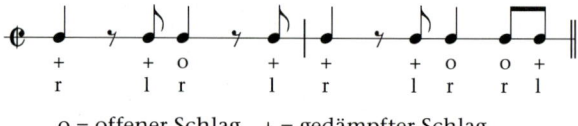

o = offener Schlag   + = gedämpfter Schlag

Die **Ganzá**, ein Schüttelinstrument aus Metall mit ein, zwei oder drei miteinander verbundenen und mit Kügelchen gefüllten Rohren, spielt dazu einen gleichmäßigen Achtelnoten-Teppich mit Akzenten auf 1, 2+, 3 und 4+: **CD VI/33**
Diese Linie kann von einem **Triangel** gedoppelt werden.

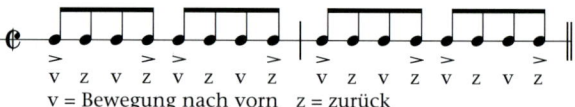

v = Bewegung nach vorn   z = zurück

Die rhythmische Reibung bringt das **Tamborim**, eine kleine Handtrommel (ohne Schellen), die mit einem oder zwei Sticks gespielt wird. **CD VI/34**

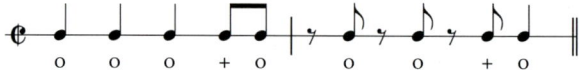

Ganzá

Surdo

Tamborim

Die stark synkopierte Linie des Tamborims kann durch die **Caixa** (gesprochen: kaischa) unterstützt oder ersetzt werden. Die Caixa ist eine Trommel von der Größe der Snare-Drum des Schlagzeugs, die mit einem Gurt direkt am Körper getragen und mit zwei Sticks gespielt wird. **CD VI/35**

Eine melodische Linie zum Rhythmusteppich der anderen Percussion entsteht durch das Pattern der **Agogo-Bell,** einer Doppelglocke, die mit einem Holz-Stick gespielt wird. Die beiden Einzelglocken sind unterschiedlich in Größe und Tonhöhe. **CD VI/36**

Ein ganz besonderes Samba-Instrument ist die **Apito,** auch Sambawhistle genannt. Mit ihren drei verschieden hohen Tönen gibt sie die Kommandos für das Ensemble, z. B. für Einsätze oder für den Wechsel zu einem anderen Groove. Ein typisches Samba-Kommando lautet: **CD VI/37**

Caixa

Agogo-Bells

Samba Batucada

Klezmer –
von der jüdischen Hochzeits- zur Weltmusik

Klezmer ist seit dem Mittelalter die traditionelle Instrumentalmusik der **jiddischsprachigen Juden Osteuropas**. Als Klezmer wird auch der Musiker bezeichnet (Plural: Klezmorim).

GIORA FEIDMAN

Jeder Mensch ist ein Klezmer. Ich vermittle anderen meine innere Stimme, eine Idee, ein Gefühl. Ein Klezmer spielt nicht eine Melodie, er sagt sie und sagt damit die Wahrheit. Entscheidend ist, dass du zum Ausdruck bringst, was in dir ist, deine innere Wahrheit, deine Kultur. Wenn du das tust, dann ist das ein Mittel der Verständigung, das jeder an jedem Platz der Welt versteht, ganz egal, welcher Religion und Hautfarbe er ist und welche Sprache er spricht.
(*Giora Feidman, Klezmer und Klarinettist, geb. 1936*)

AUFGABEN

- *Haltet eure Höreindrücke fest, indem ihr eine kurze Konzertempfehlung verfasst.*
  CD VI/38–39
- *Was bedeutet »jiddisch«? Informiert euch mithilfe von Nachschlagewerken.*
- *Was meint Giora Feidman mit seiner Feststellung: »Jeder Mensch ist ein Klezmer«?*
- *Welche Grundhaltung gegenüber Musik lässt sich aus dem Begriff Klezmer ableiten, welche aus der Geschichte der Klezmorim?*

Die Klezmorim in Osteuropa hatten einen schweren Stand: Sie verloren als Juden fast überall ihre Bürgerrechte und waren damit der Willkür der Obrigkeit ausgeliefert. Viele waren als Wandermusikanten unterwegs und hatten damit den sozialen Status von Bettlern. Um zu überleben, waren die meisten gezwungen, nebenbei z. B. als Schuster oder Schneider zu arbeiten. Wenn keine Kunden kamen, konnten sie auf ihren Instrumenten üben. Die wenigsten hatten eine professionelle Musikausbildung, da ihnen als Juden der Zugang zu den Konservatorien verwehrt wurde. Dennoch gab es unter ihnen viele qualifizierte Musiker, die voneinander lernten.

Den Klezmorim kommt es nicht so sehr darauf an, **was** sie spielen, sondern **wie** sie es spielen. Wichtig ist ihnen, dass sie und ihr Instrument eins sind. Sie betrachten das Instrument als die Stimme, die Gedanken, Empfindungen oder Bilder zum Klingen bringt.
Diese Grundhaltung zeigt sich schon in der Bedeutung des Begriffs Klezmer: Er entstand aus den althebräischen Wörtern **kley** (›Werkzeug, Instrument‹) und **zemer** (›musizieren, singen‹) und lässt sich mit ›Instrument des Liedes‹ übersetzen.

Die Klezmorim spielten zu vielen verschiedenen Anlässen und daher musste ihr Repertoire breit gefächert sein. Es entstand eine große stilistische Vielfalt innerhalb der Klezmer-Szene. Die größte und ehrenvollste Aufgabe war es für die Klezmorim jedoch, auf jüdischen **Hochzeiten** zu spielen, die bis zu acht Tagen dauerten. Beim Festessen erhielten sie von den Hochzeitsgästen Trinkgelder – ihre Haupteinnahmequelle.
Die Klezmer-Gruppen setzten sich aus Juden und Nichtjuden zusammen. Die frühen Ensembles bestanden aus zwei bis drei Musikern, wobei die Geige fast immer das führende Instrument war, oft begleitet von Hackbrett und Kontrabass. Im Lauf der Zeit wurden die Ensembles größer, andere Instrumente gesellten sich hinzu.

Die Ensembles des **Klezmer-Revivals** besinnen sich auf die osteuropäischen Wurzeln. Aus der Mischung traditioneller Elemente und populärer Musik wie Blues, Jazz, Rock oder Latin haben sie einen eigenständigen Klezmer-Stil entwickelt.

Das Klezmer-Comeback erreichte am Ende des 20. Jahrhunderts auch Deutschland und andere Länder Europas. Zu verdanken ist dies besonders dem Musiker GIORA FEIDMAN, der als Klarinettist, als Lehrer von Seminaren und als Verfasser von Noten- und Textsammlungen die alte jiddische Musik wieder populär machte.

Im Zuge der neuen Klezmer-Welle sind auch längst in Vergessenheit geratene Bands wie die EPSTEIN BROTHERS wieder auf die Bühne geholt worden. Ihre plötzlichen Erfolge konnten sie kaum fassen.

Ein Klezmer-Quintett aus der Ukraine um 1912

Die Judenverfolgungen in Russland, später auch in anderen Staaten, der Erste Weltkrieg und die russische Oktoberrevolution verursachten zwischen 1881 und 1924 eine Massenauswanderung der osteuropäischen Juden in die USA. Unter den Vertriebenen waren zahlreiche Klezmorim.

Klezmer zu sein, galt auch in Nordamerika noch für Jahrzehnte als Schande. Die jiddischsprachigen Musiker versuchten durch die Übernahme vieler Stücke der damals populären Musik Nordamerikas anerkannt zu werden und im Geschäft zu bleiben. Die Geige trat ihre Rolle als führendes Instrument an die Klarinette ab.

Bedingt durch die große wirtschaftliche Depression und die Konkurrenz des Radios kam um 1930 die Schallplattenproduktion von Klezmer-Musik fast zum Stillstand. Die Klezmer-Szene existierte in den folgenden vier Jahrzehnten praktisch nicht mehr.

Erst Anfang der 1970er Jahre begannen junge amerikanische Juden, die Musik ihrer Vorfahren wiederzuentdecken und von den alten Klezmer-Veteranen zu lernen. Innerhalb weniger Jahre entstand eine neue Szene, die sich bis heute ständig erweitert. Dazu zählen Bands wie BRAVE OLD WORLD, die KLEZMATICS und ¡KLEZPERANTO!.

AUFGABE

• *Vergleicht die Aufnahmen zweier Bands aus unterschiedlichen Klezmer-Generationen:* »Gypsy Bulgar« von den EPSTEIN BROTHERS *und* »Tartar Tanz« von der Band ¡KLEZPERANTO!.
CD VI/40–41

Die Band ¡KLEZPERANTO! verbindet Klezmer-Musik mit Rock, Jazz und Latin.

The Epstein Brothers Orchestra
Kings of Freylekh Land
A Century of Yiddish-American Music

KON TEXT

Wenn du mich vor 35 Jahren einen Klezmer genannt hättest, hätte ich dir eine runtergehauen.

Die EPSTEIN BROTHERS

(*Max Epstein, Chef der* EPSTEIN BROTHERS, *1991*)

Klezmer-Melodik

In der traditionellen Klezmer-Musik gibt es neben den uns bekannten Dur- und Moll-Tonleitern eine Reihe weiterer Skalen, die für diese Musik typisch sind. Sie können – wie andere Tonleitern auch – von jedem beliebigen Ton aus gebildet werden.

Sehr häufig gespielt wird die Tonleiter **Ahava Raba**. Der klangvolle Name stammt von den Anfangsworten eines hebräischen Psalms und bedeutet »große Liebe«.

Eine weitere häufig benutze Tonleiter der Klezmorim ist **Misherberakh** (›er segnet‹).

Der deutsche Klezmer-Klarinettist HELMUT EISEL verdeutlicht in manchen Konzerten seinem Publikum die Wirkung der Ahava Raba, indem er das Lied *Fuchs, du hast die Gans gestohlen* mit den Tönen dieser Skala spielt. Beim Zuhören bekommt man plötzlich den Eindruck, dass der Fuchs nicht mehr aus Mitteleuropa komme …

Versucht es selbst!
- Spielt zunächst die Originalmelodie von *Fuchs, du hast die Gans gestohlen*. Verwandelt danach jedes *d* in ein *des* und jedes *a* in ein *as*. Spielt das Lied mit den neuen Tönen.
- Transponiert nun die abgebildete Misherberakh um einen Ganzton nach oben, sodass *c* wieder der Anfangston wird. Wenn ihr das Lied nun mit den Tönen dieser Skala spielt, verändert sich der Charakter erneut.
- Welche der beiden Klezmer-Skalen hat eher Dur-, welche eher Mollcharakter? Woran liegt das? Untersucht die Bauart der Skalen! (s. auch S. 108)

Der Klarinettist HELMUT EISEL mit seinem Klezmer-Trio JEM

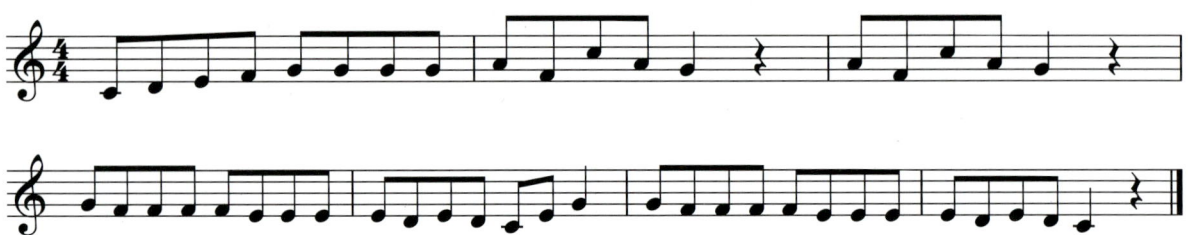

Oyfn pripetschik

Text und Musik: Mark Warshawsky (1840–1907)

Strophe

1. Oy - fn pri - pe - tschik brent a Fay - erl un in Schtub is heys. Un der Reb - be lernt_ kley - ne Kin - der - lech dem_ A - lef - beys. Un der Reb - be lernt kley - ne Kin - der - lech dem_ A - lef - beys.

Refrain

Sogt she Kin - der - lech, ge - denkt she tay - e - re, vos ir lernt ___ do. Sogt she noch a mol un ta - ke noch a mol: Ko - mez - A - lef: o. Sogt she noch a mol un ta - ke noch a mol: Ko - mez - A - lef: o.

Textübertragung:

1. Im Ofen brennt ein Feuer,
   in der Stube ist es heiß.
   Und der Rabbi lehrt die kleinen
   Kinder das Alphabet.

Refrain:

   Sagt doch, Kinderchen,
   gedenkt doch, ihr Lieben,
   was ihr hier lernt.
   Sagt doch noch einmal
   und dann noch einmal:
   Komez-Alef: o[1].

[1] Komez-Alef ist ein Vokalisationszeichen der hebräischen Schrift und wird bei den askenasischen (ehemals »deutschen«) Juden als »o« gesprochen.

AUFGABEN

- *Versucht, den Text in euren Dialekt zu übersetzen. Wo gibt es Ähnlichkeiten zum originalen jiddischen Text?*
- *Hört euch alle Strophen des Liedes an. Versteht ihr, worum es im weiteren Verlauf geht? Wie interpretiert Daniel Kempin das Lied?* **CD VI/42**
- *»Oyfn pripetschik« erklingt auch als Filmmusik im Film »Schindlers Liste«. Erkundigt euch über den Inhalt des Films und überlegt, weshalb der Filmkomponist dieses Lied aufgreift.*
- *Hört euch den Ausschnitt aus der Filmmusik an. Wie wird das Lied hier interpretiert? Wie wirkt es?* **CD VI/43**
- *Welche typischen Klezmer-Merkmale hört ihr im weiteren Verlauf?*

Volksmusik: kommerziell

WILDECKER HERZBUBEN

Als das ORIGINAL NAABTAL DUO mit seinem Titel *Patrona Bavariae* 1988 den »Grand Prix der Volksmusik« gewann, wurde eine Welle der volkstümlichen Musik in Deutschland ausgelöst, die bis heute anhält. Das Lied gab das Signal zum Coming-out für Millionen bislang nicht ernst genommener Freunde der volkstümlichen Musik. Die Verkaufszahlen des Musikmarktes und die sich explosionsartig ausbreitenden Fernsehsendungen zeigen die Auswirkungen dieses volkstümlichen Booms, allerdings liegt der 2,5-prozentige Marktanteil bei den Tonträgern deutlich unter dem der Popmusik mit ca. 42 % (Stand: 2002). Den zweiten großen Hit landeten 1989/90 die WILDECKER HERZBUBEN mit ihrem Schunkelwalzer *Herzilein*.

20.15 ⓈⓉ **Die Schlagerparade der Volksmusik** 325-040
Gäste u.a.: Claudio de Bartolo, Geschwister Hofmann, Brigitte Traeger, Bergfeuer, Jantje Smit, Die Trenkwalder, Mühlenhofer Musikanten, Reiner Kirsten
Moderation: Andy Borg

20.15 Die volkstümliche Hitparade im ZDF 916-752
Moderation: Carolin Reiber.
U.a. zu Gast: Die Mooskirchner, Benjamin Grund, Jantje Smit, Joschi Hackl und seine original fidelen Egerländer, Maxi Arland, Geschwister Hofmann, Die Schäfer, Mühlenhof Musikanten

20.15 ⓈⓉ **Musikantenstadl** 40-03-204
Volksmusik
Karl Moik präsentiert Stars der volkstümlichen Musikszene
Voraussichtlich live aus Dubai

19.45 Weiß-Blau klingt's am schönsten 49-82-522
Erntedankfest
Gäste u.a.: Die jungen Zillertaler, Münchner Zwietracht, Geschwister Hofmann, D.J. Ötzi, Moderation: Uschi Dämmrich von Luttitz & Gerd Rubenbauer

20.15 Fröhlicher Alltag 10-210-599
Aus dem Kurort
Bad Dürkheim an der Deutschen Weinstraße.
Zu Gast: Jürgen Drews, Gaby Albrecht, Die 3 Z'widern, Duo Herzklang, Margit Anderson, Memories, Stadtkapelle.
Mod.: Heinz Siebeneicher

MARGOT UND MARIA HELLWIG

AUFGABEN

- *Wovon handelt das Lied »Herzilein«? Welche Wertvorstellungen stehen hinter dem Text?* **CD VI/44**
- *Welche musikalischen Merkmale sind eurer Meinung nach charakteristisch?*
- *Inwieweit trägt die Musik zur Vermittlung des Inhaltes bei? Welche Rolle spielt der Gesangsstil?*
- *Was könnten die Gründe dafür sein, dass »Herzilein« zu einem der meistverkauften Hits in Deutschland wurde?*
- *Betrachtet die Ausschnitte aus einer Fernsehzeitschrift. Vergleicht dabei die Titel der Sendung,* die Namen der Künstler sowie die Sendezeiten. Welche Rückschlüsse lassen sich ziehen?
- *Bringt selbst Fernsehzeitschriften mit und sucht nach Volksmusiksendungen. Vergleicht!*
- *Hört den »Zillertaler Hochzeitsmarsch« als Beispiel »echter« Volksmusik an. Vergleicht mit »Herzilein«. Welche Unterschiede und welche Gemeinsamkeiten könnt ihr feststellen?* **CD VI/45**
- *Wie wurde der »Zillertaler Hochzeitsmarsch« in der volkstümlichen Version von den ZILLERTALER SCHÜRZENJÄGERN verändert? Welche Rolle spielt das Instrumentarium? Welche Wirkung wird erzielt?* **CD VI/46**

Mit dem Begriff der »Volksmusik« ist bei uns immer die deutschsprachige, speziell alpenländische Musik gemeint. Die meisten Menschen verbinden damit auch »Musikantenstadl«, den »Grand Prix der Volksmusik« oder die verschiedenen »Wunschkonzerte« einschlägiger Radiosender. Was jedoch in Trachtenanzug oder Dirndl fröhlich von Heimat und Liebe singend über den Bildschirm schunkelt, hat mit echter Volksmusik wenig zu tun, sondern trägt den Namen »volkstümliche Musik«. Dieser von den Musikverwertern entwickelte Begriff soll auf die einfachen, leicht rezipierbaren Strukturen dieser populären Musik verweisen.

STEFANIE HERTEL und STEFAN MROSS

HANSI HINTERSEER

Hansi Hinterseers musikalische Liebeserklärungen treffen immer mitten ins Herz – und gehen sofort ins Ohr. Das ist das ganze Geheimnis seines Erfolges. Seine ungeheuer positive Ausstrahlung und seine nicht wegzudiskutierende Attraktivität für das weibliche Geschlecht aller Altersklassen tun sicherlich ihr Übriges. Hansi Hinterseer ist der neue Star der Schlager- und Volksmusik. [...]
(Künstlerinfo der Internetseite: volksmusik.de)

Die »falsche Welt der Volksmusik«, wie die Kritiker des Strahle- und Lächeltheaters aus den öffentlich-rechtlichen Kanälen einwenden. Mit authentischer Volkskunst habe das alles nichts zu tun, die Musikanten und ihre Musik seien so echt wie der Schnee auf den Studiotannen. Spätestens seit den skandalträchtigen Vorgängen um den trompetenden Herrenpart des »Traumpaars« Stefanie Hertel und Stefan Mross – dem gutachterlich bestätigten Vorwurf, Mross könne überhaupt nicht selbst spielen und habe jahrelang die Fans getäuscht – sieht sich die Szene insgesamt dem Vorwurf ausgesetzt, es sei alles ein einziger Schwindel.
(Hans Neuhoff im Rheinischen Merkur, Nr. 32/2001)

AUFGABEN

- *Welche Aussagen über die Welt der Volksmusik in unserem Land werden in Hans Neuhoffs Zeitungsartikel getroffen?*
- *Nehmt Stellung zu der Aussage, alles sei ein einziger Schwindel. Bezieht eure Unterrichtsergeb-nisse und die auf dieser Doppelseite dargestellten Materialien mit ein.*
- *Was leistet die volkstümliche Musikwelt für ihre Hörer bzw. Zuschauer?*

Volksmusik: kritisch-humorvoll

In den letzten Jahren zeigen sich – insbesondere im alpenländischen Raum – Tendenzen, mit Volksmusik wieder anders umzugehen, als es im Bereich der volkstümlichen Musik geschieht. Die Brüder Christoph, Hans und Michael Well beispielsweise setzen sich unter ihrem Künstlernamen DIE BIERMÖSL BLOSN in bissig-humorvollen Songs mit der Welt der Volksmusik auseinander. Und abseits der kommerzorientierten Schubladen des Musikmarktes gibt es außerdem Versuche, Elemente der ursprünglichen alpenländischen Volksmusik mit aktuellen Stilen wie z. B. Rockmusik oder Hip-Hop zu vereinigen, so HUBERT VON GOISERN UND DIE ALPINKATZEN und HAINDLING.

HUBERT VON GOISERN

WORK SHOP

Der Anfang des Tiroler Liedes *Hintn bei da Stadltür* kann als Material für eine eigene »Alpen-Coverversion« dienen.
- Singt und musiziert zunächst das Stück in seiner originalen Fassung.
- Überlegt dann in Gruppenarbeit: In welchen Stil soll die Melodie integriert werden? Welche Instrumente wollt ihr verwenden? Soll der Text beibehalten oder umgestaltet werden? Wie lässt sich der Gesang gestalten?
- Probiert verschiedene Möglichkeiten aus und übt eure Version ein.

AUFGABEN

- *Hört »Die Jodelhorrormonstershow« der Gruppe* DIE BIERMÖSL BLOSN. *Welche Position beziehen die Brüder Well zur Volksmusik?* **CD VI/47**
- *Auf welche Weise setzt sich* HUBERT VON GOISERN *mit Volksmusik auseinander?* **CD VI/48**

Hintn bei da Stadltür

Text und Melodie: aus Tirol
Chorsatz und Refrain: Wastl Fanderl

1. Hin - tn bei da Stå - dl - tür steht a ål - ta Mus - ke - tier,
2. D'Krå - me - rin kraht wia a Håhn, d'Schmie - din sågt: »I lauf da - von!«
3. D'Bäu - rin måcht a trut - zigs Gsicht, wånn die Dirn a He - ferl bricht;
4. Jå, da Loi - sel, der is gsund, s'Bäu - cherl is schö ku - gel - rund

spielt auf sei - na Båß - geign auf, håt koa Soa - tn drauf.
Da Leh - rer schwitzt und singt für zwoa, is da des a Gschroa!
is des net a Tei - fis - lärm zweng an so an Scherbm.
und sei Nå - sn, de håt rund oa drei - vier - tel Pfund.

Volksmusik: türkisch

Die meisten Menschen verbinden mit der Volksmusik ihres Landes ein Heimatgefühl. Und was positive Gefühle weckt, lässt sich bestens verkaufen. So ist es nicht verwunderlich, dass auch in anderen Ländern der Welt ursprüngliche Volksmusik mit »modernen« Mitteln dem aktuellen Zeitgeschmack angepasst wird.

Während in den deutschsprachigen Ländern die volkstümliche Musik vor allem ein älteres Publikum erreicht, ist die türkische Popmusik in erster Linie bei Jugendlichen begehrt. Sänger wie TARKAN, ROBER HATEMO oder die türkische Popgruppe AYNA liegen bei Umfragen in puncto Beliebtheit und Verkaufszahlen noch vor den großen Popstars aus den USA. Und auch bei uns ist inzwischen dieser Musikstil unter dem Namen »Turkpop« bei – nicht nur türkischen – Jugendlichen gefragt.

Simarik (Spoilt)

Sezen Aksu

She takes another man by the arm.
She makes me look like a fool once more.
She blows bubbles with her chewing-gum,
and makes them snap brutally.

Maybe that's why I'm so fascinated by her,
she's playing hard to get.
She's making fun for men, she's spoilt.
Has she turned the world upside down?

She painted her eyes black,
her lips painted red.
Crazier then her you'll never meet.
She's grining at my face.

We weren't raised that way, were we?
She's making us look like a fool.
New customs have come to town.
Boys, we're lost.

You've got a real hold on us.
You can make a snake come out of its hole.
I lost my head over you.
If I get a hold of you …

I've fallen in your womb, baby.
I've fallen in your furnace, baby.
I've fallen in your warmth, baby.
Have mercy!

TARKAN, 1999

KON TEXT

Er schwärmt für Madonna, er tanzt wie Michael Jackson und er will ganz nach oben: Sein Name: Tarkan, 26 Jahre und in der Türkei längst ein Superstar. Mit seinem Meisterstück: *Simarik* (türk.: ›Verwöhnt‹) hat der Musikus vom Bosporus jetzt auch den westlichen Nerv getroffen. Der Song mit dem Küsschen erreichte in den internationalen Charts oberste Platzierungen, obwohl er nicht brandneu ist. In der Türkei schallte bereits vor zwei Jahren *Simarik* durch die Lautsprecher landauf, landab.
(aus: www.pop-up.org/music/tarkande.htm)

AUFGABEN

- *Von welchen Inhalten spricht »Simarik«?*
- *Hört nun den Song an. Welche musikalischen Elemente stammen eurer Meinung nach aus der türkischen Volksmusik, welche sind typische Mittel der Pop-/Rockmusik?* **CD VI/49**
- *Hört »Desert Rose« von* STING *an. Welche Gemeinsamkeiten könnt ihr feststellen? Welche Unterschiede gibt es?* **CD VI/50**
- *Weshalb ist* TARKAN *nicht nur bei türkischen Jugendlichen beliebt?*
- *Welche Gründe mag es geben, weshalb in Ländern wie der Türkei Volksmusik als selbstverständliches Element der Popmusik angesehen wird und bei uns nicht?*

World Music

World Music

auch Ethno Music, Ethno Pop, Ethnic Rock, deutsch: Weltbeat bzw. Weltmusik: Der Begriff ist schon in den fünfziger Jahren geprägt worden, von der Plattenfirma »Capitol Records« für ihre »Capitol of the World Series«, in der sie ab 1952 Musik aus den vom einsetzenden Massentourismus neu erschlossenen Urlaubsgebieten veröffentlichte [...]. Anfang der siebziger Jahre wurde er für die damals vor allem von Jazzmusikern unternommenen Versuche aufgegriffen, aus den Musikkulturen der verschiedenen Weltregionen eine Synthese zu schaffen, die als »Weltmusik« jenseits aller kulturellen Barrieren angesiedelt und jedermann gleichermaßen zugänglich sein sollte [...]

(Wicke/Ziegenrücker: Handbuch der populären Musik, 1997)

AUFGABEN

- *Auf der Internet-Seite sind unter der Rubrik »World Music« Links abgebildet, die jeweils einen eigenen Musikstil benennen. Welche kennt ihr und in welche Region der Erde gehören sie? Klärt unbekannte Begriffe.*
- *Wo gibt es Widersprüche in der Einteilung und weshalb?*
- *Welche Beweggründe stehen laut Lexikonartikel hinter der Erfindung einer »World Music«?*
- *Versucht selbst zu definieren, was »World Music« heute bedeutet. Schreibt einen Lexikonartikel, aus dem hervorgeht, was zu »World Music« zählt und was nicht.*
- *Weshalb gibt es so oft Widerstand gegenüber »fremder« Musik?*
- *Vergleicht die biografischen Notizen zu* STING *und* PETER GABRIEL.
- *Weshalb engagieren sich Musiker für sozialpolitische Bewegungen?*
- *Wie schätzt ihr die Wirkung des Engagements ein?*
- *Hört Songs der beiden Künstler an. Schlägt sich ihre Grundeinstellung in ihrer Musik nieder?*

KON TEXT

This we know:
All things are connected
like a blood, which unites one family.
All things are connected.
Whatever befalls the earth,
befalls the sons of the earth.
Man do not leave the web of life,
he's merely stranded.
Whatever he does to the web,
he does to himself.
This we know.

WORK SHOP

- Gebt den Text in eigenen Worten wieder.
- Lest den Text so, dass euer Ausdruck zum Inhalt der Worte passt.

1989 besuchte PETER GABRIEL die damalige UDSSR, um sich dort am Aufbau von »Greenpeace« zu beteiligen. Als Beitrag zu dieser Aktion veröffentlichte er auch das Album »One World, One Voice«. Zu einer von STING im Studio eingespielten Basslinie improvisieren in dieser Aufnahme Musiker aus aller Welt in ihrem eigenen Stil. **CD VII/1**

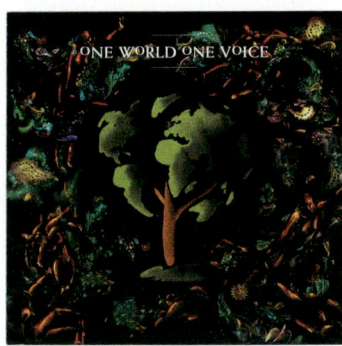

- PETER GABRIEL, geb. 1950
- Gründer der Band GENESIS
- Hauptinitiator der 1980 gegründeten Firma »WOMAD«, die mit weltweiten Festivals und Produktionen Musik, darstellende Künste und Tänze aus allen Ländern der Welt vereint

Darüber hinaus hat sich PETER GABRIEL beständig im Dienste der Menschenrechte und im Umweltschutz engagiert – am liebsten jedoch ohne großes Aufsehen. Sein Song *Biko* war der erste Popsong überhaupt, der sich mit dem Thema Apartheid befasste. Auch beteiligte sich PETER GABRIEL in den Jahren 1988 und 1990 an den Nelson-Mandela-Konzerten im Londoner Wembley-Stadion, 1988 realisierte er in Zusammenarbeit mit »amnesty international« die Tour »Human Rights Now!« und trat mit Künstlern wie STING, BRUCE SPRINGSTEEN, TRACY CHAPMAN und YOUSSOU N'DOUR in zahlreichen Ländern auf. *(aus der Biografie von Real World Records)* **CD VII/2**

- STING, geb. 1951
- Mitbegründer der Band POLICE
- aktives Engagement für die »Rainforest Foundation« und »amnesty international«, dabei konsequente Zusammenarbeit mit zahlreichen Musikern aus aller Welt **CD VII/3**

Jazz

Jazz – was ist das?

KONTEXT

Jazz ist, wenn du spielst, was du fühlst. Alle Jazzmusiker bringen mithilfe ihrer Instrumente zum Ausdruck, was für Menschen sie sind und was sie im Verlaufe des Tages, am Abend davor und überhaupt während ihres ganzen Lebens an Erfahrungen gesammelt haben. *(Jo Jones, 1962)*

Wenn der Solist nicht seine völlige Freiheit hat, hört es auf, Jazz zu sein. Der Jazz ist so ziemlich die einzige heute existierende Kunstform, in der es die Freiheit des Individuums gibt, ohne dass dabei das Gemeinschaftsgefühl verloren geht.
(Dave Brubeck, 1962)

Sie können nicht die glühend heißen [red-hot] Stricknadeln sehen, die dieser rotgesichtige Trompeter, der aussieht wie einer, der Glas bläst, ausspuckt: Nadeln, die das Trommelfell durchdringen und unbarmherzig wieder und wieder das Gehirn durchstoßen. Ebenso wenig können Sie die Furcht erregenden, mechanischen Verrenkungen des Basstrommlers sehen, wie er schwitzt und wie er seine Schläge auf beiden Seiten der Trommel austeilt und dabei jedes rhythmische Gesetz missachtet, [...].

(Bericht über das New Yorker Tanzlokal »Dicken's Place«, 1850)

Es gibt im Jazz keinen Belcanto und keinen Geigen-Schmelz, sondern harte, ungetrübte Klänge – die menschliche Stimme klagend und anklagend, weinend und schreiend, stöhnend und ächzend, und die Instrumente expressiv und eruptiv, ungefiltert von jedweder wie auch immer gearteten Klangvorschrift. Deshalb ist das, was ein Jazzmusiker spielt, in einem viel engeren Sinne »wahr« als das, was ein durchschnittlicher europäischer Musiker spielen kann.
(Joachim-Ernst Berendt, 1959)

Wenn man zu sauber [clean] und zu präzise wird, dann swingt man manchmal nicht mehr und der Spaß geht aus der Musik verloren.
(Dicky Wells, 1971)

Musik ist, was du selbst erfahren hast, was du selbst denkst und was nur du weißt. Wenn du es nicht lebst, kommt es nicht aus deinem Horn.
(Charlie Parker, 1962)

Diese Charakteristika sind Improvisation, Swing sowie Tonbildung und Phrasierung. Typisch für den Jazz ist ferner, dass er meist von individuellen Spielweisen im Rahmen eines kollektiven Stils geprägt wird: Die Musik wird jeweils von einer Persönlichkeit entwickelt und auch gespielt, Komposition und Interpretation fallen zusammen. Jeder bedeutende Jazzmusiker ist nach wenigen Takten an seiner Spielweise und Art der Improvisation erkennbar, auch wenn er »typisch« für eine bestimmte Stilrichtung ist.
(Microsoft Encarta)

Die Etymologie des seit etwa 1917 gebräuchlichen Wortes ist ungeklärt; im Allgemeinen wird es auf das Slangwort »Jazzy« (›erregend, bunt‹) zurückgeführt. [...] Nach seiner Funktion im Musikleben sowie der ethnischen Zugehörigkeit seiner wesentlichen Innovatoren wäre der Jazz als die afroamerikanische Kunstmusik des 20. Jahrhunderts zu definieren. Eine Abgrenzung erfolgt damit einerseits gegenüber den aus der abendländischen Kultur hervorgegangenen Musikgattungen und andererseits gegenüber den Bereichen der marktorientierten afroamerikanischen Populärmusik (Soul, Rock usw.).
(Meyers Enzyklopädisches Lexikon)

Der Jazz ist eine aus dem Zusammentreffen afrikanischer und afroamerikanischer sowie europäischer Musiktraditionen entstandene Musik vornehmlich improvisatorischen Charakters.
(MGG – Musik in Geschichte und Gegenwart)

AUFGABEN

- *Welche Eindrücke gewinnt ihr aus den Bildern?*
- *Hört euch Ausschnitte aus verschiedenen Jazzstücken an, um einen Eindruck von dieser Musik zu bekommen.* **CD II/61 und VII/4**
- *Fasse mit deinen Worten den Inhalt der Aussagen über die Jazzmusik zusammen.*

Standards – Klassiker des Jazz

Bestimmte Stücke sind so bekannt und beliebt, dass sie von Musikern immer wieder aufgegriffen werden. Bei **Jam-Sessions,** wo Jazzmusiker ohne festgelegtes Arrangement in beliebiger Besetzung spielen, werden solche **Standards** oft als Thema verwendet. Sie werden in so genannten **Lead Sheets** aufgeschrieben und sind im **Real Book** veröffentlicht. In vielen Städten gibt es Lokale, in denen man sich zum Jammen trifft.

Ein berühmter Standard ist *Stompin' at the Savoy*. Er wurde unter anderem von BENNY GOODMAN, BARRY MANILOW und ELLA FITZGERALD mit LOUIS ARMSTRONG eingespielt. **CD VII/5**

Einige andere Standards: *Autumn Leaves, Night and Day, So what (s. S. 231), Take the A-Train*

- Ihr könnt den Titel in zwei Gruppen singen und zur Unterstützung geeignete Instrumente hinzuziehen. **CD VII/6–9**

KON TEXT

Das »Savoy« war eines der berühmtesten Tanzlokale in New York. 1926 gegründet, wurde es schnell zum Inbegriff der Jazztanz-Szene New Yorks. Es war im 2. Stock eines Gebäudes, das sich von der 140. zur 141. Straße zog; seine Tanzfläche war 200 Fuß auf 50 Fuß groß. Es beherbergte zwei Bühnen, auf denen immer zwei Bands engagiert waren, die sich abwechselten. Dies führte bald zu regelrechten »Battles of Jazz«, bei denen sich die beiden Bands »bekämpften«, so z. B. CAB CALLOWAY's MISSOURIANS und Bands von DUKE ELLINGTON oder JOE HENDERSON. Alle berühmten Bands der Big Band Ära spielten im »Savoy«. Die Musik aus dem Tanzsaal wurde später auch über Radiostationen in ganz Amerika verbreitet. Ende der 50er Jahre verblasste der Ruhm des Ballsaals. Das »Savoy« war im Gegensatz zum berühmten »Cotton Club« für Weiße und Schwarze geöffnet.

(aus: The new grove dictionary of jazz, 1988)

Stompin' at the Savoy

Musik und Text: Benny Goodman /
Andy Razaf / Edgar Sampson / Chick Webb
Satz: Peter Jacob

Swing

Fmaj7

Sa - voy, Sa - voy,

the home of sweet ro - mance, it wins you at a glance,

F#° Gm7 C7 F6 D7 Gm7 C7

Sa - voy, Sa - voy. Sa - voy,

Fine

gives hap - py feet a chance to dance.

Fachbegriffe des Jazz

Bidipdua   CD VII/10

Uli Führe

Singt den Jazz-
kanon auch auf
selbst erfundene
Silben.

AUFGABEN

- *Sucht die unten genann-
ten Fachbegriffe in diesem
Jazzkanon, wie auch in
»Stompin' at the Savoy«,
S. 220.*
- *Hört euch die verschie-
denen Aufnahmen von
»Stompin'« an und findet
heraus, wie viele Cho-
russe musiziert werden.*
CD VII/5 und CD VII/11

Die Jazzmusik lebt vom individuellen Erleben der Musik im Moment der Ausführung – davon sprechen die Texte auf der Seite 219. Und es ist die Begegnung des afroamerikanischen Musikgefühls mit der europäischen Musiktradition, die sich in der Musik des Jazzers ausdrückt. So kommt es häufig zu einer (im klassischen Sinne) »unreinen«, »scharfen« Tongebung: die **dirty** oder **hot intonation**.

Sänger erfinden spontan eine Folge von Silben zur gesungenen Improvisation, das nennt man **Scat-Gesang**.

Die Freiheit des Musizierens zeigt sich auch darin, dass die Musiker oft absichtlich nicht genau auf die Zeit spielen, d. h. sie spielen einen **Offbeat** gegen den Grundschlag.

Die Individualität der Musik kommt sehr stark in der Improvisation zum Ausdruck. Die **Rhythmus-gruppe** (Piano, Gitarre, Bass, Schlagzeug) spielt mehrere Durchläufe durch das Stück, wie es auf dem Lead Sheet steht, während einer oder mehrere Solisten dazu improvisieren. Einen solchen Durch-lauf nennt man **Chorus**.

LOUIS ARMSTRONG gilt als »Er-finder« des Scat-Gesangs.

Die Kommunikation unter den Musikern ist im Jazz ungeheuer wichtig. Es kommt deshalb häufig zum so genannten **Call-and-Response** (Ruf-Antwort-Technik), einer Musizierweise, die vom Worksong und Spiritual herrührt.

In vielen Jazzstilen spielt das Bass-Instrument eine durchgehende Bewegung im Grundschlag, den so genannten **Walking Bass**.

Die Vorgeschichte des Jazz

Die Entstehung des Jazz und seiner Vorformen hängt unmittelbar mit der Sklaverei und deren Folgen zusammen. Nur vor diesem gesellschaftlichen Hintergrund kann die geistliche und weltliche Musik der Schwarzen verstanden werden, aus denen sich der Jazz entwickelt hat.

Bereits 1619 wurden die ersten Sklaven von Afrika nach Virginia gebracht. Im Zeitraum von 1680 bis 1786 wurden schätzungsweise 4,3 Millionen Schwarze als Sklaven nach Nordamerika und Westindien verschleppt. Unter welchen Bedingungen der monatelange Schiffstransport vonstatten ging, kann man beispielsweise aus der nebenstehenden Vorschrift herauslesen. In Amerika angekommen, waren die Sklaven all ihrer Rechte beraubt. Sie wurden auf einem Sklavenmarkt an weiße Plantagenbesitzer verkauft, die ihnen wie einem Vieh ein Zeichen in die Haut brannten.

Worksong

Das Leben der Sklaven war unvorstellbar hart. Bei glühender Hitze mussten sie auf die weiten Felder zur Arbeit. Dazu sangen sie ihre Lieder, die **Worksongs**, die von der harten Arbeit ablenken oder diese besser koordinieren sollten. Ein typisches Merkmal dieser Lieder ist die Call-and-Response-Technik, die dann später ein wesentliches Merkmal des Jazz wird: ein Vorsänger intoniert eine Phrase, auf die alle anderen mit einer ähnlichen oder immer gleich bleibenden Phrase antworten.

Neben dem Worksong gab es noch die **Field Hollers** und die **Cries**. Mit ersteren versuchten die Arbeiter, sich die Einsamkeit auf den endlosen Plantagen zu vertreiben und sich über die weiten Felder zu verständigen, mit letzteren vermochten sie ihre Gefühle auszudrücken.

Vorschrift zum Beladen eines Sklavenschiffes

❖ Jeder Sklave erhält einen Platz von 1,20 m bis 1,50 m Länge und 60 cm bis 90 cm Höhe!
❖ Er darf nicht aufrecht sitzen und darf sich nicht ausgestreckt hinlegen!
❖ Jedem Sklaven wird die rechte Hand an das linke Bein gefesselt!
❖ Alle Sklaven werden in Reihen an lange Eisenstangen angeschlossen!
❖ Während der ganzen Fahrt müssen sie in dieser Lage verharren!
❖ Sie dürfen einmal am Tag für kurze Zeit an Deck, um ihre Notdurft zu verrichten!

WORK SHOP

• Versucht euch in die Lage der Sklaven zu versetzen, indem ihr die Vorschrift selbst praktiziert.
• Den Worksong *Hammer ring* könnt ihr in zwei Gruppen oder mit Vorsänger singen.
• Erfindet neue Ausrufe, auf die dann mit »hammer ring« geantwortet werden kann.

AUFGABE

• *In welchem Verhältnis stehen heute Musik und Arbeit?*

Hammer ring   CD VII/12

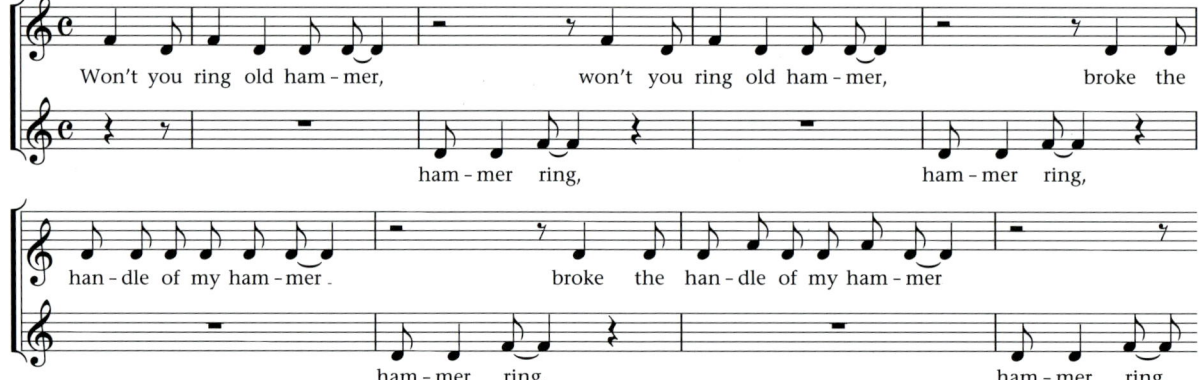

Won't you ring old ham-mer, won't you ring old ham-mer, broke the

ham-mer ring, ham-mer ring,

han-dle of my ham-mer, broke the han-dle of my ham-mer

ham-mer ring, ham-mer ring,

Spiritual und Gospel

Die Sklaven durften sich nicht in größeren Gruppen treffen, außer beim Gottesdienst. Dort waren sie unter sich und konnten ihre Sorgen und Proteste äußern. In den Texten des Alten und Neuen Testamentes entdeckten sie Begebenheiten und Situationen, die ihrer persönlichen Lage entsprachen und die sie nun in ihre Lebenswelt übertrugen (Israels Gefangenschaft in Ägypten = Sklaven in den Südstaaten).

Das Spiritual, das religiöse Lied der weißen Bevölkerung Amerikas, wurde zum **Negro Spiritual**, dessen melodische und rhythmische Wurzeln in der afrikanischen Tradition stehen. Das **Gospel** (›die gute Nachricht‹) ist eine Weiterentwicklung des Spirituals in den 1930er Jahren. Diese Gattung greift Elemente des Jazz auf und führt bis zum **Soul** der 50er Jahre (MAHALIA JACKSON, RAY CHARLES). **CD VII/13**

 **WORK SHOP**

Singt die Spirituals *Swing low* (S. 310) und *Joshua fit the battle of Jericho* (S. 311) und findet auch dort das Call-and-Response-Verfahren heraus.

Ragtime

Entstanden als komponierte Musik für das Klavier, verbindet der Ragtime (am. ragged time: ›zerrissene Zeit‹) zwei unterschiedliche Musiktraditionen: Die durchlaufende Achtelbewegung in der linken Hand und die klare Formgebung erinnern an europäische Märsche, die häufigen Synkopen der rechten Hand zeigen afroamerikanischen Einfluss (s. auch S. 62). Der Ragtime entwickelte sich aus dem **Cakewalk**, einem Paartanz, der bei Tanzwettbewerben um 1900 wahre Begeisterungsstürme hervorrief. Der Sieger eines solchen Wettbewerbs erhielt einen reich verzierten Kuchen. **CD II/54**

 242 TANZ

 **AUFGABEN**

- *Was ist der Unterschied zwischen Ragtime und dem heutigen Jazz?*
- *Worin unterscheiden sich die beiden Beispiele? Welche Wirkung haben sie?*

WORK SHOP

Eine Gruppe klatscht die Melodiestimme, eine andere spielt die Drums: die Noten mit den Notenhälsen nach unten sollen gestampft, die Noten mit den Notenhälsen nach oben sollen geklatscht werden.

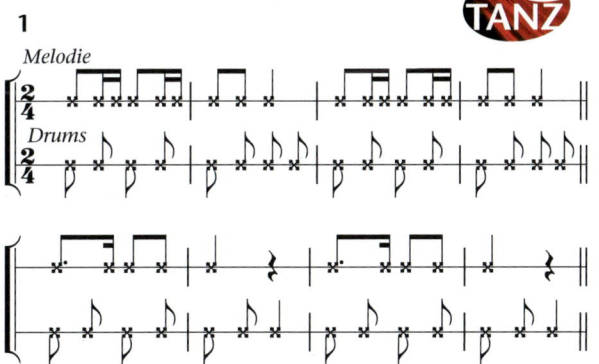

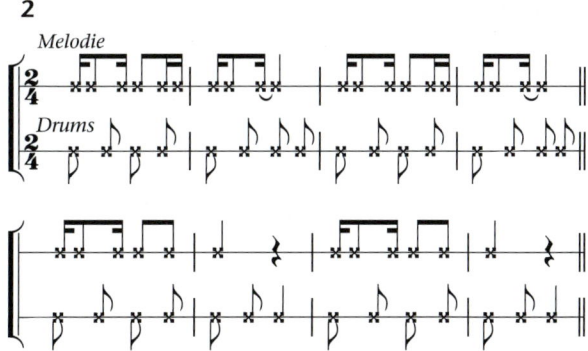

Der Blues

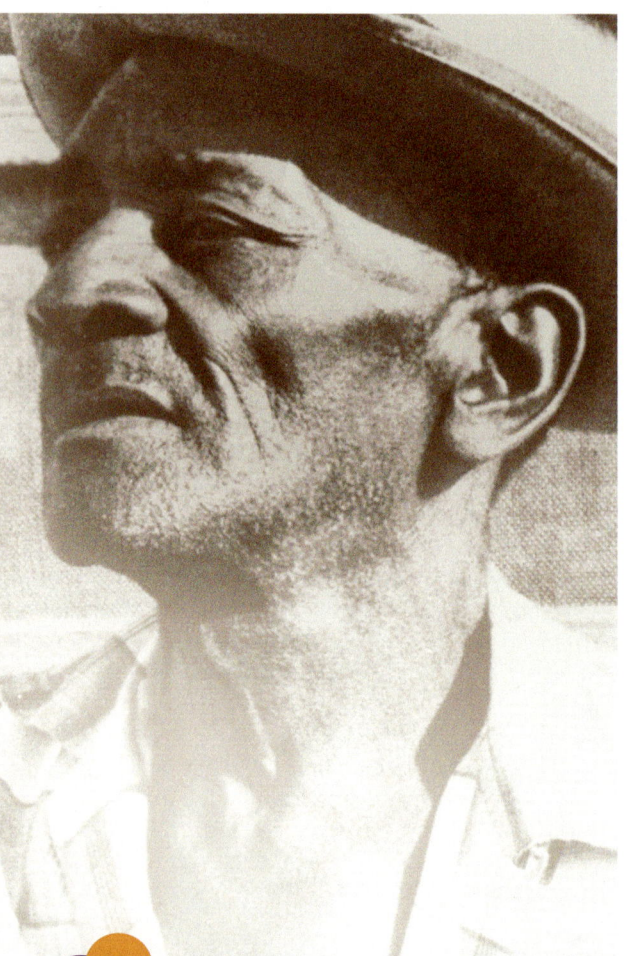

Der **Jazz** wäre ohne den **Blues** nicht denkbar. Ursprünglich diente der Blues, wie auch die Worksongs und Spirituals, den Sklaven als Ventil für ihre Sorgen und Nöte. Er handelt von allen Bereichen des Lebens: von Liebe, Enttäuschung, sozialen Missständen, Rassendiskriminierung, Problemen, aber auch von Freude und Zufriedenheit. Man bezeichnet den Blues als »subjektiven Monolog des Einzelnen«. Das Wort »blues« steht für einen depressiven Gemütszustand.

Die Instrumente, mit denen sich die Sänger meist selbst begleiten, sind Gitarre und Mundharmonika. Dieser **Country-Blues** mit ein oder zwei Musikern entwickelte sich in den Großstädten weiter zum so genannten **City-Blues** mit elektrischer Gitarre, Klavier, E-Bass und Drumset. **CD VII/14** Diese Form des Blues führte dann über den Rhythm & Blues zum Rock 'n' Roll. Darüber hinaus beeinflusste der Blues in den 1960er Jahren viele, vor allem britische Rockmusiker wie THE ROLLING STONES und ERIC CLAPTON.

Nobody knows you when you're down and out.

I've got the blues so bad, it's hard to keep me from cryin'.

If you see my laughing, I only laugh, that you don't see me crying.

KON TEXT

Kein weißer Mann hatte jemals den Blues, denn der Weiße hat keine Sorgen. [...] Wenn du im Bett liegst und dich von einer Seite auf die andere wälzt und kannst nicht schlafen, was ist dann mit dir los? Der Blues hat dich. Oder wenn du morgens aufstehst und auf dem Bettrand sitzen bleibst und deine ganze Familie ist da und du willst mit keinem von ihnen sprechen, obwohl dir keiner was getan hat – was ist dann mit dir los? Der Blues hat dich. Oder wenn du am gedeckten Tisch sitzt und siehst auf deinen Teller und hast Hühnerbraten und Reis und du gehst fort und zitterst und sagst: »Gott sei mir gnädig, ich kann nicht essen und kann nicht schlafen.« Was ist mit dir los? Der Blues hat dich. *(Leadbelly)*

AUFGABEN

- *Macht euch mit dem Inhalt des »Backwater Blues« vertraut. Was ist typisch für einen Blues?*
- *Wie wirkt sich die Form des Textes auf den Bau der Melodie aus?*

Als **Blue Notes** bezeichnet man die von der herkömmlichen Notation abweichende Intonation bestimmter Intervalle. Meist wird die Terz tiefer gesungen oder gespielt, sodass ihr Klang irgendwo zwischen der Dur-Terz (= große Terz) und der Moll-Terz (= kleine Terz) liegt (vgl. S. 221: **dirty** oder **hot intonation**). Ebenso verhält es sich mit der Septime und häufig auch mit der Quinte. In unserer Notation schreibt man diese Noten dennoch als kleine Terz, verminderte Quinte und kleine Septime (s. Arbeitsblatt).

Backwater Blues CD VII/15

Text und Melodie: Huddie Ledbetter
Satz: Peter Jacob

1. When it rains five days and the sky turns dark at night, —

when it rains five days and the sky turns dark at night, —

there's trou-ble tak-in' place in the low-lands at night.

2. I woke up this morning,
   can't even get out my door, (2x)
   there's enough trouble to make a poor girl,
   wonder where she wants to go.

3. Backwater Blues done caused me
   to pack my things an' go, (2x)
   'cause my house fell down
   an' I can't live there no mo'.

4. They rowed a little boat
   about five miles cross the pond, (2x)
   I packed all my things,
   throwed 'em in, an' they rowed my along.

5. When it thunders an' lightnin's
   an' the wind begins to blow, (2x)
   there's thousands of people
   ain't got no place to go.

WORK SHOP

- Eine Hilfe für das Singen der Strophen des *Backwater Blues* sind die unterstrichenen Wörter: Sie markieren die Eins des betreffenden Taktes.
- Spielt nach einer Strophe auch instrumentale Durchläufe, in denen ihr improvisiert.
- Schreibt alle Töne des Liedes auf, die nicht in der C-Dur-Tonleiter enthalten sind: Es sind die **Blue Notes**.
- Schreibt alle Noten der Gesangsstimme der Reihe nach auf und vergleicht das Ergebnis mit der **Blues-Tonleiter** auf S. 108.
- Leitet aus den Begleitakkorden und der Unterstimme die Akkorde für jeden Takt ab und schreibt sie auf. Es ist das für jeden Blues gängige **Blues-Schema**.

Die Jazz-Stile eines Jahrhunderts

New Orleans – Dixieland – Chicago (seit 1900)

Im **New-Orleans-Stil** wurden europäische Elemente in eine afroamerikanische Musik eingeschmolzen. Die Besetzung ging aus den Blaskapellen der Weißen hervor: drei Melodiestimmen (Trompete, Klarinette, Posaune) und eine Rhythmusgruppe (Klavier, Banjo, Bass, Schlagzeug). Die Trompete spielt die Hauptmelodie, während Klarinette und Posaune diese umspielen.

Dixieland war der Stil, der entstand, als die weißen Musiker den New-Orleans-Stil der Schwarzen zu kopieren versuchten. Er kommt dem Ragtime sehr nahe.

Als das Vergnügungsviertel Storyville in New Orleans geschlossen wurde, wanderten viele Musiker nach **Chicago** aus. Dort kam es zu einer weiteren gegenseitigen Befruchtung von schwarzer und weißer Musik. Die Kollektivimprovisation des New-Orleans-Stils wurde immer mehr durch die Soloimprovisation abgelöst.

Musiker: KING OLIVER (t), LOUIS ARMSTRONG (t)

Bebop (seit 1940)

von links: TOMMY PARKER (b), CHARLIE PARKER (as), MILES DAVIS (t)

Mit dem Eintritt der USA in den Zweiten Weltkrieg verloren einige Big Bands ihre Musiker. Hinzu kam, dass nun die Schwarzen, die Seite an Seite mit den Weißen kämpften, selbstbewusster wurden. Dies drückte sich auch in der Musik aus, sie wurde wieder »schwärzer«. Die Musiker spielten in kleinen Besetzungen, die kein Arrangement verlangten und bei denen die Improvisation wieder im Vordergrund stehen konnte. Stücke aus der Swing-Ära wurden zwar übernommen, jedoch viel schneller und virtuoser gespielt, mit Zusatztönen, die nicht zu den traditionellen Dreiklängen passten, so z. B. die »flatted fifth« (= erniedrigte Quinte). Die Harmonik wurde komplizierter, der Rhythmus vielschichtiger. Diese Musik war nicht

Swing (seit 1930)

Diese stilistisch prägende Epoche ist auf der Seite 228 ausführlich dargestellt.

für kommerzielle Zwecke geeignet, sondern blieb einer kleinen intellektuellen Gruppe vorbehalten. Der Bebop war eine bewusste Gegenbewegung zum Swing. Das zeigt deutlich ein Vergleich der obigen Noten aus dem *Real Book* und der Hörbeispiele.

Musiker: CHARLIE PARKER (as), DIZZY GILLESPIE (t)

Cool Jazz (seit 1950)

Cool Jazz entsteht als Gegenklang zum temporeichen Sound des Bebop. Ruhige, klare Linien, ohne Dynamikausbrüche lassen diesen Stil elegant wirken. Dadurch interessiert sich auch

CHET BAKER

erstmals das klassische Konzertpublikum für Jazz.
Musiker: MILES DAVIS (t), CHET BAKER (t), DAVE BRUBECK (p), GERRY MULLIGAN (bs)
Gegen Ende der fünfziger Jahre schaffen MILES DAVIS (t) und JOHN COLTRANE (ts) zusammen mit anderen Musikern den **Modalen Jazz.** Darin verzichtet man auf den Harmoniewechsel innerhalb eines Stückes und beschränkt sich auf eine einzige Tonleiter oder einen einzigen Akkord (s. Modi, S. 109; s. auch *So what,* S. 231).

Free Jazz (seit 1960)

Die Fesseln von Akkordfolgen, festgelegten Themen und Rhythmen werden gelöst. An die Stelle einzelner Soli treten Gruppenimprovisationen; und der Swing, der so typisch für den Jazz ist, wird durch einen hektischen Puls ersetzt. Musikeinflüsse aus der ganzen Welt werden zu einer mitunter ekstatischen Musik verschmolzen.

ORNETTE COLEMAN

Musiker: ORNETTE COLEMAN (ts), CECIL TAYLOR (p)

Jazz-Rock oder Fusion (seit 1970)

MILES DAVIES

Die Verwendung elektrischer Instrumente (Gitarre, Synthesizer) und ein Klang, der in seiner Energie und seinem Pulsschlag der Rockmusik sehr nahe steht, werden zum zweiten großen kommerziellen Erfolg des Jazz nach dem Swing. Nach der Freiheit des Free Jazz treten jetzt wieder geschlossene Formen in den Vordergrund.
Musiker: MILES DAVIS (t), JOE ZAWINUL (keyb), JOHN MCLAUGHLIN (g), CHICK COREA (p), HERBIE HANCOCK (keyb)

Die achtziger Jahre (seit 1980)

Neben dem kraftvollen Jazz-Rock und Fusion entstehen die Personalstile von KEITH JARRETT (p), JAN GARBAREK (ts) und WYNTON MARSALIS (t); andere Musiker vermischen die bisherigen Strömungen zu einem neuen Stil, wie z. B. PAT METHENY (g), MIKE MAINIERI (vib) und MICHAEL und RANDY BRECKER (ts/t).

PAT METHENY

Acid Jazz/Hip-Hop-Jazz (seit 1990)

Einzelne Riffs schon existierender Stücke werden von Schallplatte oder CD im Computer gesampelt und zu Loops (=Endlosschleifen) verarbeitet. Jazz erhält dadurch nach der Swing-Ära erneut einen eingängigen, tanzbaren Rhythmus. Zu diesem Klangteppich sprechen Rapper und Solisten improvisieren weitere Melodielinien hinzu.

BRANFORD MARSALIS

Musiker: BILL EVANS (ts), BRANFORD MARSALIS (ts), JAZZKANTINE, TAB TWO

Und heute?

Eine ganz neue Kombination schufen z. B. JAN GARBAREK und das HILLIARD ENSEMBLE: gregorianische Gesänge, polyfone Musik der Renaissance gekoppelt mit Improvisationen auf dem Saxofon.

AUFGABEN

- *Ihr hört Ausschnitte von Stücken der drei ersten Jazzstile. Versucht, sie anhand ihrer unterschiedlichen Besetzung zuzuordnen.* **CD VII/16–18**
- *Der Cool Jazz, der Modale Jazz und der Free Jazz werden vorwiegend in kleineren Bandbesetzungen gespielt. Beachtet die Tongebung der Solisten, um sie zu identifizieren.* **CD VII/19–21**
- *Welche Kriterien ermöglichen eine Unterscheidung der drei Stile seit 1970?* **CD VII/22–24**

Swing als Epochenbegriff

Die Duke Ellington Big Band, 1929

Nach der Weltwirtschaftskrise 1929–1931 erlebte Amerika in den 30er Jahren wieder einen wirtschaftlichen Aufschwung. Der Wohlstand kehrte langsam zurück und die passende Musik ist der **Swing.** Mit ihm begeisterte der Jazz zum ersten Mal die Massen; Film, Radio und Schallplatte machen den Jazz zum Kassenschlager. Die Menschen werden von einer wahren »swing-craze«, von einer Verrücktheit nach Swing, erfasst. Es ist auch das erste Mal, dass eine Musik von Schwarzen und Weißen gemeinsam gehört und gespielt wird. In den neu entstehenden **Bigbands** spielen Schwarze und Weiße nebeneinander, doch in den Tanzsälen herrscht weiterhin Rassentrennung.

Hat der New-Orleans-Jazz drei Bläser und Rhythmusgruppe, besteht die Bigband der Swing-Ära aus drei Sections: der **Reed Section** (5 Saxofone), der **Brass Section** (3–4 Trompeten und 3–4 Posaunen) sowie der **Rhythm Section** (Piano, Gitarre, Bass, Schlagzeug). Bei so vielen Musikern tritt die Improvisation immer mehr in den Hintergrund, das Arrangement, das Einrichten der Musik für diese Instrumente, gewinnt an Bedeutung. Oft spielt oder pfeift der Komponist dem Arrangeur eine Melodie vor und dieser schreibt dann das, was bekannt und berühmt wird. Unglaublich, was ein Arrangeur aus den paar Noten machen kann, die ihm der »Komponist« vorspielt. Doch die Namen der Arrangeure blieben meist unbekannt.

Berühmte Bandleader: Duke Ellington und Count Basie (Schwarze) sowie Benny Goodman und Glenn Miller (Weiße).

AUFGABEN

- *Hört euch die berühmte Glenn-Miller-Aufnahme des Stückes »In the mood« an und findet die Aufgaben der einzelnen Sections einer Band heraus.* **CD VII/25**
- *Hört andere Aufnahmen desselben Stückes und vergleicht die Arrangements.* **CD VII/26–27 und 33**
- *Grenzt in dem Ausschnitt der Bigband-Partitur die einzelnen Sections ein. Weshalb haben manche Instrumente andere Vorzeichen notiert?*

Swing als Element des Jazz

»[...] dann swingt man manchmal nicht mehr und der Spaß geht aus der Musik verloren«. Dieses Zitat von DICKY WELLS (s. S. 219) macht deutlich, dass das Swing-Feeling charakteristisch für den Jazz ist. »To swing« bedeutet schwingen, schaukeln. Doch was muss geschehen, damit die Musik swingt?

Zum einen beginnt die Musik zu swingen, wenn rhythmisch nicht auf die Zählzeiten gespielt wird, sondern bewusst dagegen, also **offbeat**. Durch diese Verlagerungen von

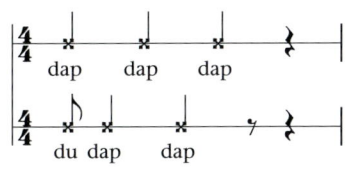

Betonungen entsteht ein schwebendes Gefühl.

Zum anderen gibt es den typischen Swing-Rhythmus, der meist vom Schlagzeuger auf dem Ride-Becken oder der Hi-Hat gespielt wird. Es ist nicht möglich, diesen Rhythmus genau mit unserer Notation wiederzugeben. Entweder schreibt man durchgehende Achtel oder einen punktierten Rhythmus:

CD VII/28–29

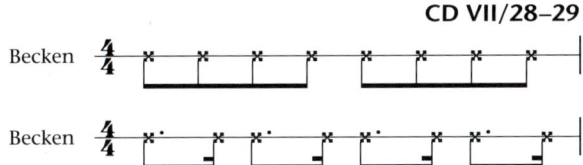

Bei keinem dieser so ausgeführten Rhythmen stellt sich ein Swinggefühl ein; es liegt irgendwo zwischen beiden Möglichkeiten. Man spielt etwa so:

CD VII/30

Hier spricht man von **ternärer Spielweise**.

In der Rhythmusgruppe eines Jazzensembles treten zu diesem Rhythmus des Beckens noch die Rhythmen der Snare, der Bass Drum und des **Walking Bass** hinzu, die gleichmäßige Viertelnoten spielen:

CD VII/31

In Jazzstücken, die lateinamerikanischen Ursprungs sind und in Stücken, die an der Rockmusik orientiert sind, werden die Achtelnoten gerade gespielt, nennt man diese Spielweise auch **binäre Spielweise**. Ein bei vielen Standards anzutreffender Rhythmus ist der des Bossa nova:

CD VII/32

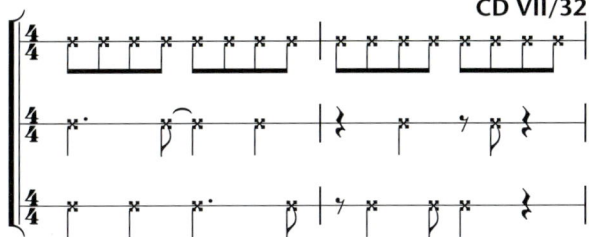

- Singt den Jazzkanon *Bidipdua* auf S. 221 einmal ternär und einmal binär, z. B. auf den Bossa-nova-Rhythmus.
- Wenn ihr den Swing-Rhythmus spielt, könnt ihr die Bass-Stimme auch am Klavier spielen.
- Versucht die Rhythmen in den Hörbeispielen nachzumachen und bestimmt, ob binär oder ternär gespielt wird. **CD VII/33–35**
- Singt das Lied *How high the Moon*, S. 324, mit Swing-Feeling.

Jazzphrasierung und Turn-around

Jingles aus der Werbung:

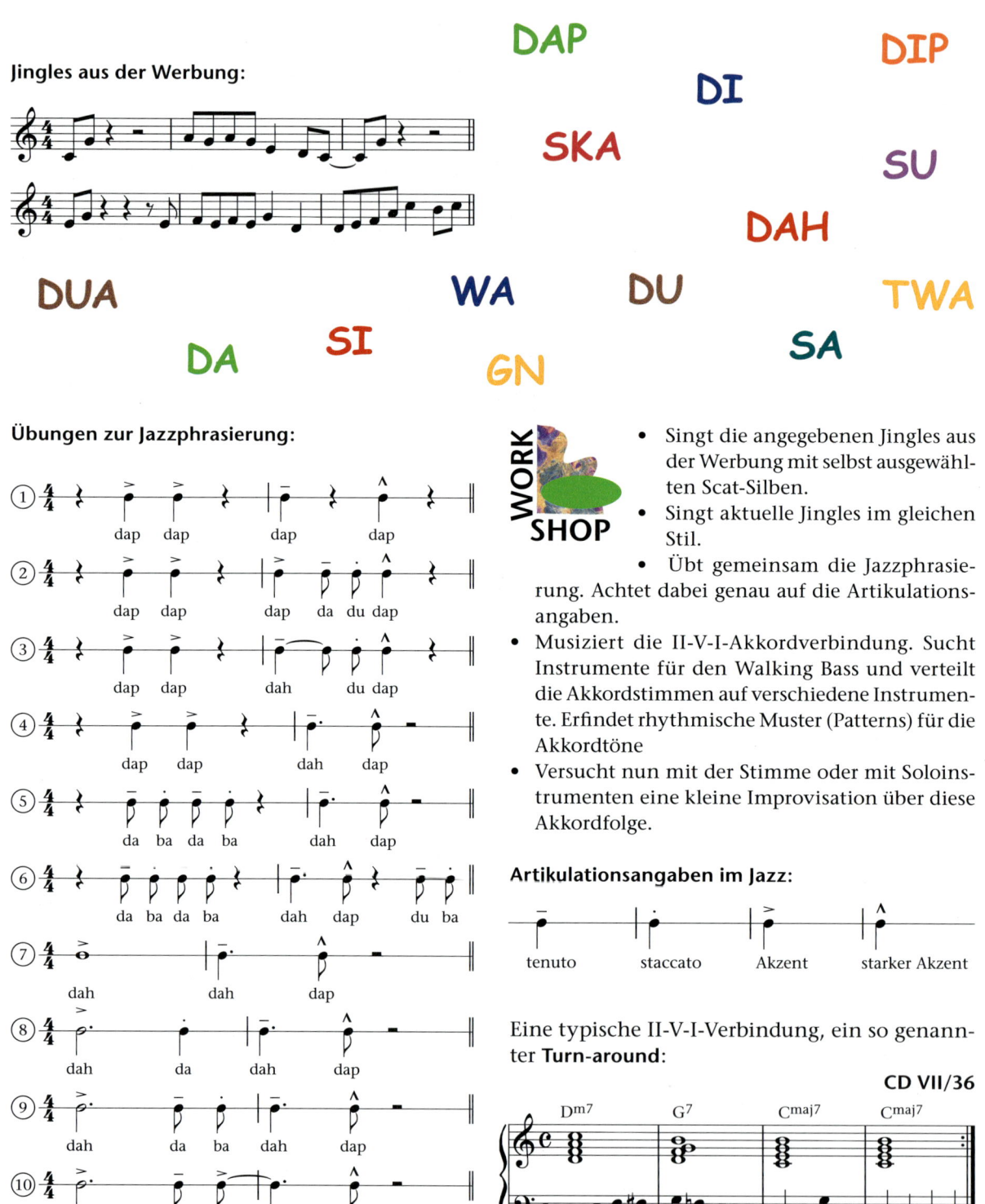

DAP · DI · DIP · SKA · SU · DAH · DUA · WA · DU · TWA · DA · SI · SA · GN

Übungen zur Jazzphrasierung:

① dap dap dap dap
② dap dap dap da du dap
③ dap dap dah du dap
④ dap dap dah dap
⑤ da ba da ba dah dap
⑥ da ba da ba dah dap du ba
⑦ dah dah dap
⑧ dah da dah dap
⑨ dah da ba dah dap
⑩ dah da wah ___ dap

WORK SHOP

- Singt die angegebenen Jingles aus der Werbung mit selbst ausgewählten Scat-Silben.
- Singt aktuelle Jingles im gleichen Stil.
- Übt gemeinsam die Jazzphrasierung. Achtet dabei genau auf die Artikulationsangaben.
- Musiziert die II-V-I-Akkordverbindung. Sucht Instrumente für den Walking Bass und verteilt die Akkordstimmen auf verschiedene Instrumente. Erfindet rhythmische Muster (Patterns) für die Akkordtöne
- Versucht nun mit der Stimme oder mit Soloinstrumenten eine kleine Improvisation über diese Akkordfolge.

Artikulationsangaben im Jazz:

tenuto   staccato   Akzent   starker Akzent

Eine typische II-V-I-Verbindung, ein so genannter **Turn-around**:

CD VII/36

D^{m7}   G⁷   C^{maj7}   C^{maj7}

Jazzimprovisation

WORK SHOP

MILES DAVIS (1926–1991), Trompeter und Komponist von *So what,* war einer der einflussreichsten Jazzmusiker. Er hat mehrfach neue Stilentwicklungen im Jazz geprägt.
Kind of Blue, seine legendäre CD (1962, damals natürlich noch eine LP), zählt für viele zu den wichtigsten Jazz-Aufnahmen überhaupt.

1. Wir spielen das Thema
- Hört euch die Originalversion von *So what* an. In welche Formteile lässt sich das Stück gliedern? **CD VII/20**
- Überlegt, welche Instrumente euch zur Verfügung stehen, um die Melodie und die Akkordbegleitung von *So what* zu spielen. Erarbeitet auch eine einfache Rhythmusbegleitung.
- Das Thema wird im zweiten Teil einen halben Ton höher gespielt. Versucht das aber erst, wenn ihr den ersten Teil sicher spielen könnt. Wenn ihr nur den 1. Teil spielen wollt, endet das Stück mit Beginn der Klammer 1.

2. Wir improvisieren   CD VII/37–38
- Die Töne des Themas sind Material, das ihr zum Improvisieren benutzen könnt.
- Es wird euch leichter fallen, zu improvisieren, wenn ihr dazu zunächst die nebenstehenden vier Improvisationsmuster einübt.
- Erfindet weitere Improvisationsmuster: Die einfachste Art zu improvisieren, ist, das Thema rhythmisch zu verändern. Vertauscht oder wiederholt einzelne Töne der Melodie. Findet und erprobt weitere Töne, die zu den Akkorden passen.
- Wenn ihr diese Schritte geübt habt, könnt ihr mit der Stimme oder einem Instrument jetzt sogar einen ganzen Chorus improvisieren, während einige Schülerinnen und Schüler die Begleitung ohne die Melodie weiterspielen.

3. Wir spielen unser eigenes Arrangement
- Wenn ihr *So what* spielen wollt, müsst ihr verabreden, wie oft das Thema gespielt, wann ein Solo improvisiert werden soll und welche Instrumente bestimmte Aufgaben (Melodie, Begleitung) erfüllen sollen. Ihr erarbeitet so ein mündliches Arrangement **(Head-Arrangement).** In Noten aufgeschrieben wird die Verabredung zum richtigen Arrangement.

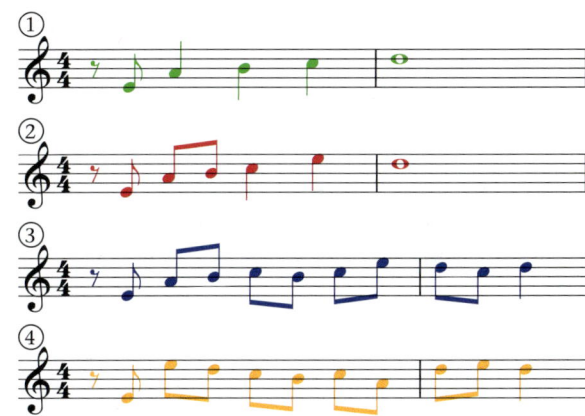

So what

Miles Davis

Jazzelemente in der Kunstmusik

Claude Debussy: *Golliwogg's Cakewalk*

Bis in die 1930er Jahre waren der Jazz und seine Vorläufer in ihrer authentischen Gestalt in Europa kaum zu hören. Die damaligen Jazzbands waren eher Radau- und Attraktionskapellen zur musikalischen Umrahmung von Unterhaltungsprogrammen, an denen im kriegsgeschüttelten Europa großer Nachholbedarf bestand. Den originalen Jazz in Amerika zu erleben, hatten nur wenige Komponisten die Möglichkeit, so z. B. Darius Milhaud und Maurice Ravel; Igor Strawinsky hatte immerhin Zugang zu originalem Notenmaterial.

In dem Maße, wie sich die »Kunstmusik« seit der Jahrhundertwende mehr und mehr ausdifferenzierte, entfremdete sich auch das Publikum von ihr. Es war durch die mediale Entwicklung in die Lage gekommen, jederzeit nach eigenem Bedürfnis Kontakte zur Musik zu knüpfen, und suchte nach leichter Unterhaltung und Veränderung. Aber auch die Komponisten, die der Moderne zuzurechnen sind, wollten mit dem, was sie als Ragtime, Blues oder Jazz kennen lernten, neue Anregungen in ihr weiteres Schaffen aufnehmen.

Ein frühes Zeugnis der Begegnung eines europäischen Komponisten mit amerikanischer Tanzmusik ist der *Golliwogg's Cakewalk* von Claude Debussy. Er ist der sechste und letzte Titel aus *Children's Corner*, einer Sammlung von Klavierstücken, die Debussy seiner Tochter gewidmet hat. **CD VII/39**

Neben Claude Debussy haben auch andere Komponisten der »Kunstmusik« Ragtimes komponiert: z. B. Paul Hindemith (*Ragtime*; letzter Satz der *Suite für Klavier* 1922), Igor Strawinsky (*Ragtime für 11 Instrumente, Ragtime* in der *Geschichte vom Soldaten* sowie *Piano-Rag-Music*) und Charles Ives (*Four ragtime dances*).

Golliwogg ist die schwarze Puppe in dem Kinderbuch *The Adventures of two Dutch Dolls* (1875) von Berta Upton. Diese Puppe wurde sofort ein Verkaufsschlager.

AUFGABEN

- *Lest nach, was auf den Seiten 223 und 242 zum Cakewalk steht.*
- *Verfolgt beim Hören des Anfangs von »Golliwogg's Cakewalk« die Noten mit. Nennt und zeigt dann die Merkmale eines Ragtimes.*
- *Hört das ganze Stück und beschreibt die »Kunstmusik«-Passagen.*

Allegro giusto

Claude Debussy

très net et très sec

George Gershwin: *Rhapsody in Blue*

GEORGE GERSHWIN, 1935

George Gershwin

Am Morgen des 12. Februar 1924 hätte folgendes Interview mit GEORGE GERSHWIN im New York Radio stattfinden können:

Mr. Gershwin, heute Abend wird im Rahmen des Whiteman-Konzertes auch eines ihrer Werke zu hören sein. Wie kam es dazu?

Vor einiger Zeit kam mein Freund Paul Whiteman auf mich zu und bat mich, für einen großen Jazzabend ein Werk zu schreiben ...

Whiteman, der Dirigent, der so gerne Jazz mit Symphonik verbindet?

Ja, er versucht Jazzelemente in festgeschriebene, raffinierte Partituren einzubauen. Er möchte damit den Jazz in die »seriösen« Musiktempel bringen. Das finde ich persönlich eine sehr interessante Aufgabe!

Was werden wir von Ihnen heute Abend hören?

Es erklingt meine Komposition »Rhapsody in Blue« – ein Klavierkonzert, wie wir es schon von Mozart kennen. Allerdings ist mein Sinfonieorchester mit Jazzinstrumentarium angereichert.

Was heißt Jazzinstrumentarium?

Lassen Sie sich überraschen!

Wie kamen Sie auf den Titel »Rhapsody in Blue«? Das hat bestimmt etwas mit den Blue Notes oder dem Blues zu tun.

Das könnte man fast meinen, doch eigentlich bezieht es sich auf die Stimmung eines Gemäldes von James McNeill Whistler *Nocturne in blue and green*. Rhapsody deshalb, weil ich mich nicht auf eine feste Form festlegen wollte. So konnte ich zeigen, dass man den Jazz nicht in enge Grenzen stecken kann, wie es viele meinen.

Sie meinen, dass man immer ein festes Taktschema und Tanzrhythmen im Jazz hat?

Ja, so denken leider viele. Doch der Jazz ist sehr wandlungsfähig und wir werden heute Abend im Konzert erleben, wie sinfonisch der Jazz sein kann. Da treffen ja zwei unterschiedliche Musikkulturen aufeinander.

Mr. Gershwin, wir wünschen Ihnen viel Erfolg bei der Uraufführung und bedanken uns für dieses Gespräch.

AUFGABEN

- *Was beabsichtigten GEORGE GERSHWIN und PAUL WHITEMAN mit dem Konzert?*
- *Welches sind die Beweggründe zur Komposition der »Rhapsody in Blue« gewesen?*
- *Welchen Ausschnitt kann man eher der symphonischen Musik, welchen eher dem Jazz zuordnen?* **CD VII/40–44**
- *Welches Jazzinstrumentarium, das GERSHWIN im Interview anspricht, kann man in den Hörbeispielen erkennen?*
- *Welche positiven oder negativen Eindrücke konntet ihr aus den Hörbeispielen gewinnen? Erscheint es euch sinnvoll, Jazz und symphonische Musik zu verbinden?*

WORK SHOP

- Tragt eure Argumente zu der letzten Aufgabe im Rahmen einer Podiumsdiskussion vor.
- Schreibt eine Kritik des Konzertes für das Feuilleton einer Tageszeitung.

Jazz in Europa – Jazz in Deutschland

Vor dem Zweiten Weltkrieg

1917 kam die erste Jazzformation, die den Rhythmus der Neuen Welt in die Alte brachte, nach England: die LOUIS MITCHELL'S JAZZ KINGS. Ihnen folgten viele Bands, die dann auch durch Europa tourten und deren Musik sich immer größerer Beliebtheit erfreute. Vor allem Berlin wurde zu einem großen Anziehungspunkt für die Jazzmusiker, weil sich diese Metropole durch große Aufgeschlossenheit und Toleranz gegenüber neuen Kunstformen auszeichnete. So begeisterte beispielsweise die Sängerin JOSEPHINE BAKER das Publikum des Silvesterballs 1925/26 mit dem neuen Modetanz Charleston. Gastspiele amerikanischer Jazzsolisten und -bands waren bis 1939 an der Tagesordnung: 1932 gab LOUIS ARMSTRONG ein viel umjubeltes Konzert in London, außerdem DUKE ELLINGTON mit seinen Musikern. In Frankreich feierte man STÉPHANE GRAPELLI und DJANGO REINHARDT. In dieser Zeit wurden viele Schallplattenaufnahmen unter Mitwirkung namhafter europäischer Solisten gemacht. Am Hoch'schen Konservatorium in Frankfurt konnte man von 1928 bis 1933 sogar Jazz studieren.

All das endete jäh in der Diktatur der Nationalsozialisten, die ab 1935 den so genannten »Nigger-Jazz« verboten. Er galt als entartet – wie die meiste zeitgenössische Musik auch.

Viele Tanzorchester, die alle nach amerikanischem Big-Band Vorbild besetzt waren, spielten Jazzmusik im Geheimen weiter und konnten beim Herannahen der Polizei auf Tango- und Walzermelodien umsteigen. So lebte der Jazz weiter und überstand die Zeit des Nationalsozialismus.

AUFGABE

* Welches Verständnis von Jazz tritt in dem Verbot zutage?

> **Was ist Niggerjazz?**
> Musik, die im Rundfunk verboten ist
>
> Bekanntlich hat Reichssendeleiter Hadamovsky anlässlich der letzten Intendantentagung in München den Niggerjazz im Rundfunk endgültig verboten. Da vielfach über den Begriff des »Niggerjazzes« noch Unklarheit zu bestehen scheint, dürften die nachstehenden grundsätzlichen Ausführungen in der »Preußischen Zeitung« besonders interessieren:
> Was den undeutschen Jazz von zeitgemäßer Tanzkunst unterscheidet, sind die gleichen Merkmale, die auf dem ganzen Gebiete der Musik sich als zersetzend eingenistet haben. Es entspricht unserer rassischen Bedingtheit, dass wir eine Musik dann als schön und angenehm empfinden, wenn sie erstens eine Melodie enthält, zweitens harmonisch klingt und drittens klar und sauber instrumentiert ist. Mit dieser Feststellung scheiden also für unser deutsches Empfinden aus:
> 1. Stücke ohne Melodieführung [...]
> 2. Stücke, die, statt den Hörer in harmonischem Zusammenklang zu erfreuen, ihn in atonalen Akkorden zerquälen [...]
> 3. alle Stücke, die in ihrer Instrumentierung eine klare Tonbildung vermissen lassen, bei denen alle oder einzelne Instrumente lediglich Geräusche machen [...]

Nach dem Zweiten Weltkrieg

Nach der Währungsreform 1948, durch die die Deutsche Mark begehrtes Zahlungsmittel wurde, gab es eine ungeahnte Vielzahl an Gastspielen berühmter amerikanischer Bands und Solisten. Nahezu jeder amerikanische Spitzenmusiker im Bereich des Jazz ist im Laufe der Jahre in Deutschland aufgetreten. Überall eröffneten Jazzkeller, in denen sich die Musiker zu Jam-Sessions einfanden. Diese besondere Konzertatmosphäre ist bis heute ein Wesensmerkmal des Jazz geblieben.

Bekannte deutsche Big-Band-Leader waren ERWIN LEHN, HORST JANKOWSKI, MAX GREGER und PAUL KUHN. Heute gehören BARBARA DENNERLEIN (org), KLAUS DOLDINGER (ts) mit seiner Gruppe PASSPORT, ALBERT MANGELSDORFF (tb), WOLFGANG DAUNER (p) und weitere Mitglieder des UNITED JAZZ + ROCK ENSEMBLES zu den deutschen Jazzgrößen. PETER HERBOLZHEIMER hat es mit seinen Big-Band-Arrangements zu Weltruhm gebracht. Seit vielen Jahren fördert er in seinem Bundesjugendjazzorchester den Jazznachwuchs in Deutschland. In regelmäßigen Arbeitsphasen werden neue Arrangements einstudiert und in Konzerttourneen durch ganz Europa vorgestellt. Diese Band gilt als Sprungbrett für die spätere Jazzkarriere.

In ganz Europa gibt es große Jazzfestivals, auf denen alles, was im Jazz Rang und Namen hat, spielt, z. B. in Montreux, beim Münchner Klaviersommer, beim Stuttgarter Jazz-Open, beim Wiener Jazzfestival, in Prag etc.

WOLFGANG DAUNER und ALBERT MANGELSDORFF, 1997

KON TEXT

Nachdem ich einmal angefangen hatte, mich ernsthaft mit dem mehrstimmigen Spiel auf der Posaune zu beschäftigen, war mir sehr schnell klar, welche Möglichkeiten das Horn eröffnet, was es bedeutet, ein Instrument, das an sich Linien spielt, zu einem Instrument zu erweitern, auf dem sich Harmonien spielen lassen. [...] Dass es sogar möglich sein würde, polyfon zu spielen, also gegenläufige Linien von geblasenem und gesungenem Ton, hätte ich mir nun mal gar nicht vorstellen können.

(Albert Mangelsdorff)

AUFGABEN

- *Vergleicht im Hörbeispiel den Klang der Posaune bei* ALBERT MANGELSDORFF *»The Up and Down of Man« mit dem Sound bei* TOMMY DORSEY. **CD VII/45–46**
- *Welchem der in diesem Kapitel beschriebenen Jazzstile würdest du* ALBERT MANGELSDORFFS *Spielweise am ehesten zuordnen?*

Tanz – Bewegung

Schwing dich auf!

In diesem Kapitel findet ihr Tänze und Bewegungsübungen zu Themen und Werken, die an anderer Stelle in diesem Buch vorkommen. Dort zeigt euch das Logo, dass es hier auf der angezeigten Seite zu dem Thema, das ihr gerade behandelt, Tanz- oder Bewegungsvorschläge mit Anleitungen gibt.

Die Schritt- und Bewegungskombinationen lernt ihr am besten, wenn sie euch jemand, der sie bereits kennt oder getanzt hat, vormacht. Aber auch ohne »Profi« wird euch es euch gelingen, mithilfe der Beschreibungen auf den folgenden Seiten die Tänze gemeinsam zu lernen.

AUFGABEN

- *Das Bild auf der gegenüberliegenden Seite trägt den Titel »Der Tanzmeister« und stammt aus dem Jahre 1745. Was erzählen Kleidung, Haltung und Gesichtsausdruck der Personen? Welchen »Beruf« könnten die Eltern der Kinder gehabt haben?*
- *Worauf weisen die Bücher und der Korb hin?*

- *Wo wird heutzutage getanzt?*
- *Schreibt auf Folienschnipsel, welche Tänze und Schrittkombinationen ihr kennt, und legt die Schnipsel auf den Overheadprojektor.*

- *Wo habt ihr Gelegenheit zu tanzen?*

KONTEXT

Verloren sei uns der Tag, wo nicht ein Mal getanzt wurde!
Und falsch heiße uns jede Wahrheit, bei der es nicht ein Gelächter gab!

(Friedrich Nietzsche, Zarathustra III, Von alten und neuen Tafeln, ca. 1890)

Wischer nach links
Wischer rechts wird gegengleich getanzt

›eins‹

1 H – LF seitwärts
D – RF seitwärts

›zwei‹

›und‹

2 H – LF teilweise belastet, wird hinter RF gekreuzt
D – LF teilweise belastet, wird hinter RF gekreuzt

3 H – verlagert das ganze Gewicht auf LF
D – verlagert das ganze Gewicht auf RF

Höfische Tänze: Der Branle

Der Name **Branle** (frz. branler: ›sich regen‹) bezeichnet altfranzösische Volkstänze in Form von Kreisreigen oder Kettenformationen, die in fast jeder französischen Provinz ein wenig anders getanzt werden. Die Tänze tragen entweder die Namen ihrer Heimatlandschaft oder von Berufen und Tieren.

Am Hofe Ludwigs XIV. wurden die Staatsbälle mit zwei Branles eröffnet: dem »Branle à mener« und der **Gavotte** (ursprünglich ein Kreisreigen). Im ersten Branle traten alle Paare hintereinander an wie in der Polonaise; der König und die Königin befanden sich an der Spitze des Zuges. Bereits

nach dem ersten Umgang begab sich das Königspaar an das Ende der Prozession, das zweite Paar befand sich nun vorne. Die Gesellschaft tanzte so lange weiter, bis das Königspaar wieder vorne stand. Dann folgte in ähnlicher Weise die Gavotte.

Erst nach der Gavotte waren die Paartänze an der Reihe: die **Courante** und seit etwa 1670 das **Menuett**.

Aufstellung, Double-Schritt

Wie bei fast allen Branle-Tänzen bilden die Paare eine Reihe oder einen Kreis: die Damen innen, die Herren außen, die Gesichter einander zugewandt. Der Tanz beginnt mit zwei Double-Schritten nach links (d. h.: Schritt nach links, schließen, ein weiterer Schritt nach links, schließen, wiederholen). Anschließend wieder zwei Double-Schritte nach rechts, um wieder auf die alte Position zu kommen. Dies wird einmal wiederholt. Dann folgt die Figur.

Figur

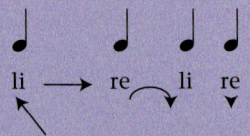

Die Tänzer machen einen Sprung schräg links vor auf das linke Bein, dann nach rechts auf das rechte Bein und kommen mit einer zweischrittigen Drehung um die rechte Schulter auf den Platz des Partners. Anschließend mit dem gleichen Ablauf wieder zurück auf den alten Platz: ein Sprung auf das linke Bein, nach rechts auf das rechte Bein, Drehung um den Partner herum. Dies wird ebenfalls einmal wiederholt, danach beginnt der Ablauf wieder von vorne.

»Menuett. Ballett Louis XV.«, Aquarell von Osvaldo Tofani, 1886

WORK SHOP

- Übt zuerst die Double-Schritte zur Musik, anschließend die Sprünge ohne Musik. **CD IV/12** Dann tanzt den kompletten Branle. Mit einer Double-Schritt-Variation könnt ihr euren Standort verändern.
- Tanzt den Branle einmal wie bei Hofe, das andere Mal wie auf dem Dorf.

Vom Menuett zum Ballett

Das Wort **Menuett** leitet sich von franz. menu: ›klein, zierlich‹ her. Der Tanz soll dem ursprünglich im Poitou beheimateten »Branle de Poitou« entstammen. Unter Ludwig XIV. wurde das Menuett zum beliebtesten Hoftanz und es hielt sich als Gesellschaftstanz der europäischen Aristokratie bis zur Französischen Revolution. **CD V/17**

Auch das **Ballett** erreichte unter Ludwig XIV. seine erste Blütezeit. Viele Positionen und Bezeichnungen entstammen dem Menuett und sind noch heute gültige Fachtermini des klassischen Balletts. Doch im Gegensatz zu den höfischen Gesellschaftstänzen ist das Ballett ein künstlerischer Bühnentanz, getanzt von einem Ballettensemble zu einer komponierten Ballettmusik.

1730 wagte es eine Tänzerin, auf der Bühne ohne Absätze zu tanzen, zu springen und lange Röcke durch Ballettröckchen zu ersetzen (s. Foto S. 237). Einen neuen Höhepunkt erreichte das klassische Ballett im 19. Jahrhundert in Petersburg, wo M. Petipa für das kaiserliche Marientheater Tschaikowskys *Schwanensee*, *Der Nussknacker* u. a. choreografierte. Die russische Tradition setzte sich am Bolschoi-Theater in Moskau fort; in Westeuropa gaben die 1909 eröffneten »Ballets Russes« den Anstoß zu einem Aufschwung des Balletts.

- Der Grundschritt des Menuetts ist raffinierter als der des Branle. Übt den Grundschritt zuerst ohne Musik und fügt zur »Erholung« einige Pas marchés ein. Erfindet eure eigene Choreografie.

Vereinfachter Grundschritt

Ausgangs-position:	Zählzeit 1: re Fuß vor	Zählzeit 2: Knie beugen (plié)	Zählzeit 3: li Fuß vor
2. Takt:	Zählzeit 1: re Fuß vor	Zählzeit 2: li Fuß ran (Ausgangsposition)	Zählzeit 3: plié

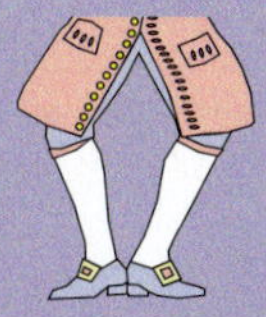

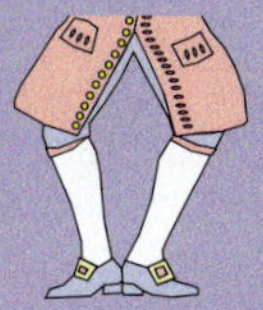

Grundschritt mit Anheben der Fersen (élevé)

Ausgangs-position	Zählzeit 1: re Fuß vor, élevé	Zählzeit 2: plié (gleichzeitig Fersen absenken)	Zählzeit 3: li Fuß vor, élevé
2. Takt:	Zählzeit 1: re Fuß vor, élevé	Zählzeit 2: li Fuß ran (Ausgangsposition)	Zählzeit 3: plié

Steifer Schritt (auch Pas tendu oder Pas marché)
Dieser typische Tanzschritt des Barock entspricht kleinen Gehschritten, wobei die gestreckten Füße von vorne (Ballen) nach hinten (Ferse) aufgesetzt werden, nicht wie üblicherweise von hinten nach vorne.

Das **Händereichen** wird nur mit den Fingerspitzen ausgeführt.

Die allgemeine Bezeichnung für die **Tanz- und Bewegungsrichtung** zeigt die Grafik.

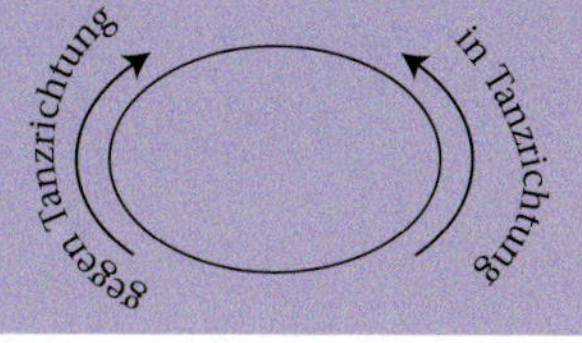

gegen Tanzrichtung · in Tanzrichtung

Volkstanz: »Hava nagila«

Dieses chassidische Lied kommt ursprünglich aus den osteuropäischen Ländern. Juden, die sich dort angesiedelt hatten, brachten das Lied mit nach Israel, wo es bei Festen und Zusammenkünften gesungen wird und sich von dort aus über die ganze Welt verbreitet hat. Es wird in einer Reigentanzform, der **Hora**, getanzt.

> Der **Chassidismus** ist eine im 12./13. Jahrhundert entstandene jüdische Religionsbewegung, die im 18. Jahrhundert in Polen und der Ukraine weite Verbreitung fand.

Hava nagila

Polen/Israel

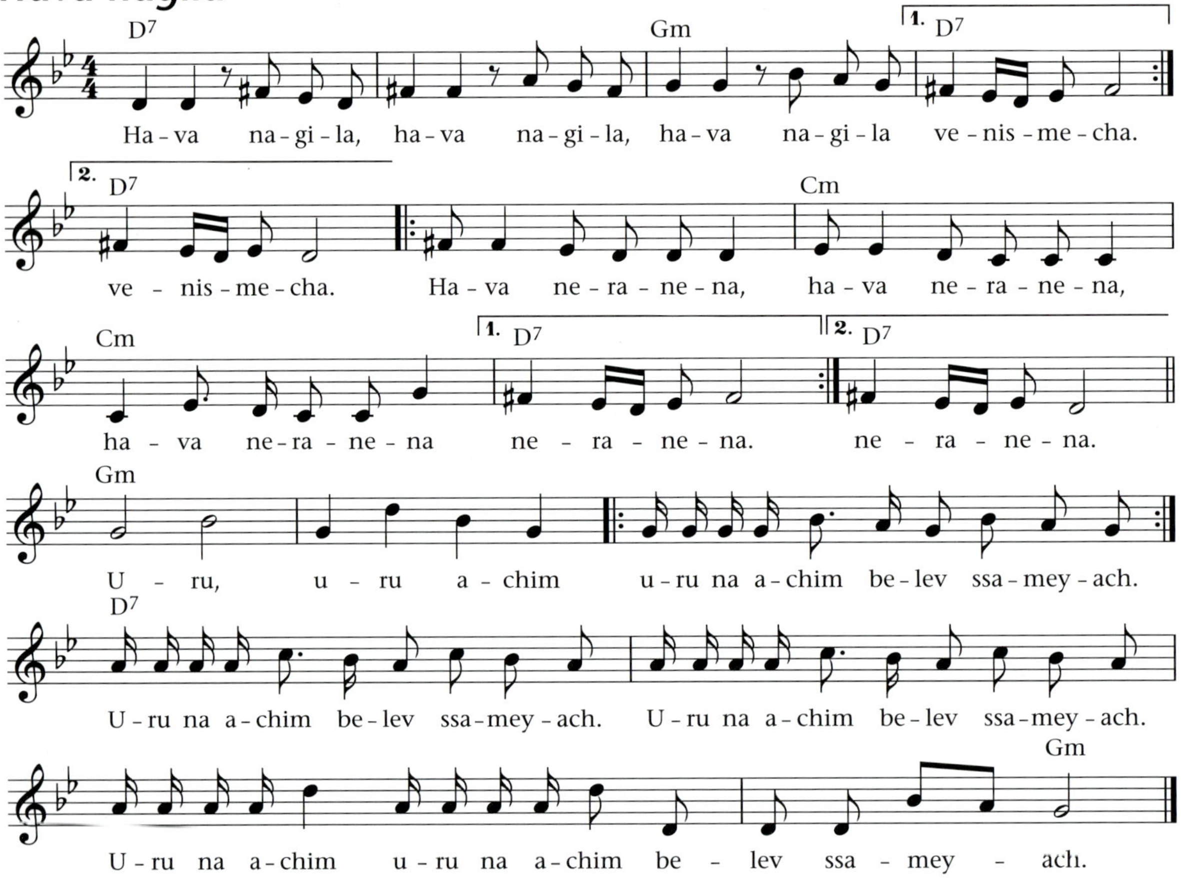

Ha – va na – gi – la, ha – va na – gi – la, ha – va na – gi – la ve – nis – me – cha.

ve – nis – me – cha. Ha – va ne – ra – ne – na, ha – va ne – ra – ne – na,

ha – va ne – ra – ne – na ne – ra – ne – na. ne – ra – ne – na.

U – ru, u – ru a – chim u – ru na a – chim be – lev ssa – mey – ach.

U – ru na a – chim be – lev ssa – mey – ach. U – ru na a – chim be – lev ssa – mey – ach.

U – ru na a – chim u – ru na a – chim be – lev ssa – mey – ach.

Aufstellung
Je nach Raumsituation könnt ihr im großen Kreis tanzen oder auf einen Innen- und einen Außenkreis aufteilen. Legt die Tanzrichtungen der Kreise fest. Arme in T-Fassung (Hände auf die Schultern des linken und rechten Nachbars legen) oder mit ausgebreiteten Armen an den Händen fassen.

Schrittfolge

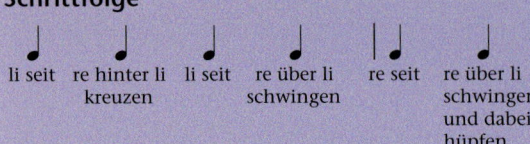

li seit | re hinter li kreuzen | li seit | re über li schwingen | re seit | re über li schwingen und dabei hüpfen

- Jetzt heißt es singen und tanzen! Übt die einfache Schrittfolge zuerst im langsamen Tempo, ohne Hüpfen, ohne Armhaltung, aber immer mit Singen. Wenn der Ablauf klar ist, kommt das Hüpfen und die Armhaltung dazu und ihr könnt nach Gefallen das Tempo variieren.

Wer gern tanzt, dem ist leicht gegeigt.
(Peter Rosegger, 1984)

Tai Chi – »der immerwährende Tanz des Lebens«

Tai Chi ist weder ein Volkstanz noch eine Sportart. Es ist vielmehr eine Oase der Ruhe und der Bewegung. Jeden Morgen kommen in China viele Menschen aus ihren Häusern, um in der frischen Luft einige Tai-Chi-Bewegungen zu machen. Die Chinesen glauben, jeder solle seinen Tag damit beginnen, Körper, Geist und Seele mit der Natur in Einklang zu bringen, um mit frischer Energie seinen täglichen Aufgaben gerecht zu werden.

Vorstellungshilfen

- Stelle dir vor, an deinem Scheitel sei ein Faden befestigt, der dich aufrecht hält.
- Vollführe die Bewegungen nicht mit Muskelkraft; stelle dir statt dessen vor, deine Arme seien ganz leicht, ausgefüllt und umflossen von deiner Lebensenergie. Führe deine Arme behutsam aufwärts als würden sie von dieser Kraft nach oben getragen.
- Nimm wahr, wie der Raum vor allem unter deinen sich bewegenden Armen immer deutlicher für dich spürbar wird. Während du die Bewegungen wiederholst – Heben und Senken, Einatmen und Ausatmen – wirst du allmählich spüren, wie deine Energie wächst, dein Atem tiefer wird und dein Körper sich ausdehnt und wieder sammelt.

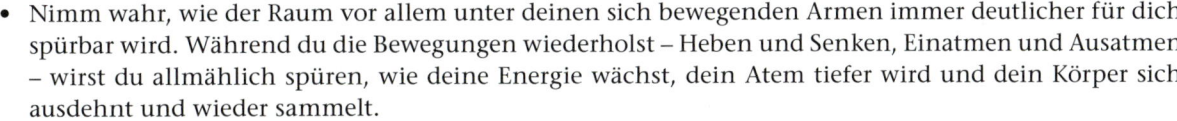

Ausgangshaltung

(nach »Tai Ji« von Chungliang Al Huang)
Stelle dich mit lockeren Knien bequem hin,
deine Beine sind hüftbreit geöffnet,
die Füße stehen parallel,
dein Körper ist entspannt,
die Wirbelsäule gerade.

Spüre deine Mitte

Nimm die Ausgangshaltung ein und kreuze die Hände vor deiner Brust. Setze langsam einen Fuß zurück und verlagere dabei dein Gewicht auf den nach hinten gestellten Fuß.
Öffne gleichzeitig deine Arme waagerecht zu beiden Seiten. Spüre deine Mitte in dieser neuen, weit geöffneten Haltung.
Stelle dich wieder in die Ausgangsposition – verteile dein Gewicht wieder gleichmäßig auf beide Beine – und kreuze deine Hände wieder unter deinem Hals. Setze beim Üben abwechselnd das rechte und das linke Bein nach hinten.

Wenn du deine Arme öffnest, wenn du einatmest, erweiterst du deinen Horizont; wenn du zurückkehrst in die Ausgangshaltung, wenn du deinen Atem ausströmen lässt, sammelst du dich.
Spüre deinem Atem nach und lasse deine Bewegungen dem natürlichen Öffnen und Schließen, dem Aus und Ein der Blasebalgbewegung deiner Lungen folgen.

Steigere deine Lebensenergie

Nimm die Tai-Chi-Ausgangshaltung ein.
Spüre dem Weg deines Atems nach und stelle dir dabei vor, wie deine Lebenskraft (Chi) immerwährend von den Füßen zum Kopf strömt, durch jeden Bereich deines Körpers.
Atme langsam ein und führe dabei deine locker ausgestreckten Arme vor deinem Körper hoch bis in Schulterhöhe.
Atme aus und lasse dabei deine Arme wieder in die Ausgangshaltung zurücksinken.
Entspanne deinen ganzen Körper und bleibe elastisch, vor allem in den Knien.

Wer bekommt den Kuchen?

Der **Cakewalk** ist der erste afroamerikanische Tanz, der sich in der »weißen Welt« durchgesetzt hat. Er löste um 1900 in Amerika ein wahres Tanzfieber aus und wurde auf Ragtimemusik getanzt (s. auch Seite 223). Einige aktuelle Tänze wie Charleston und Black Bottom leiten sich direkt aus dem Cakewalk ab. Ursprünglich war der Cakewalk ein Tanzwettbewerb, bei dem die Sklaven der karibischen und nordamerikanischen Plantagen von ihrer Herrschaft beurteilt wurden und der Sieger vom Plantagenbesitzer einen Kuchen erhielt. Mit den Tanzschritten des Cakewalk persiflierten die Sklaven die »Bewegungsunfähigkeit« der Weißen, die ihrer Meinung nach nicht tanzen konnten.

Der Tanz selbst besteht aus einer Art Hin- und Herschleifen der Füße am Boden, einem weichen Laufschritt und nach hinten ausfallenden Beinwürfen. Der Oberkörper wird aufrecht (fast steif) gehalten oder absichtlich gebeugt.

E. Cucuel: Kuchentanz der amerikanischen Neger.

Die einzelnen Tanzelemente

- re Fuß wischt mit dem Fußballen am Boden vor und zurück, li Fuß ebenfalls.

- beide Füße wischen gleichzeitig gegengleich

- während des gleichzeitigen Wischens wird ein Bein nach hinten außen geworfen (wie beim Charleston)

- der Beinwurf wird mit einem Armwurf auf derselben Seite gekoppelt

- während des Beinwurfes beugt sich ab und zu der Oberkörper nach vorne

- Übt die einzelnen Elemente des Cakewalk und erfindet zum Ragtime *The Entertainer* eure eigene Cakewalk-Choreografie. **CD II/54** Wer bekommt den Kuchen?

Im Anfang war der Tanz und nicht das Wort.
(Rudolf von Laban (1879–1958), Tanztheoretiker und Pädagoge)

Muchachos, bailen Cha-Cha

Der **Cha-Cha-Cha** zählt zur Familie der lateinamerikanischen Tänze. Sein musikalischer Ursprung liegt in Kuba, als Erfinder gilt der kubanische Musiker ENRIQUE JORRIN, der 1953 anstelle des zu schnell gespielten Mambos den langsameren Mambo-Cha-Cha kreierte. Der Tanz ist eine künstliche Schöpfung, eine aus der **Rumba** und dem **Mambo** entstandene Variante, die erstmals in New York auf dem Broadway vorgestellt wurde.

Um 1957 wurde der Cha-Cha-Cha einer der beliebtesten Modetänze in Europa. Er ist heute noch bei allen Altersstufen der beliebteste lateinamerikanische Tanz, da er wegen seines gemäßigten Tempos (30–34 Takte/Minute) und des Fehlens fortgesetzter Drehungen nicht anstrengend zu tanzen ist, aber dennoch schwungvoll und dynamisch aussieht. Der Name des Tanzes ist eine Lautmalerei über das Geräusch der geschüttelten Maracas.

Ausgangsposition
Paare in geschlossener Latein-Gegenüberstellung, der Abstand zu den Füßen des Partners beträgt ca. 15 cm. Die Schritte werden mit dem Ballen flach aufgesetzt.

Schrittfolge

	Herr	Dame	Rhythmus	
1	rechter Fuß seit	linker Fuß seit	langsam	
2	linker Fuß vor	rechter Fuß rück	langsam	
3	rechter Fuß rück, am Platz belasten	linker Fuß vor, am Platz belasten	langsam	
4	linker Fuß seit	rechter Fuß seit	schnell	
5	rechter Fuß schließen	linker Fuß schließen	schnell	
6	linker Fuß seit	rechter Fuß seit	langsam	
7	rechter Fuß rück	linker Fuß vor	langsam	
8	linker Fuß vor, am Platz belasten	rechter Fuß rück, am Platz belasten	langsam	
9	rechter Fuß seit	linker Fuß seit	schnell	
10	linker Fuß schließen	rechter Fuß schließen	schnell	

Ausgangs-position   1   2   3   4   5   6   7   8   9   10

Vielen von euch wird der Cha-Cha-Cha aus dem Tanzkurs bekannt sein. Die oben stehende Anleitung bezieht sich lediglich auf den Grundschritt. Ihr könnt jederzeit Figuren einbauen, die ihr bereits gelernt habt. **CD VI/21**

Tanz ist ein Telegramm an die Erde mit der Bitte um Aufhebung der Schwerkraft.
(Fred Astaire)

Club-Tanz: »Take Four«

Vier Minuten erfrischende Bewegung zu Beginn einer Unterrichtsstunde – und Körper wie Geist sind wieder auf Trab. Dieser typische Club- oder Discotanz ist bewusst einfach gehalten, damit auch alle zum Tanzen animiert werden. Er funktioniert am besten, wenn jemand die Figuren vormacht. **CD VII/47**

Choreografie zu *Freed from Desire*

Intro: instrumental	
»My love is« (Begrüßung)	re Arm ausgestreckt, 2 Takte li Arm ausgestreckt, 2 Takte Wdh. (große Begüßungsgeste)
»one more«	re Arm ausgestreckt (Finger auch gestreckt) seitlich nach oben führen und vor dem Gesicht wieder nach unter führen, je 1 Takt (ohne Bild) das Gleiche mit dem linken Arm, 2 Takte Wdh.
»freed from desire«	mit beiden Armen über dem Kopf und vor dem Körper hin und her winken, 8 Takte (3. und 4. Bild)
»na, na, na«	Körper nach re drehen, Fingerspitzen berühren sich so, dass ihr hindurch noch euren Nachbarn anschauen könnt (5. Bild) das Gleiche nach links auf die Zählzeiten 1, 3, 5, 7. 8 Takte
instr. Zwischenspiel	mit dem re Bein und beiden Händen auf 1 und 2 »Ball prellen« mit dem li Bein und beiden Händen auf 3 und 4 »Ball prellen«, 16 Takte
»one more«	s. o., 8 Takte
»freed from desire«	s. o., 8 Takte
»na, na, na«	s. o., 8 Takte
instr. Zwischenspiel	s. o., 8 Takte
»one more«, instr.	s. o., 8 Takte
»na, na, na«	s. o., 8 Takte
»na, na, na« (Verabschiedung)	siehe Begrüßung, 8 Takte

WORK SHOP Clubtänze werden immer zu aktuellen Hits getanzt. Sucht euch euren Hit aus und erfindet eine einfache, leicht zu imitierende Choreografie.

KON TEXT Wenn's Haare hat, kann ich's reiten. Wenn's 'nen Rhythmus hat, kann ich dazu tanzen.
(Aus dem Film: »Machen wir's wie Cowboys«, 1994)

»Take Five«

Den Jazz-Standard »Take Five« haben DAVE BRUBECK (p) und PAUL DESMOND (as) in den 1960er Jahren eingespielt. Der $^5/_4$-Takt ist aus 3 + 2 Vierteln zusammengesetzt (s. auch S. 64). **CD II/61**
Die unten stehenden Schrittfolgen sind so gestaltet, dass nicht immer alle fünf Viertel eines Taktes bewegt werden. Weiterhin sind sie nur einzelne Elemente, die ihr selbst zu einer Choreografie zusammensetzen, verändern und neu gestalten könnt.

DAVE BRUBECK

Ausgangsposition
Füße parallel mit ca. 10 cm Abstand

Schrittfolgen

1. Der rechte Fuß macht auf die erste Viertel einen kleinen Schritt nach rechts, der linke Fuß schließt auf die vierte Viertel mit einem Tipp (nur auf dem Ballen), ohne dabei das Gewicht auf den linken Fuß zu verlagern.
   In Kurzschreibweise:

   re seit auf 1, li ran mit Tipp auf 4
   li seit auf 1, re ran mit Tipp auf 4
   Schrittfolge wie oben nur 4 Takte nach vorne
   und 4 Takte nach hinten

2. re seit auf 1, li ran belasten auf 4, re belasten auf 5
   li seit auf 1, re ran belasten auf 4, li belasten auf 5
   Schrittfolge wie oben nach vorne und nach hinten

3. re seit auf 1, li ran auf 2, re seit auf 3, li Tipp auf 4
   li seit auf 1, re ran auf 2, li seit auf 3, re Tipp auf 4
   anstelle des Tipps das entsprechende Knie anheben,
   die Arme parallel zum Knie mitnehmen und auf die
   Zehenspitzen gehen und einen kleinen Hüpfer auf die 4 machen

4. re großer Seitschritt auf 1, li kreuzt vorne auf 4, re seit auf 5,
   li ran auf 1 und den ganzen Takt stehen bleiben.
   Das Gleiche natürlich auch auf die andere Seite.
   Den Kreuzschritt zu einer 180°-Drehung erweitern.

5. re großer Schritt auf 1, li großer Schritt auf 1 usw.,
   Arme parallel zum jeweilen Fuß mitnehmen

6. alle 5 Zählzeiten in ganz kleinen Schritten gehen,
   die 1 und 4 durch leichtes In-die-Knie-gehen betonen.

Übt die einzelnen Schrittkombinationen zur Musik und entwerft eure eigene Choreografie. Je nach Raumgröße könnt ihr in einem oder mehreren Kreisen, in Gruppen, im Kanon, frei verteilt oder in Reihen tanzen – wie es euch gefällt.

Mein Fuß kann nicht zur Lust ein Zeitmaß halten, indes mein Herz kein Maß im Grame hält.
(*William Shakespeare, aus: König Richard II., 1595*)

Bewegung und musikalische Parameter

Musik setzt sich aus vielen Tönen und Geräuschen zusammen, die sich durch ganz bestimmte Eigenschaften wie Tonhöhe, Lautstärke, Tondauer (Rhythmus, Taktart und Tempo), Artikulation, auszeichnen. Man nennt diese grundlegenden Eigenschaften **Parameter** (griech.: ›Vergleichsmaß‹).

In den folgenden Workshops zeigen wir an Basisübungen, wie diese Parameter in Bewegungen umgesetzt werden können. Daraus könnt ihr je nach Thema, Klassenstruktur und Raumsituation neue Übungen entwickeln.

Gaudeamus hodie

Kanon

Bewegung und Rhythmus

- Lernt das Lied über Vor- und Nachsingen und geht dazu in verschiedenen Metren durch den Raum: zuerst auf Ganze, dann auf Halbe, auf Viertel und zuletzt hüpfend (♩. ♪).
- Wechselt das Gehtempo pro Zeile. Teilt euch in drei Gruppen auf und setzt den Rhythmus des Liedes exakt in Bewegung um (gesamter Körper). Notenwerte müssen entsprechend ihrer Länge sichtbar sein.

- Übt den Bewegungskanon dreistimmig mit und ohne Singen. Zuerst übernimmt eine Bewegungsgruppe einen Einsatz, dann werden die Bewegungsgruppen gemischt.
- Die genaue Umsetzung des Rhythmus ist eine Möglichkeit, ein Lied zu »bewegen«. Erfindet einen Bewegungsablauf zu dem Lied *Die Moritat von Mackie Messer* auf Seite 323, der sich nicht nur auf den Rhythmus konzentriert.

Bewegung und Dynamik

pp ⟨ Die Klasse singt oder musiziert. Schüler/in (S) zeigt wie ein Dirigent vor einem großen Orchester ohne zu sprechen verschiedene Lautstärken an. ⟩ *ff*

Bewegung und Artikulation

Legato Stellt euch vor, ihr seid Wasserpflanzen, die am Boden festgewachsen sind, sich in der Strömung bewegen und immer einen leichten Widerstand spüren.
S sagen an, welches Körperteil fließend bewegt werden soll.

Portato wie Legato-Übung.
S geben sich gegenseitig mit den Händen Impulse unterschiedlicher Gewichtung, aber nur so stark, dass die/der andere nicht aus dem Gleichgewicht kommt.

Staccato Stellt euch vor, ihr seid Roboter und könnt euch nur kurz und abgehackt bewegen. **CD VI/1–2**

Bewegung und Phrasierung

Phrasen unterschiedlicher Länge können mit einer großen Armbewegung nachempfunden und bei allen Arten von Musikwerken und Liedern angewandt werden.

- Die eine Hälfte der Klasse musiziert, die andere bewegt die Phrasen am Beispiel des Spielsatzes auf S. 107:

  Takt 1: linker Arm schwingt vor dem Körper nach rechts
  Takt 2: linker Arm schwingt zurück
  Takt 3 u. 4: linker Arm vollführt vor dem Körper einen großen Kreis gegen den Uhrzeigersinn.
  Bei der Wiederholung schwingt der rechte Arm.

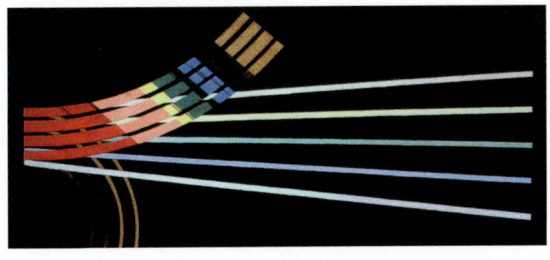

Bewegung und Tempo

- Alle gehen am Platz dasselbe Tempo – ein gemeinsames Accelerando hebt an, ein gemeinsames Ritardando bis zur Zeitlupe kehrt die Entwicklung um. Diese Übung muss so oft wiederholt werden, bis die Veränderungen im Tempo kontinuierlich vonstatten gehen.
- S ruft eine Tempobezeichnung wie Largo, Presto, Andante etc. in die Klasse, die Mitschüler müssen gemeinsam das neue Tempo finden.
- S ruft zur Tempo- noch eine Dynamikbezeichnung aus.

Bewegung und Spannung

- Jede/r S nimmt eine Position mit der höchstmöglichen Körperspannung ein und löst sie ganz langsam.
- aus der Anfangsposition die Spannung nur teilweise lösen (linke Hand, dann linker Arm, Kopf, rechte Hand usw.)
- verschiedene Lösungsgeschwindigkeiten ausprobieren; Spannungszunahme entsprechend üben
- Partnerübung: S nimmt Positionen unterschiedlicher Spannungszustände ein und sein Partner musiziert den Zustand mit einem beliebigen Instrument; dann Präsentation im Klassenverband.

Bewegung und Entwicklung
(Motiv – Phrase, Variation)

- Aufstellung im Kreis, ein/e S beginnt mit einem ganz einfachen Bewegungsmotiv. Die/der nächste wiederholt das Motiv und verändert es minimal usw.
- Choreografiert auf diese Art und Weise die ersten 24 Takte von BEETHOVENS Sinfonie Nr. 5 auf S. 179.

Bewegung und musikalische Analyse

Auch musikalische Strukturen und Entwicklungen können in Bewegungen umgesetzt und so besser nachvollzogen und verstanden werden. Die Vorgehensweise, die ihr anhand eines Ausschnitts aus einem Klavierwerk von ROBERT SCHUMANN kennen lernt (s. auch S. 154f.), könnt ihr auch auf andere Musikstücke übertragen.

Papillons *(Nr. 6)*

Robert Schumann

WORK SHOP

Der 6. Abschnitt in den *Papillons* beginnt mit dissonanten Akkorden, die aufgelöst werden. Die verschiedenen Spannungszustände der Akkorde können mithilfe zweier Standbilder sichtbar werden. **CD IV/50**

- Teilt euch in Gruppen auf und bildet zwei Standbilder, die das Verhältnis der Akkorde zueinander darstellen. Übt eure Choreografie zuerst ohne, dann mit Musik und präsentiert sie euren Mitschülern.
- Ein Tipp: Stellt euch vor, ihr seid, entsprechend SCHUMANNS Intention, auf einem Maskenball und eure Standbilder sind Szenen daraus.
  Für den Abschnitt in der zweiten Zeile eignet sich eine Gang- oder Fortbewegungsart.
- Stellt euch auch hier wieder eine Szene auf dem Maskenball vor.
  Tipp: Eine Möglichkeit ist, dass ihr eure Bewegungsidee von der Wirkung der Musik abhängig macht, eine andere ist, dass ihr euch auf die Umsetzung einzelner Parameter konzentriert.
- Am Ende sollte eine Abschlusschoreografie mit der gesamten Klasse (vielleicht sogar mit Masken?) erfolgen
  Tipp: Es müssen nicht immer alle gleichzeitig in Bewegung sein. Die Gruppen können entsprechend der Phrasen, Abschnitte oder sogar der Stimmen eingeteilt werden.

KON TEXT

Wer auf einem Ball die Masken beobachtet hat, wie sie verliebt miteinander tanzen, einander an den Händen halten und sich im nächsten Augenblick ohne das geringste Bedauern auf Nimmerwiedersehen trennen, der kann sich eine Vorstellung vom Wesen der Welt machen.

(Luc de Clapier Vauvenargues, 1715–1747, Reflexionen)

Bewegung und szenische Interpretation

Mit den folgenden Übungen wird es euch gelingen, den Ausdruck und die Stimmung einer Szene aus einer Oper bzw. aus einem Musical durch Bewegung darzustellen (s. auch S. 270ff.).

Ihr benötigt dazu mindestens zwei Räume: einen großen Raum und – je nach der Anzahl der Gruppen – ein bis zwei kleinere Räume; außerdem Tücher, Hüte, Krawatten und anderes Verkleidungsmaterial.

Vorübungen I

- Ein/e jede/r geht im eigenen Tempo durch den Raum. Dabei ist das Tempo der anderen wahrzunehmen unter Beibehaltung des eigenen.
- Irgendwann soll das Tempo eines anderen aufgenommen werden; dennoch immer wieder zum eigenen Tempo zurückkehren.
- Alle finden ein gemeinsames Tempo. In dieser Gemeinsamkeit kommt es zu beschleunigenden und retardierenden Entwicklungen.

Vorübungen II

- Jeder nimmt sich einen Raumweg vor, fixiert einen Zielpunkt und geht auf direktem Wege dorthin. Immer wieder neue Zielpunkte ansteuern, auch auf unökonomischem Weg an neue Zielpunkte gehen.
- Wenn euch jemand begegnet, begleitet ihn für kurze Zeit auf seinem Weg und verfolgt dann wieder eurer Ziel.
- Eine sich anbahnende Begegnung wird kurz vor dem Zusammentreffen abgebrochen.
- Jemandem nachschauen, aber trotzdem weitergehen; kurze Stops einbauen.

Bewegungsqualitäten

- Ihr geht traurig und orientierungslos durch den Raum, nehmt die anderen nicht wahr, seid introvertiert.
  Stopps einbauen, um die Körperhaltung wahrzunehmen: Kopf, Arme, Schultern, Rücken, Spannungszustand etc.
- Haltung beibehalten, aber maximale Spannung in Armen und Händen aufnehmen. Die Spannung nimmt am ganzen Körper zu; arrogante Haltung, ihr werdet selbstsicher, erhaben, schaut auf niederes Volk. Ab und zu nehmt ihr an einem beliebigen Ort Platz, dabei dürft ihr die arrogante Haltung nicht verlieren, eher verstärken und die anderen beobachten.
- Etwas entspannter, aber immer noch hochnäsig und gelassen gehen und allmählich zum Stehen kommen.
- Situation: Ihr seid alles Fabrikarbeiter, habt gerade eine Pause, klinkt euch nacheinander in ein Standbild ein.

Standbilder in Gruppen

- Inszeniert verschiedene Situationen aus der Oper bzw. aus dem Musical als Standbilder. Benützt dazu immer ein Verkleidungsutensil.
  Einige Beispiele aus der Oper *Carmen* (S. 272ff.):
- Fabrikpause der Arbeiterinnen
- Lager von Zigeunern und Schmugglern in einer wilden Felsengegend
- Frau, die von Männern angeschmachtet wird

Bewegte Bilder mit Musik

- Gestaltet in Gruppenarbeit einzelne Szenen mit Bewegung zur Musik.
- Gruppe 1 (aus: *Carmen*): Findet einen Soldatengang und stellt damit die Szene der Wachablösung dar. **CD VII/48**
- Gruppe 2 (aus: *Carmen*): Findet einen Stierkämpfergang und stellt damit die Szene von Escamillos Einzug in Pastias Schenke dar. **CD VIII/25**
- Gruppe 1 und 2 (aus: *West Side Story*, S. 286ff.): Teilt euch in »Jets« und »Sharks«. Zwischen beiden Gangs bahnt sich ein Kampf an. Gestaltet in euren Gruppen die Szene vor den Kampfhandlungen und spielt sie anschließend gegeneinander.
- Tipp: Beginnt mit ca. 3 Minuten Musik und steigert die Szenenlänge nach und nach.

Stimme und Ausdruck

Stimmt!

Stimmt's? Gib deine **Stimme** ab! Ein**stimm**ig angenommen! Super **Stimm**ung! Den Magen ver**stimmt**? Gebt eure Zu**stimm**ung! Hör auf deine innere **Stimme**! Wer enthält sich seiner S**timm**e? **Stimm**los. Das **stimmt** uns nachdenklich. **Stimm**ungsm**a**ch**er**! Die **Stimme** des Herzens. Lasst uns ein Lied an**stimm**en! St**imm**recht. I**ch** gebe dir meine **Stimme**. Große Überein**stimm**ung. E**i**ne **stimm**ig**e** I**dee**! Wer hat die **Stimm**enmehrheit? **Stimmt** die G**eig**en! Bist d**u** s**ch**lechter **Stimm**ung? Die **Stimme** der Natur. Ist **d**as **stimm**i**g**? **S**t**immt**! **Stimmt's**? Gib deine **Stimme** ab! Einstim**m**ig angeno**mm**en! Super **Stimm**ung! Den Magen ver**stimmt**? Gebt eu**re** Zusti**mm**ung! Hör auf deine innere **Stimme**! Wer enthält sich se**iner** S**timm**e? **Stimm**los. Das **stimmt** uns nachdenklich. **Stimm**u**ngs**macher! Die **Stimme** des Herzens. Lasst uns ein Lied an**st**i**mm**en! **Stimm**recht. Ich gebe dir meine **Stimme**. Große Über**e**i**n**s**timm**ung. Eine **stimm**ige Idee! Wer hat die **Stimm**enmehrheit? **St**i**mmt** die Geigen! Bist du schlechter **Stimm**ung? Die **Stimme** d**er** **N**atur. Ist das **stimm**ig? **Stimmt**! **Stimmt's**? Gib deine **Stimm**e **a**b! Ein**stimm**ig angenommen! Super **Stimm**ung! Den Magen **v**e**r**st**immt**? Gebt eure Zu**stimm**ung! Hör auf deine innere **Stimme**! **W**er enthält sich seiner **Stimme**? Die **Stimme** der Natur. Ist das **stimm**ig? *Stimmt!* *Stimmt's?* *Gib deine* **Stimme** *ab!* **Stimm**los

Stimme und Stimmung hängen von jeher eng zusammen. Wenn wir telefonieren, hören wir an der Stimme des anderen sofort, in welcher Stimmung er oder sie ist. Und wenn Menschen in bester Stimmung sind, geschieht es oft, dass sie zu singen beginnen – ob auf einer Feier oder unter der Dusche. Die Stimme ist das Organ, mit dem wir unsere Stimmungen und Gefühle am unmittelbarsten ausdrücken. Und so gibt die Stimme Auskunft über unser Inneres. Mit ihr transportieren wir, was wir sagen. Es verwundert daher nicht, dass bei vielen Menschen auch der berufliche Erfolg von ihrer Stimme abhängt.

AUFGABE

- *Welche Berufe und welche Situationen fallen euch ein, bei denen die Stimme eine wichtige Rolle spielt?*

Stimme
Herkunft unbekannt, jedoch im Althochdeutschen als »stima« nachgewiesen, bezeichnet »Stimme« die Fähigkeit, Töne hervorzubringen.
Im Mittelalter auch als Rechtsbegriff gebräuchlich (»jemandem seine Stimme geben«).
Von »Stimme« abgeleitet ist die **Stimmung**, zunächst (ab 1600) auf Musikinstrumente, ab 1800 auch auf den Menschen bezogen.

Die Stimme – das natürliche Instrument

Die menschliche Stimme ist zwar kein Instrument im engeren Sinne, aber sicherlich das älteste Mittel der Musikerzeugung. Wenn wir sprechen oder singen, sendet das Gehirn eine Folge von aufeinander abgestimmten Signalen an verschiedene Stellen im Körper. Die Lunge stößt Luft aus – der Luftstrom wird vom Zwerchfell und von den Bauchmuskeln kontrolliert – er erreicht über die Luftröhre den Kehlkopf – er versetzt dort die Stimmbänder, das sind Hautfalten, in Schwingung. Diese erzeugen in den Hohlräumen von Kopf und Brust Resonanz. Form und Größe dieser Resonanzräume lassen sich durch Muskeln gezielt verändern. Dadurch entsteht der Ton in seiner Höhe und Klangfarbe. Mund, Zunge, Zähne vervollständigen diesen Prozess und fügen den Tönen Silben und Laute hinzu. Das optimale Zusammenwirken dieser einzelnen Komponenten erlernt man in der Gesangsausbildung.

Die Stimme eines Menschen ist so einzigartig wie sein Fingerabdruck, sie wird z. B. in Sicherheitssystemen schon als Erkennungszeichen genutzt.

Wenn Kehlkopf, Stimmbänder, Muskeln und Knorpel in der Pubertät wachsen, verändert sich die Stimme. Die Stimmbänder werden deutlich länger, die Stimme senkt sich. Bei Mädchen sinkt sie um etwa 2–3 Töne, bei Jungen um etwa eine Oktave. Diese Veränderung nennt man **Stimmwechsel**. Die einzelnen »Werkzeuge« des Stimmapparates wachsen unterschiedlich schnell und arbeiten in dieser Wachstumsphase nicht immer gut zusammen, dadurch »bricht« die Stimme häufig. Das bedeutet, dass manchmal nur kurze Teile der Stimmbänder schwingen oder sie sehr straff angespannt werden. Es entstehen hohe Töne oder Kiekser. Diese Tätigkeiten im Stimmapparat kann der Sprechende nicht beeinflussen.

Stimmapparat

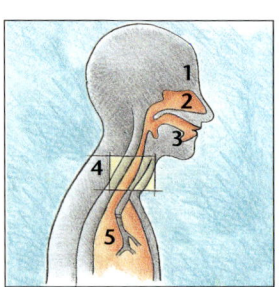

1. Stirnhöhle
2. Nasenhöhle
3. Gaumenhöhle
4. Stimmbänder im Kehlkopf
5. Luftröhre, Brust

Eine Spiegelung zeigt die Stimmbänder: geschlossen (links) und offen (rechts).

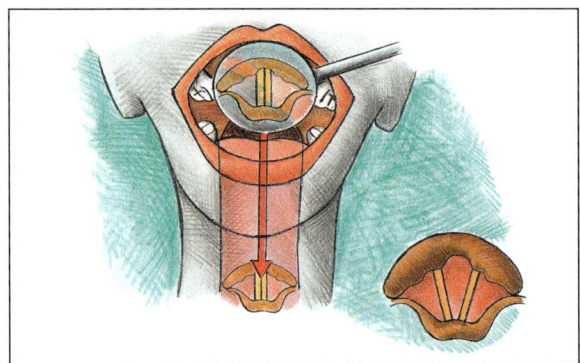

So vielseitig, flexibel und einzigartig unsere Stimme ist, so empfindlich ist sie auch. Jeder hat schon erlebt, wie schnell die Stimme bei einer Erkältung heiser wird oder sogar ganz versagt. Solche Stimmstörungen gehen durch Schonung meist von selbst vorüber. Bei ständiger Überanstrengung des Stimmapparats jedoch, z. B. durch häufiges Schreien oder zu angestrengtes Sprechen, können krankhafte Veränderungen wie Schwellungen oder Knötchen an den Stimmbändern entstehen, die im schlimmsten Fall irreparabel bleiben.

AUFGABEN

- Legt eine Hand locker auf euren Kehlkopf und sprecht, summt, singt, ruft. Was spürt ihr?
- Haltet euch dabei eure Nase zu. Wie und warum verändert sich der Klang?
- Was gehört zum gut verständlichen Sprechen?
- »Bitte zurückbleiben und die Türen schließen!« – Welche der Aufforderungen könnte man in U-Bahnhöfen einsetzen, welche nicht? Nennt Gründe. **CD VII/49–52**
- Was macht eine Stimme sympathisch / unsympathisch?
- Warum ist es manchmal peinlich, etwas vorzusingen?
- Beschreibt die Gesangsstimmen in den Hörbeispielen. Was ist das Besondere an den Stimmen? **CD VII/53–56, CD II/65–67, CD VIII/7–8**

Radiosender engagiert Papagei als Sprecher

London (dpa) Ein britischer Radiosender hat einen Papagei für die Durchsage der Wettervorhersage und der Verkehrshinweise verpflichtet. Der sprachbegabte Vogel mit dem Namen »Chicken Jackson« hat bereits einige Jingles für den Sender 96.4 FM The Eagle in der Stadt Guildford produziert. Jetzt soll er Sprüche lernen wie: »Der heißeste Sender für Surrey und North Hampshire«.

Der ein Jahr alte afrikanische Graupapagei sei ein Naturtalent und bekomme einen festen Vertrag, hieß es beim Sender.

(HAZ 2.2.1999)

Monroe-Ansage: Auf den Bahnhöfen und in den Wagen der Londoner U-Bahn ertönt künftig Marilyn Monroes aufreizende Stimme, die synthetisch für Ansagen wie »Bitte zurückbleiben. Türen schließen« präpariert wurde. Tests ergaben, dass die Fahrgäste auf die Stimme der 1962 verstorbenen Künstlerin besonders willig reagieren. (faf)

Berliner Zeitung 5.6.1999

WORK SHOP

- »Es tut mir leid, aber hier dürfen Sie nicht parken!«

Sprecht diesen Satz:
- – als Nachrichtensprecher/-in
- – als Rapper/-in
- – als Sportreporter/ -in
- – als Schauspieler/ -in
- – als Kind
- – als Opernsänger/ -in
- – als Werbestar

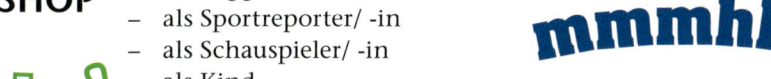

Euch fallen sicherlich noch weitere Rollen ein!

Macht daraus ein Spiel: Sucht euch eine Rolle, in der ihr den Satz sprecht.

Euer Partner muss raten, um welche Rolle es sich handelt. Dann wird getauscht.

»f – s – sch – k – p – t – tsch – tz – st – ps –rrr – kr – scht - fs ...«

Sprecht diese Konsonanten und Konsonantenkombinationen überdeutlich.

Bildet Kombinationen und sprecht sie in einem bestimmten Rhythmus.

Macht ein kleine »Maschinenmusik« daraus, indem ihr in Gruppen verschiedene rhythmische Klangketten übereinander schichtet.

Welches Ergebnis klingt am interessantesten?

Fallen euch passende Bewegungen dazu ein?

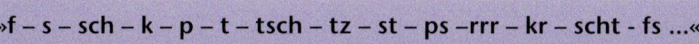

»Summe-Time«

Jeder summt (Lippen geschlossen!) einen Ton, hoch oder tief, laut oder leise, weich oder rau. Der Ton klingt so lange, wie euer Atem reicht. Nach dem nächsten Einatmen probiert ihr einen anderen Ton mit anderem Klang aus. Da alle summen, entsteht ein Klangteppich, der sich mit jedem neuen Ton verändert. Hört eurer Summ-Musik zu! Das Stück ist zu Ende, wenn alle aufgehört haben.

Variation 1: Geht mit eurer Summ-Musik in verschiedene Räume eurer Schule.

Wie verändert sich der Klang?

Variation 2: Singt eure Töne jetzt auf Vokale (a, e, i, o, u). Welche Unterschiede hört ihr?

Volkslieder

Bevor es Rundfunk und Schallplatten gab, spielte das eigene Musikmachen eine größere Rolle als heute. Es wurden Lieder gesungen und mündlich weitergegeben, die meist nur in bestimmten Regionen eines Landes bekannt waren. Viele dieser so genannten Volkslieder handeln von der Liebe.

Vielleicht habt ihr schon von dem bayrischen Brauch des Fensterlns gehört: Der Verliebte besucht seine Freundin am Fenster, häufig mithilfe einer Leiter. Etwas Ähnliches gab es auch in Norddeutschland: Abends gingen junge Männer vor das Fenster ihrer Geliebten, um dort für sie zu singen. Es wird aber auch berichtet, dass die jungen Männer bei der Gelegenheit heimlich ins Zimmer des Mädchens kletterten, um mit ihr allein zu sein.

Dat du min Leevsten büst

19. Jahrhundert

1. Dat du min Leevsten büst, dat du wohl weeßt![1]
Kum bi de Nacht, kum bi de Nacht,
segg, wo du heest![2] segg wo du heest!

2. Kumm du üm Middernacht,
kumm du Klock een,
Vader slöpt[3], Moder slöpt,
ick slaap alleen.

3. Klopp an de Kammerdör,
fat an de Klink,
Vader meent, Moder meent,
dat deiht[4] de Wind.

4. Kummt denn de Morgenstund,
kreiht de ol Hahn,
Leevster min, Leevster min,
dann mösst du gahn.

5. Sachen den Gang entlang,
lies mit de Klink,
Vater meent, Moder meent,
dat deiht de Wind.

[1] weißt
[2] hausest
[3] schläfst
[4] tut

> **Volkslied**
> Sammelbezeichnung für verschiedene ein- und mehrstimmige Gesänge in der Volkssprache, die aufgrund überschaubarer Bauart und allgemein verständlichen Inhalts leicht erfasst und gesungen werden können. Sie sind Ausdruck ihrer Entstehungszeit und der jeweiligen gesellschaftlichen Situation und weisen dadurch eine Vielfalt an Gattungen, Stilen und Inhalten auf.

AUFGABEN

- *Welche Geschichte wird erzählt? Übersetze den Text ins Hochdeutsche oder in deinen Dialekt so, dass erneut ein gereimter und singbarer Text entsteht.*
- *Singt das Lied. Welche Instrumente eignen sich zur Begleitung?*

ANALYSE
- Betrachte die musikalische Form des Liedes: Welche großen und kleinen Abschnitte findest du? Wie verhalten sich die einzelnen melodischen Motive zueinander?
- »Ein typisches Merkmal von Volksliedern ist die Dreiklangsmelodik und ein begrenzter Tonumfang.« Trifft diese Aussage auch hier zu? Belege deine Aussage am Notentext.

Kunstlieder

Auch das Klavierlied *Vergebliches Ständchen* von JOHANNES BRAHMS (1833–1897) stellt den Brauch des Fensterlns in gesungenen Dialogen dar – allerdings wirbt hier der Mann vergeblich um die Gunst der Frau. Das Lied basiert auf einem niederrheinischen Volkslied.

Das **Kunstlied** (Sololied mit Klavierbegleitung) erfreute sich besonders im 19. Jahrhundert großer Beliebtheit. Kunstlieder wurden entweder wie Volkslieder in **Strophenform** geschrieben oder in einer **variierten Strophenform**, d. h. dass trotz einiger Veränderungen und freier Ausgestaltung die Strophenform noch deutlich zu erkennen war. Vor allem bei den **durchkomponierten Klavierliedern** erhält die Klavierbegleitung, die den Text illustriert und ausdeutet, ein immer stärkeres Gewicht. Bedeutende Liedkomponisten der Romantik sind FRANZ SCHUBERT, ROBERT SCHUMANN, JOHANNES BRAHMS und HUGO WOLF.

Vergebliches Ständchen op. 84, Nr. 4   Johannes Brahms

Lebhaft und gut gelaunt

(Er.) Gu-ten A-bend, mein Schatz, gu-ten A-bend, mein Kind, gu-ten A-bend, mein Kind! Ich komm' aus Lieb' zu_ dir, ach, mach' mir auf die_ Tür, mach' mir auf die Tür, mach' mir auf, mach' mir auf, mach' mir auf die Tür!

ANALYSE

- Untersuche den Notentext auf volksliedhafte Elemente und auf Merkmale des Kunstliedes.
- Welche besonderen Aufgaben hat die Klavierstimme? Vergleiche auch mit der Gesangsstimme.
- Welche Form des Kunstliedes wählt BRAHMS und weshalb?
- Mit welchem musikalischen »Trick« stellt BRAHMS das flehende Klagen des Mannes in der 3. Strophe dar?

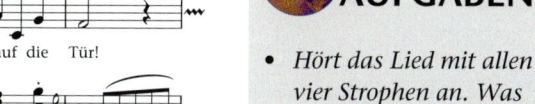

AUFGABEN

- *Hört das Lied mit allen vier Strophen an. Was kennzeichnet diese Art des Singens? Welche Gründe könnte das haben?*
  CD VIII/1
- *Fasse deine Arbeitsergebnisse von dieser Doppelseite zusammen, indem du eine tabellarische Gegenüberstellung der charakteristischen Merkmale eines Volksliedes und eines Kunstliedes anfertigst.*

Arien

Sehnsucht entsteht, wenn Liebe nicht erhört wird oder zwei Liebende nicht beisammen sein können. In diesen Momenten tröstet oft ein Bild des Freundes oder der Freundin, mit dem man sich dem anderen ganz nah fühlen kann. Ob es sich um ein echtes Bild handelt oder nur um ein vorgestelltes, inneres Bild, ist nicht entscheidend. Wichtig ist, dass man den anderen vor Augen hat und an ihn denkt.

Sehnsucht ist ein intensives, oft quälendes Gefühl. So ist es nicht verwunderlich, dass die Sehnsucht durch die Jahrhunderte hindurch bis heute in Lie-

> **Arie** (ital. u. engl. aria, frz. air), eine Komposition für Sologesang mit Instrumentalbegleitung. Mit der Entstehung der Oper um 1600 wurde die Arie zum festen Bestandteil von Opern und opernähnlichen Kompositionen bis in unsere Zeit hinein. Während im meist vorangestellten Rezitativ (vgl. S. 139) die Handlung vorangetrieben wird, steht bei der Arie ein Stimmungsbild mit dem Ausdruck des Gefühls und der Gedanken im Mittelpunkt.

dern aller Art ihren besonderen Ausdruck fand, so auch in der Arie (Romanze) des Nemorino aus GAETANO DONIZETTIS (1797–1848) Oper *Der Liebestrank*.

Una furtiva lagrima

Gaetano Donizetti

AUFGABEN

- *In welcher Situation könnte sich Nemorino befinden? Was fühlt und denkt er? Inwiefern unterstreicht die Musik diese Gefühle?* **CD VIII/2**
- *Welche Instrumente spielen eine besondere Rolle? Warum setzt GAETANO DONIZETTI gerade diese Instrumente als Begleitinstrumente für die »Romanze« ein?*

Songs

All I have to do is dream

Text und Melodie: Felice und Boudleaux Bryant

[Notenbeispiel mit Akkordsymbolen und folgendem Text:]

Dream _____ dream, dream, dream.
1. Dream, _____ dream, dream, dream. When I want you in my arms, when I want you and all your charmes, when ev-er I want you, all I have do to is dream. _____ I can make you mine, taste your lips of wine an-y time, night or day. On-ly troub-le is, gee whiz, I'm dream-ing my live _ a way. I need you so that I could die, I love you so and that is why when ev-er I want you _ all I have to do I dream, dream, dream, dream, _ dream. _____ dream, _____ dream, dream, dream. _____

2. Dream, _____ dream, dream, dream. When I feel blue in the night and I need you to hold me tight;

fade out

WORK SHOP

• Übt die Melodiestimmen zunächst getrennt, dann zusammen. Mit den angegebenen Akkorden könnt ihr auf der Gitarre oder dem Klavier den Gesang begleiten.

> **Song,** englische Bezeichnung für »Lied«. Im Sprachgebrauch werden damit Lieder der Pop-/Rockmusik in Strophenform mit Refrain, oft im achttaktigen Schema, bezeichnet.

AUFGABEN

• *Vergleicht den Textinhalt und die musikalische Gestaltung dieses Songs mit der Arie des Nemorino.* **CD VIII/3**
• *Welche Funktionen erfüllen jeweils die beiden vokalen Ausdrucksformen Arie und Song?*

Balladen

Nur selten währt das Glück der Liebe ein Leben lang. Ob man sich nicht mehr versteht, ob Untreue und Verletzung im Spiel sind, ob die Liebe einfach erlischt oder ob gar der Tod gewaltsam die Liebe zerstört – immer ist der Schmerz des Verlassenen groß. Zahlreiche Lieder haben diesen Schmerz über den Verlust der Liebe zum Thema.

Das Geheimnisvolle der Ballade entspringt aus der Vortragsweise. Der Sänger hat nämlich seinen prägnanten Gegenstand, seine Figuren, deren Taten und Bewegung so tief im Sinne, dass er nicht weiß, wie er ihn ans Tageslicht fördern will. Er bedient sich daher aller drei Grundarten der Poesie, um zunächst auszudrücken, was die Einbildungskraft erregen, den Geist beschäftigen soll [...]. *(Johann Wolfgang von Goethe)*

Ballade bezeichnet ein erzählendes Gedicht sagenhaften Inhalts, das dramatische, epische und lyrische Element vereint. Seit dem Mittelalter finden sich Balladen im mündlich überlieferten Liedgut. J. W. v. GOETHE und J. G. HERDER sammelten und notierten diese **Volksballaden**, wodurch sie im 18. Jahrhundert große Verbreitung fanden. Viele große Dichter der Klassik und Romantik dichteten Balladen, teils als Neuschöpfungen, teils als Umdichtungen. Es entstanden **Kunstballaden**. Da zur Ballade der gesungene und vom Instrument begleitete Vortrag gehört, schufen zahlreiche Komponisten Vertonungen in Form von Klavierliedern. Die berühmtesten Balladenvertonungen stammen von FRANZ SCHUBERT, CARL LOEWE, ROBERT SCHUMANN, JOHANNES BRAHMS und HUGO WOLF.

Es waren zwei Königskinder

18. Jahrhundert

Es wa-ren zwei Kö-nigs-kin-der, die hat-ten ei-nan-der so lieb; sie konn-ten zu-sam-men nicht kom-men, das Was-ser war viel zu tief, das Was-ser war viel zu tief.

2. »Ach Liebster, könntest du schwimmen, so schwimm doch herüber zu mir!
   Drei Kerzen will ich anzünden und die sollen leuchten auch dir.«

3. Das hört ein falsches Nönnchen, die tat, als wenn sie schlief,
   sie tat die Kerzen auslöschen: Der Jüngling ertrank so tief.

4. »Ach Fischer, liebster Fischer, willst du verdienen groß Lohn?
   So wirf dein Netz ins Wasser und fisch mir den Königssohn.«

5. Er warf das Netz ins Wasser, es ging bis auf den Grund.
   Er fischte und fischte so lange, bis er den Königssohn fand.

6. Sie schloss ihn in die Arme und küsst' seinen bleichen Mund:
   »Ach Mündlein, könntest du sprechen, so wär mein jung' Herze gesund.«

7. Sie schwang um sich ihren Mantel und sprang wohl in den See:
   »Gut Nacht, mein Vater und Mutter, ihr seht mich nimmermeh.«

8. Da hört' man ein Glöcklein läuten, da hört man Jammer und Not:
   Da liegen zwei Königskinder, die sind alle beide tot.

AUFGABEN

- *Fasse die erzählte Geschichte mit deinen eigenen Worten zusammen.*
- *Die Königskinder, die durch das tiefe Wasser getrennt sind, wurden zum Symbol für Liebende, deren Liebe an bestimmten Bedingungen scheitert. Welche äußeren oder inneren Bedingungen könnten das heute sein?*

RIO REISER, 1986

»Jetzt tut's nicht mehr weh«, heißt es in der **Rockballade** *Junimond*, die von RIO REISER (1950–1996) im Jahr 1986 aufgenommen wurde. **CD VIII/4**

Drei Jahre nach RIO REISERS Tod wurde *Junimond* als Song zum Film *Crazy* neu eingespielt. Für die Gruppe ECHT, eine ehemalige Schulband, wurde dieses Remake neben *Weinst du* und *Du trägst keine Liebe in dir* zum bisher größten Erfolg.

Junimond

Text und Musik: Rio Reiser / Martin Hartmann

Strophe

1. Die Welt schaut rauf zu mei-nem Fens-ter, mit mü-den Au-gen, ganz stau-big und scheu. Ich bin hier o-ben auf mei-ner Wol-ke. Ich seh' dich kom-men, a-ber du gehst vor-bei. Doch jetzt tut's nicht mehr weh. Nee, jetzt tut's nicht mehr weh. Und al-les bleibt stumm und kein Sturm kommt auf, wenn ich dich seh'.

Refrain

Es ist vor-bei, bye, bye Ju-ni-mond. Es ist vor-bei, es ist vor-bei, bye, bye. bye. Es ist vor-bei, bye, bye, Ju-ni-mond. Es ist vor-bei, es ist vor-bei. bye, bye.

2. Zweitausend Stunden hab' ich gewartet.
   Ich hab' sie alle gezählt und verflucht.
   Ich hab' getrunken, geraucht und gebetet.
   Hab' dich flussauf- und flussabwärts gesucht.
   Doch jetzt tut's nicht mehr weh …

Pop-/Rockballade meint einen Titel in einem mittleren bis langsamen Tempo.

Evergreens ...

DRAFI DEUTSCHER

»Marmor, Stein und Eisen bricht, aber unsere Liebe nicht« – Der Traum von der ewigen Liebe ist so alt wie die Menschheit und damit immer aktuell. Vielleicht haben sich auch deshalb einige Lieder zu **Evergreens** entwickelt. Gerade in Schlagern dreht sich beinahe alles um die Liebe. Das regelrechte Schlager-Revival der letzten Jahre hat das Übrige dazu beigetragen, dass manche Ohrwürmer, die schon eure Großeltern und Eltern mitsangen, auch heute wieder – oft auch modern bearbeitet – richtig »in« sind.

Marmor, Stein und Eisen bricht

Musik: Drafi Deutscher/Christian Bruhn
Text: Gunther Loose

1. Wei - ne nicht, wenn der Re - gen fällt, dam dam, dam dam.
Es gibt ei - nen, der zu dir hält, dam dam, dam dam.

Refrain

Mar - mor, Stein und Ei - sen bricht, a - ber un - se - re Lie - be nicht!

Al - les, al - les geht vor - bei, _ doch wir sind uns treu. __

Schluss

Mar - mor, Stein und Ei - sen bricht, a - ber uns' - re uns' - re Lie - be nicht.

Al - les, al - les, al - les geht vor - bei, __ doch wir sind uns treu! _

2. Kann ich einmal nicht bei dir sein,
   dam dam, dam dam.
   Denk daran, du bist nicht allein,
   dam dam, dam dam.

   Refrain

3. Nimm den goldenen Ring von mir,
   dam dam, dam dam.
   Bist du traurig, dann sagt er dir,
   dam dam, dam dam.

   Refrain

AUFGABEN

- *Welche für den Schlager typischen Begriffe und Floskeln birgt dieser Text? Erfindet weitere Strophen in diesem Stil.*
- *Sucht Begründungen, weshalb dieser Schlager auch heute noch so beliebt ist. Was trägt die Musik selbst dazu bei?* **CD VIII/5**
- *Beschreibt den Gesangsstil von* DRAFI DEUTSCHER.

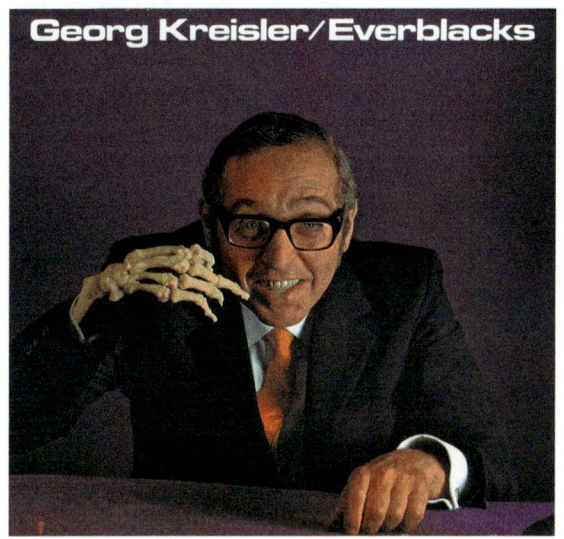

... und Everblacks

Echte Evergreens gibt es nicht nur bei Schlagern, sondern überall dort, wo ein Lied zum Ohrwurm wurde. Eine beträchtliche Anzahl von Evergreens stammen aus der Feder von GEORG KREISLER (* 1922), der seine **Chansons** einem begeisterten Publikum selbst vorsang und – als versierter Pianist – auch selbst begleitete. Seine größten Hits fasste er in drei Samplern mit dem Titel »Everblacks« zusammen (s. auch *Was für Ticker,* S. 313). Zum Thema »ewige Liebe und Treue« schrieb KREISLER den Titel *Bidla buh*, der durch den **Scat-Gesang** (s. S. 221) auch Elemente des Jazz beinhaltet.

Bidla buh

Georg Kreisler

Es ist traurig, wenn Liebe erkaltet,
es ist furchtbar, wenn Liebe vergeht.
Doch wie kann man von Liebe erwarten,
dass sie immer und ewig besteht.
Nur ich liebe jede auf immer,
ganz ohne mir das Leben zu beschwer'n.
Und ich werde geliebt, und wie ich das mach',
das will ich Ihnen jetzt erklär'n:
Bidla buh, bidla buh, bidla bing bang buh,
unsre Liebe war beinahe schon vergangen,
da schlitzte ich die Kehle der Katrein.
Das heißt, sie liebte mich,
solange sie lebte,
und weg'm dem bissel Schlitzen
wird sie nicht böse sein.
Bidla buh, bidla buh, bidla bing bang buh,
unsre Liebe hatte kaum noch angefangen,
da nahm Jeannine eines Tages Aspirin.
Also, das war kein Aspirin,
das war Strichnin,
aber heute noch liebe ich Jeannine.
Adelheid warf ich in die Donau,
gleich nach Dürnstein. Niemand hat's gesehn.
Und auch sie wird mir verzeihn,
denn grad bei Dürnstein
ist die Donau doch so wunderschön!
Bidla buh, bidla buh, bidla bing bang buh,
also was kann eine Frau da noch verlangen?
Nach dem Tod hab ich sie stets noch mehr verehrt.
Kam der Tod auch etwas schnell,
das ist nur originell.
Und bis jetzt hat sich noch keine beschwert ...

Evergreen (engl.: ›Immergrün‹), Bezeichnung für ältere Tanz- und Gesangsschlager, die trotz ihres Alters nichts von ihrer ursprünglichen Popularität eingebüßt haben. Oft werden sie in immer neuen Versionen eingespielt, die sie über Jahre hinweg lebendig halten.

Schlager, Ende des 19. Jahrhunderts entstandene Form des populären Liedes, die mit der sich herausbildenden Musikindustrie und den Mechanismen der Produktion und Verbreitung von Musik als Ware unmittelbar verbunden war.

Chanson (franz.: ›Lied‹), ursprünglich Sammelbezeichnung für Gesänge der verschiedensten Art. Inzwischen versteht sich das Chanson als ein instrumental begleitetes Vortragslied, das ein literarisch formuliertes poetisches Anliegen im Text musikalisch umsetzt und transportiert. Die Texte sind dabei oft skurril, ironisch oder melancholisch.

AUFGABEN

- *Hört und lest den Textanfang von »Bidla buh«.* **CD VIII/6**
- *Weshalb hat Kreisler sein Album wohl »Everblacks« genannt? Betrachtet dazu auch die Gestaltung des Covers.*
- *Versucht, zum Hörbeispiel zu singen. Wo treten Schwierigkeiten auf?*
- *Welche Unterschiede zum Schlager erkennt ihr?*

Vokalmusik ohne Gesang?

WORK SHOP

- Lest das dadaistische[1] Klanggedicht *Karawane* von HUGO BALL zunächst still, dann laut. Handelt es sich um Sprache oder um Musik?
- Schreibe selbst ein Klanggedicht. Achte dabei besonders auf fantasievolle, interessante Wort-Klang-Gebilde. Finde einen passenden Titel.
- Tragt eure Klanggedichte der Klasse als Konzertpublikum vor (lässt sich eine Bühne schaffen?). Lest euer Gedicht ausdrucksstark wie ein Schauspieler.
- Welcher Vortrag beeindruckte euch am meisten? Weshalb?

[1] **Dadaismus:** nach dem kindersprachlichen Stammellaut »dada« benannte Kunstrichtung (1916–1924), die die absolute Sinnlosigkeit und einen konsequenten Irrationalismus der Kunst proklamierte.

KARAWANE

jolifanto bambla ô falli bambla
grossiga m'pfa habla horem
égiga goramen
higo bloiko russula huju
hollaka hollala
anlogo bung
blago bung
blago bung
bosso fataka
ü üü ü
schampa wulla wussa ólobo
hej tatta gôrem
eschige zunbada
wulubu ssubudu uluwu ssubudu
tumba ba- umf
kusagauma
ba - umf

(1917)
Hugo Ball

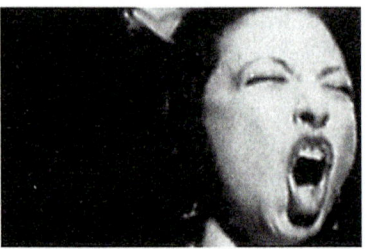

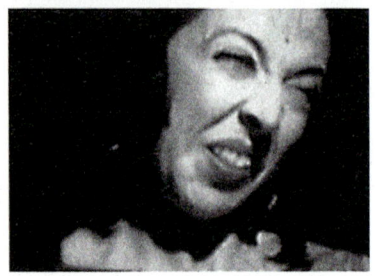

Unter dem Eindruck des Grauens des Ersten Weltkrieges verändert sich radikal das Weltbild der Menschen und damit einhergehend auch der künstlerische Ausdruck der Zeit. Die Kunst solle von jeglichem übergeordneten Sinn frei sein, fordern die Dadaisten und schaffen ihre Klanggedichte. Auch in der Musik werden im 20. Jahrhundert vollkommen neue Ausdrucksformen gefunden: Der einzelne Ton löst sich von seinen harmonischen Fesseln, das Geräusch wird in die Musik integriert, der Interpret erhält größere Freiheiten und wird so zum »Mit-Schöpfer« (s. S. 40ff.) eines Werkes. Diese Entwicklungen zeigen sich auch in der Vokalmusik, wenn die Sprache selbst von ihrem Sinngehalt gelöst und zum Klangmaterial umfunktioniert wird. Einzelne Silben, Konsonanten und Vokale, Wortfetzen und Satzbruchstücke, aber auch Stimmgeräusche stellen ein ganzes Arsenal von neuen Klangmöglichkeiten dar, die dem Komponisten zur Verfügung stehen. Sprache und Musik stehen nicht mehr nebeneinander, sie verschmelzen zu Klang.

KON TEXT

PIERRE BOULEZ über die Entstehung seines Werkes *structures I* (1952):

»Ich wollte alles in Frage stellen, tabula rasa machen mit dem Erbe und beim Nullpunkt wieder beginnen, um zu sehen, wie man von einem Phänomen aus, das außerhalb der eigenen Erfindung liegt, erneut zu einer Schreibweise kommen könnte.«

AUFGABE

- *Welche Grundproblematik des Komponierens im 20. Jahrhundert spiegeln BOULEZ' Worte wieder?*

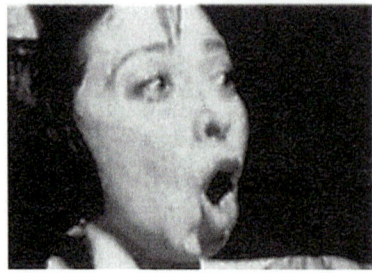

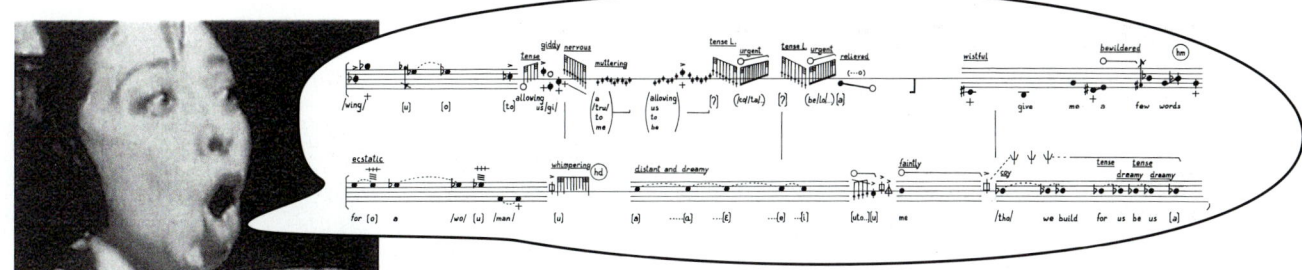

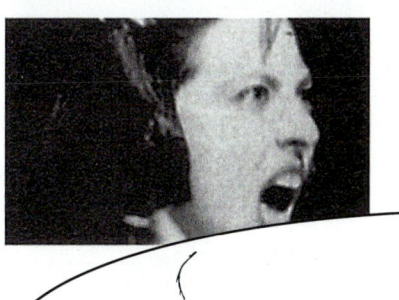

Mit seiner Komposition *Sequenza III – Für Frauenstimme* (1966) eröffnet LUCIANO BERIO (*1925) der Interpretin Ausdrucksmöglichkeiten, die weit über die traditionelle Gesangstechnik hinausgehen. **CD VIII/7**

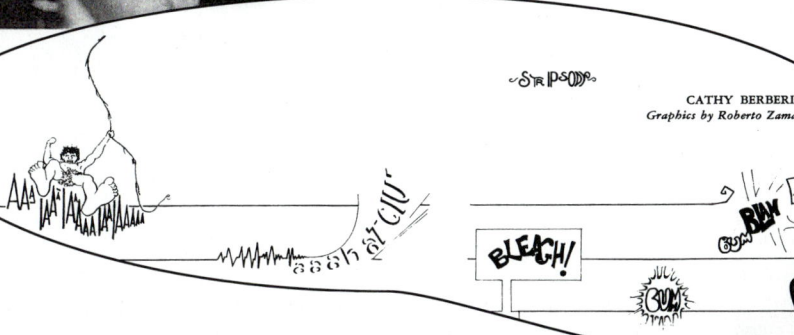

Stripsody nennt die amerikanische Sängerin und Komponistin CATHY BERBERIAN (1928–1983) ihre Komposition, eine Art Collage von Lautmalereien in Worten, wie sie in Comicstrips dargestellt werden. **CD VIII/8**

AUFGABEN

- *Welche Ausdrucksmöglichkeiten hört ihr in den beiden Beispielen?*
- *Betrachte die beiden Arten von Notation: Welche Unterschiede zu dir vertrauter Notation erkennst du? Weshalb notiert der Komponist bzw. die Komponistin in dieser Form? Was könnten die einzelnen Zeichen bedeuten?*

WORK SHOP

Stellt euch vor, ihr seid sprachlos, jedoch nicht stimmlos. Wie drückt ihr euch aus?
Erfindet in Gruppen Stimmkompositionen, indem ihr
- Stimmklänge aller Art ausprobiert und sammelt
- einige davon auswählt und in Klangketten oder Klangflächen anordnet
- eure Komposition mit einer selbst erfundenen, aber verständlichen Notation festhaltet (die Komposition hat auch einen Titel verdient!)
- sie gut einübt, bis alles so klingt, wie ihr es wollt, und
- sie im Klassenkonzert aufführt oder aufnehmt.
- Versucht in kleinen Gruppen, die abgebildeten Partiturausschnitte in Klänge umzusetzen.
- Bringt eigene Comics in den Unterricht. Sammelt und vertont die darin vorkommenden Klänge.

Filmmusik

Funktionen der Filmmusik

Paris, 28. 12. 1895: Die Gebrüder Lumière führten auf ihrem »Cinématographe« erstmals öffentlich kurze **Stummfilme** vor, die ein Pianist live untermalte. In den folgenden Jahren wurde die Begleitmusik aufwändiger: Manchmal trat ein Geräuschemacher hinzu, in großen Filmpalästen wurden die Filme gar von einem Orchester begleitet, das populäre Stücke und Schlager zum Geschehen auf der Leinwand beisteuerte. Weniger kostspielig war der Einsatz einer Kinoorgel, auf der eine Vielzahl von Klangfarben und Effekten erzeugt werden konnte.

1926/27 wurden die ersten **Tonfilme** gedreht. Nun konnten die Personen auf der Leinwand sprechen und die Musik war für das Geschehen gar nicht mehr so wichtig. Sie erklang nur noch zum Vor- und Nachspann. Doch schon Mitte der 1930er Jahre setzten die Filmemacher auf die Wirkung von Musik, die wie die Sprache und Geräusche auf die Tonspur aufgenommen wurde. Heute ist die Verbindung von Bild, Sprache, Geräuschen und spezieller Filmmusik selbstverständlich.

Die Musik erfüllt dabei unterschiedliche Funktionen. Sie kann:

- den Filmszenen passende Stimmungen unterlegen (**Mood-Technik**)
- Geräusche und Bewegungsabläufe – besonders in Zeichentrickfilmen – illustrieren bzw. verdoppeln (**Mickeymousing**)
- Gegensätze zum Bild aufbauen, provozieren (**Kontrapunktierung**)
- Szenenfolgen oder zeitlich geraffte Vorgänge verklammern
- wiederkehrenden Personen oder Situationen bestimmte Themen als Erkennungsmelodie zuordnen (**Leitmotiv-Technik**) und
- vieles anderes mehr …

AUFGABEN

- *Ordne die Musik den Filmen zu.* **CD VIII/9–12**
- *Äußere dich zu den Instrumenten und zur Grundstimmung.*
- *Welche Auffassung von Filmmusik spiegelt sich in den Aussagen von* AARON COPLAND *und* AUDREY HEPBURN *wider?*

 Der Tonfilm benötigt Musik, und er benötigt sie dringend. Auf sich allein gestellt, ist die Filmleinwand eine recht kalte Angelegenheit. Ich sah in Hollywood lange Streifen von Filmen, noch ehe die Musik hinzugefügt worden war: Und ich gewann den Eindruck, dass die Musik gleich einer kleinen Flamme ist, die man unter die Bildfläche setzt, um sie erwärmen zu helfen. *(Aaron Copland)*

Ein Film ohne Musik ist ein bisschen wie ein Flugzeug ohne Treibstoff. *(Audrey Hepburn)*

»Spiel mir das Lied vom Tod«

Regie: Sergio Leone
Musik: Ennio Morricone
Darsteller: Claudia Cardinale (Jill McBain), Henry Fonda (Frank), Charles Bronson (Mundharmonika), Jason Robards (Cheyenne), Gabriele Ferzetti (Morton), Frank Wolff (Brett McBain), Keenan Wynn (Sheriff)
Jahr: USA/Italien, 1968; Kino in Deutschland: 1969

1870, als die Eisenbahn den Wilden Westen erobert, spekuliert der Rancher McBain auf großen Reichtum: Die Bahnlinie wird über sein Grundstück führen, er selbst wird eine Station bauen und das Geschäft seines Lebens machen. Doch McBain einschließlich seiner ganzen Familie wird von dem gedungenen Killer Frank beseitigt. Der Verdacht wird auf Cheyenne gelenkt. Aber da taucht Jill auf: McBain hatte sie in New Orleans heimlich geheiratet. Sie findet die Leichen der Familie vor und entschließt sich zur Rückkehr. Doch ein fremder Mann – der Mann mit der Mundharmonika – und Cheyenne unterstützen sie im Kampf gegen die Erpressungsversuche Franks. Cheyenne wird später erschossen und zwischen Frank und dem Fremden kommt es zum lange erwarteten Schießduell: In allmählichen Rückblenden stellt sich heraus, dass Frank den Vater des Fremden ermordete; er legte diesem eine Schlinge um den Hals und stellte ihn auf die Schulter des Jungen, schob dem verzweifelten Kind dann eine Mundharmonika zwischen die Zähne: »Spiel mir das Lied vom Tod!« Der Vater schließlich stieß den Jungen mit den Füßen von sich, weil er die Qual seines Kindes nicht länger ertragen konnte und starb am Strick. Zum Mann herangewachsen, rechnet der Fremde mit Frank ab. Im Duell erschießt er ihn und steckt ihm kurz vor dem Sterben eine Mundharmonika – die Mundharmonika – in den Mund. Der Fremde zieht nach beglichener Rechnung mit unbekanntem Ziel weiter. Jill baut die Eisenbahnstation. *(Inhaltsangabe nach: H. Chr. Schmidt: Filmmusik. Musik aktuell. S. 109–110, Kassel 1982)*

Ennio Morricone

AUFGABE

- *Nenne die vier Hauptpersonen, charakterisiere sie und gib ihre Funktion im Film mit einem Schlagwort an.*

ANALYSE Ordne die Motive ⓐ – ⓓ den Personen zu. Begründe deine Entscheidung.
- Welche typischen Instrumente verwendet ENNIO MORRICONE zur Kennzeichnung der Personen? **CD VIII/13–16**

- Welche Motive werden in den Hörbeispielen miteinander verbunden? Welchen Rückschluss lässt dies auf den Ablauf einer Szene zu?
- Welche Funktion übernimmt die Musik in dem Film vorrangig?
- Kann man sagen, dass die Musik eine Verdopplung der Handlung darstellt?

»Vom Winde verweht«

Regie: Victor Fleming
Musik: Max Steiner
Darsteller: Clark Gable (Rhett Butler), Vivian Leigh (Scarlett O'Hara), Leslie Howard (Ashley Wilkes), Olivia de Havilland (Melanie Wilkes), Hattie McDaniel (Mammy), Thomas Mitchel (Gerald O'Hara), Barbara O'Neil (Mrs. O'Hara)
Jahr: USA, 1939; Wiederaufführung in digitaler Neubearbeitung: USA, 1998; Kino in Deutschland: 1953

AUFGABEN

- *Informiert euch über die Geschichte des Films »Vom Winde verweht«.*

- *Sucht Szenen im Film, die Scarlett treffend charakterisieren.*

»Leitmotiv« zu Scarlett O'Hara

Max Steiner

D.C. al Fine

ANALYSE

- Welche Grundstimmung ist in dem vereinfachten Klaviersatz zu erkennen?
- Weshalb prägt sich die Melodie leicht ein?
- Beschreibe, wie MAX STEINER die launische Art Scarletts musikalisch zeichnet. Beachte besonders a) den Verlauf der Melodie, b) die Takte 3 und 4 im Abschnitt »Sostenuto«.
- Welche Töne passen nicht zu der verwendeten Tonart F-Dur?

WORK SHOP

- Schreibt ein Drehbuch für eine kleine Filmszene, in der eine Person eindeutig charakterisiert wird. Entwerft eine geeignete Musik dazu und nehmt die Szene einschließlich der Musik mit der Kamera auf.
- Überlegt euch zu derselben Szene eine kontrapunktierende Musik.

Musik zu TV-Serien

Sende-format	denkbare Phasen im Ablauf
Gameshow	Ankündigung (Trailer) Vorspann Präsentation der Gäste Auswahl der Aufgaben Untermalung der Lösungen Countdown bei Aufgaben Schlussjubel/Abspann
Nachrichten	Vorspann Nachrichtenblöcke Abspann
Talkshow	Ankündigung (Trailer) Präsentation der Gäste Vorankündigung des nächsten Themas/Werbeblöcke/Abspann
Sport	Vorspann Auftritt der Gäste Tabellen und Ergebnisstand Tor des Monats Hinweis auf nächste Sport-sendung (Trailer) Abspann
Krimi	Vorspann Musik zu einzelnen Szenen Nachspann
Soap	Erkennungsmelodie einzelne Szenen/Werbeblöcke Abspann

Viele Sendungen im Fernsehen beginnen mit Musik und werden mit Musik beschlossen. Besonders Serien-Sendungen haben ein musikalisches Etikett, an welchem sie wiedererkannt werden. Diese **Titelmusik** dient zur Identifikation und ist ein Bestandteil der Gewöhnung. Die musikalischen Vor- und Nachspanne von Fernseh-Serien-Produktionen werden also nach anderen Gesichtspunkten entworfen als Musiktitel von Spiel- bzw. Kinofilmen.

Klaus Doldinger

Klaus Wüsthoff/Hans Günter Wagener

AUFGABEN

- *Welche Phasen finden sich in mehreren Sende-formaten und welche nur in einem einzigen?*
- *Findet heraus, zu welchen Sendeformaten die Hörausschnitte gehören.* **CD VIII/17–20**
- *Benennt musikalische Kriterien für die unter-schiedlichen Wirkungen der nebenstehenden Jingles.*
- *Nehmt kurze Ausschnitte aus Sendungen auf Videokassette auf und erläutert an den Beispie-len, welche Rolle die Musik spielt.*

Videoclips

MTV und VIVA sind für Jugendliche heute selbstverständlicher Bestandteil ihrer Freizeitgestaltung; viele erledigen sogar zu Videoclips ihre Hausaufgaben. Wer mitreden will, muss die Videoclip-Sender sehen. Ob man schon den neuesten Song einer Gruppe oder eines Popstars **gesehen** hat, ist im Gespräch zu einer oft gebrauchten Formulierung geworden.

Erinnert ihr euch noch an die Zeit, in der man Musik nur **hören** konnte?

Heute gibt es praktisch keinen Hit mehr, der sich ohne Videoclip auf dem Markt behaupten kann. In Kaufhäusern, auf Bahnhöfen, in Einkaufspassagen, CD- und Jeans-Läden werden Videoclips als Marketing-Strategie eingesetzt.

Kategorien von Videoclips:
- **Performance Clip**: Man sieht die Musiker beim Spielen ihres Musiktitels.
- **Concept Clip:** Der Clip erzählt eine Geschichte zum Song.
- **Trailer**: Filmwerbung

Gestaltung und Absicht:
- Der Videoclip soll auffallen und zum Hinsehen motivieren.
- Der Videoclip soll durch schnelle und offensive Bildfolgen den Zuschauer fesseln und anregen.

Merkmale:
- Videoclips sind Werbeträger für Platten und andere Waren.
- Videoclips verbinden Musik häufig mit filmischen Gewaltdarstellungen (Horror-, Action-, Sex-, Science-Fiction-Videos etc.) und Verfremdungen.
- Videoclips enthalten oft wilde, ekstatische Aktionen der Sänger und Gruppen.
- Der Aufbau ist von Werbespots beeinflusst.

AUFGABEN

- *Analysiert Videoclips nach Kategorien, Gestaltungsabsichten und Merkmalen.*
- *Wie verhalten sich Bild und Musik bei Videoclips einerseits und Filmmusik andererseits zueinander?*
- *Könnte man Videoclips als einen neuen Kunsttypus bezeichnen?*
- *In welchen Aspekten unterscheidet sich das Programm der Musiksender von anderen TV-Kanälen?*
- *Wer oder was beeinflusst euren Mode- und Musikgeschmack und Musikkonsum?*
- *Wie stehst du zur Aussage des Magazins »Der Spiegel«: »MTV ist eine 24-Stunden-Dauerwerbesendung«?*

WORK SHOP

- Erforscht die Wirkung eines Videoclips, indem ihr z. B. in Parallelklassen einen Musiktitel nur vom Hören bzw. nur vom Betrachten des Videoclips beurteilen lasst. Benutzt zur Auswertung ein Polaritätsprofil.
- Entwerft Ideen für einen eigenen Videoclip. Setzt eure Vorstellungen mit einfacher Technik, d. h. mit Camcorder, Videorekorder und Playback vom CD-Spieler um.

Musiktheater

An großen Opernhäusern sind im Durchschnitt 1000 Frauen und Männer in etwa 60 verschiedenen Berufen beschäftigt. Um Jahreseinnahmen von über 25 Millionen Euro zu erzielen, wird fast täglich eine Vorstellung gegeben; das bedeutet ca. 500 000 Besucher im Jahr.

AUFGABEN

- Betrachtet die Abbildung und beschreibt – möglichst ausführlich und mit Fachbegriffen –, was ihr seht.
- Was gehört zu einem funktionierenden Opernbetrieb außerdem dazu, was auf dem Bild nicht zu sehen ist? Welche Theaterberufe sind dabei beteiligt?
- Besucht die Homepage eines Opernhauses in eurer Nähe. Welche Informationen erhaltet ihr?

Georges Bizet (1838–1875):

CARMEN!

Carmencita!

CARMEN!

Carmen!

Carmen ist der Star unter allen Mädchen. Sie ist sich bewusst, dass sie auf alle faszinierend wirkt, genießt dies und nutzt es aus! – Verständlich? – Gefährlich?

Beziehungen/Freundschaften –
ein (gefährliches) Spiel?

Zuniga

José

Micaëla

Carmen

Freundinnen Schmuggler

Escamillo

I. Akt (Südspanien, um 1820): Nach dem Besuch von seiner Verlobten Micaëla, die ihm einen Brief seiner Mutter überbringt, erhält Don José, Sergeant der Stadtwache von Sevilla, von seinem Vorgesetzten Zuniga den Befehl, Carmen ins Gefängnis abzuführen. Sie wurde bei einem Messerstreit mit anderen Arbeiterinnen der Zigarettenfabrik verhaftet. Zuvor hatte sie Don José, aufgestachelt durch seine Gleichgültigkeit, bei einem verführerischen Lied (*Habanera*) eine Blume zugeworfen – und ihn irgendwie verzaubert! Das Schicksal nimmt seinen Lauf.

»Schicksalsthema«

Bläser und Celli   *Georges Bizet*

GEORGES BIZET verwendet das »Schicksalsthema« als **Leitmotiv.** Darunter versteht man ein charakteristisches Motiv, das mit einer Person der Handlung, einer bestimmten Stimmung oder Situation in der Oper (oder Programmmusik, s. S. 188) verbunden ist. Es kehrt im Verlauf der Opernhandlung immer an den entsprechenden Stellen wieder, kann aber auch an eine Person erinnern, die gerade gar nicht auf der Bühne steht.

ANALYSE
- Stellt den Tonvorrat der Takte 1–4 zu einer Skala zusammen und bestimmt das Bauprinzip.
- Was unterscheidet die Skala von einer Dur- und einer Molltonleiter?
- Spielt/singt diese Skala abwärts und aufwärts und beschreibt die Wirkung.
- Wie verarbeitet BIZET die Idee dieser 4 Takte in den folgenden 20 Takten? **CD VIII/21**
- Wodurch entsteht die Dramatik in dieser Musik?

WORK SHOP

Schattenspiel
Carmen tanzt zur Musik der *Habanera* vor José: Die Abendsonne wirft den Schatten ihrer Hand/Hände an die Fabrikmauer. Mit einem vor der Lampe eures Overheadprojektors ausgespannten Tuch können einige von euch versuchen, Carmens Handbewegungen beim Tanz zu dieser Melodie nachzugestalten. Welche Version passt am besten zur Musik? Welche Wirkung hat die Musik? **CD VIII/22**

AUFGABEN

- *Welche der abgebildeten Darstellerinnen entspricht eurer Meinung nach am ehesten dem Charakter der Carmen? Warum?*
- *Versucht die Bühnenszene auf S. 270f. mithilfe der Inhaltsangabe auf S. 272 zu erläutern.*

Habanera – Carmens Auftrittsarie (I. Akt)

Musik: Georges Bizet
deutscher Text: Kurt Soldan

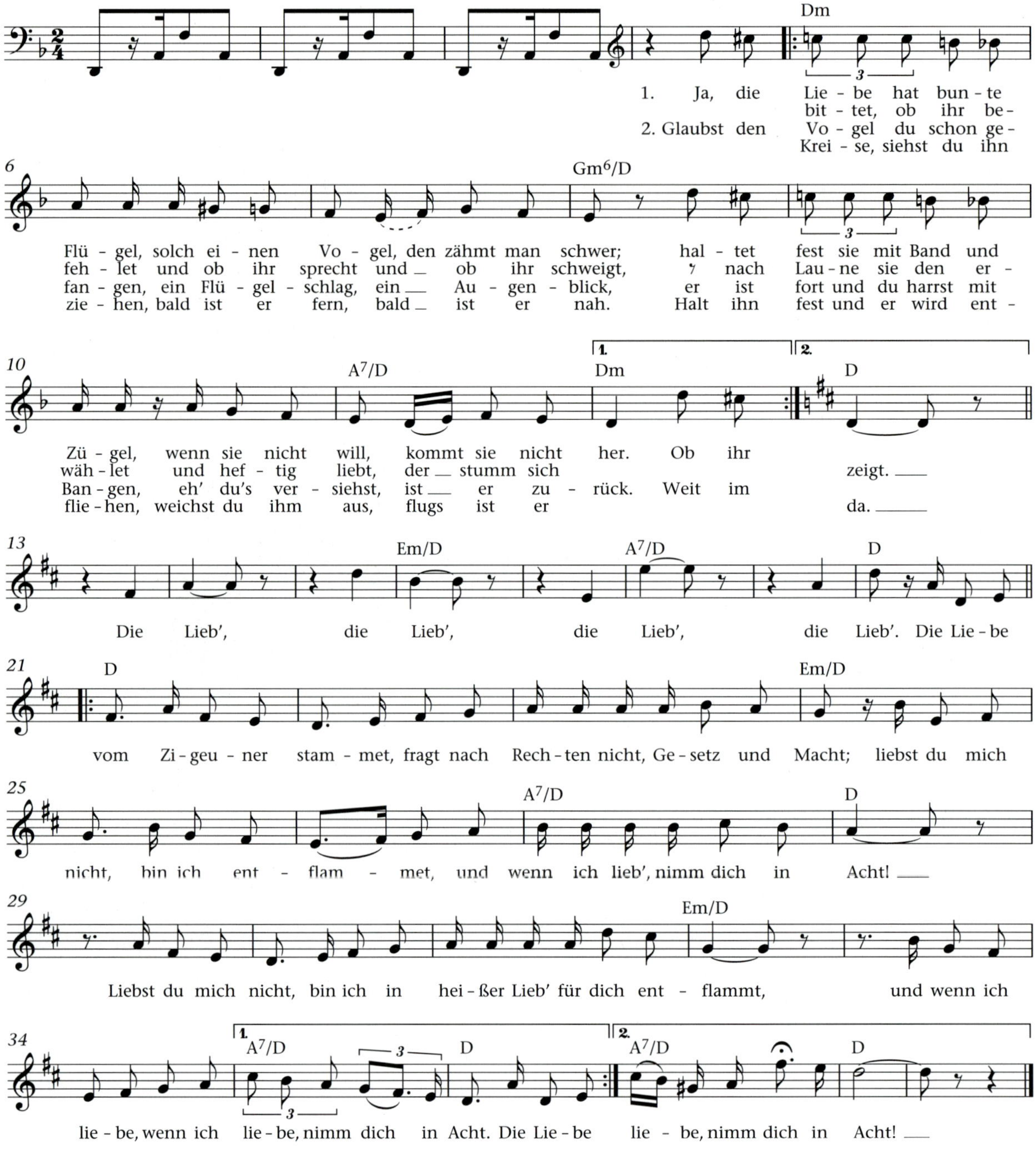

1. Ja, die Lie - be hat bun - te Flü - gel, solch ei - nen Vo - gel, den zähmt man schwer; hal - tet fest es mit Band und Zü - gel, wenn sie nicht will, kommt sie nicht her. Ob ihr

2. Glaubst den Vo - gel du schon ge - bit - tet, ob ihr be - feh - let und ob ihr sprecht und ob ihr schweigt, nach Lau - ne sie den er - wäh - let und hef - tig liebt, der stumm sich zeigt.

Krei - se, siehst du ihn fan - gen, ein Flü - gel - schlag, ein Au - gen - blick, er ist fort und du harrst mit Ban - gen, eh' du's ver - siehst, ist er zu - rück. Weit im

zie - hen, bald ist er fern, bald ist er nah. Halt ihn fest und er wird ent - flie - hen, weichst du ihm aus, flugs ist er da.

Die Lieb', die Lieb', die Lieb', die Lieb'. Die Lie - be vom Zi - geu - ner stam - met, fragt nach Rech - ten nicht, Ge - setz und Macht; liebst du mich nicht, bin ich ent - flam - met, und wenn ich lieb', nimm dich in Acht!

Liebst du mich nicht, bin ich in hei - ßer Lieb' für dich ent - flammt, und wenn ich lie - be, wenn ich lie - be, nimm dich in Acht. Die Lie - be lie - be, nimm dich in Acht!

- Klopft den Begleitrhythmus der ersten drei Takte mit Stiften auf der Tischplatte, auch zu den Hörbeispielen. **CD VIII/22–24**

Die Originalsprache von BIZETS Oper ist selbstverständlich Französisch (Uraufführung 1875 in Paris). In den hier ausgewählten Musikbeispielen wird die deutsche Textversion verwendet.

ANALYSE
- Untersucht den Text der *Habanera*: Welche Bilder werden benutzt? Wie wird Carmen charakterisiert?
- Wie wird Carmens Charakter musikalisch umgesetzt? Untersucht dazu die Melodie und die Begleitung. Was fällt euch auf?

> Die **Habanera**, benannt nach der Hauptstadt Kubas, Habana (Havanna), ist ein spanischer Gesellschaftstanz, der im frühen 19. Jahrhundert in Kuba aufkam. Die Musik im $\frac{2}{4}$-Takt hat ein eher langsames Tempo mit dem einprägsamen Rhythmus aus den obigen Anfangstakten. Die Habanera gilt als Vorläuferin des Tangos und verbreitete sich ab 1850 über Spanien in ganz Europa. Der Rhythmus wurde von vielen Komponisten aufgegriffen, so z. B. im Musical *My fair Lady* (s. S. 287 und 326).

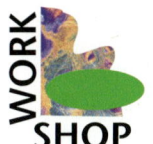

WORK SHOP

Spielsatz
- Spielt die Begleitung auf Bassklangstäben und Altxylofonen oder Klavier, aufgeteilt auf 3–4 Spieler.
- Summt oder singt die Melodie dazu.
- Wie sind Begleitung und Melodie musikalisch beschaffen und welche Wirkung erzielt BIZET damit?

Habanera

Musik: Georges Bizet
Satz: Markus Sauter

Carmen: Wo führen Sie mich hin?
Don José: Ins Gefängnis. [...]
Carmen: Jawohl, ich bin eine Zigeunerin, aber du wirst trotzdem tun, was ich von dir verlange; du wirst es tun, weil du mich liebst! [...] der Zauber hat gewirkt! [...]
Don José: Sei still, ich habe dir gesagt, du sollst nicht mit mir reden!
Carmen: Ich rede nicht mit dir, [...]. Ich singe vor mich hin und ich denke: Es ist nicht verboten zu denken! [...] Ich denke an einen bestimmten Offizier, der mich liebt, und ich – ja, ich könnte ihn wohl auch lieben! [...]
Don José: Carmen, ich bin wie berauscht, wenn ich dir nachgebe, dein Versprechen, wirst du es halten? Ah, wenn ich dich liebe, Carmen, liebst du mich dann auch? [...] Versprichst du's?

Escamillos Auftrittsarie (II. Akt)

In der Taverne von Lillas Pastia sitzt Carmen mit ihren Freundinnen Frasquita und Mercédès und Offizieren bei Tisch. Zigeunerinnen tanzen zur Begleitung von Gitarren.

Unter den Hochrufen der begeisterten Gäste betritt der berühmte Torero Escamillo die Schenke und wird von Zuniga und den Offizieren eingeladen.

WORK SHOP

Skizziert oder malt als Regisseur einen Bühnenbildentwurf für diese Szene. Bedenkt auch die Möglichkeiten, verschiedene Personengruppen an unterschiedlichen Stellen zu platzieren und ein ausgewogenes, stimmungsvolles Gesamtbild zu erzielen.

AUFGABEN

- *Wie stellt ihr euch die Person dieses bewunderten Stierkämpfers vor?*
- *Wie würdet ihr als Komponistin bzw. Komponist den Auftritt Escamillos komponieren? Wie sollte die Musik klingen? Überlegt euch Instrumentierung, Lautstärke, Tempo, Rhythmik, Melodik, Harmonik.*
- *Vergleicht eure Vorstellungen mit der Komposition von BIZET. Wie hat er die Auftrittsarie realisiert?*
CD VIII/25

ANALYSE

- Welche musikalisch unterschiedlichen Abschnitte lassen sich in der Melodie des Refrains feststellen?
- Welchen Bezug zum Textinhalt haben diese unterschiedlichen Melodieteile jeweils?

Torerolied (Refrain)

Musik: Georges Bizet
deutscher Text: Kurt Soldan

Auf in den Kampf, To-re-ro! Stolz in der Brust, sie-ges-be-wusst.
Wenn auch Ge-fah-ren dräu'n, sei wohl be-dacht, dass ein Aug' dich be-wacht
und sü-ße Lie-be lacht. Sei wohl be-dacht, dass sü-ße Lie-be lacht.

Josés Romanze (II. Akt)

Nachdem die Soldaten mit Escamillo die Schenke verlassen haben, wartet Carmen auf José. Weil er ihr zur Flucht verholfen hatte, war er einen Monat in Arrest und wurde degradiert. Sie tanzt für José und versucht mit allen Mitteln, ihn auf die Seite der Tabakschmuggler zu ziehen. Er hält aber an seiner Soldatenehre fest.

José: Du hast mich nicht verstanden, Carmen, das ist der Zapfenstreich! Ich muss jetzt zurück ins Quartier zum Appell!

Carmen: Ins Quartier? Zum Appell? Ah, ich war wirklich zu dumm! [...] Ich geb' mir alle Mühe und zerreiß' mich fast, um den Herrn zu unterhalten! Ich tanze! Ich singe! Ich glaube sogar, [...] ich hätte mich beinahe in ihn verliebt! [...] Ta ra ta ta! Er geht – schon ist er weg! Dann geh doch, du Kanarienvogel! Da! Nimm deine Kappe, deinen Säbel,

deinen Ranzen! Geh, mein Junge, verschwinde! [...]

José: Carmen!

Carmen: [...] Dorthin, in die Berge würdest du mir folgen! Du würdest mir folgen, wenn du mich liebtest! Da bist du von niemandem abhängig, da ist kein Offizier, dem du gehorchen musst. [...] Unter offenem Himmel ein freies Leben, die ganze Welt dein Vaterland und dein Wille ist das einzige Gesetz! Und vor allem das berauschende Glück: Freiheit! Freiheit!

ANALYSE

- Vergleicht die Arie des José, in der er Carmen seine Liebe schwört, mit der Musik Escamillos.
- Welche Unterschiede in der musikalischen Charakterisierung dieser beiden Männer stellt ihr fest? Stellt die musikalischen Merkmale einander gegenüber.

Blumenarie CD VIII/26

Musik: Georges Bizet
deutscher Text: Kurt Soldan

Als Zuniga überraschend zu Carmen in die Schenke zurückkommt, zieht José eifersüchtig die Waffe gegen seinen Vorgesetzten, der mithilfe der Schmuggler überwältigt wird. José kann nun nicht mehr zurück. Er muss sich Carmens Freunden anschließen. – Meint es Carmen ernst mit ihm? Was geht jetzt wohl in seinem Inneren vor?

Terzett der Frauen (III. Akt)

WORK SHOP

- Schreibt einen Brief Josés an seine Mutter, in dem er zu erklären versucht, warum er nicht mehr im Militärdienst steht. – Oder:
- Entwerft einen Dialog zwischen Carmen und ihrer Freundin Frasquita, in dem Carmen von ihrem neuen »Traummann« Escamillo erzählt und beide über Josés Reaktion spekulieren.
- Lest eure Texte vor und diskutiert die verschiedenen Versionen.

In einem Schmugglerlager in den Bergen. Carmen hat José bereits satt:

José: Liebst du mich denn nicht mehr?

Carmen: Soviel ist sicher, dass ich dich sehr viel weniger liebe als früher! Ich will frei sein und tun, was mir gefällt!

Karten-Terzett

Frasquita und Mercédès mischen vergnügt die Spielkarten, um daraus die Zukunft zu lesen. **CD VIII/27**

Musik: Georges Bizet
deutscher Text: Kurt Soldan

Frasquita — So las-set uns die Kar-ten be-fra-gen,

Mercédès — So las-set uns die Kar-ten be-fra-gen,

Als Carmen dazutritt und die für sie bestimmten Karten aufdeckt, schlägt die bisher unbeschwerte Stimmung plötzlich um. **CD VIII/28**

ANALYSE

- Mit welchen musikalischen Mitteln gestaltet Bizet diesen Stimmungswandel?
- Erinnert ihr euch an das »Schicksalsthema« zu Beginn der Oper? Wie verwendet es Bizet hier? Was bewirkt es?

Musik: Georges Bizet
deutscher Text: Kurt Soldan

Carmen — Car-reau! Pique! ... der Tod!

Escamillo sucht Carmen im Schmugglerlager auf. Dabei trifft er auf José – es kommt zur Konfrontation.

• Teilt euch in drei Gruppen: José-, Escamillo- und Carmen-Darsteller/innen. Jede/r Darsteller/in probiert zu »seiner« Musik aus, wie sich diese Person bewegt und auf einen anderen zugeht; probiert dann noch eine typische Bewegungsgeste aus.

Bei der Präsentation gehen immer ein José- und ein Escamillo-Darsteller aufeinander zu und bleiben mit einer Geste abschließend voreinander stehen (Freeze). Dann tritt Carmen entsprechend zu beiden hinzu. Die Zuschauer vergleichen nach mehreren Versionen die verschiedenen Interpretationen derselben Rolle.

Carmen rettet Escamillo vor Josés tödlichem Messerstoß. Sie will José jetzt loswerden. Dieser wird zu seiner todkranken Mutter gerufen, droht Carmen aber, dass er zurückkommen werde.

Duett und Schlusschor (IV. Akt)

Eine Menschenmenge auf dem Platz vor der Stierkampfarena in Sevilla. Escamillo erscheint in Begleitung Carmens bei der Quadrilla, dem festlichen Aufzug zu Beginn des Stierkampfs. Alle strömen in die Arena, Lärm und Musik verhallen – da wird Carmen plötzlich von José zurückgehalten.

Carmen: Man hat mich schon gewarnt, dass du nicht weit seist, dass du kommen würdest; man hat sogar gesagt, ich müsse um mein Leben fürchten; aber ich habe Mut! Ich wollte nicht fliehen!
José: Ich drohe ja nicht! Ich bitte, [...]. Wir beide werden ein neues Leben beginnen, fern von hier.
Carmen: Du verlangst Unmögliches, [...] zwischen uns ist alles vorbei!
José: Carmen, noch ist es Zeit, [...] lass mich dich retten und mich selbst mit dir!
Carmen: Nein! Ich weiß wohl, dass die Stunde da ist, ich weiß wohl, dass du mich töten wirst; aber ob ich lebe oder sterbe: nein, nein, nein, ich gebe dir nicht nach! [...]
José: Carmen, ich liebe dich, ich bete dich an! [...] Deinetwegen bleibe ich Bandit, tue alles was du willst. Alles, hörst du, alles [...]. Aber verlass mich nicht [...].
Carmen: Niemals wird Carmen nachgeben! Frei ist sie geboren und frei wird sie sterben!

Die Menge (Publikum in der Arena): Viva! Viva! Der Kampf ist herrlich! Über den blutgetränkten Sand kommt der Stier herangestürmt! Seht! Der Stier, gequält und aufgereizt, kommt wütend herangestürmt! Seht! Getroffen, genau ins Herz getroffen!
(Carmen will in die Arena, aber Jose stellt sich ihr in den Weg)
José: Du willst zu ihm, sag es! Du liebst ihn also?
Carmen: Ich liebe ihn! Ich liebe ihn, und selbst im Angesicht des Todes wiederhole ich, dass ich ihn liebe!
Die Menge (in der Arena): Viva! Der Kampf ist herrlich! Über den blutgetränkten Sand kommt der Stier [...], gequält und aufgereizt, [...] kommt wütend herangestürmt!

• Sprecht den Text in verteilten Rollen laut. Improvisiert mit vorhandenen Instrumenten dazu eine Hintergrundmusik, die die Dramatik des Szenentextes unterstreicht (evt. in Gruppen verschiedene Versionen).

Erläutert oder fragt euer Publikum:
Welche musikalischen Mittel wurden an welchen Textstellen eingesetzt?

José: Habe ich das Heil meiner Seele um deinetwegen verloren, damit du, niederträchtiges Weib, in seinen Armen mich verlachst? Nein, beim heiligen Blut, du gehst nicht! Carmen, du wirst mir folgen!
Carmen: Nein, nein, niemals!
José: Ich bin der Drohungen müde!

Carmen: Na gut! Töte mich oder lass mich vorbei!
José ersticht Carmen und lässt sich widerstandslos festnehmen.

AUFGABEN

- Achtet beim Hören des Finales auf die Verwendung des »Schicksalsthemas«. **CD VIII/29**
- Was treibt José zu dieser Tat? José – Täter oder Opfer?
- Warum wich Carmen trotz Warnungen nicht vor ihm aus? Welche Charaktereigenschaft Carmens könnte dies erklären?
- Manche Interpreten sehen Carmen auch als Opfer ihrer selbst und der gesellschaftlichen Verhältnisse dieser Zeit. Findet für diese Behauptung Belege in den abgedruckten Librettopassagen: Wie würdet ihr als Regisseur bzw. Regisseurin diese Rolle spielen lassen?

Die Ouvertüre

AUFGABEN

- Was muss eine Ouvertüre, eine Einleitung zu einer Oper, leisten?
- Hört euch BIZETS Ouvertüre an. Was hat er von euren Überlegungen realisiert? **CD VIII/30**
- Warum wohl hat er die Einleitung zuletzt komponiert, als die Oper schon fertig war?

ANALYSE
- Übertragt das Schaubild in euer Heft und schreibt beim erneuten Hören der Einleitung für jeden Formteil einen Großbuchstaben (siehe S. 169).
- Welche Form entsteht?
- Könnt ihr den einzelnen Teilen jeweils eine Szene aus der Oper zuordnen?

Die Stimmfächer der Oper

Die vier Stimmfächer Sopran, Alt, Tenor, Bass (s. auch S. 26) haben jeweils verschiedene Varianten, je nach Charakter der Rolle:

Carmen ist üblicherweise ein **Mezzosopran**, also eine dunkel gefärbte Sopranstimme.

Micaëla wird im Kontrast dazu von einem **lyrischen-** oder **jugendlich-dramatischen Sopran** gesungen. **CD VIII/31**

Frasquita wird meist von einer **Koloratur-Soubrette**, also einer hohen, leichten Stimme realisiert.

Mercédès dagegen von einer tiefen Frauenstimme, einem **(Spiel-)Alt**.

Die Männerrollen verlangen einen **jugendlichen Heldentenor** für José und einen **Kavalierbariton** für Escamillo.

AUFGABEN

- *Warum gilt die Carmen als eine Traumrolle der Opernbühne?*
- *Welche Fähigkeiten muss ihre Darstellerin haben?*
- *Wie stellt ihr euch die ideale Stimme für diese Partie vor?*

Kleines Opernlexikon

Arie: vom Orchester begleiteter Sologesang, wenig, meist lyrisch betrachtender Text, Musik steht im Vordergrund (s. ausführlicher S. 256)

Arioso: kürzerer, vom Orchester begleiteter Sologesang, musikalisch nicht so profiliert wie die Arie; steht zwischen Arie und Rezitativ

Couplet: Strophenlied mit Refrain (z. B. Escamillos *Torerolied*)

Ensemble: Zusammenwirken mehrerer Solostimmen (Duett, Terzett, Quartett usw.)

Libretto: Textbuch

Ouvertüre: instrumentale Einleitung, Vorspiel

Premiere: erste Aufführung einer neu inszenierten Oper

Rezitativ: eine Art solistischer Sprechgesang, Text steht im Vordergrund, treibt die Handlung voran, oft nur sparsam vom Orchester gestützt

AUFGABEN

- *Welche Teile des Finales sind mehr als Arioso, welche eher als Rezitativ gestaltet?* **CD VIII/29**
- *Beschreibt die unterschiedlichen Funktionen des Chores im »Torerolied« des II. Aktes (**CD VIII/25**), im ersten Chorsatz des IV. Akts bei der Darstellung des Menschengewirrs von Verkäufern und Passanten vor der Arena (**CD VIII/32**) und im Schlussduett zwischen Carmen und José (**CD VIII/29**).*

Das Musical

Das **Musical** (engl./amerik.; Kurzform von musical comedy: ›musikalische Komödie‹ und von musical play: ›musikalisches Spiel‹) entstand Anfang des 20. Jahrhunderts in den USA am New Yorker **Broadway**. Als musikalisches Unterhaltungstheater ist das Musical ein Bühnenstück, in dem Musik, Gesang, Tanz, Show und eine aufwändige Ausstattung (Bühnenbild, Kostüme, Klang- und Lichteffekte usw.) die zentrale Rolle spielen. Von einem Musical erwartet das Publikum Abwechslungsreichtum, eingängige Musik und eine leicht verständliche spannende, sentimentale oder lustige Handlung.

Der Broadway ist eine etwa 25 km lange Hauptverkehrsstraße im New Yorker Stadtbezirk Manhattan. Dort ließen sich vor allem in der Nähe des Times Square die Unterhaltungstheater nieder, in denen das Musical entwickelt wurde.

Die Grundsätze, nach denen am Broadway Theater gemacht wird, haben sich seit mehr als hundert Jahren kaum geändert. Die Theater erhalten als private Spielstätten keine öffentliche Unterstützung. Zentrale Person ist der **Musicalproduzent;** er sucht Geldgeber, die neue Produktionen finanzieren. Aus diesem Grund werden Aktiengesellschaften gegründet, die bei Erfolg erhebliche Gewinne an die Aktionäre ausschütten. So erhielten z. B. 1943 die Investoren des Musicals *Oklahoma!* für jeden investierten Dollar 35 Dollar zurück. Heute werden Musicalproduktionen meist von Konzernen finanziert, die sich neben dem Gewinn auch Steuervergünstigungen versprechen. Neue Musicalproduktionen kosten viel Geld, das möglichst schnell eingespielt werden muss. Kommt eine Produktion beim Publikum nicht sofort gut an, ist es oft billiger sie abzusetzen, als auf einen möglichen Publikumserfolg zu warten. Alle Entscheidungen werden vom Produzenten getroffen; Komponisten und Textdichter fügen sich in der Regel.
Einen **Repertoire-Spielplan**, d. h. täglich wechselnde Vorstellungen wie bei öffentlichen Theatern, gibt es am Broadway nicht. Die Kosten für die Umbauten der Bühne, Lagerung der Requisiten und für nicht benötigte Ensemblemitglieder wären zu hoch. Das bedeutet **En-Suite-Betrieb:** acht bis neun Vorstellungen pro Woche immer mit demselben Stück. Die Darsteller stehen somit oft jahrelang fast täglich

mit derselben Rolle auf der Bühne. Im Falle von Krankheit springen so genannte **Understudies** ein, die im Gegensatz zur Zweit- oder Drittbesetzung keine garantierten Vorstellungen haben.

AUFGABEN

- *Welche Hauptunterschiede zwischen Musical und Oper fallen dir auf?*
- *Welche Vor- bzw. Nachteile siehst du für Musiktheater und deren Mitwirkende, wenn die Produktion nicht mit öffentlichen Geldern gefördert wird?*

WORK SHOP

- Nach den Terroranschlägen des 11. September 2001 waren viele Broadway-Theater wegen Besucherrückgangs in ihrer Existenz bedroht. New Yorks Bürgermeister Giuliani versprach sofort finanzielle Unterstützung.

Rollenspiel:
Argumentiere als Bürgermeister vor den kritischen New Yorker Stadträten (Mitschüler) für diese Millionenausgabe (Ende der Debatte mit einer Abstimmung).

Musicalmarkt Deutschland

Musical Hall in Stuttgart

KONTEXT

Die größten Nutznießer des Musicalmarktes sind die Städte und Kommunen, denn wenn ein Stück gut vermarktet wird, wirkt es wie ein Magnet für den Tourismus. Auf jeden Hunderter, der für die Eintrittskarte ausgegeben wird, kommen statistisch gesehen noch einmal 90 DM für Übernachtungen, Restaurantbesuche oder Taxifahrten.
(Süddeutsche Zeitung, 2.3.1999)

"BUDDY" Musicaltheater Hamburg

Buddy
DAS MUSICAL

See it!

Infos und Karten unter 01805/1997
oder in allen Reisebüros und Vorverkaufsstellen.

MOZART!
LIMITED EDITION

MUSICALREISEN

So reisen Sie:
1.Tag: Anreise nach Hamburg zum Hotel und Zimmerverteilung. Der Rest des Tages zur freien Verfügung.
2.Tag: Heute lernen Sie bei einer **Stadtrundfahrt** die wichtigsten Sehenswürdigkeiten von Hamburg kennen. Die Führung endet an den St. Pauli Landungsbrücken. Von hier aus startet die Hafenrundfahrt durch den pulsierenden Welthafen (gegen Aufpreis). Abends Fahrt zum Hamburger Hafen. Besuch des **Musicals „König der Löwen"**. Anschließend Rückfahrt mit dem Bus zum Hotel.
3. Tag: Der Tag steht Ihnen zur freien Verfügung oder Teilnahme an einem Ausflug nach Bremen (ohne Aufpreis).

So wohnen Sie:
Im **Hotel Commodore** in Hamburg. Alle Zimmer sind mit Bad oder DU/WC, Fernseher und Telefon ausgestattet.

Termine 2002: 3-Tage			
21.06.-23.06.	09.08.-11.08.	13.09.-15.09.	
01.11.-03.11.		Preis pro Person in €	
EDV K012	Unterkunft		212,-
DZXX	DZ DU/WC		251,-
EZXX	EZ DU/WC		
	Zuschlag Eintrittskarte		108,-
PK1	Kategorie 1		98,-
PK2	Kategorie 2		78,-
PK3	Kategorie 3		

AUFGABE

- Sammelt alle verfügbaren Werbeträger und versucht, alle Vermarktungsstrategien von Musicalproduktionen zu recherchieren. Ordnet dann eure Ergebnisse und stellt sie in einer Übersicht zusammen.

Hinter den Kulissen des Showgeschäfts

Casting
Premiere
erste Idee
Komposition
Hauptproben
technische Probe
Orchesterproben
erste Testaufführung
Entwicklung des Buchs
Solo-/Ensembleproben
Bau des Musicaltheaters
Herstellung des Bühnenbilds
Kauf/Herstellung der Requisiten
und Kostüme

Dirigent
Designer
Regisseur
Buchautor
Komponist
Korrepetitor
Theaterleiter
Bühnenmeister
Büromitarbeiter
Darsteller, Orchester
Choreograf, Librettist
Arrangeur, Werbeleute
Tontechniker, Beleuchter
Handwerker, Maskenbildner
Sounddesigner, Stagemanager
Ballett, Bühnentechniker, Dresser
kaufmännischer Leiter, Requisiteur

AUFGABEN

- *Bringe den Produktionsablauf in die richtige Reihenfolge.*
- *Ordne jedem Produktionsstadium die daran beteiligten Theaterberufe zu.*

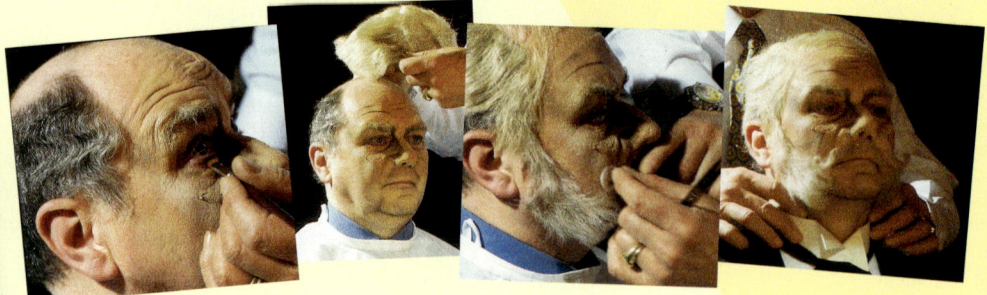

Eine Maske entsteht: Jede Perücke ist eine aufwändige Maßanfertigung. Manchmal müssen die Darsteller auch während der laufenden Show umgeschminkt werden, um einen Alterungsprozess sichtbar zu machen. Je nach Rolle kann es auch nötig sein, mithilfe von Dressern bis zu 20-mal pro Vorstellung die Kostüme zu wechseln.

Beruf: Musicaldarsteller

Auditions für *Tanz der Vampire*

Über eineinhalb Jahre treiben die blutsaugenden Vampire nun schon erfolgreich ihr Unwesen in der Musical Hall Stuttgart. Ein Großteil der Darsteller, die üblicherweise Jahresverträge haben, ist schon von Anfang an dabei. Da die Verträge der Darsteller Ende März auslaufen und es noch nicht sicher ist, welche Vampire ihren Aufenthalt in Stuttgart verlängern werden, werden in ganz Deutschland so genannte Auditions veranstaltet, bei denen sich Musicaldarstellerinnen und -darsteller für eine Rolle im *Tanz der Vampire* bewerben können.

Die Suche wird auch aufs Ausland ausgeweitet: Wien, London und Amsterdam stehen genauso auf dem Programm wie Stockholm. Während sein Team auf Nachwuchssuche ist, besuchte Roman Polanski persönlich seine Blutsauger in Stuttgart, um sich einen Eindruck darüber zu verschaffen, ob die Qualität des Stücks noch seinen Anforderungen entspricht. Und wie nicht anders zu erwarten, war er sehr zufrieden!
(Pressebericht der STELLA-Entertainment vom 17. Oktober 2001)

Cats: 17 neue Katzen auf der Stuttgarter Bühne

Am Samstag, den 27. Oktober ist es so weit: 17 neue Darsteller tanzen zum ersten Mal den Jellicle-Ball auf der Stuttgarter Musicalbühne. Acht neue Damen und neun neue Herren aus sieben Ländern werden sich dann erstmals als »neue« Katzen um die Gunst des weisen Katzenoberhauptes Old Deuteronomy mühen.
(Pressebericht der STELLA-Entertainment vom 9. Oktober 2001)

Meistens sind sie bei den Verlierern

»Gaudi« ließ Bewerber vortanzen – Kaum einer kennt das Musical – »Ich brauche einfach einen Job« – Mit 30 ist Schluss

Im Gaudi-Zelt wird nicht geweint. Auch wenn man ausgezählt wird, vor versammelter Mannschaft. »Die Nummern 136, 240, 242, 311 bleiben. Dem Rest herzlichen Dank fürs Kommen«, sagt der Mann aus dem Castingteam, natürlich in der Musicalsprache Englisch. Niemand beschwert sich, niemand fragt. Na, dann ist die Chance eben vorbei. 120 Tänzerinnen und Tänzer sind in den Musicaldome gekommen, um bei der Audition dabei zu sein, 80 versuchen es beim Gesangs-Casting. Gebraucht werden nur fünf, höchstens zehn neue Ensemblemitglieder für »Gaudi« – je nach Qualität des Angebots.

So ist es eigentlich normal, zu den Abgelehnten zu gehören. Cool und scheinbar unberührt geben sich die Verlierer. In Windeseile mussten sie sich bei der Choreografin[1] [...] die schwierige und schnelle Choreografie des Songs »Money Talks« abschauen, in kleinen Gruppen mit Nummern auf den Oberschenkeln vortanzen. Lächeln und sich nicht den Stress anmerken lassen.
(Kölner Stadt-Anzeiger vom 25.03.1998)

[1] Tänzerin, die die künstlerische Gestaltung und Einstudierung von Tänzen übernimmt.

AUFGABEN

- Welche Anforderungen werden an Sänger/innen und Tänzer/innen bei Castings und Auditions gestellt und welche Erfahrungen machen sie wohl?
- Entwerft Fragen für ein Interview mit einem Musicaldarsteller. Vielleicht bekommt ihr ja bei eurem Musicalbesuch einen richtigen Gesprächstermin! Gliedert euer Interview in Fragen, z. B. zur Person, zum Berufsbild, zur aktuellen Rolle …

3 Musicals – 3 Frauen

Eliza

Du verdienst dein Geld als Blumenverkäuferin auf den kalten Londoner Straßen. Zwar bist du erst knapp 20 Jahre alt, aber du siehst meist ungepflegt und abgerissen aus, weil du weder Geld noch Zeit hast, dich hübsch zu machen. Du wünschst dir nichts mehr als ein warmes Zuhause – und jemanden, der dich lieb hat. Neulich hast du einen jungen, aber launischen und Frauen hassenden Sprachprofessor kennen gelernt, der sich zwar über deinen üblen Gossen-Slang lustig macht, aber mit seinem Freund <u>Pickering</u> gewettet hat, aus dir eine Lady machen zu können. Du siehst die Chance, durch das Sprach- und Manierentraining bei diesem <u>Professor Higgins</u> einen besseren Job zu bekommen. Aber er ist ein Ekel und demütigt dich.

Wirst du durchhalten, alles ertragen und dich erniedrigen lassen oder wird dein Stolz siegen? Oder schaffst du es gar, diesen Macho zu ändern?

»Ich habe Blumen verkauft, nicht mich selbst.«

Evita

Lange hast du auf diese Chance gewartet, hast dich aus einfachsten Verhältnissen von einem argentinischen Provinznest in die Großstadt Buenos Aires durchgeboxt und zäh an deiner Karriere als Schauspielerin gebastelt. Okay, du durftest dabei nicht zimperlich sein und hast so manch einen Liebhaber für deine Ziele ausgenutzt. Aber jetzt hast du die Gelegenheit, dir diesen <u>Oberst Perón</u> zu angeln; er will an die Macht und gemeinsam könnt ihr es schaffen. Dann könntest du es dieser vornehmen Gesellschaft zeigen, die dich deiner Herkunft wegen immer noch nicht akzeptiert.

Bist du dann am Ziel deiner Träume? Was hast du mit der Macht dann vor?

»Ich lass' mir nichts mehr gefallen von diesem Spießerpack.«

Maria

Als Tochter einer Neueinwandererfamilie aus Puerto Rico bist du erst seit einem Monat in Amerika und bremst darauf, New York zu entdecken und wie eine richtige Amerikanerin zu leben. Aber sogleich musstest du erkennen, dass ihr Puerto Ricaner von den jungen Amerikanern verachtet werdet. Die Jungs ihrer Streetgang, die »Jets«, beleidigen euch und nennen euch »Kokosfresser« und »Affen«. Aber neulich hast du einen von denen kennen gelernt; ihr habt euch verliebt. Er heißt <u>Tony</u> und ist so ganz anders als die anderen. Dein großer Bruder <u>Bernardo</u> ist der Anführer der »<u>Sharks</u>«, der Puerto-Ricaner-Gang, und er sieht gar nicht gern, dass du seinen Freund <u>Chino</u> heiratest.

Wie soll das nur weitergehen? Wie werden wohl eure Eltern und Freunde reagieren? Seid ihr stark genug, das auszuhalten?

»Wir finden ihn irgendwann, den Ort, wo man frei und ohne Hass leben kann.«

AUFGABEN

- Welche Grundsituation ist den drei Frauen gemeinsam?
- Wie wird die jeweilige Persönlichkeit vielleicht mit ihrer Situation umgehen?
- Welche Lebensgeschichte würde euch als Komponistin oder Komponist für eine Vertonung reizen? Welche Art von Musik würdet ihr dafür schreiben?

Casting für die Rolle der Eliza

Versucht, euch mit der obigen Rollenkarte in die Situation Elizas hineinzuversetzen. Probiert dann zur Musik aus, wie Eliza durch Prof. Higgins' Salon geht und vor ihn hintritt. Überlegt euch dazu noch eine kurze Geste und einen Satz, in dem sie ihre Gefühle oder Ziele ausdrückt. (Ihr könnt auch das Librettozitat aus der Rollenkarte nehmen.) Die Jury beobachtet die Schauspielerinnen: Gestik, Mimik, Sprechhaltung, … und vergleicht die verschiedenen Interpretationen der Figur.

Frederick Loewe: »My fair Lady« – Eliza

Pickering: Können Sie sich gar nicht vorstellen, Higgins, dass das Mädchen auch Gefühle haben könnte?
Higgins (betrachtet Eliza kritisch): Nein – ich glaube nicht …
Eliza (zu H.): Sie haben kein menschliches Herz.
Als Eliza alleine zurückbleibt, singt sie sich ihren Frust von der Seele:

 **ANALYSE**

- Mit welchen musikalischen Mitteln wird hier Elizas Wut auf Higgins verdeutlicht? **CD VIII/33**
- Ganz so ernst meint es Eliza aber nicht. Ihr könnt die Ironie in der Musik entdecken, wenn ihr auf die Instrumente achtet.
- Ab Takt 35 erinnert die Musik an eine Opernarie. Woran liegt das und welche Absicht hat der Komponist wohl damit verfolgt?
- Wie wird Elizas triumphierende Freude am Schluss des Songs musikalisch realisiert?

Just you wait *(Ausschnitte)*

Text: Alan Jay Lerner, Musik: Frederick Loewe

Pesante — Eliza
Just you wait, 'en-ry 'ig - gins, just you wait! You'll be sor-ry, but your tears 'll be too late!

You'll be broke and I'll have mon-ey; will I help you? Don't be fun-ny! Just you wait, 'en-ry 'ig-gins, just you wait! Just you wait, 'en - ry 'ig-gins, till you're sick.

Amabile
One day I'll be fam-ous! I'll be pro-per and prim! Go to Saint James so oft-en I will call it Saint Jim.

One eve-ning the King will say: »Oh, Li - za, old thing, I want all of Eng - land your prai - ses to sing.«

Nach monatelangem Sprechtraining mit Übungsreimen und Zungenbrechern bis zur Erschöpfung gelingt Eliza plötzlich der Durchbruch. **CD VIII/34**

The Rain in Spain / Es grünt so grün (s. S. 326)

Higgins hält Eliza jetzt reif für die große Prüfung. Als es gelingt, sie auf einem Diplomatenball in die vornehme Londoner Gesellschaft einzuführen, und alle Gäste von ihr sogar bezaubert sind, feiern sich Higgins und Pickering gegenseitig.
Elizas Anteil an dem Erfolg übersehen sie dabei völlig; sie ist wütend und enttäuscht: *Der Unterschied zwischen einer Lady und einem Blumenmädchen liegt nicht darin, wie sie sich benimmt, sondern darin, wie man sie behandelt. Für Prof. Higgins z. B. werde ich immer ein Blumenmädchen sein.*

Leonard Bernstein: »West Side Story« – Maria

Rollenspiel: Bildet zwei Gruppen (»Jets«, »Sharks«), setzt euch jeweils in einer Ecke des Raums im Kreis zusammen und beredet folgende Punkte:

• Warum hat eure Gang das Recht, in diesem Wohnviertel die Nr. 1 zu sein?

• Was haltet ihr von den anderen? Beschreibt typische Eigenschaften der anderen. Wenn ihr euch ausreichend vorbereitet habt, trefft ihr im »Szenenlokal« aufeinander: Setzt oder stellt euch gegenüber und sagt euch gegenseitig die Meinung. Abschluss: Tauscht euch über eure Gefühle während des verbalen Streits aus.

AUFGABEN

• *Informiert euch über die Geschichte Amerikas, New Yorks und Puerto Ricos zwischen 1900 und 1960.*

• *Welche Zusammenhänge seht ihr zwischen Einwanderungswellen nach New York, sozialer Not, Rassenhass, Vorurteilen und Bandenkriminalität?*

Auf die Bühne, fertig, los!
Teilt euch in 3 Gruppen auf: Der **Chor** singt den Refrain, die Verse können von Einzelnen gesungen werden. Die **Band** / das **Orchester** spielt den puerto-ricanischen Tanzrhythmus des Refrains auf den Percussion:

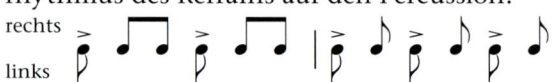

Die **Tanztruppe** überlegt sich zum Refrain eine passende Choreografie, evt. können einzelne Tänzerinnen die Soloteile darstellen. Das Ganze zur Klavierbegleitung oder zur CD.

Manchmal treffen sich die jungen Puerto-Ricaner nachts auf einer Dachterasse, um sich zu unterhalten, zu singen und zu tanzen.
CD VIII/35

America

Text: Stephen Sondheim, Musik: Leonard Bernstein

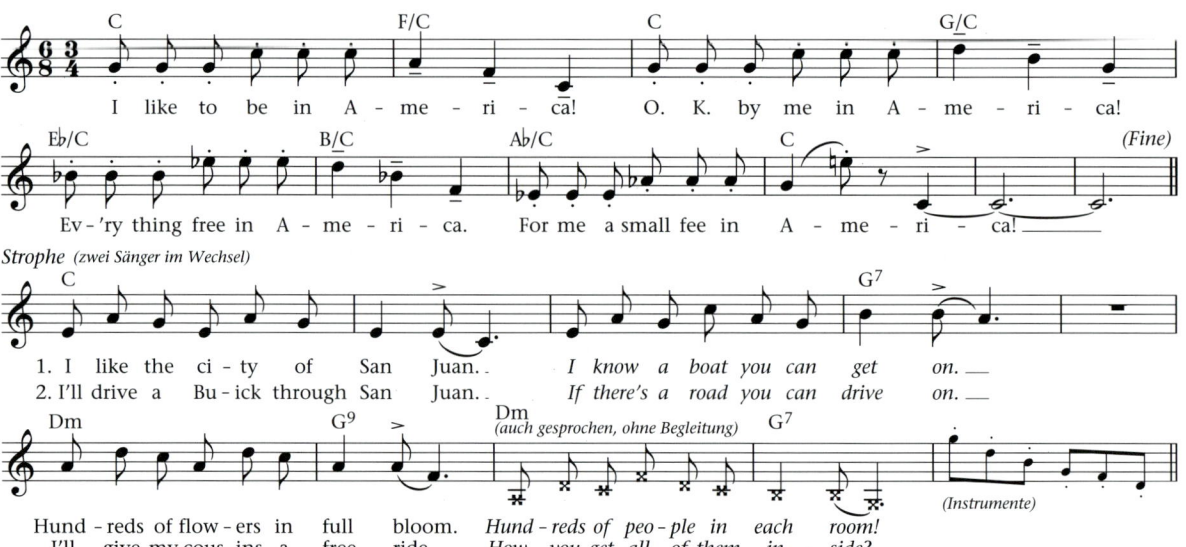

Bernardo: Hast du nicht gesehen – er ist einer von denen! Maria: Nein, ich hab nur ihn gesehen.

Tony und Maria treffen sich heimlich auf der Feuerleiter im Hinterhof der Wohnung von Marias Eltern.

Tonight (CD VIII/36, s. S. 325)

Tony verspricht Maria, den geplanten Entscheidungskampf zwischen den Gangs zu verhindern, doch bei dem Zusammentreffen unter dem Highway hat eine friedliche Lösung keine Chance: Tonys Schlichtungsversuch wird als Feigheit ausgelegt. In dem eskalierenden tumultartigen Streit stirbt Bernardo durch einen Messerstich Tonys. Maria verzeiht Tony, er muss sich aber vor den »Sharks« und der Polizei versteckt halten.

Marias Freundin Anita, Bernardos Verlobte, kann nicht verstehen, dass Maria noch zu Tony hält.

AUFGABEN

- *Welche unterschiedlichen Sichtweisen haben Maria und ihr Bruder Bernardo?*
- *Wie fängt* BERNSTEIN *die Atmosphäre dieser Szene im Hinterhof musikalisch ein?*

ANALYSE • Gebt den Inhalt des Dialogs mit eigenen Worten wieder. Wie argumentieren die beiden?
- Beschreibt die musikalische Entwicklung dieser Szene. Was unterscheidet die beiden Gesangslinien zu Beginn? Wie nähern sie sich musikalisch an? **CD VIII/37**

A Boy like that

Text: Stephen Sondheim, Musik: Leonard Bernstein

Anita: (bitterly) A boy like that who'd kill your broth-er, for-get that boy and find an-oth-er! One of your own kind, — stick to your own kind! —

Maria: I don't care what he is. I don't know why it's so, I don't want to know!
Anita: A boy who kills has no heart. And he's the boy who get's your love and gets your heart.

Maria: I have a love, and it's all that I have. Right or wrong, what else can I do? I love him; I'm his, and ev-'ry-thing he is

Maria/Anita: When love comes so strong, there is no right or wrong, your love is _____ your life! _____

Anita lässt sich von Maria überzeugen und geht zum Treffpunkt der »Jets«, um Tony Marias Idee für einen Fluchtplan zu überbringen.

Andrew Lloyd Webber: »Evita«

Evita Perón, 1950

WEBBERS Erfolgsmusical basiert auf der realen Lebensgeschichte von Maria Eva Duarte de Perón, genannt Evita, die es aus ärmlichsten Verhältnissen zur Gattin des argentinischen Präsidenten Juan Perón gebracht hat.

Die junge, ehrgeizige Evita überredet den Sänger Magaldi, sie aus der Provinz nach Buenos Aires mitzunehmen.

Magaldi: Die Großstadt ist ein Paradies für Leute mit viel Geld, mit Beziehungen und Freunden […]. Ein Mädchen wie du merkt erst dort, was ihm fehlt. Ja, wärst du reich und bürgerlich […].

Evita: Bürgerlich – zum Teufel mit der Klasse der Bürger. Ich lass mir nichts mehr gefallen von dem Spießerpack. […]

Sie benutzt verschiedene Liebhaber für ihren Aufstieg zur Präsidentengattin. Jetzt spielt sie geschickt die Rolle der Hoffnungsträgerin für die armen Volksmassen, die sie wie eine Heldin verehren.

Evita (zu Perón): Jetzt hör dir das an! Das Volk von Argentinien! Dieser Jubel gehört uns allein!

Volk: Evita Perón! La Santa Perónista!

Evita (zum Volk): Als einfache Frau weih' ich gerne mein Leben dem großen Perón, der sich opfert, um sein Volk zu retten – ich gehör noch immer zu euch. Warum ging ich unter die Reichen und Mächtigen? Doch nur für euch alle! Eines Tages werdet ihr mich beerben, Descamisados! Wenn sie Salut schießen, wenn Jubel herrscht im Land, dann nicht nur für Perón – nein für uns alle!

Don't cry for me, Argentina (s. S. 327)
CD VIII/39

AUFGABE

- *Achtet auf den Text des Songs auf S. 327. Wie versteht es Evita, vom Volk geliebt zu werden? Was faszinierte die Menschen an dieser Frau?*

WORK SHOP

Eva Perón gibt ein **Interview**: Eine Schülerin bereitet sich mithilfe der Rollenkarte von S. 286 darauf vor und stellt sich den Fragen der Journalisten/Journalistinnen.

Schreibauftrag: Am Abend vertraut sie ihrem Tagebuch ihre wahren Gedanken und Gefühle an.

ANALYSE
- Welche Textstellen sind mit musikalischen Mitteln besonders herausgehoben? **CD VIII/38**
- Wie unterscheidet sich die Stimmgebung der Sängerin vom Stimmideal der Oper?
- Welche Bedeutung hat der Samba-Rhythmus am Ende des Songs?

Ein heller Stern

Musik: Andrew L. Webber
deutscher Text: Michael Kunze

3 Musicals im Vergleich

Evita

Schon in jungen Jahren wird Evita schwer krebskrank. Ihre Pläne, Vizepräsidentin zu werden, muss sie aufgeben. Sie stirbt 1952 mit nur 33 Jahren, was zu ihrer Verklärung zu einer Art Nationalheiligen beiträgt.

Wogegen hat Evita ein Leben lang gekämpft? Ist dieser Kampf zu gewinnen? Mit welchen Mitteln müsste man ihn führen?

Eliza

In ihrem Stolz verletzt verlässt Eliza das Haus des Professors. Jetzt erst erkennt er, wie sehr sie ihm fehlt. Aber selbst als Eliza zu ihm zurückkehrt, kann er seine Freude nur widerwillig zeigen - Happy End.

Eliza und Higgins hatten es nicht leicht miteinander. Womit hatten sie zu kämpfen? Was hat letztlich gesiegt?

Maria

Anita kommt mit guten Absichten zu den »Jets«, wird von ihnen aber übel beschimpft und gedemütigt. In ihrer Wut behauptet sie, dass Chino Maria getötet habe. Als Tony dies erfährt, will er ohne Maria nicht mehr länger weiterleben. Er ruft in den nächtlichen Häuserschluchten nach Chino, der auch ihn töten soll. Gerade als er auf die tatgeglaubte Maria trifft, fallen die Schüsse aus Chinos Revolver. Tony stirbt in Marias Armen. Mit bewegenden und für die umstehenden Worten bringt sie die verfeindeten Banden zur Vernunft. Gemeinsam tragen sie Tonys Leiche.

Was war letztlich verantwortlich für Tonys Tod? War sein Opfer vergeblich? Hat Maria etwas bewirkt? Gibt es einen Ausweg aus dem Teufelskreis der Gewalt?

Die Entwicklung des **Tonfilms** in den 1930er Jahren bringt dem **Musical** über den Broadway hinaus weltweite Popularität. Der finanzielle Erfolg lässt eine riesige Unterhaltungsindustrie entstehen; dabei arbeitet das Showbusiness am Broadway und in den Studios von Hollywood Hand in Hand: Erfolgsgaranten sind eine witzige Handlung, eingängige Songs und mitreißende Tanzszenen. Die Dialoge sind gesprochen, das Orchester ist traditionell besetzt, ähnlich der **Operette.** FREDERICK LOEWES *My fair Lady* (1956) ist noch eine späte Vertreterin dieses alten Typs.

Die *West Side Story* (1957) gilt als erster Versuch, einen ernsten Stoff auf die Musicalbühne zu bringen. Dies war vorher der Oper vorbehalten. Allerdings behält LEONARD BERNSTEIN die gesprochenen Dialoge bei. Neu sind außerdem Einflüsse aus dem Jazz und der lateinamerikanischen Musik mit den entsprechenden Erweiterungen in der Orchesterbesetzung.

In den 1970er Jahren wird der Einfluss der Rock- und Popmusik auf das Musical immer stärker. Mit auskomponierten Dialogen, also durchgehendem Gesang, entsteht eine neue Spielart des Musiktheaters: die **Rockoper,** wie z. B. ANDREW L. WEBBERS *Evita (1978)* und *Jesus Christ.*

AUFGABEN

- *Welche Empfindungen bewegen die drei Frauen in den Songs auf S. 287, 289 und 290?*
- *Vergleicht die Musik der drei Songs: Wo gibt es Gemeinsamkeiten? Beachtet auch den gesamten Verlauf der Songs.*
- *Wodurch unterscheidet sich Marias Gesangsmelodie (Noten auf S. 289, T. 68) grundlegend von den beiden anderen? Wie ist das im Vergleich der drei Musicalszenen zu interpretieren?*
- *Vergleicht Besetzung und Spielweise der Instrumente in den Songs der drei Musicals. Welche Merkmale für die Zuordnung zu den beschriebenen Musicaltypen fallen euch auf?*

Lieder

Morning has broken

Melodie: Cat Stevens
(nach einem alten, gälischen Lied)
englischer Text: Eleanor Farjeon

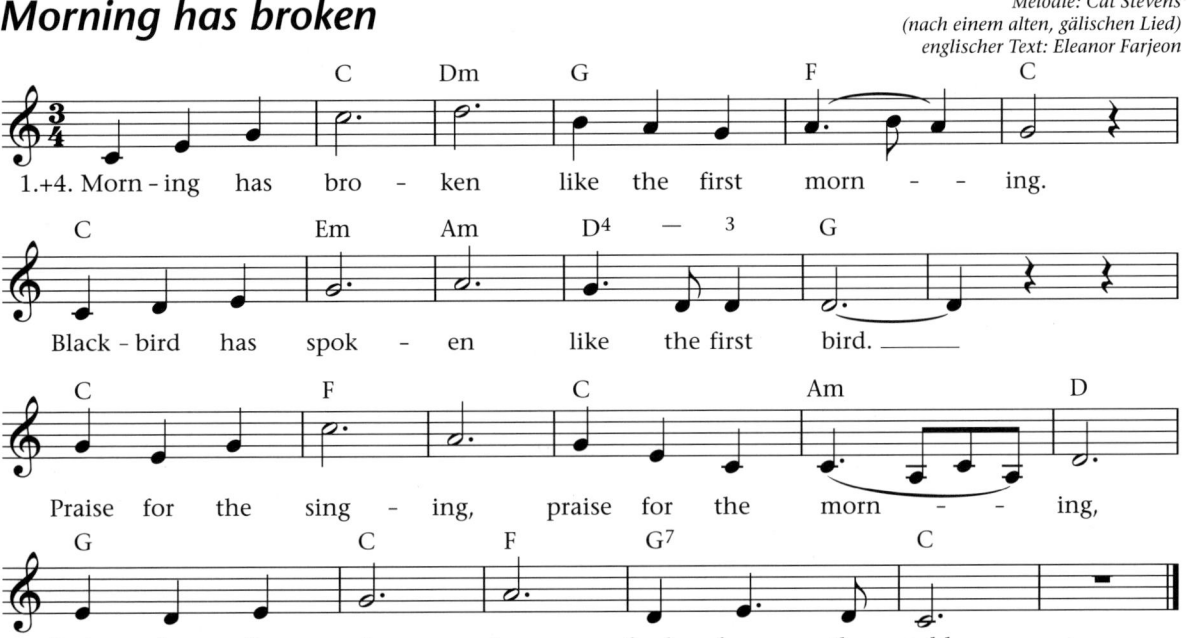

1.+4. Morn - ing has bro - ken like the first morn - - ing.

Black - bird has spok - en like the first bird. ____

Praise for the sing - ing, praise for the morn - - ing,

Praise for the spring - ing fresh from the world.

2. Sweet the rain's new fall, sunlit from heaven,
like the first dewfall on the first grass.
Praise for the sweetness of the wet garden,
sprung in completeness where His feet pass.

3. Mine is the sunlight, mine is the morning,
born of the one light Eden saw play.
Praise with elation, praise ev'ry morning,
God's recreation of the new day.

I like the Flowers

England

Kanon

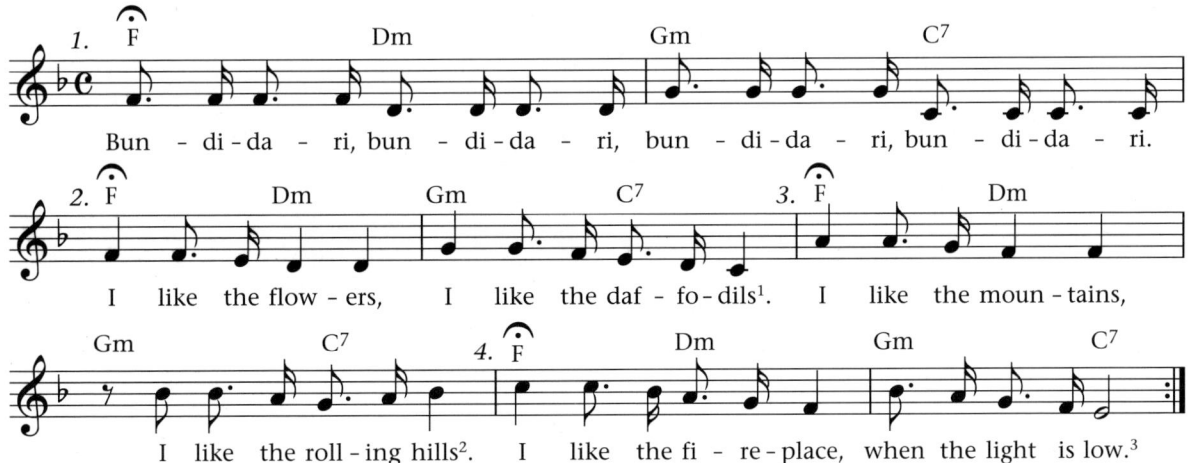

Bun - di-da - ri, bun - di-da - ri, bun - di-da - ri, bun - di-da - ri.

I like the flow - ers, I like the daf - fo - dils[1]. I like the moun - tains,

I like the roll - ing hills[2]. I like the fi - re - place, when the light is low.[3]

[1] Narzisse
[2] Vorgebirge
[3] die Glut glimmt

Il est né

Frankreich
deutscher Text: Siegfried Spring

Refrain

G   Em   D

1.+2. Il est né, le di - vin en - fant; jou - ez, haut - bois, ré - son - nez, mu - set - tes;
1.+2. Got - tes Kind uns ge - bo - ren ist: Flö - ten, er - klin - get, froh-lockt, Schal-mei-en!

G   Em   D   G *Fine*

Il est né, le di - vin en - fant; chan - tons tous son a - vè - ne - ment.
Got - tes Kind uns ge - bo - ren ist. Ihm zu sin - gen be - reit wir sind.

G   G^7/H   C   G/H

1. De - puis plus de qua - tre mille ans,
De - puis plus de qua - tre mille ans,
1. Schon seit mehr denn vier - tau - send Jahr
Schon seit mehr denn vier - tau - send Jahr

G   E/G♯   Am   **1.** D   **2.** D   *D.C. al Fine*

nous le pro - met - taient les pro - phè - tes.
nous at - ten - dions cet heu - reux temps.
die Pro - phe - ten es uns ver - spra - chen.
war - ten wir auf die fro - he Zeit.

2. Une étable est son logement,
un peu de paille est sa couchette,
une étable est son logement,
pour un Dieu quel abaissement.

2. *Nur ein Stall seine Wohnung ist,*
dürft'ges Stroh seine Lagerstätte.
Nur ein Stall seine Wohnung ist:
Gottes Sohn, wie arm du bist!

SANDRO BOTTICELLI: *Die Heilige Geburt*, 1500

Winter Wonderland

Musik: Felix Bernard
Text: Dick Smith

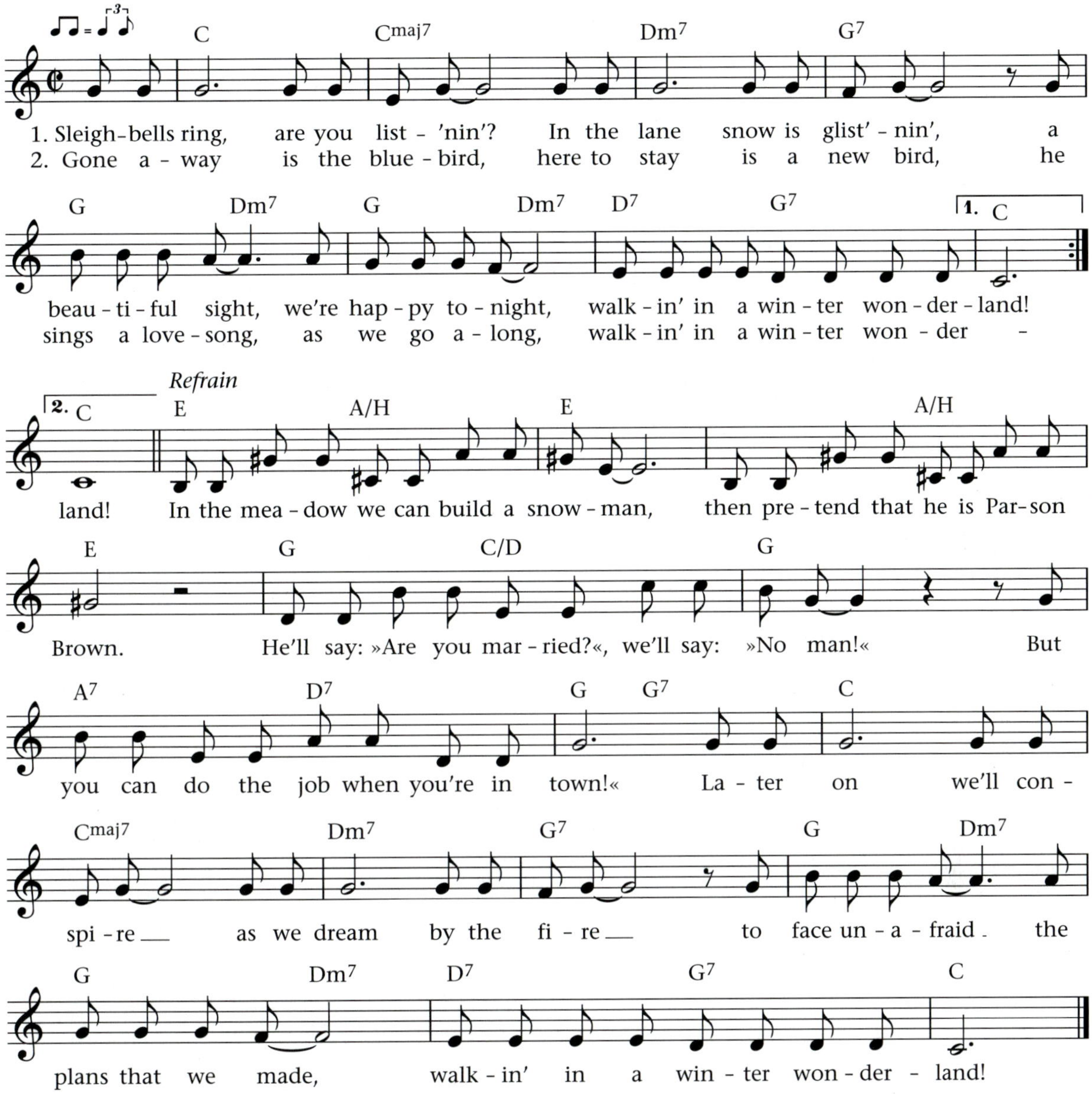
C Cmaj7 Dm7 G7
1. Sleigh-bells ring, are you list - 'nin'? In the lane snow is glist' - nin', a
2. Gone a - way is the blue - bird, here to stay is a new bird, he
G Dm7 G Dm7 D7 G7 1. C
beau - ti - ful sight, we're hap - py to - night, walk - in' in a win - ter won - der - land!
sings a love - song, as we go a - long, walk - in' in a win - ter won - der -
Refrain
2. C E A/H E A/H
land! In the mea - dow we can build a snow - man, then pre - tend that he is Par - son
E G C/D G
Brown. He'll say: »Are you mar - ried?«, we'll say: »No man!« But
A7 D7 G G7 C
you can do the job when you're in town!« La - ter on we'll con -
Cmaj7 Dm7 G7 G Dm7
spi - re as we dream by the fi - re to face un - a - fraid the
G Dm7 D7 G7 C
plans that we made, walk - in' in a win - ter won - der - land!

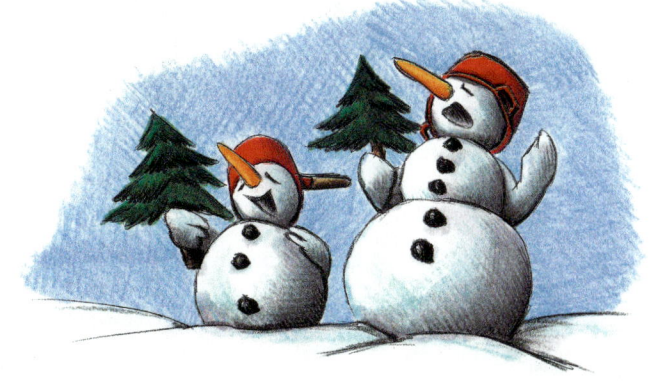

Innsbruck, ich muss dich lassen

Heinrich Isaac (um 1450–1517)

1. Inns - bruck, ich muss dich las - sen, ich fahr' da - hin
   Freud' ist mir ge - nom - men. die ich nit weiß

mein' Stra - ßen, in frem - de Land da - hin, mein'
be - kom - men, wo

ich im E - - - - - - - lend bin, wo bin.

2. Groß' Leid muss ich jetzt tragen,
   das ich allein tu klagen
   dem liebsten Buhle mein.
   Ach Lieb, nun lass mich Armen
   im Herzen dein erbarmen,
   dass ich muss dannen sein.

3. Mein Trost ob allen Weiben,
   dein tu ich ewig bleiben,
   stet, treu, der Ehren fromm.
   Nun muss dich Gott bewahren,
   in aller Tugend sparen,
   bis dass ich wiederkomm.

Die Gedanken sind frei

Süddeutschland, um 1815

1. Die Ge - dan - ken sind frei! Wer kann sie er - ra - ten?
   Sie flie - gen vor - bei wie nächt - li - che Schat - ten.

Kein Mensch kann sie wis - sen, kein Jä - ger er - schie - ßen

mit Pul - ver und Blei. Die Ge - dan - ken sind frei.

2. Ich denke, was ich will und was mich beglücket,
   doch alles in der Still und wie es sich schicket.
   Mein Wunsch und Begehren kann niemand
   verwehren,
   es bleibet dabei: Die Gedanken sind frei!

3. Und sperrt man mich ein im finsteren Kerker,
   ich spotte der Pein und menschlichen Werke;
   denn meine Gedanken, sie reißen die
   Schranken
   und Mauern entzwei: Die Gedanken sind frei!

Bona nox

Melodie und Text:
Wolfgang Amadeus Mozart (1756–1791)

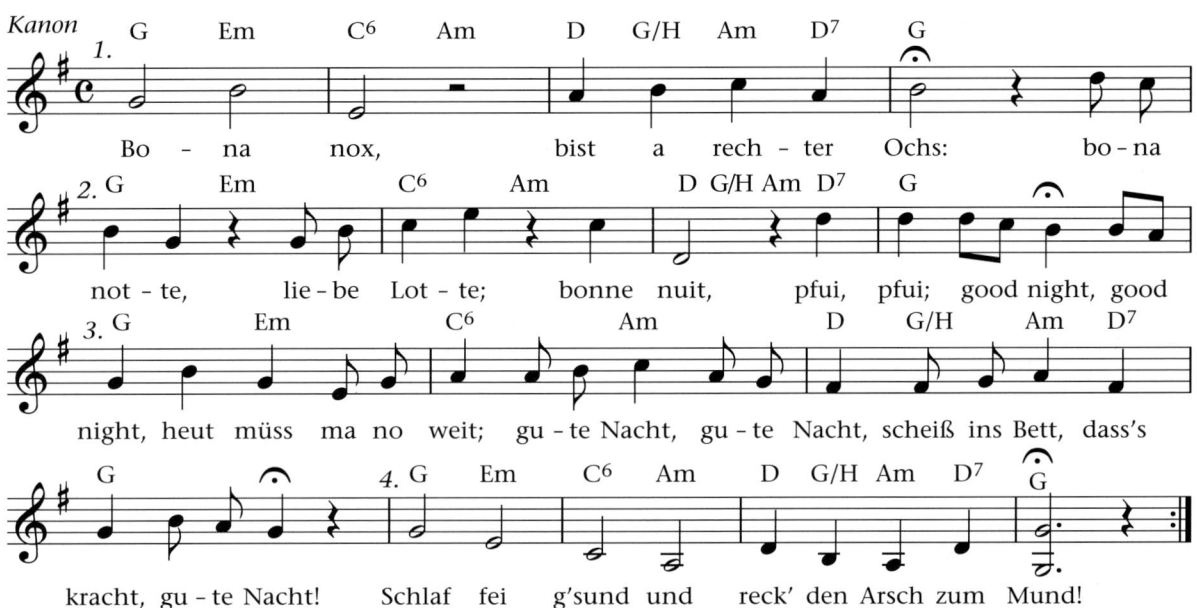

Bo - na nox, bist a rech - ter Ochs: bo - na
not - te, lie - be Lot - te; bonne nuit, pfui, pfui; good night, good
night, heut müss ma no weit; gu - te Nacht, gu - te Nacht, scheiß ins Bett, dass's
kracht, gu - te Nacht! Schlaf fei g'sund und reck' den Arsch zum Mund!

Am Brunnen vor dem Tore

Melodie: Franz Schubert, 1827 in der Fassung von Fr. Silcher
Text: Wilhelm Müller, 1823

1. Am Brun - nen vor dem To - re da steht ein Lin - den - baum, ich
träumt' in sei - nem Schat - ten so man - chen sü - ßen Traum. Ich
schnitt in sei - ne Rin - de so man - ches lie - be Wort. Es zog in Freud und
Lei - de zu ihm mich im - mer - fort, zu ihm mich im - mer - fort.

2. Ich musst' auch heute wandern vorbei in tiefer Nacht.
   da hab' ich noch im Dunkeln die Augen zugemacht.
   Und seine Zweige rauschten, als riefen sie mir zu:
   Komm her zu mir, Geselle, hier find'st du deine Ruh!

3. Die kalten Winde bliesen mir grad ins Angesicht,
   der Hut flog mir vom Kopfe, ich wendete mich nicht.
   Nun bin ich manche Stunde entfernt von jenem Ort
   und immer hör ich's rauschen: Du fändest Ruhe dort!

Die Lorelei

Melodie: Friedrich Silcher (1789–1860)
Text: Heinrich Heine (1797–1856)

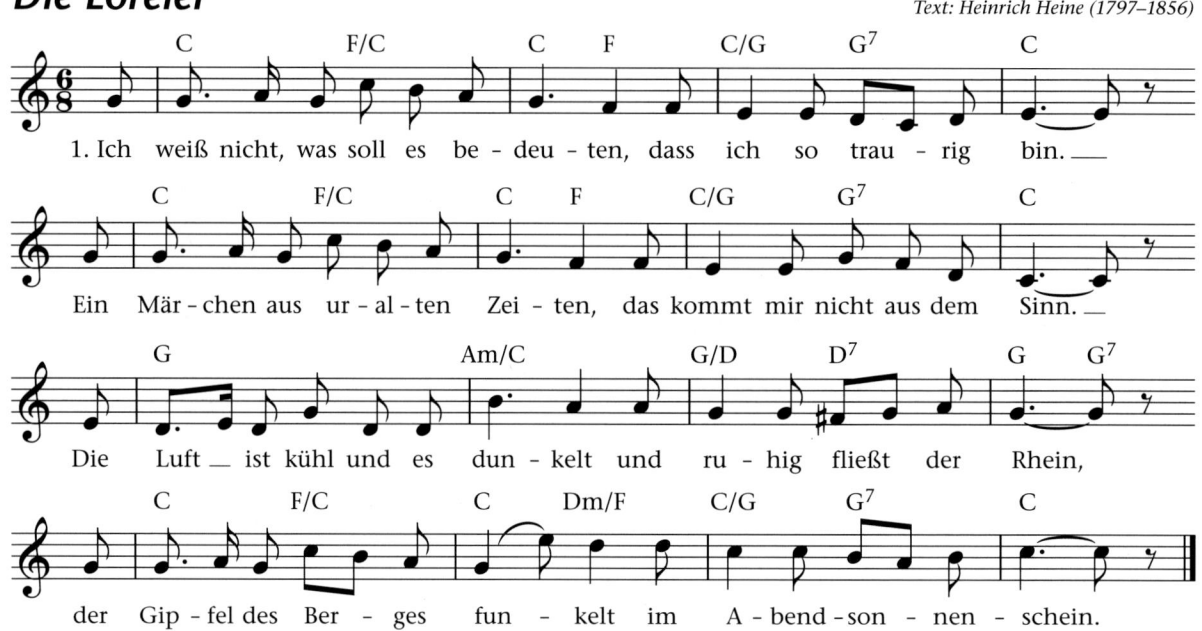

1. Ich weiß nicht, was soll es be-deu-ten, dass ich so trau-rig bin.

Ein Mär-chen aus ur-al-ten Zei-ten, das kommt mir nicht aus dem Sinn.

Die Luft ist kühl und es dun-kelt und ru-hig fließt der Rhein,

der Gip-fel des Ber-ges fun-kelt im A-bend-son-nen-schein.

2. Die schönste Jungfrau sitzet dort oben wunderbar;
   ihr goldnes Geschmeide blitzet, sie kämmt ihr goldenes Haar.
   Sie kämmt es mit goldenem Kamme und singt ein Lied dabei,
   das hat eine wundersame, gewaltige Melodei.

3. Den Schiffer im kleinen Schiffe ergreift es mit wildem Weh,
   er schaut nicht die Felsenriffe, er schaut nur hinauf in die Höh. –
   Ich glaube, die Wellen verschlingen am Ende Schiffer und Kahn
   und das hat mit ihrem Singen die Lorelei getan.

Horch, was kommt von draußen rein

Schwaben

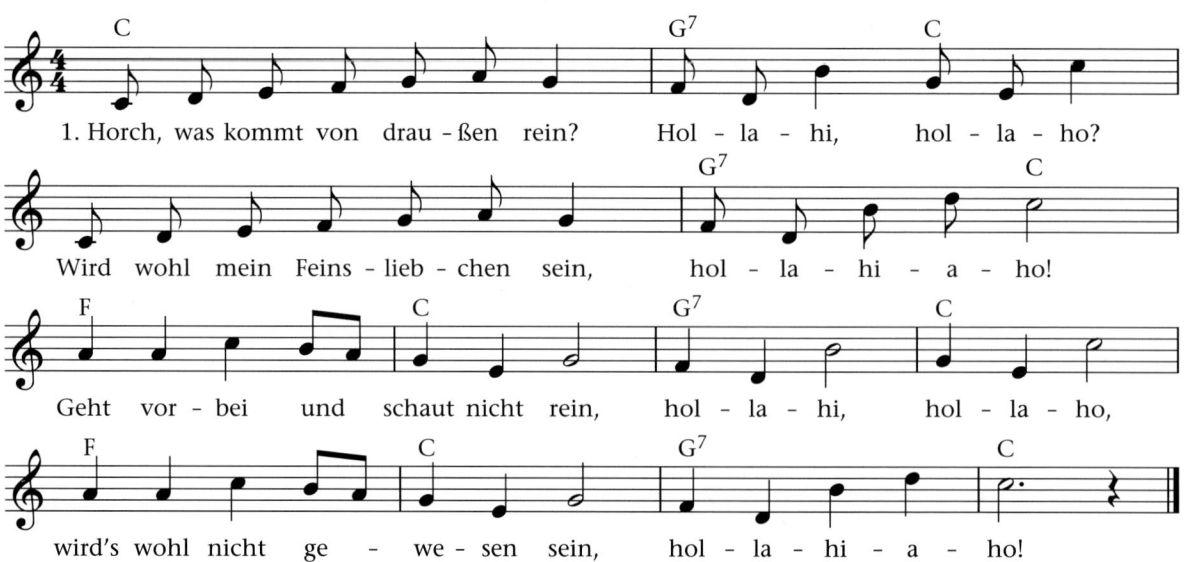

1. Horch, was kommt von drau-ßen rein? Hol-la-hi, hol-la-ho?

Wird wohl mein Feins-lieb-chen sein, hol-la-hi-a-ho!

Geht vor-bei und schaut nicht rein, hol-la-hi, hol-la-ho,

wird's wohl nicht ge-we-sen sein, hol-la-hi-a-ho!

Prinz Eugen

1717/1719

1. Prinz Eu - gen, der ed - le Rit - ter, wollt' dem Kai - ser wied' - rum krie - gen Stadt und Fes - tung Bel - ge - rad. Es ließ schla - gen ei - nen Bru - cken,

dass man kunnt hi - nü - ber ru - cken mit d'r Ar - mee wohl in die Stadt.

2. Als der Brucken war geschlagen,
   dass man kunnt mit Stuck[1] und Wagen
   frei passier'n den Donaufluss:
   Bei Semlin schlug man das Lager,
   alle Türken zu verjagen,
   ihn'n zum Spott und zum Verdruss.

3. Alles saß auch gleich zu Pferde,
   jeder griff nach seinem Schwerte,
   ganz still ruckt man aus der Schanz;
   d' Musketier wie auch die Reiter
   täten alle tapfer streiten;
   's war fürwahr ein schöner Tanz!

4. Prinz Eugenius wohl auf der Rechten
   tät als wie ein Löwe fechten
   als Gen'ral und Feldmarschall.
   Prinz Ludewig ritt auf und nieder:
   »Halt' euch brav, ihr deutschen Brüder,
   greift den Feind nur herzhaft an!«

[1] Geschütz

zu *Horch, was kommt von draußen rein*

2. Leute haben's oft gesagt, hollahi, hollaho, was ich für'n Feinsliebchen hab, hollahiaho!
   Lass sie reden, schweig fein still, hollahi, hollaho, kann ja lieben, wen ich will, hollahiaho!

3. Wenn mein Liebchen Hochzeit hat, hollahi, hollaho, ist für mich ein Trauertag, hollahiaho!
   Geh ich in mein Kämmerlein, hollahi, hollaho, trage meinen Schmerz allein, hollahiaho!

4. Wenn ich dann gestorben bin, hollahi, hollaho, trägt man mich zum Grabe hin, hollahiaho!
   Setzt mir keinen Leichenstein, hollahi, hollaho, pflanzt mir drauf Vergissnichtmein, hollahiaho!

Tränenregen

Musik: Franz Schubert
Text: Wilhelm Müller

Ziemlich langsam

1. Wir
2. Ich
3. Und

1. sa – ßen so trau – lich bei – sam – men im küh – len Er – len – dach, wir schau – ten so trau – lich zu –
2. sah nach kei – nem Mon – de, nach kei – nem Ster – nen – schein, ich schau – te nach ih – rem
3. in dem Bach ver – sun – ken der gan – ze Him – mel schien, und woll – te mich mit hi –

1. sam – men hi – nab in den rie – seln – den Bach.
2. Bil – de, nach ih – ren Au – gen al – lein.
3. nun – ter in sei – ne Tie – fe ziehn.

1. Der Mond war auch ge – kom – men, die Stern – lein hin – ter
2. Und sa – he sie ni – cken und bli – cken he – rauf aus dem se – li – gen
3. Und ü – ber den Wol – ken und Ster – nen, da rie – sel – te mun – ter der

drein und schauten so traulich zusammen in den silbernen Spiegel hi-
Bach, die Blümlein am Ufer, die blauen, sie nickten und blickten ihr
Bach, und rief mit Singen und Klingen: Geselle, Geselle, mit

ein.
nach.
nach!

4. Da gingen die Augen mir über, da ward es im Spiegel so

kraus; sie sprach: es kommt ein Regen, a-de! Ich geh nach

Haus.

Hoch auf dem gelben Wagen

Melodie: Heinz Höhne (1892–1968)
Text: Rudolf Baumbach (1840–1905)

1. Hoch auf dem gel - ben Wa - gen sitz' ich beim Schwa - ger vorn.
Vor - wärts die Ros - se tra - ben, lus - tig _ schmet - tert das Horn.
Fel - der, _ Wie - sen und Au - en, leuch - ten - des Äh - ren - gold:
Ich möcht' so gern blei - ben und schau - - en,
a - ber der Wa - gen, der rollt. rollt.

2. Postillion in der Schänke füttert die Rosse im Flug.
Schäumendes Gerstengetränke reicht mir der Wirt im Krug.
Hinter den Fensterscheiben lacht ein Gesicht so hold.
Ich möchte so gerne noch bleiben, aber der Wagen, der rollt.

3. Flöten hör ich und Geigen, lustiges Bassgebrumm.
Junges Volk im Reigen tanzt um die Linde herum,
wirbelt wie Blätter im Winde, jauchzt und lacht und tollt.
Ich bliebe so gern bei der Linde, aber der Wagen, der rollt.

4. Sitzt einmal ein Gerippe dort bei dem Schwager vorn,
schwingt statt der Peitsche die Hippe, Stundenglas statt Horn,
sag ich: Ade, nun, ihr Lieben, die ihr nicht mitfahren wollt,
ich wär ja so gern noch geblieben, aber der Wagen, der rollt.

Die Moorsoldaten

Melodie: Rudi Goguel/Hanns Eisler (1898–1962)
Text: Johann Esser/Wolfgang Langhoff

1. Wo - hin auch das Au - ge bli - cket, Moor und Hei - de nur rings - um. Vo - gel - sang uns nicht er - qui - cket, Ei - chen ste - hen kahl und krumm.

Refrain

Wir sind die Moor - sol - da - ten und zie - hen mit dem Spa - ten ins Moor.

2. Hier in dieser öden Heide ist das Lager aufgebaut,
   wo wir fern von jeder Freude hinter Stacheldraht verstaut.
   Wir sind ...

3. Morgens ziehen die Kolonnen in das Moor zur Arbeit hin,
   graben bei dem Brand der Sonne, doch zur Heimat steht der Sinn.
   Wir sind ...

4. Heimwärts, heimwärts! Jeder sehnet sich nach Eltern, Weib und Kind.
   Manche Brust ein Seufzer dehnet, weil wir hier gefangen sind.
   Wir sind ...

5. Auf und nieder gehn die Posten, keiner, keiner kann hindurch.
   Flucht wird nur das Leben kosten: Vierfach ist umzäunt die Burg.
   Wir sind ...

6. Doch für uns gibt es kein Klagen, ewig kann's nicht Winter sein.
   Einmal werden froh wir sagen: Heimat, du bist wieder mein!
   Dann ziehn die Moorsoldaten nicht mehr mit dem Spaten ins Moor!

Das Lied entstand 1933 im Konzentrationslager (KZ) Börgermoor II bei Papenburg. Die Häftlinge JOHANN ESSER, WOLFGANG LANGHOFF und RUDI GOGUEL verfassten Text und Melodie. Häftlinge, die vom KZ Börgermoor II in andere Lager verschickt wurden, verbreiteten das Lied, das so bis ins Ausland gelangte. Der Komponist HANNS EISLER hörte das Lied während des spanischen Bürgerkriegs und machte es weltweit bekannt.

Greensleeves

England

1. A - las[1], my love you do me wrong to cast[2] me off — dis - cour - teous - ly[3];

and I have lov - ed you so long, de - light - ing in — your com - pa - ny.

Refrain

1.–4. Green - sleeves[4] was all my joy, — Green - sleeves was my de - light.

Green - sleeves was my heart of gold, — and who but my la - dy Green - sleeves?

2. If you intend thus to disdain[5], it does the more enrapture[6] me,
   an even so, I still remain a lover in captivity[7].

3. Alas, my love, that you should own a heart of wanton vanity[8]
   so must I meditate alone upon your insincerity[9].

4. Ah, Greensleeves, now farewell, adieu, to God I pray to prosper[10] thee,
   for I am still your lover true, come once again and love me!

[1] O weh!
[2] wegstoßen
[3] unhöflich
[4] ›Grün-Ärmel‹ (Kosename)
[5] verachten
[6] entzücken
[7] Gefangenschaft
[8] böswillige Eitelkeit
[9] Untreue
[10] segnen

My Bonnie is over the Ocean

Shanty

1. My Bon - nie is o - ver the o - cean, my Bon - nie is o - ver the sea, —

my Bon - nie is o - ver the o - cean, o bring back my Bon - nie to me! —

Refrain

Bring back, bring back, o bring back my Bon - nie to me, to me;

bring back, bring back, o bring back my Bon - nie to me! —

Auld lang Syne

Melodie: Schottland
englischer Text: Robert Burns (1759–1796)
französischer Text: Père Sevin

1. Should auld ac-quain-tance be for-got and nev-er brought to mind?
1. Faut - il nous quit - ter sans es-poir, sans es - poir de re - tour?

Should auld ac-quain-tance be for-got and days of auld lang syne?
Faut - il nous quit - ter sans es-poir, de nous re-voir un jour?

Refrain

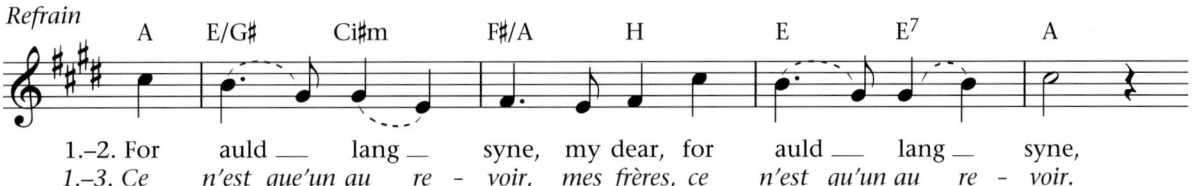

1.–2. For auld ___ lang ___ syne, my dear, for auld ___ lang ___ syne,
1.–3. Ce n'est qu'un au re - voir, mes frères, ce n'est qu'un au re - voir.

we'll take a cup o' kind-ness yet for ___ auld ___ lang ___ syne.
Oui, nous nous re - ver - rons mes frères, ce ___ n'est qu'un au re - voir.

2. And there's a hand, my trusty friend,
   and gie's a hand o'thine,
   we'll take a cup of kindness
   yet for the sake of auld lang syne. For auld ...

2. Formons de nos mains qui s'enlacent
   au déclin de ce jour,
   formons de nos mains qui s'enlacent
   une chaine d'amour. Ce n'est ...

3. Car Dieu qui nous voit tous ensemble
   et qui va nous bénir,
   car Dieu qui nous voit tous ensemble
   saura nous réunir. Ce n'est ...

zu *My Bonnie is over the Ocean*

2. Last night as I lay on my pillow[1],
   last night as I lay on my bed,
   last night as I lay on my pillow,
   I dreamed that my Bonnie was dead.
   Bring back ...

3. The winds have blown over the ocean,
   the winds have blown over the sea,
   the winds have blown over the ocean
   and brought back my Bonnie to me.
   Brought back ...

[1] Kopfkissen

Aux Champs-Élysées

Musik: M. Wilsh/M. Deighan
Text: P. Delanoë

1. Je m'bal-la-dais[1] sur l'a-ve-nue le cœur ou-vert à l'in-con-nu
n'im-por-te qui ce fut toi je t'ai dit n'im-por-te quoi,

j'a-vais en-vie[2] de dire bon-jour à n'im-por-te qui,
il suf-fi-sait de te par-ler pour t'ap-pri-voi-ser[3].

Refrain

Aux Champs-É-ly-sées. Da da, … aux Champs-É-ly-sée.

Da da, … au so-leil, sous la pluie[4], à mi-di ou à mi-nuit[5]

il y a tout c'que vous vou-lez aux Champs-É-ly-sées.

Da, da, …

2. Tu m'as dit »J'ai rendez-vous dans un sous-sol[6] avec des fous[7],
qui vivent la guitare à la main, du soir au matin.«
Alors je t'ai accompagnée, on a chanté, on a dansé
et l'on n'a même pas pensé à s'embrasser[8].
Aux Champs-Élysées …

3. Hier soir deux inconnus et ce matin sur l'avenue,
deux amoureux tout étourdis[9] par la longue nuit
et de l'Étoile[10] à la Concorde[10], un orchestre à mille cordes,
tous les oiseaux du point du jour[11], chantent l'amour.
Aux Champs-Élysées …

[1] bummeln
[2] Lust haben
[3] zutraulich machen
[4] Regen
[5] Mitternacht
[6] Keller
[7] Verrückte
[8] umarmen, küssen
[9] benommen, berauscht
[10] Plätze in Paris
[11] Morgengrauen

Dona, dona

Melodie: Sholum Secunda (1894–1970)
jüdischer Text: Aaron Zeitlin, englischer Text: Sheldon Secunda (*1929)

Strophe

| Dm | A[7] | Dm | A[7] | Dm | Gm |

1. On a wag - gon bound[1] for mar - ket there's a calf with
high a - bove him there's a swal - low[3] wing - ing[4] swift - ly

1. B♭ A[7] **2.** A Dm

mourn - ful[2] eye,
through the sky.

Refrain

| C | F | C | F |

1.–3. How the winds are laugh - ing, they laugh with all their might,

| C | F | Dm | Gm | A[7] | Dm |

laugh and laugh the whole day through, and half the sum - mer's night.

| A[7] | Dm | Gm | C | F |

Do - na, do - na, do - na, do - na, do - na, do - na, do - na don.

| A[7] | Dm | A[7] | Dm |

Do - na, do - na, do - na, do - na, do - na, do - na, do - na don.

2. »Stop complaining[5]!« said the farmer. » Who told you a calf to be?
Why don't you have wings to fly with like a swallow so proud and free?«
How the winds are …

3. Calves are easily bound and slaughtered[6], never knowing the reason why,
but whoever treasures[7] freedom, like the swallow has learned to fly.
How the winds are …

[1] auf dem Weg nach
[2] traurig
[3] Schwalbe
[4] fliegen
[5] klagen
[6] geschlachtet
[7] schätzen
[8] arme
[9] schlachtet

1. *Ojfn forel ligt a kelbl, ligt gebundn mit a schtrik,*
hojch in himl fligt a fojgl, fligt un drejt sich hin un tsrik.
Lacht der wind in korn, lacht un lacht un lacht,
lacht er op a tog a gantsn, un a halbe nacht.
Donaj, donaj, donaj, donaj. Donaj, donaj, donaj daj.
Donaj, donaj, donaj, donaj. Donaj, donaj, donaj daj.

2. *Schreit dos kelbl, sogt der pojer, werssche hejst dich sajn a kalb?*
Wolst gekent doch sajn a fojgl, wolst gekent doch sajn a schwalb. Lacht der wind in korn …

3. *Bidne[8] kelblech tut men bindn, un men schlept sej un men schecht.[9]*
Wer's hot fligl, flit arojf tsu, is bej kejnem nischt kejn knecht.
Lacht der wind in korn …

Hevenu shalom alejchem

Israel

He - ve - nu sha - lom a - lej - chem[1], he - ve - nu
sha - lom a - lej - chem, he - ve - nu sha - lom a -
lej - chem, he - ve - nu sha - lom, sha - lom, sha - lom a - lej - chem.

[1] Wir brachten Frieden auf euch.

Dona nobis pacem

überliefert

Kanon

Do - na no - bis pa - cem,[1] pa - cem; do - na no - bis pa - - cem.

Do - na no - bis pa - cem, do - na no - bis pa - - cem.

Do - na no - bis pa - cem, do - na no - bis pa - - cem.

[1] Gib uns Frieden.

In dulci jubilo

Melodie und Text: Anfang 14. Jahrhundert

1. In dul-ci ju-bi-lo, _____ nun sin-get und seid froh!
2. O Je-su par-vu-le, _____ nach dir ist mir so weh. _____
3. U-bi sunt gau-di-a? _____ Nir-gend mehr denn da, _____

Un-sers Her-zens Won-ne leit in prae-se-pi-o _____
Tröst mir mein Ge-mü-te, o pu-er op-ti-me, _____
da die En-gel sin-gen no-va can-ti-ca _____

und leuch-tet als die Son-ne ma-tris in gre-mi-o.
durch al-le dei-ne Gü-te, o prin-ceps glo-ri-ae.
und die Schel-len klin-gen in re-gis cu-ri-a. _____

Al-pha es et O, _____ Al-pha es et O.
Tra-he me post te, _____ tra-he me post te! _____
Ei-a, wär'n wir da, _____ ei-a, wär'n wir da!

Maria durch ein Dornwald ging

Melodie und Text: um 1600

1. Ma-ri-a durch ein Dorn-wald ging,
2. Was trug Ma-ria unter ih-rem _____ Herzen? Ky-rie e-lei-son.
3. Da haben die Dor-nen Ro-sen ge-tragen.

Ma-ri-a durch ein _____ Dorn-wald ging, der _____ hat in
Ein _____ klei-nes Kind-lein _____ oh-ne Schmerzen, das _____ trug Ma-
Als das Kind-lein durch den _____ Wald ge-tragen, da _____ haben die

sie-ben Jahr kein Laub ge-tra-gen.
ri-a un-ter ih-rem Her-zen. Je-sus und Ma-ri-a.
Dor-nen _____ Rosen ge-tra-gen.

Nun danket all

Melodie: Johann Crüger (1598–1663)
Text: Paul Gerhardt (1607–1676)

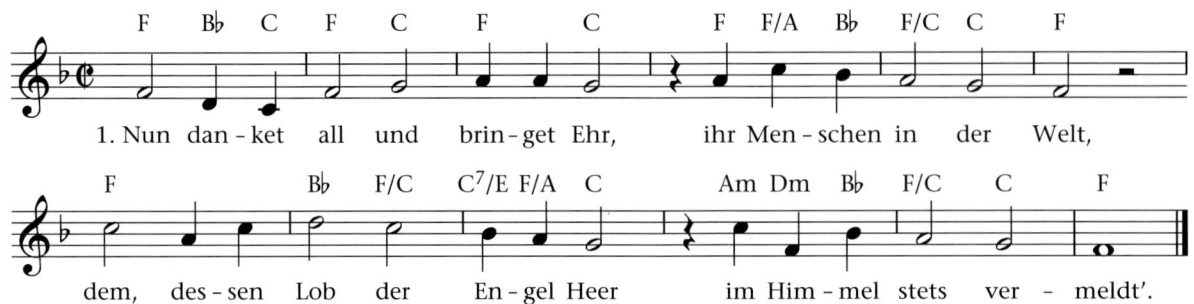

1. Nun dan-ket all und brin-get Ehr, ihr Men-schen in der Welt,
dem, des-sen Lob der En-gel Heer im Him-mel stets ver-meldt'.

2. Ermuntert euch und singt mit Schall Gott, unserm höchsten Gut,
   der seine Wunder überall und große Dinge tut.

3. Er gebe uns ein fröhlich Herz, erfrische Geist und Sinn
   und werf all Angst, Furcht, Sorg und Schmerz in Meerestiefen hin.

4. Er lasse seinen Frieden ruhn auf unserm Volk und Land;
   er gebe Glück zu unserm Tun und Heil zu allem Stand.

5. Solange dieses Leben währt, sei er stets unser Heil
   und wenn wir scheiden von der Erd', verbleib er unser Teil.

Swing low

Spiritual

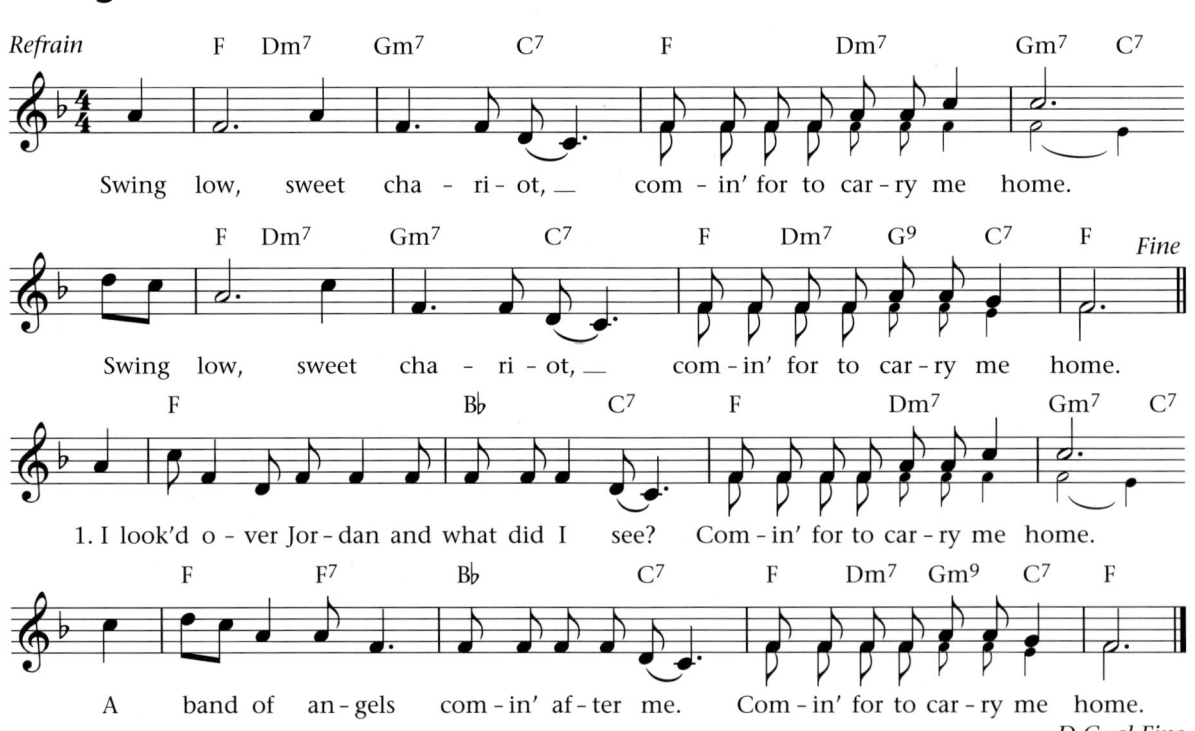

Swing low, sweet cha-ri-ot, — com-in' for to car-ry me home.
Swing low, sweet cha-ri-ot, — com-in' for to car-ry me home.

1. I look'd o-ver Jor-dan and what did I see? Com-in' for to car-ry me home.
A band of an-gels com-in' af-ter me. Com-in' for to car-ry me home.

D.C. al Fine

2. If you get there before I do, coming …
   tell all my friends that I'm coming too, comin' …

3. The brightest day I ever saw, comin' …
   when Jesus washed my sins away, comin' …

Sometimes I feel like a motherless Child

Spiritual

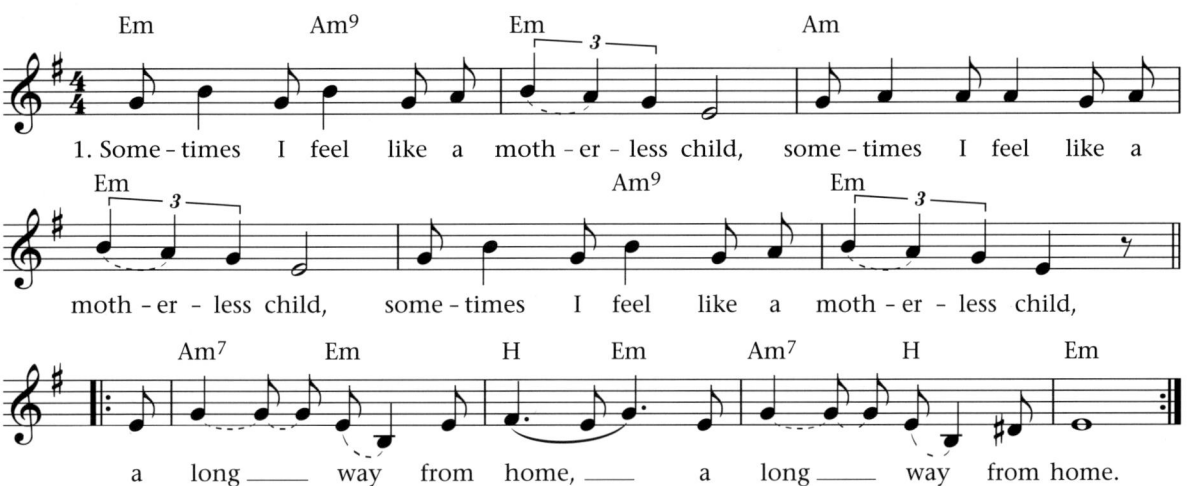

1. Some - times I feel like a moth - er - less child, some - times I feel like a
moth - er - less child, some - times I feel like a moth - er - less child,
a long ____ way from home, ____ a long ____ way from home.

2. Sometimes I feel like I'm almos' gone[1], *(3x)*
   way up in de heavenly lan'.

[1] tot, gestorben

Joshua fit the Battle of Jericho

Spiritual

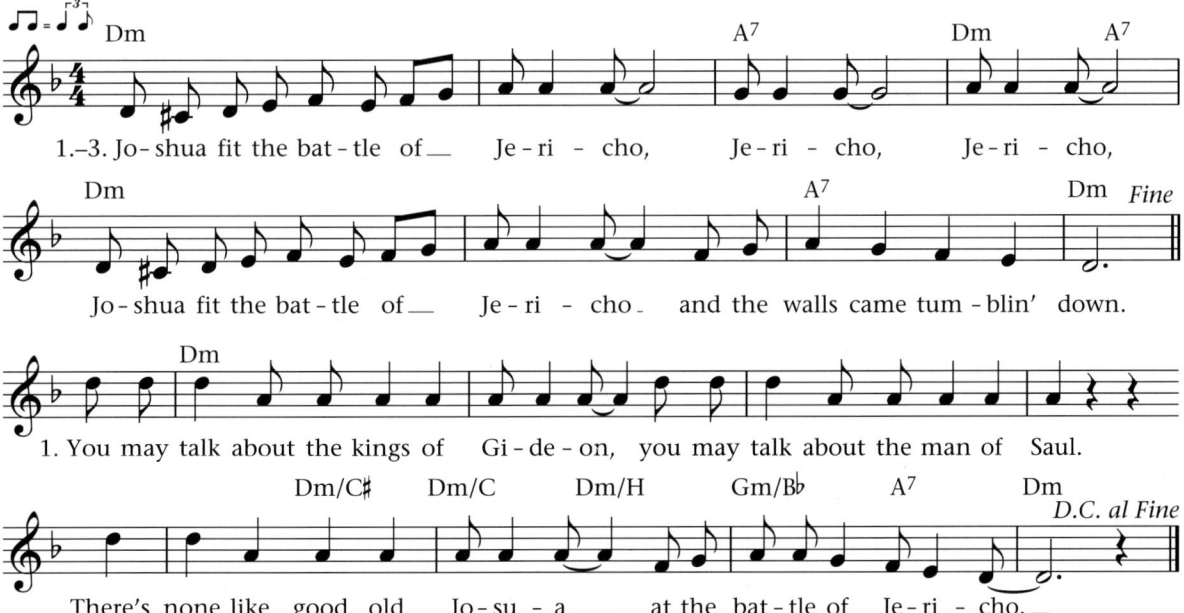

1.–3. Jo - shua fit the bat - tle of__ Je - ri - cho, Je - ri - cho, Je - ri - cho,
Jo - shua fit the bat - tle of__ Je - ri - cho_ and the walls came tum - blin' down.

1. You may talk about the kings of Gi - de - on, you may talk about the man of Saul.
There's none like good old Jo - su - a__ at the bat - tle of Je - ri - cho.

2. Right up to the walls of Jericho,
   he marched with spear in han'.
   Go blow the ram horns, Joshua cried,
   'cause the battle is in my han'.

3. Then the lamb ram sheephorns began to blow,
   the trumpets began to sound.
   Joshua commanded the children to shout,
   and the walls came tumblin' down.

Heute hier, morgen dort

Musik: Gary Bolstadt
Text: Hannes Wader

1. Heu-te hier, mor-gen dort, bin kaum da, muss ich fort, hab mich nie-mals des-we-gen be klagt, hab es selbst so ge-wählt, nie die Jah-re ge-zählt, nie nach ges-tern und mor-gen ge-fragt. Manch-mal träu-me ich schwer, und dann denk ich, es wär Zeit zu blei-ben und nun was ganz an-dres zu tun. So ver-geht Jahr um Jahr, und es ist mir längst klar, dass nichts bleibt, dass nichts bleibt, wie es war.

2. Dass man mich kaum vermisst,
   schon nach Tagen vergisst,
   wenn ich längst wieder anderswo bin,
   stört und kümmert mich nicht,
   vielleicht bleibt mein Gesicht
   doch dem ein' oder andren im Sinn.

3. Fragt mich einer, warum
   ich so bin, bleib ich stumm,
   denn die Antwort darauf fällt mir schwer.
   Denn was neu ist, wird alt,
   und was gestern noch galt,
   stimmt schon heut oder morgen nicht mehr.

Was für Ticker

Musik und Text: Georg Kreisler, 1968

1. Ja ein Dra - ma - Ti - ker ist ein Stü - cke - schrei - ber und ein
2. Die A - me - ri - Ka - ner sind die Haupt - tou - ris - ten, die Li -
3. Man braucht Kes - sel - Fli - ker und Au - to - bus - len - ker, E - lek -

Fa - na - Ti - ker ist ein Ü - ber - trei - ber und ein Bo - ta - Ni - ker ist ein
li - pu - Ta - ner sind die Zwerg - ko - pis - ten und der Per - si - A - ner ist der
tro - tech - Ni - ker und Ser - viet - ten - schwenker, vor Ge - richt braucht je - der ei - nen

Blu - men - gie - ßer und ein Ro - man - Ti - ker ist ein Frau'n - ge - nie - ßer. Ein Phil -
ab - ge - wetz - te und der Mo - hi - Ka - ner ist der Al - ler - letz - te. Ein Al -
Ver - tei - Di - ger, die - ser Ver - tei - Di - ger ist A - ka - de - Mi - ker. Ich bin

har - mo - Ni - ker ist ein Staats - mu - Si - ker, der Pen -
ko - ho - Li - ker ist ein Ex - zen - Tri - ker, der sich
kein Zy - Ni - ker und kein Po - le - Mi - ker, ich ver -

sion kriegt, wenn er nicht mehr gut ge - fällt. A - ber was für Ti - cker ist ein
sel - ber sei - nes Le - bens - glücks be - raubt. A - ber was für Ti - cker ist ein
eh - re die - se Leu - te wirk - lich sehr. A - ber was für Ti - cker ist ein

Po - li - Ti - ker? Wo - her kommt er und was will er von der Welt? von der Welt?
Po - li - Ti - ker? Ist er wirk - lich so von - nö - ten, wie er glaubt? wie er glaubt?
Po - li - Ti - ker? Ei - nes Ta - ges gibt's den si - cher - lich nicht mehr. - lich nicht mehr.

Ein weiteres Chanson von GEORG KREISLER findet sich
auf Seite 261.

Neunundneunzig Luftballons

Melodie: Jörn-Uwe Fahrenkrog-Petersen
Text: Carlos Karges

1. Hast du et - was Zeit für mich, dann sin - ge ich ein Lied für dich von

neun - und - neun - zig Luft - bal - lons auf ih - rem Weg zum Ho - ri - zont. Denkst

du viel - leicht grad an mich, dann sin - ge ich ein Lied für dich von

neun - und - neun - zig Luft - bal - lons und dass so - was von so - was kommt.

Du — du du, ...

2. Neunundneunzig Luftballons auf ihrem Weg zum Horizont
   hielt man für Ufos aus dem All, darum schickt ein General
   'ne Fliegerstaffel hinterher Alarm zu geben, wenn's so wär,
   dabei war'n da am Horizont nur neunundneuzig Luftballons.

3. Neunundneunzig Düsenflieger, jeder war ein großer Krieger,
   hielten sich für Captain Kirk, das gab ein großes Feuerwerk.
   Die Nachbarn haben nichts gerafft und fühlten sich gleich angemacht,
   dabei schoss man am Horizont auf neunundneunzig Luftballons.

4. Neunundneunzig Kriegsminister, Streichholz und Benzinkanister
   hielten sich für schlaue Leute, witterten schon fette Beute,
   riefen: Krieg und wollten Macht, man, wer hätte das gedacht,
   dass es einmal so weit kommt wegen neunundneunzig Luftballons.

5. Neunundneunzig Jahre Krieg ließen keinen Platz für Sieger,
   Kriegsminister gibt's nicht mehr und auch keine Düsenflieger.
   Heute zieh' ich meine Runden, seh' die Welt in Trümmern liegen,
   hab 'nen Luftballon gefunden, denk an dich und lass ihn fliegen.

Begleitung Str. 1 und 5

Begleitung Str. 2 – 4

Aber bitte mit Sahne

Musik: Udo Jürgens
Text: Eckart Hachfeld

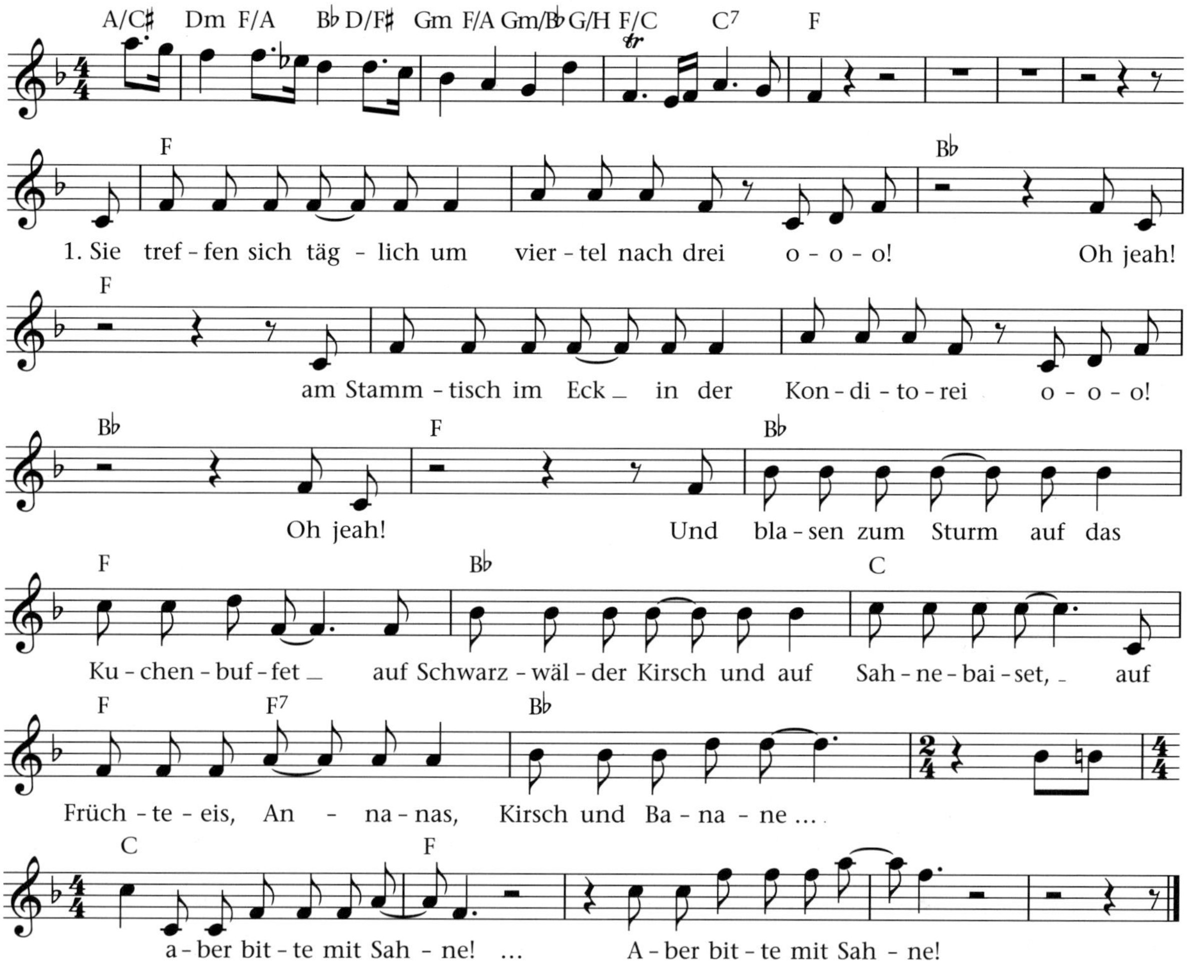
A/C♯ Dm F/A B♭ D/F♯ Gm F/A Gm/B♭ G/H F/C C7 F
tr
F B♭
1. Sie tref - fen sich täg - lich um vier - tel nach drei o - o - o! Oh jeah!
F
am Stamm - tisch im Eck in der Kon - di - to - rei o - o - o!
B♭ F B♭
Oh jeah! Und bla - sen zum Sturm auf das
F B♭ C
Ku - chen - buf - fet auf Schwarz - wäl - der Kirsch und auf Sah - ne - bai - set, auf
F F7 B♭
Früch - te - eis, An - na - nas, Kirsch und Ba - na - ne …
C F
a - ber bit - te mit Sah - ne! … A - ber bit - te mit Sah - ne!

2. Sie schwatzen und schmatzen, dann holen sie sich – o-o-o, (oh yeah!)
noch Buttercremetorte und Bienenstich – o-o-o, (oh yeah!)
Sie pusten und prusten, fast geht nichts mehr rein,
nur ein Mohrenkopf höchstens, denn Ordnung muss sein
bei Mathilde, Ottilie, Marie und Liliane,
aber bitte mit Sahne! … Aber bitte mit Sahne!

3. Und das Ende vom Lied hat wohl jeder geahnt – o-o-o, (oh yeah!)
der Tod hat reihum sie dort abgesahnt – o-o-o, (oh yeah!)
Die Hinterbliebenen fanden vor Schmerz keine Worte;
mit Sacher und Linzer und Marzipantorte
hielt als letzte Liliane getreu noch zur Fahne,
aber bitte mit Sahne! … Aber bitte mit Sahne!

4. Doch auch mit Liliane war es schließlich vorbei – o-o-o, (oh yeah!)
sie kippte vom Stuhl in der Konditorei – o-o-o, (oh yeah!)
Auf dem Sarg gab's statt Kränzen verzuckerte Torten,
und der Pfarrer begrub sie mit rührenden Worten:
Dass der Herrgott den Weg in den Himmel ihr bahne,
aber bitte mit Sahne! … Aber bitte mit Sahne!

Begleit-Pattern

F

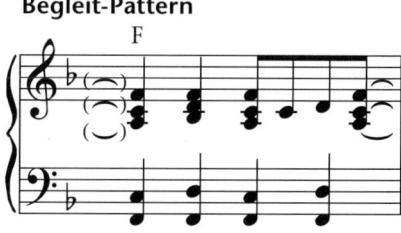

Wonderful World

Musik und Text: Sam Cooke/Herb Alpert/Lou Adler

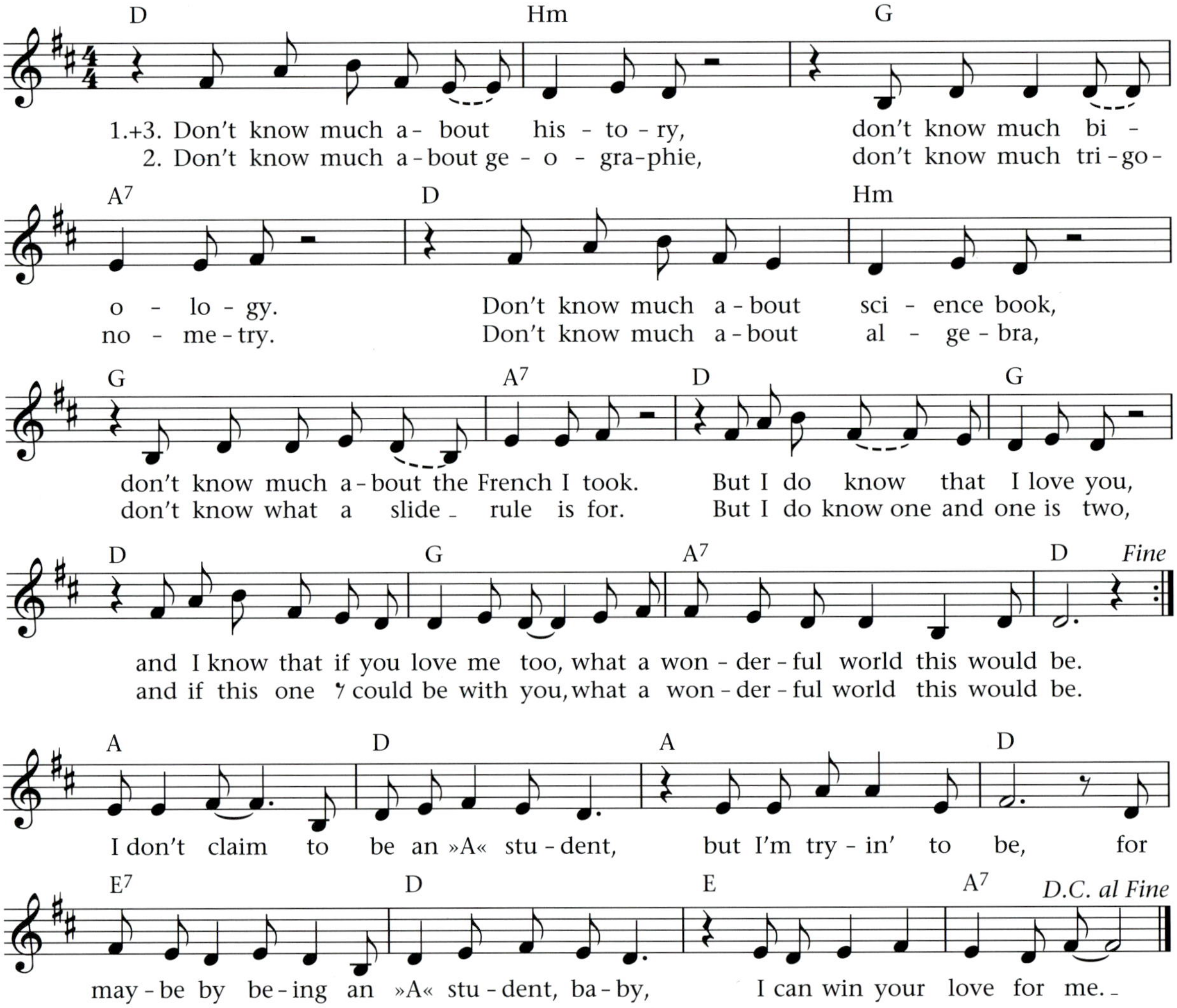
D Hm G
1.+3. Don't know much a- bout his - to - ry, don't know much bi -
2. Don't know much a-bout ge - o - gra-phie, don't know much tri-go-
A7 D Hm
o - lo - gy. Don't know much a-bout sci - ence book,
no - me-try. Don't know much a-bout al - ge - bra,
G A7 D G
don't know much a-bout the French I took. But I do know that I love you,
don't know what a slide - rule is for. But I do know one and one is two,
D G A7 D Fine
and I know that if you love me too, what a won - der - ful world this would be.
and if this one could be with you, what a won - der - ful world this would be.
A D A D
I don't claim to be an »A« stu - dent, but I'm try - in' to be, for
E7 D E A7 D.C. al Fine
may-be by be-ing an »A« stu - dent, ba-by, I can win your love for me.

NaOH
1789
H2O
x cos α + y sin α − p = 0
√x
π = 3,14
x/a + y/b = 1
CH4
1848

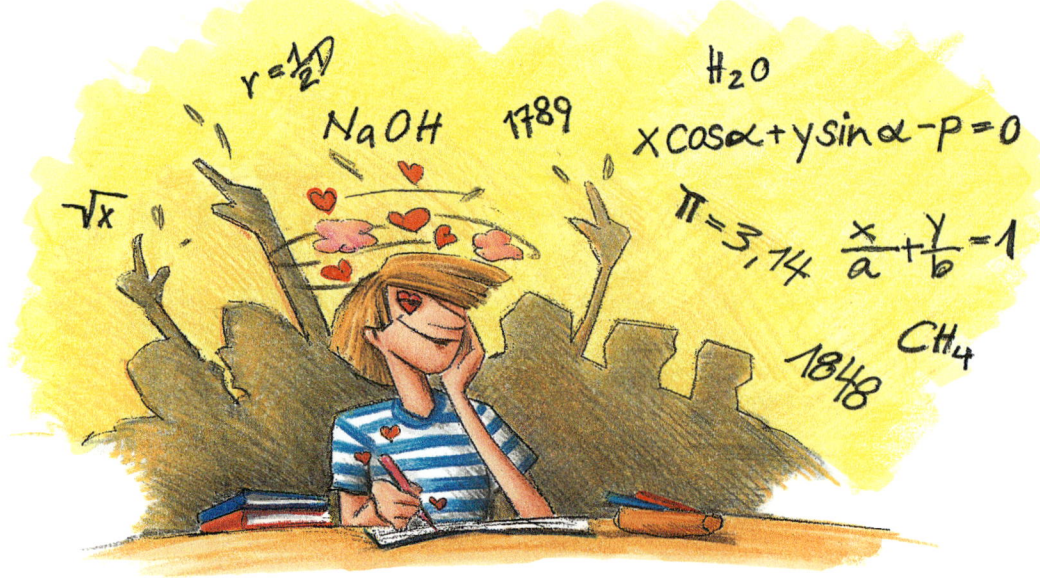

Leaving on a Jetplane

Musik und Text: John Denver
Satz: Th. Stapf

1. All my bags are packed I'm rea-dy to go — I'm stand-ing here out -
2. There're so man-y times I've let — you down so man-y times I've
3. Ba - by, now the time has come to leave you one more time. Please

side your door — I hate to wake you up to say good-by. —
played a - round I tell you now: that they don't mean a thing.
let me kiss you close your eyes and I'll be on my way. —

But the dawn is break-ing it's ear-ly morn, the — ta - xi's wait-ing he's
Eve-ry place I go _____ I'll think of you eve-ry song I'll sing ___ I'll
And so dream a - bout ___ the days to come, when I won't have ___ to

blowin' his horn. Al - rea-dy I'm so lone-some I — could die.
sing for you. When I come back I'll bring your wed - ding ring. —
leave a-lone, a - bout the times when I won't have to say: —

Refrain

So kiss me and smile for me, — tell me that — you'll wait for me, —

hold me like — you'll nev-er let — me go. — 'Cause I'm

leav - ing on a jet - plane, don't know when

I'll be back — a-gain, oh babe, I hate to go. —

Mercedes Benz

Musik und Text: Janis Joplin/Michael McClure

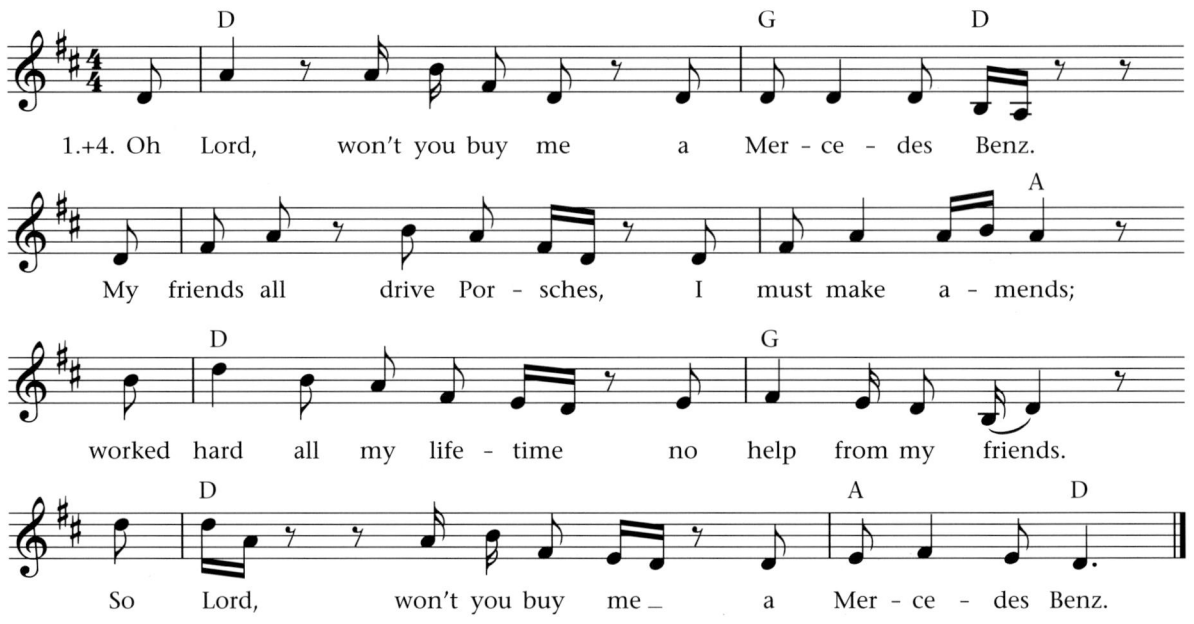

1.+4. Oh Lord, won't you buy me a Mer-ce-des Benz.
My friends all drive Por-sches, I must make a-mends;
worked hard all my life-time no help from my friends.
So Lord, won't you buy me ___ a Mer-ce-des Benz.

2. Oh Lord, won't you buy me a color-TV. »Dialing for Dollars«[1] is tryin' to find me.
   I wait for delivery each day until three, oh Lord, won't you buy me a color-TV.

3. Oh Lord won't you buy me a night on the town, I'm counting on you, Lord, please don't let me down
   and prove that you love me and buy the next round, oh Lord, won't you buy me a night on the town.

[1] »Dailing for Dollars« war in den 1960er Jahren eine beliebte amerikanische TV-Serie, bei der man als Zuschauer einige tausend Dollars gewinnen konnte.

JANIS JOPLIN: »Lieber habe ich zehn hyperdufte Jahre, als dass ich siebzig werde, nur um von einem gottverdammten Lehnstuhl aus in die Mattscheibe zu glotzen!«
Zwei Jahre nach dieser Erklärung vor Reportern, im Oktober 1970, wird JANIS JOPLIN mit 14 Einstichstellen am Arm in ihrem Hotelzimmer aufgefunden – gestorben an einer Überdosis Heroin. Sie wurde 27 Jahre alt.

Can't buy me Love

Musik und Text: John Lennon / Paul McCartney

Intro

Hm Em Hm Em Am D *(Schluss: G⁷)*

Can't buy me love, _____ love. ___ Can't buy me . love. _____

G⁷

1. I'll buy you a dia-mond ring _ my _ friend, if it makes you feel al - right.
(2.) give you all I've got ___ to _ give, if you say you love me _ too. ___

C G⁷

I'll get you an-y ___ thing . my _ friend if it makes you feel al - right.
I may not have a ___ lot ___ to _ give, what I've got I'll give to _ you. ___

D⁷ C⁷ **1.** G

Cause I don't care too much for mon-ey. For mon-ey can't buy me love. _ 2. I'll

2. G Hm Em G⁷

___ Can't buy me _ love. _____ Ev - ery-bo-dy tells me _ so. .

Hm Em Am D⁷

___ Can't buy me _ love. _____ No, no, _ no, _ no!

3. Say you don't need a diamond ring, and I'll be satisfied.
   Tell me that you want those kind of things that money just can't buy.
   I don't care to much for money, for money can't buy me love.

Intro

Eternal Flame

Musik und Text: Billy Steinberg/Tom Kelly/Susanna Hoffs

Intro

% G   Em⁷   Cadd9   D

1./3. Close your eyes, _ give me your hand, __ dar - ling,
2. I be - lieve _ it's meant to ___ be, __ dar - ling,

G   Em⁷   C   D

do you feel _ my heart beat - ing, __ do you un - der - stand?
I watch you when you are sleep - ing, __ you be - long with me. _

Em   H⁷   Em⁷   A⁷/C♯   D   Hm⁷

__ Do you feel the same? _ Am I on - ly dream - ing, __
__ Do you feel the same? _ Am I on - ly dream - ing, __ or

1. Am⁷/add4

is this burn - ing an e - ter - nal flame?

2. Am⁷   *Fine* D   Dm⁷

is this burn - ing an e - ter - nal flame? Say my name,

G/D   D   F   G

sun shines through the rain, ___ a whole life so lone - ly and then

C   C/H   Am   Am/G   D   Hm⁷   F/C   C   C⁶/D **%**

come and ease the pain. ___ I don't wan - na lose this feel - ing, oh.

Begleitung

G   Em⁷

Tears in Heaven

Musik und Text: Eric Clapton/Will Jennings

2. Would you hold my hand if I saw you in heaven?
   Would you help me stand if I saw you in heaven?
   I'll find my way through night and day, 'cause I know
   I just can't stay here in heaven. Time can …

3. *(instr. bis T. 12)*
   Beyond the door there's peace I'm sure,
   and I know there'll be no more tears in heaven. *D.C.*

4. Would you know my name
   if I saw you in heaven?
   Would it be the same
   if I saw you in heaven?
   I must be strong and carry on,
   'cause I know I don't belong
   here in heaven.

Ein Freund, ein guter Freund

Musik: Werner R. Heymann
Text: Robert Gilbert

1. Son - ni - ger Tag! Won - ni - ger Tag! Klop - fen - des Herz und der Mo - tor ein Schlag!

La - chen - des Ziel! La - chen - der Start und ei - ne herr - li - che Fahrt! —

Rom und Ma - drid neh - men wir mit. So ging das Le - ben im Tau - mel zu dritt!

Ü - ber das Meer, ü - ber das Land, ha - ben wir ei - nes er - kannt:

Refrain

Ein Freund, — ein gu - ter Freund, — das ist das Bes - te, was es

gibt auf der Welt. — Ein Freund — bleibt im - mer Freund, — und wenn die

gan - ze Welt zu - sam - men - fällt. Drum sei — auch nie be -

trübt, — wenn — dein Schatz dich nicht mehr liebt. Ein Freund,

— ein gu - ter Freund, — das ist der größ - te Schatz den's gibt.

2. Sonnige Welt! Wonnige Welt!
   Hast uns für immer zusammengesellt!
   Liebe vergeht, Liebe verweht.
   Freundschaft alleine besteht!

   Ja man vergisst, wen man geküsst,
   weil auch die Treue längst unmodern ist.
   Ja man verließ manche Madam',
   wir aber halten zusamm'.

Die Moritat von Mackie Messer

Musik: Kurt Weill
Text: Bertolt Brecht

1. Und der Hai - fisch, der hat Zäh - ne, und die trägt er im Ge - sicht, und Mac - heath, der — hat ein Mes - ser, doch das Mes - ser sieht man nicht. —

2. Ach, es sind des Haifischs Flossen
   Rot, wenn dieser Blut vergießt!
   Mackie Messer trägt 'nen Handschuh
   Drauf man keine Untat ließt.

3. An der Themse grünem Wasser
   Fallen plötzlich Leute um!
   Es ist weder Pest noch Cholera
   Doch es heißt: Macheath geht um.

4. An'nem schönen blauen Sonntag
   Liegt ein toter Mann am Strand
   Und ein Mensch geht um die Ecke,
   Den man Mackie Messer nennt.

5. Und Schmul Meier bleibt verschwunden
   Und so mancher reiche Mann
   Und sein Geld hat Mackie Messer,
   Dem man nichts beweisen kann.

6. Jenny Towler ward gefunden
   Mit 'nem Messer in der Brust
   Und am Kai geht Mackie Messer
   Der von allem nichts gewusst.

7. Wo ist Alfons Glite, der Fuhrherr?
   Kommt das je ans's Sonnen licht?
   Wer es immer wissen könnte –
   Mackie Messer weiß es nicht.

8. Und das große Feuer in Soho
   Sieben Kinder und ein Greis –
   In der Menge Mackie Messer
   Den man nicht fragt und der nichts weiß.

9. Und die minderjährige Witwe
   Deren Namen jeder weiß
   Wachte auf und war geschändet –
   Mackie, welches war dein Preis?

Der Mackie-Messer-Song aus der *Dreigroschenoper* erreichte schon kurz nach der Uraufführung im Jahre 1928 große Popularität. In dieser Moritat, die im Anschluss an die Ouvertüre von einem Ausrufer vorgetragen wird, werden die Grausamkeiten des Verbrechers Macheath geschildert.

How high the Moon

Musik und Text: Morgan Lewis/Nancy Hamilton

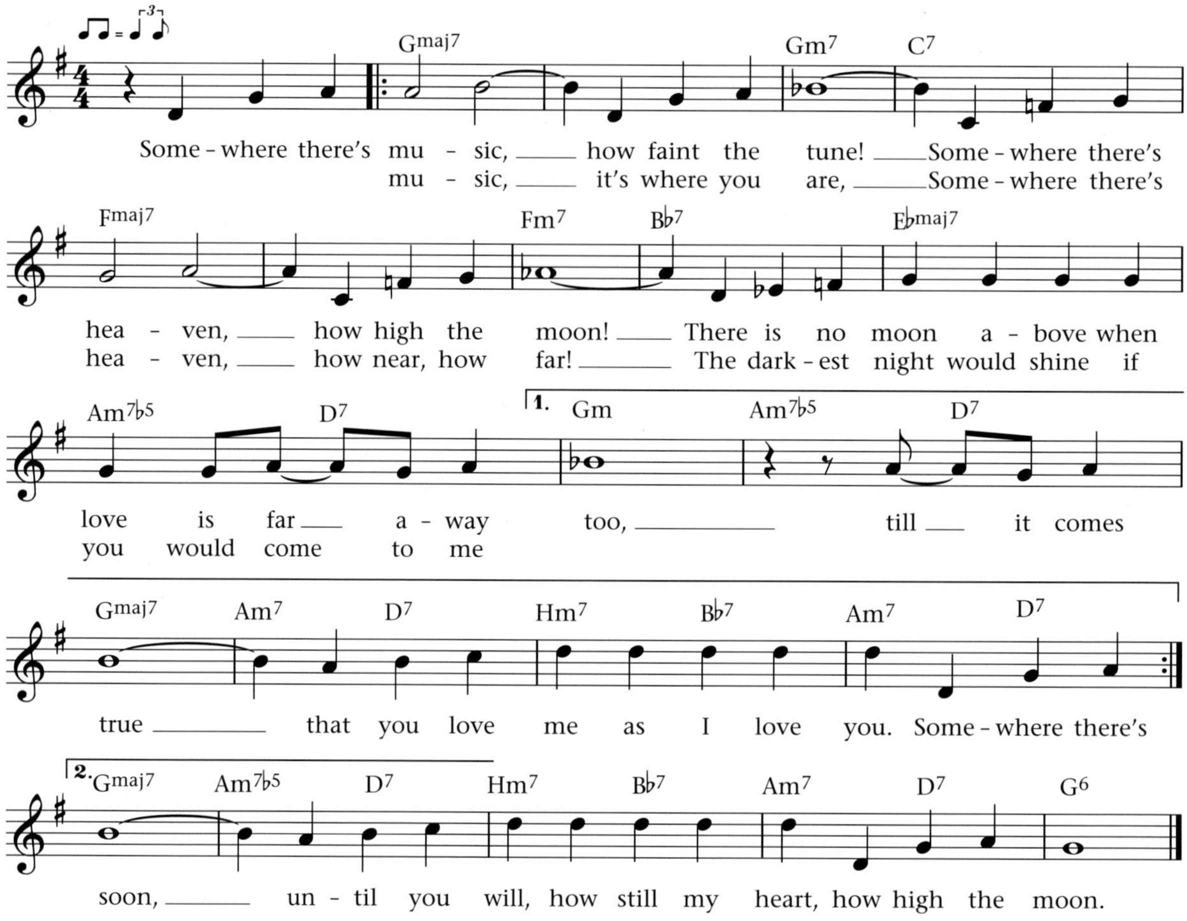
Gmaj7 Gm7 C7
Some-where there's mu - sic, how faint the tune! Some-where there's
mu - sic, it's where you are, Some-where there's
Fmaj7 Fm7 B♭7 E♭maj7
hea - ven, how high the moon! There is no moon a - bove when
hea - ven, how near, how far! The dark-est night would shine if
Am7♭5 D7 1. Gm Am7♭5 D7
love is far a - way too, till it comes
you would come to me
Gmaj7 Am7 D7 Hm7 B♭7 Am7 D7
true that you love me as I love you. Some-where there's
2. Gmaj7 Am7♭5 D7 Hm7 B♭7 Am7 D7 G6
soon, un - til you will, how still my heart, how high the moon.

Moon River

Musik: Henry Mancini
Text: Johnny Mercer

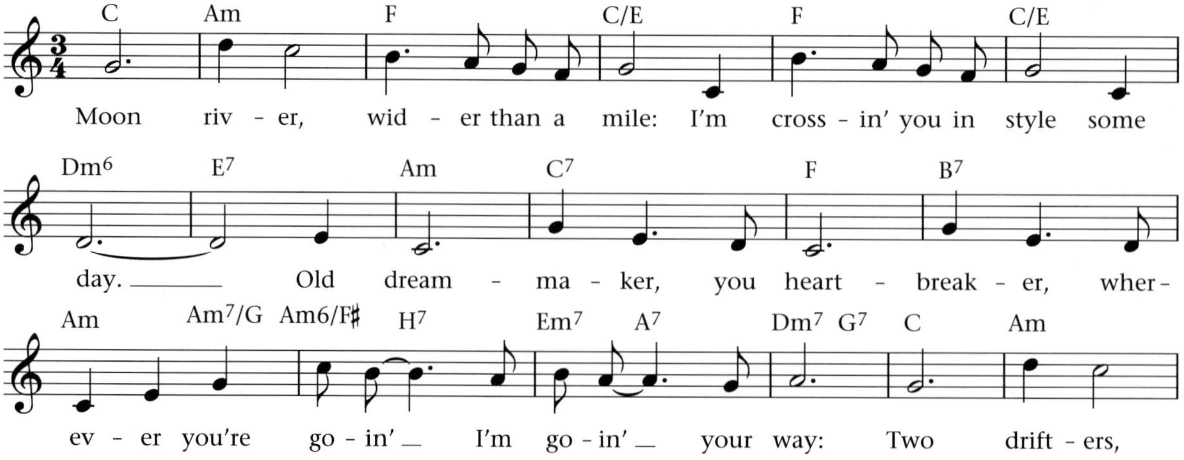
C Am F C/E F C/E
Moon riv - er, wid - er than a mile: I'm cross - in' you in style some
Dm6 E7 Am C7 F B7
day. Old dream - ma - ker, you heart - break - er, wher -
Am Am7/G Am6/F♯ H7 Em7 A7 Dm7 G7 C Am
ev - er you're go - in' I'm go - in' your way: Two drift - ers,

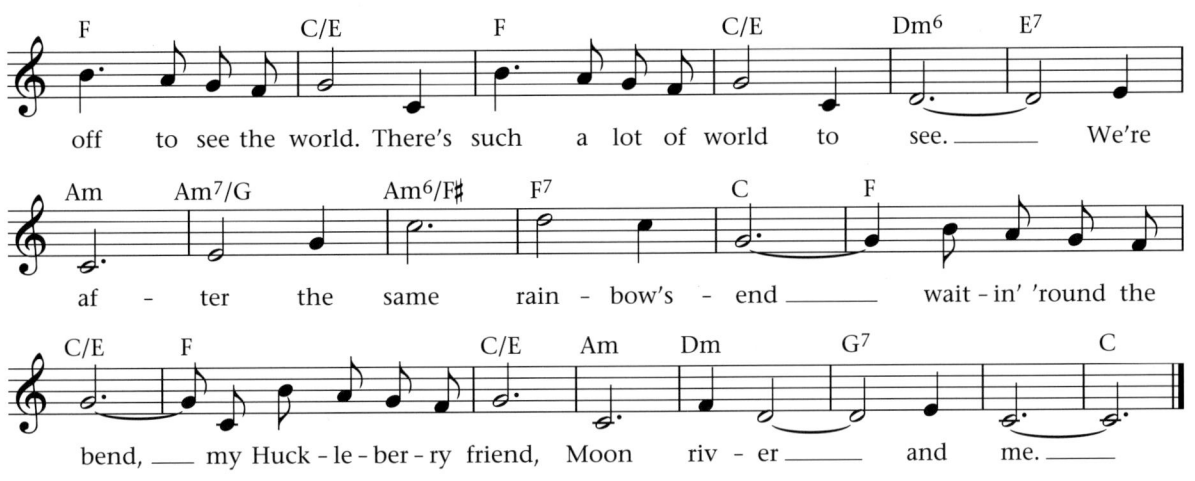

F C/E F C/E Dm6 E7
off to see the world. There's such a lot of world to see. We're
Am Am7/G Am6/F♯ F7 C F
af - ter the same rain - bow's - end wait - in' 'round the
C/E F C/E Am Dm G7 C
bend, my Huck - le - ber - ry friend, Moon riv - er and me.

Tonight

Musik: Leonard Bernstein
Text: Stephen Sondheim

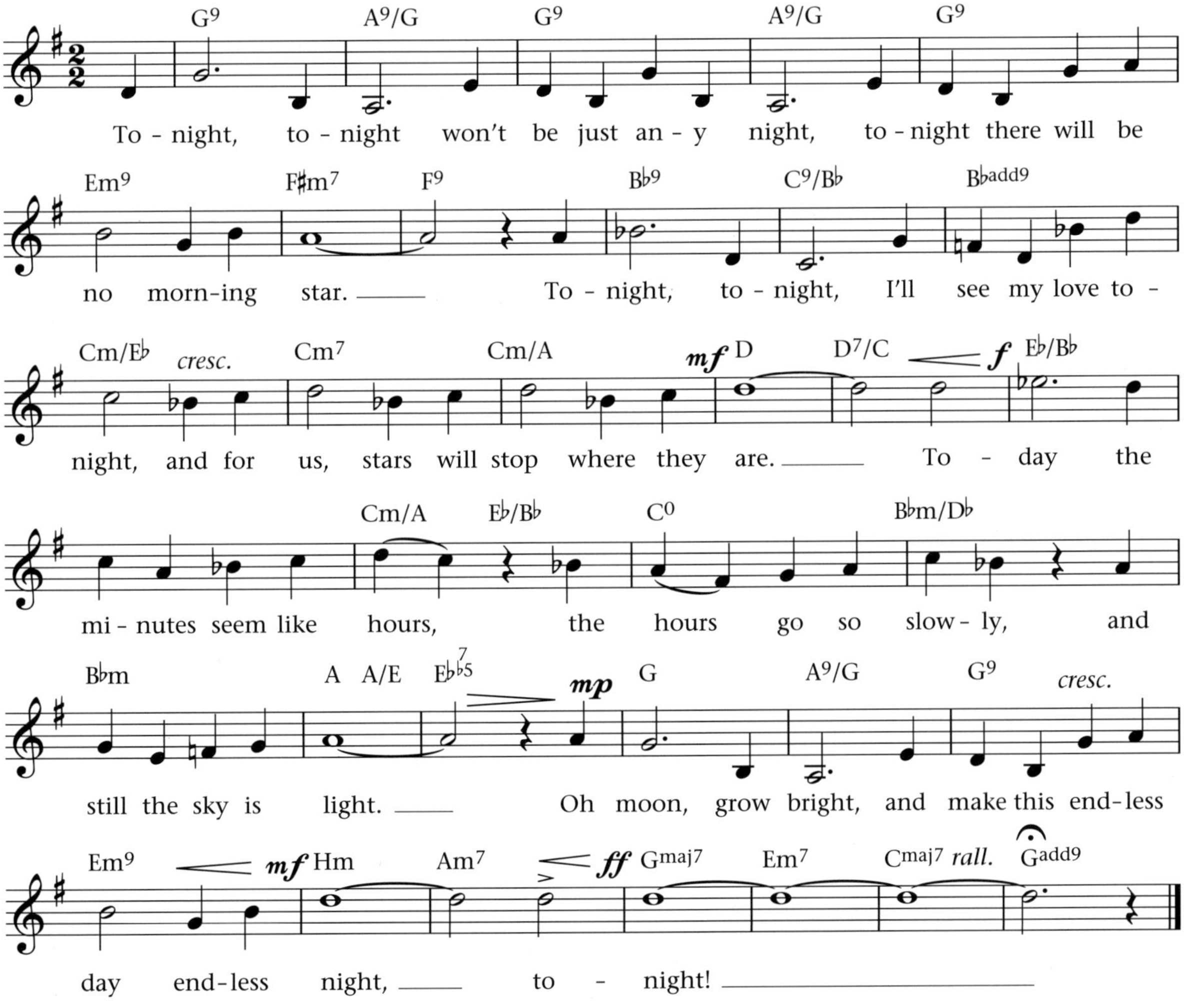

G9 A9/G G9 A9/G G9
To - night, to - night won't be just an - y night, to - night there will be
Em9 F♯m7 F9 B♭9 C9/B♭ B♭add9
no morn-ing star. To - night, to - night, I'll see my love to -
Cm/E♭ cresc. Cm7 Cm/A mf D D7/C f E♭/B♭
night, and for us, stars will stop where they are. To - day the
Cm/A E♭/B♭ C0 B♭m/D♭
mi - nutes seem like hours, the hours go so slow - ly, and
B♭m A A/E E♭7♭5 mp G A9/G G9 cresc.
still the sky is light. Oh moon, grow bright, and make this end-less
Em9 mf Hm Am7 ff Gmaj7 Em7 Cmaj7 rall. Gadd9
day end-less night, to - night!

The Rain in Spain (Es grünt so grün)

Musik: F. Loewe
Text: A. J. Lerner/dt. Text: R. Gilbert

Don't cry for me, Argentina

Musik: Andrew Lloyd Webber
Text: Tim Rice

1. It won't be ea - sy, you'll think it's strange when I try to ex - plain how I
2. I had to let it hap - pen, I had to change; could - n't stay all my live down at
3. And as for for - tune and as for fame; I nev - er in - vi - ted them

feel, that I still need your love af - ter all that I've done: You won't be -
heel: look - ing out of the win - dow, stay - ing out of the sun. So I chose
in: though it seemed to the world they were all I de - sired. They are il -

lieve me, all you will see is a girl you once knew, al -
free - dom. Run - ning a - round, try - ing ev' - ry - thing new, but
lu - sions. They're not the so - lu - tions they pro - mised to be, the

though she's dressed up to the nines at six - es and sev - enth with you.
noth - ing im - pressed me at all, I nev - er ex - pec - ted it to.
ans - wer was here all the time, I love you, and hope you love me.

Refrain

Don't cry for me, Ar - gen - ti - na, the truth is I nev - er left you: All through my

wild days, my mad ex - is - tence, I kept my pro - mise, don't keep your distance.

Have I said too much? There's noth - ing more I can think of to say to you.

Repeat Refrain

But all you have to do is look at me to know that ev' - ry word is true.

Griffbilder für Gitarre

Die Griffe der Dur- und Moll-Dreiklänge sind hier nach ihrer Lage im Quintenzirkel angeordnet. Außerdem sind noch einige Septakkorde aufgeführt. Die Schreibweise ist auf Seite 43 erläutert; die schwarzen Balken (▬) zeigen an, dass mehrere Saiten mit einem Finger gedrückt werden **(Barrégriffe).**

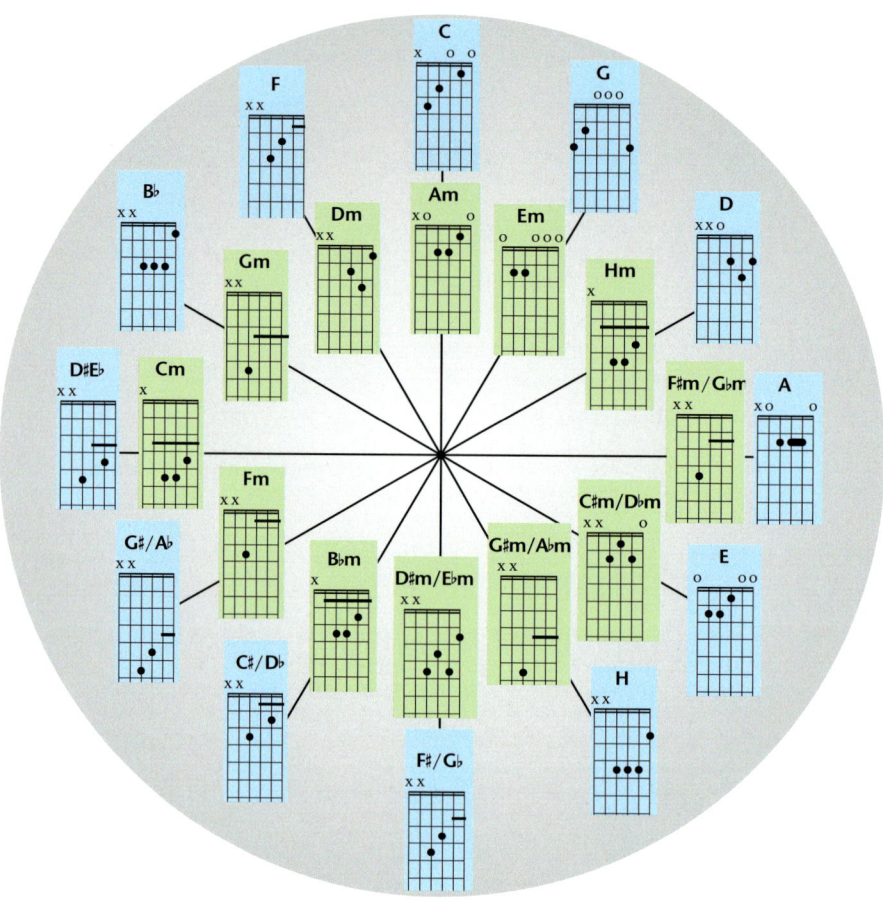

Dur-Akkorde mit großer Septime

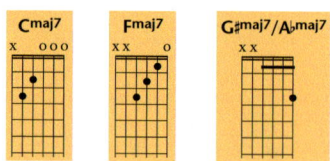

Moll-Akkorde mit kleiner Septime

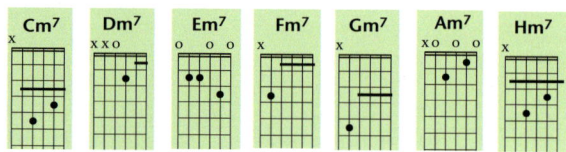

Dur-Akkorde mit kleiner Septime (Dominantseptakkorde)

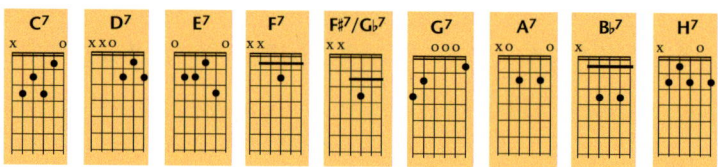

Register

Sachbegriffe

Abspann 268
Acid-Jazz 227
Adel 134, 149
Aktion 194f.
Akustik 24
Aleatorik 193
Alt 26, 281
Altschlüssel 27
Ambitus 26, 114
analoge Aufzeichnung 34f.
Analyse 51, 248
Anblastechnik 44
Arbeiterlied 22
Arbeiterschaft 134
Arie 138f., 143, 256, 281
Arioso 281
Arrangement 228, 231
Artikulation 230, 247
Atonalität 163ff.
Audition 285

Backbeat 70, 84, 87
Balalaika 43
Ballade 258f.
Ballett 239
Banjo 43
Bariton 281
Barock 29, 128, 138–143
Bass 26
Beat 55, 84f.
Bebop 226
Benediktbeuren 132
Bewegung 246–249
Bibel 138, 223
Bigband 52, 228, 234f.
binäre Spielweise 229
Bitonalität 164
Blechblasinstrumente
   30, 46f., 52
Blockflöte 44f.
Blues 78, 224
Blues-Schema,
   Blues-Skala 224
Bordun 130f.
Bossa nova 229
Branle 137, 238
Brass-Section 228
Bratsche 30, 42
Bratschenschlüssel 27, 30
Break 59
Bridge 76, 168
Broadway 282, 291
Bürgertum 134

Cakewalk 223, 232, 242
Call-and-Response 221
Casting 284f.
CD 34f.
Cembalo 40
Cha-Cha-Cha 204f., 243
Chanson 261
Chassidismus 240

Chicago 226
Chor 26, 138f., 143, 151, 180, 279
Chorpartitur 26
Chorus 221
Club-Tanz 244
Cluster 195
Computer 48–51, 94
Concerto grosso 52, 180f.
Continuo-Gruppe 138
Cool Jazz 227
Couplet 174, 281
Country and Western 78, 79
Courante 238
Cover 95

Dadaismus 262
DDR 20
Deutschrock 90
Didgeridoo 198
digitale Aufzeichnung 34f.
dirty intonation 221
dissonante Klänge 102, 116, 163
Dixieland 226
Doppelrohrblatt 44
Dreiklänge 97
drill-and-practise-Programm 50
Dudelsack 134, 138
Duett 279
Dur 97, 98, 104, 108
durchbrochener Satz 32
Durchgangsnote 116
Dynamik 247

E-Bass 71
E-Gitarre 43, 71
E-Musik 134, 152
E-Piano 70
Ekstase 200f.
Ensemble 281
En-Suite-Betrieb 282
Epoche 128
Esoterik 202
Europa 151
Everblack 261
Evergreen 260f.
Expressionismus 162f.

Fagott 28, 45
Fangesänge 14f.
Filmmusik 264 – 267
Flageolett-Ton 24
Flügel 40f., 148
Folkmusic 78, 86
Form, Formteile 168f.
Fortepiano 40
Französische Revolution 149f.,
   239
Free Jazz 227
Fuge 120f.
Funk 83
Funktion von Musik 8
Funktion, harmonische 98f.
Fusion 227

Ganztonleiter 108, 160
Gamelan 160, 198
Gavotte 238
Geräusch 183
Gesang 73, 151, 221
Gesellschaft 134

Gitarre 43, 328
Gospel 82, 223
Grafik, grafische Notation 166f.,
   194
Griffbilder 43, 71
Groove 56f., 72
Grundschlag 55
Grundton 24, 97
Grunge 89
Guidonische Hand 126

Habanera 272–275, 326
Haltebogen 60
Hammerklavier 40
Hammondorgel 70
Hard Rock 89
Head-Arrangement 231
Heavy Metal 89
Hintergrundmusik 10
Hip-Hop 83, 92
Hip-Hop-Jazz 227
Hit 76
Hofkapellmeister 138, 149, 156, 158
Hollywood 291
Holzblasinstrumente 30, 44f.
Homofonie 32, 116, 118
Hora 240
Horn 29, 46f.
Humanismus 136
Hymne 16f., 151

Image 37, 39, 41
Imitation 118, 122
Impressionismus 160f.
Improvisation im Jazz 231
Intervalle 102
Intro 76, 168

Jam-Session 220, 234
Jamaika 87
Jazz 218, 235
Jazz-Rock 227
Jingle 12, 230
Juden, Judentum 208f., 240

Kadenz 98, 146f.
Kanon 122f., 221, 229, 246
Kantate 140–143
Kazoo 137
Keyboard 70
Kirche 134, 137
Kirchentonarten 109f.
Klang 24, 183ff.
Klangfarbe 25
Klarinette 25, 28, 45, 197, 208ff.
Klassik 29, 128, 144–151
Klavier 40f.
Klavierauszug 31
Klavierlied 255
Klaviermusik 154f., 62, 65, 106,
   107, 117, 119, 120, 122, 154f.,
   160f., 164f., 175, 176f.
Klerus 134
Klezmer 208–211
Klischee 12
Koloratur-Soubrette 281
Kompressor 48f.
Konserve 34
konsonante Klänge 102, 116, 163
Konzert 107, 147, 180f.

Personen/Gruppen

Copyrights Musik

M = Musik/Melodie
T = Text
dT = deutscher Text
S = Satz

11 T: © Aktive Musik Verlagsgesellschaft mbH, Dortmund
12 M + T (Wir geben): © Christian Bruhn, München. Bild: © BBDO, Düsseldorf GmbH
12 T: (Komm doch): Semper Idem Underberg AG, Rheinberg; M: The River Kwai March by Malcolm Arnold. © 1957 Columbia Pictures Music Corporation, USA. Shapiro Bernstein & Company Ltd. All rights reserved. International copyright secured.
12 M + T (Haribo): Haribo GmbH, Bonn
12 M + T (Meister Proper): Procter & Gamble Service GmbH, Schwalbach
21 M + T: © Voggenreiter Verlag, Bonn
22 dT: © Ars-Viva-Verlag GmbH
26 M + T: © 1972 by Island Music Ltd., London W 6. Used by permission of Bosworth GmbH. All rights reserved. International Copyright secured.
33 M (Henze, Sinfonie Nr. 7): © Schott Musik International, Mainz
52 M: © Henry Litolff's Verlag, Frankfurt/M.
64 M: © 1959 by Derry Music Co., San Francisco. Für D/A: Paul C. R. Arends Verlag, Rimsting
65 M (Bulgarischer Tanz Nr. 2): © Boosey & Hawkes. Bote & Bock, Berlin
65 M (Bulgarischer Tanz Nr. 5): © Boosey & Hawkes. Bote & Bock, Berlin
67 M + T (Fuge aus der Geographie): © 1950 (renewed 1978) by EMI MILLS MUSIC, Inc. Druckrechte für D/A/CH: NEUE WELT MUSIKVERLAG GMBH, München
74f. M + T: © 1973, 1976 by Ram's Horn Music. International Copyright secured. All rights reserved. Reprinted by permission of Music Sales Corporation (ASCAP)
79 M + T: © 1956 by HI LO Music Inc., New York. Für D und Ostblock-Länder: Musikverlag Intersong, Hamburg
80 M + T: © by Venice Music Inc. Für D/A/CH/Osteuropäische Länder: EMI Songs Musikverlag GmbH, Hamburg
82 M + T: © 1961 (renewed) JERRY LEIBER MUSIC, MIKE STOLLER MUSIC and TRIO MUSIC COMPANY, INC. This arrangement © 2002 JERRY LEIBER MUSIC, MIKE STOLLER MUSIC and TRIO MUSIC COMPANY, INC. All rights reserved.
85 M + T: © 1965 Northern Songs. Used by permission of Bosworth GmbH. All rights reserved. International copyright secured.
86 M + T: © 1962 by Warner Bros. Inc. Copyright renewed 1990 Special Rider Music. International Copyright secured. All rights reserved. Reprinted by permission of Music Sales Corporation (ASCAP)
88f. M + T: © 1973 by Dick James Music Ltd. Universal Music Publ. GmbH, Hamburg
89 M: © 1972 by B. Feldmann & Co. Ltd. trading as HEC Music. Für D/A/CH/Osteuro-päische Länder: EMI Music Publishing Germany GmbH, Hamburg
90 T: © Universal Music Publ. GmbH/MCA Music GmbH, Berlin
91 M + T: © EMI Music Publ. GmbH, Hamburg
93 T (Man hielt): Wasilios Ntuanoglu, © Edition From Here to Fame
93 T (Ich liebe): Martin Welzer/Philippe Alexander Kayser/Max Herre, © Edition Fourplay, Edition From Here To Fame
94 M + T: © 1938 by EMI Catalogue Partnership, EMI Feist Catalog Inc. and EMI United Partnership Ltd., USA. Worldwide print rights controlled by Warner Bros. Publications Inc./IMP Ltd. Reproduced by permission of International Music Publications Ltd. All rights reserved.
95 u. 118 M + T: © 1972 by Fox Gimbel Prod. Inc. Für D/A/CS/RO/PL/BG/SO/YU: Edition Intro Gebr. Meisel GmbH, Berlin
96 dT: © Georgs-Verlag, Neuss
100 M + T: © Hampshire House Publ. Comp. Essex MusikVertrieb GmbH, Hamburg
105 S (Es kommt ein Schiff): © Schott Musik International, Mainz
105 dT (Ja, mein Schatz): © Fidula-Verlag, Boppard/Rhein und Salzburg
106 dT: © Abdruck mit Genehmigung von C. F. Peters Musikverlag, Frankfurt/M.
107 S (Morgenstimmung): © Schroedel Verlag, Hannover
110 S (O Heiland): © Fidula-Verlag, Boppard/Rhein und Salzburg
110 M + T (Oye como va): © 1963 by Full Keel Music Co. D/A/CH/ehem. Ostblock/ex. Baltic-Staaten: EMI Music Publishing (Germany GmbH), Hamburg
111 M + T: © Global Musikverlag, München
113 dT (Torerolied): © Abdruck mit Genehmigung von C. F. Peters Musikverlag, Frankfurt/M.
113 M + T (Semper crescis): © Schott Musik International, Mainz
115 M (Narcotic): © Arabella Musikverlag GmbH (BMG UFA Musikverlage), München
115 M + T (I got rhythm): © 1930 by New World Music Co.Ltd./WB Music Corp. Für D/CH/GUS/Ostreuropäische Länder: NEUE WELT MUSIKVERLAG GMBH, München
122 M + T: © 1967 by Budde Songs Inc. Für D/A/CH: Rolf Budde Musikverlag GmbH (Ed. Nordton), Berlin
123 S: © Schroedel Verlag, Hannover
132 T: © Schott Musik International, Mainz
133 M + T: © Schott Musik International, Mainz
162f. M (Abstraktion): © Schroedel Verlag, Hannover
164 M: © Edition Musica, Budapest. Für Deutschland: G. Ricordi/Otto June GmbH & Co., München
165 M (II. Klavierstück): © Universal Edition A. G., Wien
165 M (Walzer): Mit freundlicher Genehmigung Edition Wilhelm Hansen, Hamburg
166 M (Tiger): © Henry Cowell. Mit freundlicher Genehmigung Edition Wilhelm Hansen, Hamburg
166 M (Volumina): György Ligeti © Abdruck mit Genehmigung von C. F. Peters Musikverlag, Frankfurt/M.
166 M (Concert for piano and orchestra): John Cage, © 1960 by Henmar Press Inc., New York. C. F. Peters, Musikverlag, Frankfurt/M.
166 M (Artikulation): György Ligeti, © Schott Musik International, Mainz
167 M: © Schroedel Verlag, Hannover
169 M + T: © 1966 by SCREEN GEMS-EMI Music Inc. Für D/A/CH/Osteuropäische Länder: EMI Music Publishing GmbH, Hamburg
187 M: © Gerhard Müller-Hornbach
188f. M: © F.E.C. Leuckart, München
190 M: © Francis Salabert Editions S.A. EMI Music Publishing Germany GmbH, Hamburg
192 M: © Schroedel Verlag Hannover
193 M: © Abdruck mit Genehmigung von C. F. Peters Musikverlag, Frankfurt/M.
194 M + T: © Abdruck mit Genehmigung von C. F. Peters Musikverlag, Frankfurt/M.
214 S: © Elisabeth Fanderl (RN

Copyrights Abbildungen

Copyrights Texte

(Angaben für Quellen, die an der Stelle des Abdrucks nicht vollständig wiedergegeben werden konnten)

7 Elmeren, B./Maler-Lesch, B.: Mediennutzung und Freizeitgestaltung von Jugendlichen. In: Media Perspektiven 11/1997, S. 590–603, ARD-Werbung SALES & SERVICES, Frankfurt am Main

8 Schwarze, Bernd: Close Encounters of another Kind. Rock- und Popmusik jenseits des Alltäglichen. In: Bubmann, Peter (Hrsg.): Menschenfreundliche Musik. Politische, therapeutische und religiöse Aspekte des Musiklebens, Gütersloh 1993, S. 114–127, Zitat S. 116f., Kaiser, Gütersloher Verlags-Haus

10 Kagel Mauricio, in: Fehling, Reinhard: Manipulation durch Musik, München 1976, S. 126, Werner Raith Verlag

11 Cage, John, nach: Dibelius, Ulrich: Moderne Musik nach 1945, München 1966/1998, S. 210, Piper

14 Horst, Michael, in: Berliner Morgenpost v. 14.06.1998

14 (Geheimnis von Olé) in: Berliner Morgenpost v. 14.06.1998

20 Musiklexikon für die Jugend, Stichwort: Musik, VEB Deutscher Verlag für Musik, Leipzig 1977/Breitkopf & Härtel, Wiesbaden

20 Liedermagazin, Kassel 1980, Bärenreiter

20 Die Musik in Geschichte und Gegenwart, Bd. 8, Stuttgart 1960, Metzler

22 zitiert nach: Schwarz, Boris: Musik und Musikerleben in der Sowjetunion von 1917 bis zur Gegenwart, Wilhelmshaven 1982, Heinrichshofen Verlag

23 Volkov, Solomon: Die Memoiren des Dmitri Schostakowitsch, Hamburg 1979, S. 143, Albrecht Knaus, Hamburg

39 Müller-Blattau, Joseph (Hrsg.): Hohe Schule der Musik: Handbuch d. gesamten Musikpraxis, Laaber Verlag, Laaber

39 Wiedemann, Alfred: Musik im Kriege, aus: Wulf, J.: Musik im Dritten Reich, Frankfurt/M. 1943, Ullstein Verlag

39 Berendt, Joachim-Ernst. Das Jazzbuch, Frankfurt 1968, S. 138, Fischer Taschenbuch Verlag

39 Odenwald, Andreas, in der Zeitschrift Die Wochenpost vom 16.12.1993, Burscheid, AWV Anzeigen-, Werbe- und Verlagsgesellschaft mbH

69 Kaiser, Rolf-Ulrich: Das Buch der neuen Pop-Musik, Düsseldorf und Wien 1970, S. 52, Econ Verlag

69 (Es gibt) in: Hoffmann, Raoul: Zwischen Galaxis & Underground, München 1971, S. 36, Deutscher Taschenbuch Verlag

69 Berendt, Joachim-Ernst, zitiert nach: Hoffmann, Raoul: Rock Story, Frankfurt 1981, S. 14f., Ullstein Verlag

69 Wissdorf, Reinhard R.: Advanced Pop Music

93 Steputat, Willy: Reimlexikon, Stuttgart 1963, Reclam

132 Dresdner Neuste Nachrichten vom 8. Juni 1937

145 Zeitungsausschnitte 7 – 11, 15: Hannoversche Allgemeine Zeitung

145 (Im weiteren/Umgangssprachlich) aus: Brockhaus Enzyklopädie, 20. Auflage, Bd. 12, S. 51, Leipzig/Mannheim 2001, F. A. Brockhaus GmbH

164 Moreux, Serge: Béla Bartók, Zürich/Freiburg 1950, Atlantis Verlag

166 John Cage in: Schafer, Murray R.: Die Schallwelt, in der wir leben, Wien 1971, S. 6, Universal Edition

188 (1878, also) nach: Kloiber, Rudolph: Handbuch der Symphonischen Dichtung, Wiesbaden 1967, S. 184, Breitkopf & Härtel

190 Hauptmann, Gerhart: Bahnwärter Thiel, Stuttgart, Reclam, Philip

191 Honegger, Arthur: Taschenpartitur, Mainz 1986, S. V, Eulenburg & Co

200 (Ekstase) Harenberg, Bodo (Hg.): Harenberg Kompaktlexikon, Dortmund 1996, Band 1, S. 740, Harenberg Lexikon Verlag

200 (Meditation) Harenberg, Bodo (Hg.): a. a. O., Band 2, S. 1945

202 Berendt, Joachim-Ernst: Nada Brahma. Die Welt ist Klang, Hamburg 1985, S.36, Rowohlt Taschenbuch Verlag GmbH (= überarbeitete Neuausgabe, Copyright 1983 by Insel Verlag, Frankfurt am Main)

208 Giora Feidman in: Begemann, Eckart: Anmerkungen zur Geschichte der jüdischen Spielleute, Info-Heft zum Klezmer-Konzert des Mickey-Katz-Orchesters in der Apostelkirche in Hamburg-Harburg am 20.10.1994, S. 8

209 Ottens, Rita/Rubin, Joel: Die Epstein-Brothers – Ein Jahrhundert jiddisch-amerikanischer Musik, im Booklet zur CD des Epstein Brothers Orchestra "Kings of Freylekh Land", 1995, SM 1611-2, S. 2

216 Wicke, Peter /Ziegenrücker, Kai-Erik und Wieland: Handbuch der populären Musik, Zürich 1977, Stichwort: World Music, Atlantis Musikbuch-Verlag (Schott Musik International)

219 Jo Jones in: Shapiro, Nat/Henthoff, Nat: Jazz erzählt. von New orleans bis West Coast, München 1962, DTV, S. 263

219 Dave Brubeck in: Shapiro, Nat/Henthoff, Nat: Jazz erzählt. von New orleans bis West Coast, München 1962, , S. 266, Deutscher Taschenbuch Verlag

219 Berendt, Joachim-Ernst. Das Jazzbuch, Frankfurt 1968, S. 77, Fischer Taschenbuch Verlag

219 Dick Wells in: Jost, Ekkehard: Sozialgeschichte des Jazz in den USA, Frankfurt/M. 1982, S. 82, Fischer Taschenbuch Verlag

219 Charlie Parker in: Shapiro, Nat/Henthoff, Nat: Jazz erzählt. von New orleans bis West Coast, München 1962, DTV, S. 262

219 Microsoft Encarta, Redmond, 2002

219 Meyers Enzyklopädisches Lexikon, Stichwort Jazz

219 Die Musik in Geschichte und Gegenwart, Bd. 6, Stuttgart 1960, Metzler

220 The New Grove Dictionary of Jazz, London 1988, S. 901, MacMillan Press Limited (Übertragung aus dem Amerikanischen: Peter Jacob)

224 Berendt, Joachim-Ernst/Huesmann, Günther. Das Jazzbuch – Von New Orleans bis in die achziger Jahre, Frankfurt 1991, S. 215, Fischer Taschenbuch Verlag

234 Zwerin, Mike: La tristesse de Saint Louis: Swing unter den Nazis, Wien 1988, S. 24, Hannibal-Verlag

240 aus: Rosegger, Peter: Die Älpler, München 1984, Staackmann Verlag

261 (Evergreen, Schlager, Chanson) Wicke, Peter/Ziegenrücker, Kai-Erik und Wieland: Handbuch der populären Musik, Zürich 1977, S. 100, 164, 471, Atlantis Musikbuch-Verlag (Schott Musik International)

262 Boulez, Pierre: Wille und Zufall, in: ders.: Werkstatt-Texte, Berlin 1972, S. 61, Propyläen Verlag

265 Maas, Georg: Musik und Film – Filmmusik, Mainz 1994, S. 30 und 82, Schott Musik International

266 Schmidt, Hans Christian: Filmmusik. Musik aktuell, Kassel 1982, Bärenreiter